Das Urheberpersönlichkeitsrecht und das allgemeine Persönlichkeitsrecht

Schriften zum Handels- und Wirtschaftsrecht

Herausgegeben von Michael Kling, Herbert Leßmann
und Ralph Backhaus

Band 27

Zur Qualitätssicherung und Peer Review der vorliegenden Publikation

Die Qualität der in dieser Reihe erscheinenden Arbeiten wird vor der Publikation durch Herausgeber der Reihe geprüft.

Notes on the quality assurance and peer review of this publication

Prior to publication, the quality of the work published in this series is reviewed by editors of the series.

Patrick Fromlowitz

Das Urheberpersönlichkeitsrecht und das allgemeine Persönlichkeitsrecht

Eine vergleichende Untersuchung unter besonderer Berücksichtigung der geschichtlichen Entwicklung, des Inhalts, des postmortalen Schutzes und der Übertragbarkeit

PL ACADEMIC RESEARCH

Bibliografische Information der Deutschen Nationalbibliothek
Die Deutsche Nationalbibliothek verzeichnet diese Publikation in der DeutschenNationalbibliografie; detaillierte bibliografische Daten sind im Internet über http://dnb.d-nb.de abrufbar.

Zugl.: Marburg, Univ., Diss., 2013

D 4
ISSN 1439-4189
ISBN 978-3-631-64554-3 (Print)
E-ISBN 978-3-653-03714-2 (E-Book)
DOI 10.3726/978-3-653-03714-2

PL Academic Research ist ein Imprint der Peter Lang GmbH.

Peter Lang – Frankfurt am Main · Bern · Bruxelles · New York · Oxford · Warszawa · Wien

www.peterlang.com

Meinen Eltern

Vorwort

Die vorliegende Arbeit wurde im Mai 2013 vom Fachbereich Rechtswissenschaften der Philipps-Universität Marburg als Dissertation angenommen.

Mein Dank gilt all denjenigen, die mich während der Erstellung der Arbeit unterstützt haben.

Besonders bedanken möchte ich mich bei meinem Doktorvater Professor Dr. Ralph Backhaus für seine konstruktiven Vorschläge und die hervorragende Betreuung der Arbeit. Ihm danke ich auch für die schnelle Erstellung des Erstgutachtens sowie die Möglichkeit, die vorliegende Doktorarbeit in der von ihm herausgegebenen Schriftenreihe „*Schriften zum Handels- und Wirtschaftsrecht*" im Peter Lang Verlag zu veröffentlichen.

Mein Dank gilt darüber hinaus Herrn Professor Dr. Georgios Gounalakis für die zügige Erstellung des Zweitgutachtens.

Des Weiteren danke ich meiner Freundin für ihre Geduld und Unterstützung, die sie mir während der Arbeit an der Dissertation hat zukommen lassen.

Zuletzt möchte ich mich bei meiner Familie bedanken, die immer für mich da ist. Größten Dank schulde ich meinen Eltern. Sie haben mir diese Arbeit ermöglicht und mich auch während der Erstellung uneingeschränkt unterstützt.

Hamburg, Oktober 2013 Patrick Fromlowitz

Inhaltsübersicht

Inhaltsverzeichnis

Abkürzungsverzeichnis

a.A.	andere Ansicht
a.F.	alte Fassung
Abs.	Absatz
AcP	Archiv für die civilistische Praxis
AfP	Zeitschrift für Medien- und Kommunikationsrecht
Anm.	Anmerkung
Art.	Artikel
Aufl.	Auflage
BDSG	Bundesdatenschutzgesetz
BGB	Bürgerliches Gesetzbuch
BGBl.	Bundesgesetzblatt
BGH	Bundesgerichtshof
BGHZ	Entscheidungen des Bundesgerichtshofes in Zivilsachen
BR-Drucks.	Deutscher Bundesrat Drucksache
BT-Drucks.	Deutscher Bundestag Drucksache
BVerfG	Bundesverfassungsgericht
BVerfGE	Entscheidungen des Bundesverfassungsgerichts
ders.	derselbe
dies.	dieselbe
DJZ	Deutsche Juristen-Zeitung
DRiZ	Deutsche Richterzeitung
DVBl.	Deutsches Verwaltungsblatt
e.V.	eingetragener Verein
ESchG	Gesetz zum Schutz von Embryonen (Embryonenschutzgesetz)
EWiR	Entscheidungen zum Wirtschaftsrecht
FamRZ	Zeitschrift für das gesamte Familienrecht
Fn.	Fußnote
FS	Festschrift
FuR	Familie und Recht
GG	Grundgesetz
GRUR	Gewerblicher Rechtsschutz und Urheberrecht
GRUR Int.	Gewerblicher Rechtsschutz und Urheberrecht, Internationaler Teil
h.L.	herrschende Lehre
h.M.	herrschende Meinung
i.S.d.	im Sinne des / im Sinne der
i.V.m.	in Verbindung mit

IPRax	Praxis des Internationalen Privat- und Verfahrensrechts
JA	Juristische Arbeitsblätter
Jura	Juristische Ausbildung
JuS	Juristische Schulung
JW	Juristische Wochenschrift
JZ	JuristenZeitung
KG	Kammergericht
KUG	Gesetz betreffend das Urheberrecht an Werken der bildenden Künste und der Photographie
KUR	Kunstrecht und Urheberrecht
LG	Landgericht
LPG	Landespressegesetz
LUG	Gesetz betreffend das Urheberrecht an Werken der Literatur und der Tonkunst
MMR	Multimedia und Recht
n.F.	neue Fassung
NJW	Neue Juristische Wochenschrift
NVwZ	Neue Zeitschrift für Verwaltungsrecht
OLG	Oberlandesgericht
PatG	Patentgesetz
RabelsZ	Rabels Zeitschrift für ausländisches und internationales Privatrecht
RBÜ	Revidierte Berner Übereinkunft zum Schutz von Werken der Literatur und Kunst
RefE	Referentenentwurf
RegE	Regierungsentwurf
RG	Reichsgericht
RGZ	Entscheidungen des Reichgerichts in Zivilsachen
Rn.	Randnummer
Rspr.	Rechtsprechung
StGB	Strafgesetzbuch
TPG	Gesetz über die Spende, Entnahme und Übertragung von Organen und Geweben (Transplantationsgesetz)
u.a.	unter anderem
UFITA	Archiv für Urheber- und Medienrecht, von 1928 bis 1944 Archiv für Urheber-, Film- und Theaterrecht
UrhG	Urheberrechtsgesetz
UWG	Gesetz gegen den unlauteren Wettbewerb
VersR	Versicherungsrecht
vgl.	vergleiche

ZEuP	Zeitschrift für Europäisches Privatrecht
ZHR	Zeitschrift für das gesamte Handelsrecht und Wirtschaftsrecht
Ziff.	Ziffer
ZPO	Zivilprozessordnung
ZUM	Zeitschrift für Urheber- und Medienrecht
ZUM-RD	Zeitschrift für Urheber- und Medienrecht – Rechtsprechungsdienst

Einleitung

A. Ziel der Arbeit

Das zivilrechtliche allgemeine Persönlichkeitsrecht ist mittlerweile als „sonstiges Recht“ im Sinne von § 823 Abs. 1 BGB ein fester Bestandteil unserer Rechtsordnung. Dies darf indes nicht darüber hinwegtäuschen, dass die Entwicklung des allgemeinen Persönlichkeitsrechts bis heute nicht zur Ruhe gekommen ist. Immer neue technische Möglichkeiten haben immer neue Beeinträchtigungen der Persönlichkeit zur Folge. Das allgemeine Persönlichkeitsrecht befindet sich daher in einem stetigen Wandel und muss ständig an neue Bedingungen angepasst werden. Insofern verwundert es kaum, dass das allgemeine Persönlichkeitsrecht ein beliebtes Objekt rechtswissenschaftlicher Diskussionen und häufig auch Gegenstand von Rechtsstreitigkeiten ist, die der Rechtsprechung die Möglichkeit eröffnen, das allgemeine Persönlichkeitsrecht weiterzuentwickeln. Demgegenüber ist das Urheberpersönlichkeitsrecht seit vielen Jahrzehnten ausdrücklich im Urheberrechtsgesetz geregelt. Es ist daher beinahe selbstverständlich, dass Rechtsprechung und Lehre bei Fragen zum allgemeinen Persönlichkeitsrecht immer wieder auch das Urheberpersönlichkeitsrecht als Leitbild heranziehen. Dies ist bisher vor allem bei der Frage nach der kommerziellen Verwertung persönlichkeitsrechtlicher Bestandteile und der Vererbung vermögenswerter Persönlichkeitsinteressen der Fall gewesen, trifft aber ebenso auf den postmortalen Schutz sowie die Übertragbarkeit des allgemeinen Persönlichkeitsrechts zu.

Vor diesem Hintergrund hat sich diese Arbeit das Ziel gesetzt, das Urheberpersönlichkeitsrecht und das allgemeine Persönlichkeitsrecht im Hinblick auf ihre historische Entwicklung, ihren rechtlichen Inhalt, den postmortalen Schutz sowie ihre Übertragbarkeit zu untersuchen und Gemeinsamkeiten und Unterschiede in ihrer rechtlichen Behandlung durch den Gesetzgeber, die Rechtsprechung und die Literatur herauszuarbeiten und zu den aufgeworfenen Fragen Stellung zu beziehen. In diesem Zusammenhang soll auch das Verhältnis des Urheberpersönlichkeitsrechts zum allgemeinen Persönlichkeitsrecht betrachtet werden.

B. Gang der Untersuchung

In Teil 1 der Arbeit wird einleitend die geschichtliche Entwicklung des Urheberpersönlichkeitsrechts und des allgemeinen Persönlichkeitsrechts vom 18.

Jahrhundert bis zum heutigen Tage dargestellt. An dieser Stelle wird aufgezeigt werden, dass die Entwicklung des Urheberrechts und insbesondere auch des Urheberpersönlichkeitsrechts maßgeblichen Anteil an der Entwicklung des allgemeinen Persönlichkeitsrechts hatte.

Teil 2 der Arbeit befasst sich mit der inhaltlichen Regelung des Urheberpersönlichkeitsrechts und des allgemeinen Persönlichkeitsrechts. Bei ersterem wird schwerpunktmäßig das Urheberpersönlichkeitsrecht im engeren Sinne, also die in den §§ 12-14 UrhG geregelten Befugnisse, Gegenstand der Erörterung sein, bevor abschließend auf die zivilrechtlichen Rechtsschutzmöglichkeiten bei Beeinträchtigungen der entsprechenden Befugnisse eingegangen wird. Beim allgemeinen Persönlichkeitsrecht soll zunächst zwischen dem zivilrechtlichen und dem verfassungsrechtlichen allgemeinen Persönlichkeitsrecht unterschieden werden. Im Anschluss daran wird das Verhältnis des zivilrechtlichen allgemeinen Persönlichkeitsrechts zu den gesetzlich geregelten besonderen Persönlichkeitsrechten näher untersucht. Sodann wird schwerpunktmäßig die inhaltliche Konkretisierung des allgemeinen Persönlichkeitsrechts unter Berücksichtigung der in Rechtsprechung und Literatur vertretenen Ansätze vorgenommen. Ein Großteil der Ausführungen in diesem Teil der Arbeit ist zudem der Kommerzialisierung von Persönlichkeitsbestandteilen gewidmet. Des Weiteren werden die zivilrechtlichen Rechtsschutzmöglichkeiten bei einer Verletzung des allgemeinen Persönlichkeitsrechts dargestellt. Im dritten Abschnitt (C.) des 2. Teils wird abschließend auf das Verhältnis des Urheberpersönlichkeitsrechts zum allgemeinen Persönlichkeitsrecht eingegangen. Hierbei geht es um die Frage, ob das Urheberpersönlichkeitsrecht wie die besonderen Persönlichkeitsrechte ein echtes Persönlichkeitsrecht ist und inwieweit das allgemeine Persönlichkeitsrecht neben dem Urheberpersönlichkeitsrecht zur Anwendung gelangt.

In Teil 3 der Arbeit geht es um den postmortalen Schutz des Urheberpersönlichkeitsrechts und des allgemeinen Persönlichkeitsrechts. Dabei wird zum Urheberpersönlichkeitsrecht zunächst auf die Vererbungsregelung in § 28 UrhG eingegangen und anschließend die rechtliche Stellung der Rechtsnachfolger untersucht. Dabei steht insbesondere die Beschränkung der Rechtsstellung durch gesetzliche Regelungen, wie die Befristung des Urheberrechts in § 64 UrhG sowie durch Anordnungen des Urhebers, im Vordergrund. Im Rahmen der Ausführungen zum postmortalen Schutz des allgemeinen Persönlichkeitsrechts steht anlässlich der Rechtsprechung des BGH im Marlene Dietrich-Urteil die dogmatische Ausgestaltung des postmortalen Persönlichkeitsschutzes im Vordergrund. Während der BGH postmortal zwischen dem Schutz der materiellen und der ideellen Persönlichkeitsinteressen differenziert, soll angesichts der Parallelen zum Urheberrecht auch für den Bereich des allgemeinen Persönlichkeitsschutzes die Möglichkeit eines einheitlichen (monistischen) Schutzkonzeptes untersucht werden. Sodann sind auch hier die rechtliche Stellung der Rechtsnachfolger und die postmortale Schutzdauer zu erörtern.

Teil 4 setzt sich mit der Übertragbarkeit des Urheberpersönlichkeitsrechts und des allgemeinen Persönlichkeitsrechts zu Lebzeiten des Urhebers und des Rechtsträgers auseinander. Die Frage der Übertragbarkeit wird insbesondere bei der Verwertung des Werkes durch den Urheber und der Kommerzialisierung von Persönlichkeitsbestandteilen relevant. Hinsichtlich des Urheberpersönlichkeitsrechts wird in diesem Teil der Arbeit untersucht, inwieweit der Urheber angesichts der Unübertragbarkeitsregelung in § 29 Abs. 1 UrhG einem Dritten urheberpersönlichkeitsrechtliche Befugnisse überlassen kann. Einen Schwerpunkt der Ausführungen bildet dabei die Frage, ob der Urheber einem Dritten seine urheberpersönlichkeitsrechtlichen Befugnisse auch mit dinglicher Wirkung einräumen kann. Im Anschluss werden die für das Urheberpersönlichkeitsrecht aufgeworfenen Fragen auch im Hinblick auf das allgemeine Persönlichkeitsrecht untersucht. An dieser Stelle soll bei der Frage nach Einräumung einer dinglichen Rechtstellung an Persönlichkeitsbestandteilen neben der Möglichkeit einer konstitutiven Rechtseinräumung auch auf die Rechtsfigur der dinglich wirkenden Gestattung eingegangen werden.

Abgerundet wird die Arbeit in Teil 5 durch eine Zusammenfassung der in den Teilen 1 bis 4 gewonnen Erkenntnisse in Thesenform.

Teil 1. Die Entwicklung des Urheberpersönlichkeitsrechts und des allgemeinen Persönlichkeitsrechts

A. Die Entwicklung des Urheberpersönlichkeitsrechts

Das Urheberpersönlichkeitsrecht schützt den Urheber in seinen geistigen und persönlichen Interessen am Werk (vgl. § 11 UrhG) und dient damit der Verwirklichung des ideellen Urheberschutzes. Der Schutz der ideellen Urheberinteressen durch das Urheberpersönlichkeitsrecht ist inzwischen eine Selbstverständlichkeit. Bis zur Vollendung des ideellen Urheberschutzes mit der Normierung im Urheberrechtsgesetz im Jahre 1965 hat das Urheberpersönlichkeitsrecht einen langen Weg zurückgelegt.

I. Entwicklung des Urheberrechts in der Lehre

Vor allem in der Lehre war man sich lange Zeit nicht einig, ob das Urheberrecht als Vermögensrecht oder als Persönlichkeitsrecht einzuordnen sei.

1. Lehre vom geistigen Eigentum

Angestoßen wurde die Diskussion über die Rechtsnatur des Urheberrechts Ende des 18. Jahrhunderts durch die naturrechtliche Lehre vom geistigen Eigentum. Ihr lag der Gedanke zugrunde, dass der Urheber an seinem Werk ein „geistiges Eigentum" habe, das dem Urheber – ebenso wie das sachenrechtliche Eigentum – gewisse Rechte einräume[1]. Man verstand das Urheberrecht dementsprechend als ausschließliches Vervielfältigungsrecht des Urhebers am Werk[2].

Damit unterschied sich die Lehre vom geistigen Eigentum deutlich vom Privilegienwesen, das nach der Erfindung des Bücherdrucks durch Johannes Gutenberg um das Jahr 1440 bereits die Notwendigkeit einer Absicherung der wirt-

---

1 Bappert, Wege, S. 254; Gieseke, Entwicklung, S. 72; Ulmer, Urheber- und Verlagsrecht, S. 105 ff.

2 Gieseke, Entwicklung, S. 84; Heeschen, Urheberpersönlichkeitsrecht, S. 9; Hubmann, UFITA 106 (1987), 145 (145); Rehbinder, Urheberrecht, Rn. 21; Ulmer, Urheber- und Verlagsrecht, S. 106.

schaftlichen Risiken der Drucker und Verleger erkannt hatte[3]. Die Drucker und Verleger erhielten daher für einen gewissen Zeitraum das ausschließliche Recht zur Verwertung und Nutzung eines Werkes. Im Unterschied zur Lehre vom geistigen Eigentum war hierzu allerdings stets die Erteilung eines sogenannten Privilegs durch die Obrigkeit erforderlich[4]. Gleiches galt auch für den Schutz der ideellen Urheberinteressen, die seit dem 16. Jahrhundert zunehmend durch Autorenprivilegien geschützt wurden[5].

Sah die Lehre vom Privilegienwesen somit grundsätzlich bereits das Bedürfnis nach einem Schutz der ideellen Urheberinteressen, so verstand die Lehre vom geistigen Eigentum das Urheberrecht als ein Recht, das ebenso wie das Sacheigentum nur die wirtschaftlichen Interessen der Urheber schütze[6]. Die Beschränkung des Urheberrechts auf einen Schutz der materiellen Urheberinteressen blieb nicht ohne Kritik. Man hielt der Lehre vom geistigen Eigentum vor, dass die Gleichstellung mit dem Sacheigentum die bestehenden Unterschiede beider Rechte nicht hinreichend berücksichtige[7]. Anders als das Sacheigentum schütze das Urheberrecht neben den materiellen Interessen des Urhebers nämlich gerade auch seine ideellen Interessen. Insbesondere könne der Urheber über die Veröffentlichung und Verwertung seines Werkes entscheiden[8].

2. Theorie vom Persönlichkeitsrecht

Besondere Bedeutung für die Entwicklung des Urheberpersönlichkeitsrechts erlangte die sogenannte Theorie vom Persönlichkeitsrecht[9]. Im krassen Gegensatz zur Theorie vom „geistigen Eigentum“ stellte sie den Schutz der ideellen Urheberinteressen in den Vordergrund.

3 Gieseke, Privileg, S. 13 ff.; Haberstumpf, Urheberrecht, Rn. 40; Rehbinder, Urheberrecht, Rn. 14.

4 Bappert, UFITA 63 (1972), 85, (86 f.); Gieseke, Entwicklung, S. 23; Heeschen, Urheberpersönlichkeitsrecht, S. 7; Rehbinder, Urheberrecht, Rn. 14; Vogel, in: Schricker/Loewenheim, Einl. Rn. 92.

5 Gieseke, Privileg, S. 58 f.; Heeschen, Urheberpersönlichkeitsrecht, S. 7 f.; Jahn, Urheberpersönlichkeitsrecht, S. 11; Rehbinder, Urheberrecht, Rn. 17; Ulmer, Urheber- und Verlagsrecht, S. 53; Vogel, in: Schricker/Loewenheim, Einl. Rn. 94.

6 Bappert, Wege, S. 278; Heeschen, Urheberpersönlichkeitsrecht, S. 9.

7 Allfeld, Urheberrecht, S. 15; v. Gierke, Privatrecht I, S. 761; Riezler, Urheber- und Erfinderrecht, S. 31 f.

8 Siehe hierzu Ulmer, Urheber- und Verlagsrecht, S. 106.

9 Heeschen, Urheberpersönlichkeitsrecht, S. 11; Jahn, Urheberpersönlichkeitsrecht, S. 21; Rehbinder, Urheberrecht, Rn. 29; Ulmer, Urheber- und Verlagsrecht, S. 110.

Als Ausgangspunkt dieser Theorie gilt der Aufsatz *Immanuel Kants* „Von der Unrechtmäßigkeit des Büchernachdrucks" aus dem Jahre 1785[10]. In diesem differenzierte *Kant* zwischen dem Buch und seinem unkörperlichen Inhalt. Während das Buch als körperlicher Gegenstand sachenrechtlichen Grundsätzen unterliege, habe der Verfasser am unkörperlichen Inhalt ein ausschließliches persönliches Recht[11].

Kants Ansatz diente insbesondere *Johann Caspar Bluntschli* und *Otto von Gierke* als Grundlage ihrer Ausführungen zur Rechtsnatur des Urheberrechts.

Bluntschli sah in dem „Autorrecht" in erster Linie ein persönliches Recht[12]. Zwar habe das Werk auch einen Vermögenswert, dieser sei für das Autorrecht aber nur von sekundärer Bedeutung[13]. *Gierke* führte aus, dass es sich bei dem Geisteswerk um einen Bestandteil der Persönlichkeitssphäre des Urhebers handele[14]. Die Aufgabe des Urheberrechts sei es, die Herrschaft des Urhebers über diesen Persönlichkeitsbestandteil abzusichern[15]. Aufgrund seiner persönlichkeitsrechtlichen Natur bestehe das Urheberrecht nur so lange fort, „bis die Zeit verflossen ist, nach deren Ablauf die über den Tod hinaus fortwirkende geistige Individualität in keinem Sinne mehr dem engeren Kreis seiner Erben und Rechtsnachfolger und ganz nur noch der Nation und der Menschheit zu gehören scheint"[16]. Soweit es um die Verwertung des Werkes gehe, sei das Urheberrecht trotz seines persönlichkeitsrechtlichen Kernes aber zugleich Vermögensrecht[17].

3. Theorie vom Immaterialgüterrecht

Der Lehre vom Persönlichkeitsrecht wurde vor allem entgegengehalten, dass sie die Verselbständigung des Werkes, die bereits mit der Schöpfung, insbesondere

10 Nachdruck in UFITA 106 (1987), 137 (137 ff). Siehe hierzu auch die Besprechung von Hubmann, UFITA 106 (1987), 145 (145 ff.).

11 Kant, UFITA 106 (1987), 137 (138 f. u. 141). Siehe hierzu Gieseke, Entwicklung, S. 98; ders., Privileg, S. 169 f.; Heeschen, Urheberpersönlichkeitsrecht, S. 10; Hubmann, UFITA 106 (1987), 145 (146); Jahn, Urheberpersönlichkeitsrecht, S. 19 f.; Rehbinder, Urheberrecht, Rn. 29; Ruzicka, Urheberpersönlichkeitsrecht, S. 47.

12 Rehbinder, Urheberrecht, Rn. 29.

13 Bluntschli, Privatrecht, S. 115 f.; Siehe hierzu Heeschen, Urheberpersönlichkeitsrecht, S. 10; Rehbinder, Urheberrecht, Rn. 29; ders., UFITA 123 (1993), 29 (36 ff.).

14 v. Gierke, Privatrecht I, S. 756.

15 v. Gierke, Privatrecht I, S. 765.

16 v. Gierke, Privatrecht I, S. 768. Siehe hierzu Rehbinder, Urheberrecht, Rn. 29.

17 v. Gierke, Privatrecht I, S. 766. Siehe hierzu Rehbinder, Urheberrecht, Rn. 29; Ruzicka, Urheberpersönlichkeitsrecht, S. 48.

aber mit der Veröffentlichung des Werkes erfolge, nicht hinreichend berücksichtige. Sie werde dem Urheberrecht aber auch insoweit nicht gerecht, als zu den Persönlichkeitsgütern nur solche Rechtsgüter gehörten, die ganz oder überwiegend dem Schutz der ideellen Interessen des Berechtigten dienten. Der Urheber verfolge in erster Linie aber wirtschaftliche Interessen[18]. Die „Schöpferpersönlichkeit" sei für ihn zumeist nur von untergeordneter Bedeutung[19]. *Josef Kohler* kritisierte schließlich, dass der Gegenstand des Urheberrechts nicht die Persönlichkeit des Urhebers sondern ein unkörperliches Rechtsgut sei, welches außerhalb des Menschen stehe[20]. Der Annahme, dass es sich beim Urheberrecht um ein Persönlichkeitsrecht handele, stehe insoweit entgegen, dass sich jedes Werk vom Schöpfer ablöse[21]. Diese Überlegungen bildeten die Grundlage für *Kohlers* Theorie vom Immaterialgüterrecht[22]. Danach soll neben dem Urheberrecht das „Individualrecht" stehen, welches die Persönlichkeit des Urhebers schütze[23]. Beide Rechte sind nach der Theorie vom Immaterialgüterrecht zwar miteinander verklammert, stehen jedoch getrennt nebeneinander und bilden kein einheitliches Recht[24].

Der Trennung beider Rechte verdankt die Theorie vom Immaterialgüterrecht ihre Bezeichnung als dualistische Lehre. In der Literatur hat diese Theorie große Zustimmung gefunden. Aufgrund der Verklammerung von Immaterialgüterrecht und Persönlichkeitsrecht wurde das Urheberrecht in der Folge häufig als Doppelrecht bezeichnet[25].

---

18 Ulmer, Urheber- und Verlagsrecht, S. 110 f.

19 Rehbinder, Urheberrecht, Rn. 29.

20 Kohler, Urheberrecht, S. 1.

21 Kohler, Urheberrecht, S. 1.

22 Rehbinder, Urheberrecht, Rn. 30.

23 Unter dem Persönlichkeitsrecht verstand Kohler kein spezifisch urheberrechtliches Recht, sondern das allgemeine Persönlichkeitsrecht (Ulmer, Urheber- und Verlagsrecht, S. 112). Vgl. hierzu auch die Ausführungen zur Entwicklung des allgemeinen Persönlichkeitsrechts unten Teil 1.B.I.2.

24 Kohler, Urheberrecht, S. 17 u. 439 f. Siehe hierzu Heeschen, Urheberpersönlichkeitsrecht, S. 12; Rehbinder, Urheberrecht, Rn. 30.

25 Michaelis, Persönlichkeitsrechtliche Befugnisse, S. 26 f.; Müller, UFITA 2 (1929) 367 (380 f.). Siehe hierzu Heeschen, Urheberpersönlichkeitsrecht, S. 12; Rehbinder, Urheberrecht, Rn. 30.

4. Monistische Theorie

Die monistische Theorie geht wie die Theorie vom Immaterialgüterrecht davon aus, dass das Urheberrecht sowohl die ideellen als auch die materiellen Urheberinteressen schützt. Im Unterschied zu der Lehre vom Immaterialgüterrecht nimmt sie jedoch eine weitaus engere Verklammerung der wirtschaftlichen und der persönlichen Urheberinteressen an als die dualistische Theorie. Die enge Verbindung der ideellen und materiellen Urheberbefugnisse zeige sich darin, dass auch die urheberrechtlichen Nutzungsrechte einen persönlichkeitsrechtlichen Einschlag hätten, andererseits die Beeinträchtigung persönlichkeitsrechtlicher Befugnisse vermögensrechtliche Ansprüche auslösen könne[26]. Veranschaulichen lässt sich die enge Verbindung der ideellen und der materiellen Urheberinteressen anhand der sogenannten „Baumtheorie" *Eugen Ulmers*. Danach entsprechen die beiden durch das Urheberrecht geschützten Interessengruppen den Wurzeln eines Baumes, dessen einheitlicher Stamm das Urheberrecht ist. Die urheberrechtlichen Befugnisse sind die Äste und Zweige, die ihre Kraft einmal aus beiden Wurzeln, ein anderes Mal aus einer von ihnen ziehen[27]. Aufgrund der engen Verklammerung beider Bestandteile sieht die monistische Theorie im Urheberrecht „ein einheitliches Recht mit einer doppelten Funktion"[28].

II. Gesetzgebung zum Urheberrecht

In der Gesetzgebung blieben die persönlichkeitsrechtlichen Bestandteile des Urheberrechts neben den wirtschaftlichen Interessen zunächst nahezu unberücksichtigt[29]. Lediglich vereinzelt haben persönlichkeitsrechtliche Interessen Schutz erfahren. Im Königlich-Preußischen Gesetz vom 11. Juni 1837 beispielsweise wurden die persönlichkeitsrechtlichen Interessen durch das Veröffentlichungsrecht, welches Beeinträchtigungen der literarischen oder bürgerlichen Ehre des Schriftstellers durch unbefugte Bekanntmachung verhindern sollte, geschützt[30]. Eine ansatzweise Regelung des Veröffentlichungsrechts und des Rechts auf Urhebernennung enthielt auch das Gesetz betreffend das Urheberrecht an Schrift-

---

26 Rehbinder, Urheberrecht, Rn. 31.

27 Ulmer, Urheber- und Verlagsrecht, S. 116.

28 Rehbinder, Urheberrecht, Rn. 31.

29 Heeschen, Urheberpersönlichkeitsrecht, S. 13.

30 Heeschen, Urheberpersönlichkeitsrecht, S. 14; Vogel, in: Wadle, 191 (193); ders., GRUR 1994, 587 (587 f.).

werken, Abbildungen, musikalischen Kompositionen und dramatischen Werken vom 11. Juni 1870 in den §§ 5 lit. a, 7 lit. a, 44 und 47[31].

Weitergehende Regelungen zum Schutz der Urheberpersönlichkeit enthielten die Urheberrechtsgesetze von 1901 und 1907 – das Gesetz betreffend das Urheberrecht an Werken der Literatur und Tonkunst vom 19. Juni 1901 (LUG) und das Gesetz betreffend das Urheberrecht an Werken der bildenden Künste und der Photographie vom 9. Januar 1907 (KUG). Beide Gesetze sahen noch keinen umfassenden Schutz der ideellen Urheberinteressen vor. Einzelne urheberpersönlichkeitsrechtliche Befugnisse wurden aber bereits durch das Recht zur ersten Inhaltsmitteilung (§ 11 Abs. 1 S. 2 LUG), den Schutz vor Zwangsvollstreckungen (§§ 10 LUG und 14 KUG), das Recht auf Anbringung einer Urheberbezeichnung (§§ 9, 18 Abs. 1, 25 LUG und §§ 13, 18 Abs. 3, 34 Abs. 1 KUG) und die änderungsrechtlichen Vorschriften in den §§ 9 Abs. 1, 24 S. 1 LUG und §§ 12 Abs. 1, 21 S. 1 KUG, geschützt[32].

Keine ausdrücklichen Regelungen enthielten beide Gesetze für das Veröffentlichungsrecht, das Recht auf Anerkennung der Urheberschaft und das Recht, Werkentstellungen oder -beeinträchtigungen zu verbieten. Mittelbar wurden diese Befugnisse jedoch durch Heranziehung der bestehenden Vorschriften geschützt. So wurde das Veröffentlichungsrecht aus § 11 Abs. 1 S. 2 LUG und den Verwertungsrechten gefolgert[33]. Das Recht auf Anerkennung der Urheberschaft wurde dem Recht auf Anbringung einer Urheberbezeichnung gemäß § 13 KUG[34] und das Recht, Werkentstellungen oder -beeinträchtigungen zu verbieten, den änderungsrechtlichen Vorschriften sowie dem Gedanken eines umfassenden Urheberpersönlichkeitsrechts entnommen[35].

---

31 v. Gamm, Urheberrechtsgesetz, Einf. Rn. 5; Heeschen, Urheberpersönlichkeitsrecht, S. 14; Vogel, in: Schricker/Loewenheim, Einl. Rn. 111; ders., GRUR 1994, 587 (589).

32 v. Gamm, Urheberrechtsgesetz, Einf. Rn. 8; Jahn, Urheberpersönlichkeitsrecht, S. 25; Müsse, Urheberpersönlichkeitsrecht, S. 31; Ruzicka, Urheberpersönlichkeitsrecht, S. 50 f.

33 v. Gamm, Urheberrechtsgesetz, § 12 Rn. 2.

34 v. Gamm, Urheberrechtsgesetz, § 13 Rn. 1.

35 RGZ 79, 397 (400 f.) – Felseneiland mit Sirenen; Dietz/Peukert, in: Schricker/Loewenheim, § 14 Rn. 6; v. Gamm, Urheberrechtsgesetz, § 14 Rn. 1; Grohmann, Entstellungen, S. 4.

III. Rechtsprechung des Reichsgerichts zum Urheberpersönlichkeitsrecht

Die Rechtsprechung beschränkte den Schutz des Urhebers zunächst auf die vermögenswerten Interessen[36]. Im Jahre 1908 stellte das Reichsgericht jedoch erstmals in seiner Lesezirkel-Entscheidung fest, dass durch das Urheberrecht nicht nur Vermögensinteressen, sondern auch geistige Interessen des Schriftstellers geschützt werden müssten[37]. Diese Rechtsprechung führte es im Nietzsche-Briefe-Urteil fort und erkannte nunmehr auch die Existenz besonderer gesetzlich geregelter Persönlichkeitsrechte an. Zu diesen sollten neben dem Warenzeichenrecht und dem Recht am eigenen Bilde auch die persönlichkeitsrechtlichen Bestandteile des Urheberrechts gehören[38]. In der darauffolgenden Zeit erlangte insbesondere das sogenannte Felseneiland mit Sirenen-Urteil Bedeutung für die Entwicklung des Urheberpersönlichkeitsrechts. In diesem wies das Reichsgericht darauf hin, dass die Bestimmungen der §§ 12, 13, 15 ff., 18 Abs. 3, 19 Abs. 2, 21 KUG erkennen ließen, dass der Künstler, dem modernen Rechtsempfinden entsprechend, ein gesetzlich geschütztes Recht darauf habe, dass das von ihm geschaffene Werk, als ein Ausfluss seiner individuellen künstlerischen Schöpferkraft, der Mit- und Nachwelt nur in seiner unveränderten individuellen Gestaltung zugänglich gemacht bzw. hinterlassen werde. Auch wenn dieser Gedanke nur für den Fall eine ausdrückliche Regelung erfahren habe, dass der Künstler sein Urheberrecht selbst ganz oder teilweise auf einen anderen übertragen hat, so werde der Rechtsschutz dennoch als bestehend vorausgesetzt. Er könne und müsse aus den der Ergänzung bedürftigen Bestimmungen des KUG entnommen werden[39]. Das Reichsgericht erkannte folglich in einem dem LUG und KUG zugrunde liegenden Rechtsgedanken die Quelle des Urheberpersönlichkeitsrechts ohne den Begriff „Urheberpersönlichkeitsrecht" zu verwenden[40]. Letzteres tat das Reichsgericht erst in seinem Urteil vom 26. Januar 1929 („Lateinisches Übungsbuch")[41].

---

36 RG JW 1904, 391 (391).

37 RGZ 69, 242 (243 f.) – Lesezirkel.

38 RGZ 69, 401 (403) – Nietzsche Briefe.

39 RGZ 79, 397 (399 f.) – Felseneiland mit Sirenen.

40 Jahn, Urheberpersönlichkeitsrecht, S. 27; Ruzicka, Urheberpersönlichkeitsrecht, S. 52.

41 RG GRUR 1929, 508 (509) – Lateinisches Übungsbuch. Siehe hierzu Dietz/Peukert, in: Schricker/Loewenheim, Vor §§ 12 ff. Rn. 1; Elster, FS-Reichsgericht, 252 (253); Heeschen, Urheberpersönlichkeitsrecht, S. 17; Jahn, Urheberpersönlichkeitsrecht, S. 27.

IV. Entwürfe eines Urhebergesetzes

Einen wichtigen Anstoß erhielt die Diskussion um das Urheberpersönlichkeitsrecht durch die Rom-Konferenz zur Berner Übereinkunft zum Schutz von Werken der Literatur und Kunst[42]. Während die ideellen Urheberinteressen in der ursprünglichen Fassung der Berner Übereinkunft aus dem Jahre 1886 noch nicht geschützt wurden, erfolgte auf der Rom-Konferenz im Jahre 1928 die Verankerung des Urheberpersönlichkeitsrechts als Mindestrecht in Art. 6bis. Dies wurde damit begründet, dass ein Schutz auch des Urheberpersönlichkeitsrechts über die nationalen Grenzen hinaus erforderlich sei[43]. Art. 6bis Abs. 1 RBÜ lautete:

> „*Unabhängig von den Vermögensrechten des Urhebers und selbst nach der Abtretung dieser Rechte behält der Urheber das Recht, die Urheberschaft am Werke für sich in Anspruch zu nehmen sowie das Recht, sich jeder Entstellung, Verstümmelung oder sonstigen Änderung des Werkes zu widersetzen, die seiner Ehre oder seinem Rufe abträglich sein können*".

1. Entwurf des Reichsjustizministeriums aus dem Jahre 1932

Die Ergebnisse der Rom-Konferenz waren gleichzeitig der Ausgangspunkt für die Reformbestrebungen des deutschen Urheberrechtsgesetzes[44]. Im Jahre 1929 wurden diese durch vier private Gesetzesentwürfe eingeleitet[45]. Diesen schloss sich im Jahre 1932 der Entwurf eines Gesetzes über das Urheberrecht an Werken der Literatur, der Kunst und der Photographie des Reichsjustizministeriums an[46]. Dieser war für die Entwicklung des Urheberpersönlichkeitsrechts von be-

---

42 Hock, Namensnennungsrecht, S. 24 f.; Jahn, Urheberpersönlichkeitsrecht, S. 32; Mentha, GRUR Int. 1973, 295 (295); Ruzicka, Urheberpersönlichkeitsrecht, S. 55.

43 Jahn, Urheberpersönlichkeitsrecht, S. 30; Rehbinder, Urheberrecht, Rn. 33; Ruzicka, Urheberpersönlichkeitsrecht, S. 54.

44 Jahn, Urheberpersönlichkeitsrecht, S. 32; Rehbinder, Urheberrecht, Rn. 37; Ulmer, Urheber- und Verlagsrecht, S. 60.

45 Es handelt sich dabei um die Entwürfe von Goldbaum/Wolff, UFITA 2 (1929), 185 (185 ff.); Elster, UFITA 2 (1929), 652 (652 ff.); Hoffmann, UFITA 2 (1929), 659 (659 ff.); Marwitz, UFITA 2 (1929), 668 (668 ff.). Siehe hierzu Heeschen, Urheberpersönlichkeitsrecht, S. 18 f.; Heidmeier, Urheberpersönlichkeitsrecht, S. 43 f.; Jahn, Urheberpersönlichkeitsrecht, S. 32 f.; Ruzicka, Urheberpersönlichkeitsrecht, S. 56.

46 Entwurf eines Gesetzes über das Urheberrecht an Werken der Literatur, der Kunst und der Photographie mit Begründung, veröffentlicht durch das Reichsjustizministerium, Berlin 1932 (nachfolgend RJM-Entwurf). Siehe hierzu Heeschen, Urheberpersönlich-

sonderer Bedeutung[47]. Im Anschluss an die geänderte Berner Übereinkunft stellte der Entwurf klar, dass sich das Urheberrecht nicht in den Werknutzungsrechten erschöpfe, sondern auch die persönlichen Interessen des Urhebers zu schützen seien[48]. Da man es als unmöglich ansah, die mannigfaltigen persönlichen Interessen des Urhebers am Werk erschöpfend aufzuzählen, wurde in § 12 Abs. 3 eine allgemeine Regelung zum Schutz der persönlichen Urheberinteressen aufgenommen[49]. Danach sollte der Urheber Schutz gegen unbefugte Eingriffe in seine berechtigten persönlichen Interessen am Werk genießen[50]. Ergänzend zu dieser Regelung sah der Entwurf in den Abs. 4, 5 und 6 einige Sondervorschriften zum Schutz der persönlichen Interessen des Urhebers vor. Zu diesen zählte der Entwurf das Recht auf Urheberbezeichnung (§ 12 Abs. 4 S. 1), den Schutz gegen Werkänderungen (§ 12 Abs. 4 S. 2) und das Veröffentlichungsrecht (§ 12 Abs. 5)[51]. Der Entwurf verwendete allerdings bewusst nicht den Begriff „Urheberpersönlichkeitsrecht" zur Bezeichnung der persönlichen Urheberinteressen. Gegenstand der in der Berner Übereinkunft als „droit moral" bezeichneten Rechte sei nämlich nicht die Person des Urhebers, sondern das urheberrechtlich geschützte Werk und die Verbindung dieses Werkes mit seinem Schöpfer[52]. Zugleich betonte der Entwurf, dass eine Übertragung der persönlichen Interessen nicht in Betracht komme und daher auch eine Übertragung des Urheberrechts als solches ausscheide[53]. Dieser Grundsatz der Unübertragbarkeit wurde ausdrücklich in § 19 Abs. 1 festgehalten[54].

2. Entwicklung des Urheberpersönlichkeitsrechts nach der nationalsozialistischen Machtergreifung – Der NSJ-Entwurf von 1933 und der Akademieentwurf von 1939

Die nationalsozialistische Machtergreifung hatte für das Urheberrecht weitreichende Folgen. Das urheberrechtlich zu schützende Werk verstand man nun-

keitsrecht, S. 19 f.; Jahn, Urheberpersönlichkeitsrecht, S. 33 ff.; Ruzicka, Urheberpersönlichkeitsrecht, S. 56 ff.

47 de Boor, Wesen des Urheberrechts, S. 9; Brandt, droit moral, S. 78; Heeschen, Urheberpersönlichkeitsrecht, S. 19.

48 RJM-Entwurf, S. 45.

49 RJM-Entwurf, S. 46.

50 RJM-Entwurf, S. 3.

51 RJM-Entwurf, S. 3 u. 46 ff.

52 RJM-Entwurf, S. 45.

53 RJM-Entwurf, S. 67.

54 RJM-Entwurf, S. 6. Eine Ausnahme vom Grundsatz der Unübertragbarkeit sah der Entwurf nur für den Tod des Urhebers vor.

mehr als „Gut des gesamten Volkes“[55]. Der Urheber galt hingegen nur als „Treuhänder des Werkes“, als „Manifestation der im gesamten Volke lebenden Kräfte“[56]. Als Schutzgegenstand des Urheberrechts wurde daher das Werk und nicht der Urheber angesehen[57]. Auch das Urheberpersönlichkeitsrecht blieb von diesem neuen Verständnis nicht unberührt.

So galt das Urheberpersönlichkeitsrecht gemäß § 27 des im Jahre 1933 vom „Bund Nationalsozialistischer Deutscher Juristen“ veröffentlichten Entwurfes eines neuen Deutschen Urheberschutzgesetzes (NSJ-Entwurf)[58] als unübertragbar und unvererblich[59]. Nach dem Tode des Urhebers sollte der „Urheberpersönlichkeitsschutz“ grundsätzlich von den Angehörigen ausgeübt werden (§ 28 Abs. 1). Eine Ausnahme von diesem Grundsatz regelte der Entwurf in § 28 Abs. 2. Diese Vorschrift behielt dem Urheber das Recht vor, einem anderen die Ausübung seines Urheberpersönlichkeitsschutzes durch Verfügung von Todes wegen anzuvertrauen. Der Urheberpersönlichkeitsschutz gemeinfreier Werke mit allgemeiner Bedeutung für die nationale Kunst sollte dagegen gemäß § 28 Abs. 3 durch die zuständige Berufsorganisation ausgeübt werden, und zwar auch dann, wenn die gemäß § 28 Abs. 1 und 2 zur Ausübung des Urheberpersönlichkeitsschutzes Berechtigten diesen Schutz nicht oder nicht genügend ausübten (§ 28 Abs. 4)[60]. Die gesetzliche Regelung hat somit für die Zeit nach dem Tode des Urhebers das Urheberpersönlichkeitsrecht mit dem Gemeinschaftsinteresse gleichgeordnet, weil man die missbräuchliche Benutzung von Werken der nationalen Kultur als Verletzung eines „kollektiven droit moral der ganzen Volksgemeinschaft“ verstand[61].

---

55 Gast, UFITA 8 (1935), 333 (340). Siehe hierzu Ruzicka, Urheberpersönlichkeitsrecht, S. 58.

56 Gast, UFITA 8 (1935), 333 (341).

57 Bull, UFITA 7 (1934), 378 (379); Elster, GRUR 1940, 404 (406); Hoffmann, DJZ 1935, 285 (285). Siehe hierzu Jahn, Urheberpersönlichkeitsrecht, S. 35 und Ruzicka, Urheberpersönlichkeitsrecht, S. 58.

58 Entwurf eines neuen Deutschen Urheberschutzgesetzes, abgedruckt in UFITA 7 (1934), S. 390-399 (nachfolgend NSJ-Entwurf).

59 NSJ-Entwurf, UFITA 7 (1934), 390 (394). Die urheberpersönlichkeitsrechtlichen Befugnisse regelte der Entwurf in § 7: „Der Urheber hat die ausschließliche Befugnis (Urheberpersönlichkeitsrecht): 1. Das Werk zu veröffentlichen; 2. Die Urheberschaft an seinem Werke geltend zu machen; 3. Die Verletzung seines eigenpersönlichen Ausdruckswillens im Werke zu verbieten.“ (NSJ-Entwurf, UFITA 7 (1934), 390 (391)).

60 NSJ-Entwurf, UFITA 7 (1934), 390 (394).

61 Jahn, Urheberpersönlichkeitsrecht, S. 37; Ruzicka, Urheberpersönlichkeitsrecht, S. 60.

Der im Jahre 1939 veröffentlichte Entwurf der Akademie für deutsches Recht[62] bezeichnete das Urheberpersönlichkeitsrecht im Unterschied zum NSJ-Entwurf als „Urheberehre" (§ 10)[63].[64] Diese definierte der Entwurf als „eigenpersönliche Beziehungen" des Urhebers zu seinem Werk. Ergänzt wurde der urheberpersönlichkeitsrechtliche Schutz in den §§ 10 f. durch § 53 Abs. 1, der für Werke von allgemeiner Bedeutung für die nationale Kultur nach dem Tode des Urhebers eine Bearbeitung oder Verwendung untersagte, die das Ansehen oder den Wert des Werkes offenbar beeinträchtigen würden[65]. Die Aufsicht darüber sollte gemäß § 53 Abs. 2 dem Reichsminister für Volksaufklärung und Propaganda zustehen, der auch gegen die nach § 16 zur Rechtsnachfolge Berufenen entscheiden können sollte[66]. Die zeitliche Ausdehnung des Urheberpersönlichkeitsrechts zeigt, dass dieses nunmehr verstärkt als „droit moral der Nation" verstanden wurde[67]. Teilweise sah man dadurch die Grenze zum urheberrechtlichen Denkmalschutz überschritten, weshalb nicht mehr die Rede von einem Urheberpersönlichkeitsrecht sein könne[68].

---

62 Die Neugestaltung des deutschen Urheberrechts – Die Vorschläge des Fachausschusses für Urheber- und Verlagsrecht der Deutschen Arbeitsgemeinschaft für gewerblichen Rechtsschutz und Urheberrecht in der Akademie für Deutsches Recht, in: Arbeitsberichte der Akademie für Deutsches Recht, Berlin, München 1939 (nachfolgend Akademie-Entwurf).

63 Akademie-Entwurf, S. 4.

64 Neben dem grundsätzlichen Schutz des Urheberpersönlichkeitsrechts in § 10 traf der Entwurf in § 10a weitere Regelungen zum Schutze des Urheberpersönlichkeitsrechts. Im Einzelnen sah der Entwurf einen Schutz des Veröffentlichungs- und Mitteilungsrechts (§ 10a Abs. 1), des Rechts auf Anerkennung der Urheberschaft und auf Urheberbezeichnung (§ 10a Abs. 2) sowie des Rechts, ansehens- oder rufgefährdende Veröffentlichungen oder Vervielfältigungen des Werkes zu verbieten (§ 10a Abs. 3), vor.

65 Akademie-Entwurf, S. 20 f.

66 § 16 des Entwurfs regelte den Übergang des Urheberrechts. Gemäß Abs. 1 sollte das Urheberrecht vererblich sein. Die Möglichkeit einer Übertragung sah der Entwurf nur für den Fall der Erfüllung einer Verfügung von Todes wegen oder der Übertragung an Miterben im Wege der Erbauseinandersetzung vor. Gemäß Abs. 2 sollte der Rechtsnachfolger, soweit nicht ein anderes bestimmt ist, die dem Urheber zustehenden Rechte haben. Zuletzt bestimmte Abs. 3, dass der Urheber auch durch Verfügung von Todes wegen einem Testamentsvollstrecker die Ausübung des Urheberrechts übertragen könne (Akademie-Entwurf, S. 6).

67 Ruzicka, Urheberpersönlichkeitsrecht, S. 62.

68 Jahn, Urheberpersönlichkeitsrecht, S. 39 f.; Ruzicka, Urheberpersönlichkeitsrecht, S. 62.

3. Urheberpersönlichkeitsrecht in der Nachkriegszeit

Nach dem zweiten Weltkrieg gab im Jahre 1948 die Brüsseler Konferenz zur Revision der Berner Übereinkunft den entscheidenden Anstoß für die Reformarbeiten zur Schaffung eines neuen Urheberrechtsgesetzes und die Diskussion über das Urheberpersönlichkeitsrecht[69]. Im Zuge der Brüsseler Konferenz wurde der Schutz der ideellen Urheberinteressen durch eine Änderung von Art. 6bis Abs. 2 RBÜ weiter gestärkt. Danach sollten die durch Abs. 1 anerkannten ideellen Rechte auch nach dem Tode des Urhebers wenigstens bis zum Erlöschen der vermögensrechtlichen Befugnisse in Kraft bleiben. Die Wahrnehmung der Rechte sollte postmortal durch diejenigen Personen oder Institutionen erfolgen, die von den einzelnen Gesetzgebungen hierzu berufen wurden.

4. Die amtlichen Entwürfe zum Urheberrechtsgesetz von 1965

a) Referentenentwurf aus dem Jahre 1954

Im Anschluss an die Brüsseler Revision der RBÜ nahm das Bundesjustizministerium die Reformarbeiten wieder auf und veröffentlichte im Jahre 1954 den Referentenentwurf[70] über das Urheberrechtsgesetz[71]. Dieser regelte in § 9 nunmehr einen über Einzelbestimmungen hinausgehenden umfassenden Schutz des Urheberpersönlichkeitsrechts[72]. § 9 des Entwurfs konkretisierte den Inhalt des Urheberrechts dahingehend, dass der Urheber in der Nutzung des Werkes und in den geistigen und persönlichen Beziehungen zum Werk geschützt werde. Sodann sah der Entwurf unter der Überschrift „sonstige Rechte des Urhebers" in den §§ 17-19 ausdrücklich den Schutz des Veröffentlichungsrechts (§ 17), des Rechts auf Anerkennung der Urheberschaft (§ 18) und den Schutz des Urhebers gegen Entstellung des Werkes (§ 19) vor[73]. Besondere Aufmerksamkeit verdient die Regelung des Veröffentlichungsrechts. Der Referentenentwurf wies zunächst auf eine fehlende Regelung des Veröffentlichungsrechts in den bis dahin geltenden Urheberrechtsgesetzen hin und führte anschließend aus, dass es sich beim Veröffentlichungsrecht um eines der wichtigsten Rechte handele, „die aus dem

---

69 Jahn, Urheberpersönlichkeitsrecht, S. 40; Ruzicka, Urheberpersönlichkeitsrecht, S. 63.

70 Referentenentwürfe zur Urheberrechtsreform, veröffentlicht durch das Bundesjustizministerium, Bonn 1954 (nachfolgend Referentenentwurf).

71 Heeschen, Urheberpersönlichkeitsrecht, S. 20; Jahn, Urheberpersönlichkeitsrecht, S. 43; Ruzicka, Urheberpersönlichkeitsrecht, S. 65; Ulmer, Urheber- und Verlagsrecht, S. 61.

72 Heeschen, Urheberpersönlichkeitsrecht, S. 20; Ruzicka, Urheberpersönlichkeitsrecht, S. 65 f.; Ulmer, Urheber- und Verlagsrecht, S. 61.

73 Begründung zum Referentenentwurf, S. 12.

droit moral des Urhebers erwachsen". Aus diesem Grund hielt der Entwurf eine ausdrückliche Normierung des Veröffentlichungsrechts für erforderlich[74]. Nachdem das Veröffentlichungsrecht lange Zeit sowohl den Verwertungsrechten als auch den Urheberpersönlichkeitsrechten zugeordnet worden war, erkannte es der Referentenentwurf damit erstmals ausdrücklich als urheberpersönlichkeitsrechtliche Befugnis an[75]. Der Referentenentwurf entschied sich jedoch dagegen, den Begriff „Urheberpersönlichkeitsrecht" in den Entwurf aufzunehmen, weil dieser nicht den Kern der Sache treffe. Gegenstand des droit moral sei nämlich nur das urheberrechtlich geschützte Werk und die Verbindung des Werkes zu seinem Schöpfer, nicht aber die Person des Urhebers[76].

b) Ministerialentwurf aus dem Jahre 1959

Wie der Referentenentwurf sah auch der Ministerialentwurf eines Gesetzes über Urheberrecht und verwandte Schutzrechte[77] aus dem Jahre 1959 einen Schutz des Urhebers in der Nutzung seines Werkes und in den geistigen und persönlichen Beziehungen zum Werk vor[78]. Im dritten Abschnitt (Inhalt des Urheberrechts) schützte der Entwurf unter der Überschrift „4. Urheberpersönlichkeitsrecht" das Recht des Urhebers auf Anerkennung der Urheberschaft (§ 21) sowie das Recht, Entstellungen des Werkes zu verbieten (§ 22)[79]. Im Unterschied zum Referentenentwurf stellte der Ministerialentwurf das Veröffentlichungsrecht in § 11 wegen seiner besonderen Bedeutung für beide Bestandteile sowohl den Verwertungsrechten als auch dem Urheberpersönlichkeitsrecht voran[80]. Das Veröffentlichungsrecht gehöre beiden Bereichen des Urheberrechts an, denn mit Ausnahme des Vervielfältigungsrechts könnten die Verwertungsrechte bei unveröffentlichten Werken nur gleichzeitig mit dem Veröffentlichungsrecht aus-

---

74 Begründung zum Referentenentwurf, S. 107.

75 Heeschen, Urheberpersönlichkeitsrecht, S. 20 f.; Jahn, Urheberpersönlichkeitsrecht, S. 44.

76 Begründung zum Referentenentwurf, S. 92. Siehe hierzu Dietz/Peukert, in: Schricker/Loewenheim, Vor §§ 12 ff. Rn. 3.

77 Ministerialentwurf eines Gesetzes über das Urheberrecht und verwandte Schutzrechte (Urheberrechtsgesetz), in: Entwürfe des Bundesjustizministeriums zur Urheberrechtsreform, Köln 1959 (nachfolgend Ministerialentwurf). Siehe zur Regelung des Urheberpersönlichkeitsrechts im Ministerialentwurf Dietz/Peukert, in: Schricker/Loewenheim, Vor §§ 12 ff. Rn. 4; Heeschen, Urheberpersönlichkeitsrecht, S. 21; Jahn, Urheberpersönlichkeitsrecht, S. 45 f.

78 Begründung zum Ministerialentwurf, S. 4.

79 Begründung zum Ministerialentwurf, S. 5.

80 Dietz/Peukert, in: Schricker/Loewenheim, Vor §§ 12 ff. Rn. 4.

geübt werden[81].[82] Ein weiterer bemerkenswerter Gegensatz zum Referentenentwurf lag in der expliziten Verwendung des Begriffs „Urheberpersönlichkeitsrecht". Die Verwendung dieses Ausdrucks begründete der Ministerialentwurf mit der Erwägung, dass das droit moral, anders als vom Referentenentwurf angenommen, ein echtes Persönlichkeitsrecht sei, da es seinem Wesen nach unauflöslich mit der Person des Urhebers verbunden bleibe. Es schütze die persönlichen Interessen des Urhebers an seinem Werk als einen Ausschnitt seiner Gesamtpersönlichkeit[83].

c) *Regierungsentwurf aus dem Jahre 1962*

Der im Jahre 1962 von der Bundesregierung vorgelegte Entwurf eines Gesetzes über Urheberrecht und verwandte Schutzrechte[84] sah schließlich in § 11 UrhG den Schutz des Urhebers in seinen geistigen und persönlichen Beziehungen zum Werk und in der Benutzung des Werkes vor[85]. In den nachfolgenden Vorschriften schützt der Regierungsentwurf unter der Überschrift „2. Urheberpersönlichkeitsrecht" neben dem Recht auf Anerkennung der Urheberschaft (§ 13) und dem Recht auf Schutz gegen Entstellung des Werkes (§ 14) auch wieder das Veröffentlichungsrecht (§ 12)[86]. Der Regierungsentwurf bezeichnet auch das Veröffentlichungsrecht ausdrücklich als „persönlichkeitsrechtliche Befugnis",[87] betont aber zugleich die enge Verbundenheit mit den Verwertungsrechten[88]. So sei die Verwertung eines unveröffentlichten Werkes ohne gleichzeitige Ausübung des Veröffentlichungsrechts nicht möglich[89]. Der Regierungsentwurf weist zudem darauf hin, dass das Urheberpersönlichkeitsrecht nicht nur in den explizit geregelten Befugnissen, sondern in zahlreichen weiteren Vorschriften zum Ausdruck komme. Hierzu zählten beispielsweise die Unübertragbarkeitsregelung in § 29 des Entwurfs, aber auch die Regelungen zur Zustimmungsbedürf-

---

81 Begründung zum Ministerialentwurf, S. 33.

82 Strömholm (GRUR 1963, 350 (352)) bezeichnet die Regelung des Veröffentlichungsrechts in § 11 des Ministerialentwurfs vor dem Hintergrund der Diskussion um die systematische Einordnung des Veröffentlichungsrechts als „salomonische Lösung".

83 Begründung zum Ministerialentwurf, S. 37.

84 Entwurf eines Gesetzes über Urheberrecht und verwandte Schutzrechte (Urheberrechtsgesetz), BT-Drucks. IV/270 (nachfolgend Regierungsentwurf).

85 Begründung zum Regierungsentwurf, BT-Drucks. IV/270, S. 6.

86 Begründung zum Regierungsentwurf, BT-Drucks. IV/270, S. 6; Siehe hierzu auch Dietz/Peukert, in: Schricker/Loewenheim, Vor §§ 12 ff. Rn. 5.

87 Begründung zum Regierungsentwurf, BT-Drucks. IV/270, S. 43.

88 Begründung zum Regierungsentwurf, BT-Drucks. IV/270, S. 44.

89 Begründung zum Regierungsentwurf, BT-Drucks. IV/270, S. 43.

tigkeit einer Weiterübertragung von Nutzungsrechten (§ 34), über das Rückrufsrecht wegen gewandelter Überzeugung (§ 42) sowie über die Einschränkung der Zwangsvollstreckung in das Urheberrecht (§§ 112 ff)[90]. Der Regierungsentwurf hat den Begriff „Urheberpersönlichkeitsrecht" wieder ausdrücklich in die gesetzliche Regelung aufgenommen. Zur Begründung führt der Regierungsentwurf aus, dass das Urheberpersönlichkeitsrecht zwar nur die Beziehungen des Urhebers zu einem außerpersönlichen Gut, nämlich dem Werk, schütze. Es könne jedoch keinem Zweifel unterliegen, dass die dem Schutz der ideellen Interessen dienenden Befugnisse des Urhebers, aus dem allgemeinen Persönlichkeitsrecht abgeleitet würden, wenn das Urheberrechtsgesetz sie nicht gewähren würde. Das Urheberpersönlichkeitsrecht sei ein echtes Persönlichkeitsrecht, da es stets untrennbar mit der Person des Urhebers verbunden bleibe[91]. Im Verhältnis zum allgemeinen Persönlichkeitsrecht sei das Urheberpersönlichkeitsrecht in ähnlicher Weise als ein „besonderes" Persönlichkeitsrecht anzusehen, wie etwa das Namensrecht gemäß § 12 BGB oder das Recht am eigenen Bild gemäß § 22 KUG[92].

d) Urheberrechtsgesetz aus dem Jahre 1965

Auf Grundlage des Regierungsentwurfs wurde das Urheberrechtsgesetz schließlich am 9. September 1965 ausgefertigt. Mit Ausnahme von wenigen Vorschriften[93] ist das Urheberrechtsgesetz von 1965 – und mit ihm auch die Regelungen zum Urheberpersönlichkeitsrecht – am 1. Januar 1966 in Kraft getreten (§ 143 UrhG). Es stimmt hinsichtlich der urheberpersönlichkeitsrechtlichen Regelungen mit dem Regierungsentwurf überein. Mit dem neuen § 11 UrhG hat sich der Gesetzgeber nicht nur für einen Schutz der ideellen Urheberinteressen entschieden, sondern gleichzeitig auch die monistische Urheberrechtstheorie übernommen. Beim Urheberrecht handelt es sich danach nunmehr auch nach der gesetzlichen Regelung um ein einheitliches subjektives Recht, das gleichermaßen vermögensrechtliche und persönlichkeitsrechtliche Bestandteile umfasst[94].

---

90 Begründung zum Regierungsentwurf, BT-Drucks. IV/270, S. 44.

91 Begründung zum Regierungsentwurf, BT-Drucks. IV/270, S. 44.

92 Begründung zum Regierungsentwurf, BT-Drucks. IV/270, S. 44.

93 Die §§ 64 bis 67, 69, 105 Abs. 1 bis 3 und § 138 Abs. 5 sind gemäß § 143 Abs. 1 UrhG bereits am Tage nach der Verkündung des Urheberrechtsgesetzes in Kraft getreten.

94 Die monistische Urheberrechtstheorie ist nicht nur in § 11 UrhG verankert. Sie wird daneben u.a. auch durch die Unübertragbarkeit des Urheberrechts in § 29 UrhG, die Abhängigkeit der Übertragung von Nutzungsrechten von der Zustimmung des Urhe-

B. Die Geschichtliche Entwicklung des allgemeinen Persönlichkeitsrechts

Im Unterschied zum Urheberpersönlichkeitsrecht, welches das geistige Band des Urhebers zu seinem Werk schützt, dient das allgemeine Persönlichkeitsrecht dem Schutz der Gesamtpersönlichkeit. Es hat bis heute keine gesetzliche Regelung erfahren. Dennoch ist das allgemeine Persönlichkeitsrecht, ebenso wie das Urheberpersönlichkeitsrecht, heutzutage nicht mehr aus unserem Rechtssystem wegzudenken. Bereits im Rahmen der geschichtlichen Entwicklung zeigt sich die besondere Bedeutung des Urheberrechts für das allgemeine Persönlichkeitsrecht. Erst durch den Streit über die Rechtsnatur des Urheberrechts und der gewerblichen Schutzrechte erhielt die Diskussion über die Anerkennung eines allgemeinen Persönlichkeitsrechts einen entscheidenden Impuls[95]. Es wurde nunmehr verstärkt auch die Frage nach dem Wesen des Persönlichkeitsrechts gestellt.

I. Bedeutung des Streits über die Rechtsnatur des Urheberrechts für die Anerkennung des allgemeinen Persönlichkeitsrechts

Im Anschluss an die von *Kant* angestoßene Lehre vom Urheberrecht als einem Persönlichkeitsrecht befasste man sich über das Urheberrecht hinaus nunmehr auch mit dem Persönlichkeitsrecht. Bis zu diesem Zeitpunkt stand das zivilrechtliche Schrifttum einem allgemeinen Persönlichkeitsrecht eher kritisch gegenüber. Vor allem die historische Rechtsschule unter ihrem Begründer *Friedrich Carl von Savigny* verneinte die Existenz von Persönlichkeitsrechten[96]. *Savigny* trat der Anerkennung eines allgemeinen Persönlichkeitsrechts entschieden entgegen. Nach seiner Auffassung gebe es kein „Urrecht" des Menschen, das mit der Geburt „nothwendig entsteht und nie aufhören kann, so lange er lebt"[97]. Insbesondere sei auch einem Eigentumsrecht des Menschen an seinen Geisteskräften die Anerkennung zu verweigern, da es nicht vorstellbar sei, wie ein Mensch den anderen am Denken hindern könne, oder umgekehrt in ihm zu denken und

---

bers in § 34 UrhG sowie das Verbot der Änderungen des Werkes, des Titels oder der Urheberbezeichnung in §§ 39, 62 UrhG deutlich (Samson, UFITA 47 (1966), 1 (21)).

95 Siehe hierzu oben Teil 1.A.I.

96 Siehe hierzu Adler, FS-ABGB, 163 (181 ff.); Coing, FS-Maihofer, 75 (80 f.).

97 Savigny, System I, S. 335.

durch dieses oder jenes einen Eingriff in das Eigentumsrecht zu verüben[98]. Ebenso lehnte *Savigny* eine Beschränkung eines derartigen Eigentumsrechts auf die sichtbare Erscheinung der Person, den menschlichen Leib und dessen einzelne Glieder, ab. Ein solches Recht sei unnütz und sogar verwerflich, da es in konsequenter Entwicklung auf die Anerkennung eines Rechts am Selbstmord führen würde[99]. Die rechtmäßige Macht des Menschen über sich selbst und seine Kräfte könne nicht bezweifelt werden, doch bedürfe es für diese Macht über uns selbst nicht der Anerkennung und Begrenzung durch das positive Recht[100]. Im Anschluss an *Savigny* wurde ein Persönlichkeitsrecht in der Folgezeit von zahlreichen Romanisten abgelehnt[101].

1. Karl Gareis

Anders als *Savigny* befürwortet *Karl Gareis*[102] die Anerkennung von Persönlichkeitsrechten und setzte sich erstmals umfassend mit der Systematik der Persönlichkeitsrechte auseinander[103]. Er gilt daher als „Begründer der modernen Lehre vom Persönlichkeitsrecht“[104]. *Gareis* schloss sich zunächst der Theorie vom Urheberrecht als einem Persönlichkeitsrecht an[105]. Sodann bemühte er sich um eine systematische Darstellung der Persönlichkeitsrechte. Ausgangspunkt seiner Überlegungen war die Erkenntnis *Bernhard Windscheids*, dass es auch Rechte gebe, die die eigene Person des Berechtigten zum Gegenstand hätten[106]. Anders als *Windscheid* befürwortete *Gareis* aufgrund der inhaltlichen Unklarheit dieser Rechte ihre besondere Darstellung im Privatrechtssystem[107].

Im weiteren Verlauf folgte *Gareis* den Ausführungen *Karl Georg Bruns*. Dieser schloss aus der Pflicht zur Nichtverletzung eines Gutes auf ein korres-

---

98 Savigny, System I, S. 335.
99 Savigny, System I, S. 335 f.
100 Savigny, System I, S. 336.
101 Leuze, Entwicklung, S. 51; Martin, Persönlichkeitsrecht, S. 131.
102 Siehe zum Leben und Wirken von Karl Gareis Schwab, FS-Hübner, 215 (215 ff.).
103 Siehe zu den nachfolgenden Ausführungen zum persönlichkeitsrechtlichen Ansatz von Karl Gareis die Erläuterungen von Leuze, Entwicklung, S. 93 ff. und Martin, Persönlichkeitsrecht, S. 147 ff.
104 Adler, FS-ABGB, 163 (165); Klippel, FS-Traub, 211 (211); Leuze, Entwicklung, S. 93.
105 Gareis, Buschs Archiv 35 (1877), 185 (187 f.).
106 Windscheid, Pandekten I, S. 88.
107 Gareis, Buschs Archiv 35 (1877), 185 (193).

pondierendes Recht[108]. Daraus folgerte *Gareis*, dass, wenn jedermann durch die positive Rechtsordnung dazu angehalten sei, jedem anderen die Benutzung seiner persönlichen Eigenschaften bis an die Grenze fremder Rechtsphären zu gestatten und ihn in der freien Benutzung nicht zu behindern oder ihn zu verletzen, ein Recht auf Benutzung der persönlichen Eigenschaften angenommen werden dürfe und müsse[109]. Nach *Gareis* Auffassung gebe es eine gewisse Anzahl von Verhältnissen, bei denen der Wille eines Rechtssubjekts nicht über Sachen und nicht über Personen, sondern über eigene Kräfte der Rechtssubjekte disponiere und welche durch das positive Recht zu Rechtsverhältnissen erhoben würden[110]. Gemeinsam sei diesen Rechten, dass sie dem Rechtssubjekt das Recht gewährleisteten, seine Individualität anerkannt zu sehen[111]. Dabei sei unter der Individualität das Eigentümliche des Subjekts als ein für sich bestehendes Individuum mit diesen und jenen körperlichen und geistigen Eigenschaften zu verstehen[112]. Zwar werde die Individualität nicht in jeder Beziehung rechtlich geschützt, teilweise sei ein Rechtsschutz aber von der positiven Rechtsordnung vorgesehen[113]. Dies gelte neben dem Existenzerhaltungsanspruch auch für das Recht auf Anerkennung als Individuum sowie das Recht auf Anerkennung der Authentizität eines Werkes[114].

Gareis nannte diese Rechte bewusst nicht „Rechte an der eigenen Person", da der Begriff „Person" sinngleich mit dem Begriff „Rechtssubjekt" zu verstehen sei, ein Recht des Subjekts am Subjekt aber nicht gemeint sei[115]. Ebenso lehnte *Gareis* die Bezeichnung „Recht der Persönlichkeit" ab, da der Begriff „Persönlichkeit" nach seiner Auffassung nur ein Synonym für „Rechtsfähigkeit" sei, ein „Recht der Rechtsfähigkeit" aber keinen Sinn mache[116]. Stattdessen schlug *Gareis* für die Persönlichkeitsrechte den Begriff „Individualrechte" vor[117]. Für die Individualrechte sah *Gareis* ein Bedürfnis nach einer gesetzlichen Regelung, da ihr Inhalt durch die Existenz von Deliktslagen nicht erschöpft

---

108 Bruns, Römisches Recht, 309 (331). Siehe hierzu Leuze, Entwicklung, S. 94; Martin, Persönlichkeitsrecht, S. 148.
109 Gareis, Buschs Archiv 35 (1877), 185 (195).
110 Gareis, Buschs Archiv 35 (1877), 185 (195).
111 Gareis, Buschs Archiv 35 (1877), 185 (196).
112 Gareis, Buschs Archiv 35 (1877), 185 (196).
113 Gareis, Buschs Archiv 35 (1877), 185 (196).
114 Gareis, Buschs Archiv 35 (1877), 185 (197 f.). Siehe hierzu Leuze, Entwicklung, S. 95; Martin, Persönlichkeitsrecht, S. 148.
115 Gareis, Buschs Archiv 35 (1877), 185 (198).
116 Gareis, Buschs Archiv 35 (1877), 185 (198).
117 Gareis, Buschs Archiv 35 (1877), 185 (199).

werde und weder selbstverständlich noch in seiner Begrenzung unzweifelhaft sei[118]. Insgesamt gab sich *Gareis* mit der Aufzählung einzelner Persönlichkeitsrechte zufrieden[119].

2. Josef Kohler

Während bei *Gareis* ein allgemeines umfassendes Persönlichkeitsrecht noch keine Rolle spielte, ging *Josef Kohler* davon aus, dass es neben den einzelnen Persönlichkeitsrechten auch ein allgemeines Persönlichkeitsrecht gebe[120]. In seinem Aufsatz zum Autorrecht aus dem Jahre 1880 nahm *Kohler* an, dass das von ihm ebenfalls als Individualrecht bezeichnete Persönlichkeitsrecht an sich nur eines sei, nämlich „das Recht an der Gesammtheit der persönlichen Güter“[121]. Später konkretisierte er das Individualrecht, das seiner Meinung nach „erste und heiligste Recht“[122], als das „Recht zu verlangen, daß die Person als vollgültige, sittliche und geistige Persönlichkeit anerkannt wird“[123]. *Kohler* stellte fest, dass die persönlichen Güter verschiedene Angriffspunkte böten und dass aus diesem Grunde das umfassende Individualrecht in verschiedene Individualrechte aufzuspalten sei[124]. Das allgemeine Persönlichkeitsrecht habe danach verschiedene Facetten, wie z.B. das Recht auf Leben, Gesundheit und Ehre[125]. Unklar blieb in den Ausführungen Kohlers allerdings zunächst noch das Verhältnis des allgemeinen Persönlichkeitsrechts zu den besonderen Persönlichkeitsrechten[126].

---

118 Gareis, Buschs Archiv 35 (1877), 185 (201).

119 Adler, FS-ABGB, 163 (166); Coing, FS-Maihofer, 75 (83); a.A. Leuze (Entwicklung, S. 98 f.), nach dessen Auffassung Gareis bereits ein allgemeines Persönlichkeitsrecht gekannt hat.

120 Kastl, Persönlichkeitsrecht, S. 48; Leuze, Entwicklung, S. 108; Martin, Persönlichkeitsrecht, S. 151.

121 Kohler, Autorrecht, S. 257.

122 Kohler, Eigenbild, S. 5.

123 Kohler, Bürgerliches Recht, S. 33. Siehe hierzu Leuze, Entwicklung, S. 108; Martin, Persönlichkeitsrecht, S. 151.

124 Kohler, Autorrecht, S. 257 f.

125 Kohler, Bürgerliches Recht, S. 33.

126 Erst in seiner Einführung in die Rechtswissenschaft aus dem Jahre 1919 äußerte sich Kohler zum Verhältnis des allgemeinen Persönlichkeitsrechts zu den besonderen Persönlichkeitsrechten (S. 27 f.). Siehe hierzu Kastl, Persönlichkeitsrecht, S. 49 f.

3. Ferdinand Regelsberger

Mit dem Verhältnis des allgemeinen Persönlichkeitsrechts zu den besonderen Persönlichkeitsrechten befasste sich schließlich *Ferdinand Regelsberger*. Er erweiterte den Kreis der geschützten Persönlichkeitsgüter im Gegensatz zu *Gareis* auch auf solche, die keine ausdrückliche Normierung erfahren hatten[127]. Das Recht der Persönlichkeit als erstes und vornehmstes aller Privatrechte umfasse die höchsten Güter des Menschen[128]. Vergleichbar dem Eigentum und der väterlichen Gewalt sei es ein „Rechtscentrum", das sich ebenso wenig wie diese in die darin enthaltenen Befugnisse aufspalten lasse[129]. Nach seinem Dafürhalten wäre es müßig und verkehrt, für jede Außenseite der Persönlichkeit, für jede Tätigkeitsrichtung ein besonderes Individualrecht aufzustellen. Ein solches könne sich aber herausbilden und sei für die Individualität, den Familiennamen, die Firma und die Gewerbsmarke auch bereits geschehen[130]. Das Recht der Persönlichkeit begleite alle anderen Rechte, da alle Rechte ihren Träger in der Person haben. Aus diesem Grunde könne eine Verletzung des Eigentumsrechts, des Urheberrechts usw. zugleich eine Verletzung des Rechts der Persönlichkeit enthalten und einen doppelten Rechtsschutz begründen. Zugleich reiche das Recht der Persönlichkeit aber auch in Gebiete, die außerhalb der Herrschaftssphäre anderer Rechte lägen[131]. Dies machte *Regelsberger* am Beispiel von Briefen deutlich, die keinen urheberrechtlichen Schutz genießen. Ihre unbefugte Veröffentlichung stelle eine Persönlichkeitsrechtsverletzung dar, die mit der actio iniuriarum verfolgt werden könne[132]. *Regelsberger* beschränkte die Funktion des Rechts der Persönlichkeit folglich nicht auf die eines Quellrechts für die herauszubildenden Persönlichkeitsrechte, sondern wies diesem neben den besonderen Persönlichkeitsrechten eine weitere Schutzfunktion zu[133].

4. Otto von Gierke

Otto von Gierke vollendete schließlich die Bemühungen um das allgemeine Persönlichkeitsrecht. Nach seinem Verständnis handelte es sich bei den Persönlichkeitsrechten um Rechte, „die ihrem Subjekt die Herrschaft über einen Bestandt-

---

127 Kastl, Persönlichkeitsrecht, S. 51.
128 Regelsberger, Pandekten I, S. 198.
129 Regelsberger, Pandekten I, S. 198.
130 Regelsberger, Pandekten I, S. 198 f.
131 Regelsberger, Pandekten I, S. 199.
132 Regelsberger, Pandekten I, S. 199 Fn. 10.
133 Kastl, Persönlichkeitsrecht, S. 51.

heil der eigenen Persönlichkeitssphäre gewährleisten"[134]. *Gierke* sah in den Persönlichkeitsrechten Verbietungsrechte gegen jeden, der unbefugt in den von ihnen abgegrenzten Herrschaftsbereich eingreife[135]. Darüber hinaus trennte er die besonderen Persönlichkeitsrechte von dem „allgemeinen Rechte der Persönlichkeit", welches in dem von der Rechtsordnung gewährleisteten Anspruch bestehe, als Person zu gelten[136]. Das Recht der Persönlichkeit sei ein subjektives Recht, das von jedermann anerkannt und geachtet werden müsse. Als das einheitliche subjektive Grundrecht fundamentiere es alle besonderen subjektiven Rechte und reiche in diese hinein[137]. Die Frage, ob aus dem allgemeinen Persönlichkeitsrecht besondere Rechte herauswachsen, müsse allerdings die rechtsgeschichtliche Entwicklung beantworten[138]. *Gierke* sah eine noch nicht abgeschlossene Entwicklung, welche dazu führe, dass eine zum Teil fließende und unsichere Grenze zwischen den besonderen und dem allgemeinen Persönlichkeitsrecht bestehe. Die besonderen Persönlichkeitsrechte hinterließen nach seiner Ansicht „empfindliche Lücken", deren Ausfüllung durch das allgemeine Persönlichkeitsrecht bewerkstelligt werden sollte, bis aus diesem ein neues besonderes Recht herausgebildet worden sei[139]. Die Frage nach dem Wesen der Persönlichkeitsrechte beantwortet *Gierke* dahin, dass sie zwar keine Vermögensrechte seien, allerdings auch einen vermögensrechtlichen Inhalt aus sich entfalten oder in sich aufnehmen könnten. Manche Persönlichkeitsrechte seien daher zugleich Vermögensrechte[140]. Grundsätzlich sah *Gierke* in den Persönlichkeitsrechten höchstpersönliche Rechte, die an die Person, in der sie entstünden, gebunden blieben und auch mit ihr untergingen[141].

II. Schutz der Persönlichkeit im BGB

1. Das allgemeine Persönlichkeitsrecht im Gesetzgebungsverfahren

Aufgrund der wissenschaftlichen Vorarbeiten stellte sich schließlich im Gesetzgebungsverfahren zum Bürgerlichen Gesetzbuch die Frage, ob und gegebenen-

---

134 v. Gierke, Privatrecht I, S. 702.
135 v. Gierke, Privatrecht I, S. 703.
136 v. Gierke, Privatrecht I, S. 703.
137 v. Gierke, Privatrecht I, S. 703 f.
138 v. Gierke, Privatrecht I, S. 704.
139 v. Gierke, Privatrecht I, S. 704 f.
140 v. Gierke, Privatrecht I, S. 706.
141 v. Gierke, Privatrecht I, S. 707.

falls wie die Persönlichkeitsrechte und das allgemeine Persönlichkeitsrecht geschützt werden sollten[142].

a) Der erste Entwurf

Die erste Kommission stand dem Schutz von Persönlichkeitsrechten recht offen gegenüber[143]. Zwar war in der endgültigen Fassung von § 704 des ersten Entwurfs, der Vorläuferregelung des heutigen § 823 Abs. 1 BGB, der Schutz eines umfassenden allgemeinen Persönlichkeitsrechts nicht vorgesehen. Die Ehre, als wichtiger Teilbereich des allgemeinen Persönlichkeitsrechts, fand aber ausdrückliche Erwähnung:

> „*Hat Jemand durch eine aus Vorsatz oder Fahrlässigkeit begangene widerrechtliche Handlung – Thun oder Unterlassen – einem andern einen Schaden zugefügt, dessen Entstehung er vorausgesehen hat oder voraussehen musste, so ist er dem anderen zum Ersatze des durch die Handlung verursachten Schadens verpflichtet, ohne Unterschied, ob der Umfang des Schadens vorauszusehen war oder nicht.*
>
> *Hat Jemand aus Vorsatz oder Fahrlässigkeit durch eine widerrechtliche Handlung das Recht eines anderen verletzt, so ist er den durch die Rechtsverletzung dem Anderen verursachten Schaden diesem zu ersetzen verpflichtet, auch wenn die Entstehung eines Schadens nicht vorauszusehen war. Als Verletzung eines Rechts im Sinne der vorstehenden Vorschrift ist auch die Verletzung des Lebens, des Körpers, der Gesundheit, der Freiheit und der Ehre anzusehen.*“[144]

Nachdem man im Gesetzgebungsverfahren zunächst noch auf eine Aufzählung der geschützten Rechte und Rechtsgüter verzichtet hatte, wurde diese schließlich in § 704 Abs. 2 S. 2 des ersten Entwurfs aufgenommen. Man sah dies als notwendig an, „weil mit Grund bezweifelt werden kann, ob diese höheren Güter als Rechte bezeichnet werden können, aber gerade sie auch des Schutzes bedürfen, der ihnen bei einer engeren Auffassung der Schadenszufügung oft gefehlt hat“[145].

---

142 Siehe zum Schutz der Persönlichkeit im Gesetzgebungsverfahren Fraenkel, Schutz der Ehre, S. 6 ff.; Kastl, Persönlichkeitsrecht, S. 65 ff.; Klippel/Lies-Benachib, Schutz von Persönlichkeitsrechten, 343 (348 ff.), Martin, Persönlichkeitsrecht, S. 157 ff.

143 Kastl, Persönlichkeitsrecht, S. 74.

144 Mugdan, Materialien II, S. CXXII f.

145 Mugdan, Materialien II, S. 406.

b) Der zweite Entwurf

Der zweite Entwurf verzichtete demgegenüber zunächst auf eine dem § 704 Abs. 2 S. 2 des ersten Entwurfs vergleichbare Aufzählung. § 746 Abs. 1 S. 1 des zweiten Entwurfs, der an die Stelle von § 704 des ersten Entwurfs getreten war, lautete nun:

> „*Wer vorsätzlich oder fahrlässig das Recht eines Anderen widerrechtlich verletzt oder gegen ein den Schutz eines Anderen bezweckendes Gesetz verstößt, ist dem Anderen zum Ersatze des daraus entstandenen Schadens verpflichtet.*“[146]

Die allgemeine Bedeutung des Rechts der unerlaubten Handlungen sah man darin, „die Rechtskreise der Einzelnen, innerhalb deren sie ihre individuelle Freiheit entfalten und ihre Interessen verfolgen dürfen, von einander abzugrenzen“. Neben den Vermögensrechten umfasse der Rechtskreis des Einzelnen aber auch „seine sog. Persönlichkeitsrechte (Leben, körperliche Unversehrtheit, Gesundheit, Freiheit, Ehre), welche durch das an Jedermann gerichtete Verbot eines Eingriffs ebenso geschützt seien, wie die Rechte an Sachen.“[147] Dennoch entschied man sich für die Streichung der Aufzählung, denn diese mache einen „doktrinären Eindruck“, da die Erwähnung des Lebens, Körpers und der Gesundheit ebenso wie die Erwähnung des Besitzes, der bereits durch § 704 Abs. 1 des ersten Entwurfs ausreichend geschützt werde, unnötig sei[148]. Die Ehre ebenso wie die Freiheit wurde aus der Aufzählung gestrichen, da ein Schutz vor fahrlässigen Verletzungen über die im StGB aufgestellten Grundsätze hinausgehe, wonach Schutz nur bei vorsätzlichen Ehrverletzungen gewährt werde. Die Schaffung einer „actio culpae“ berge ein hohes Missbrauchsrisiko und könne darüber hinaus eine erhebliche Gefährdung des Verkehrslebens zur Folge haben[149]. Man sah den Ehrenschutz als Aufgabe der strafrechtlichen Schutzgesetze an, mit der Folge, dass Schutz nur bei vorsätzlichen Verletzungen erreicht werden sollte[150].

---

146 Mugdan, Materialien II, S. CXXII f.

147 Mugdan, Materialien II, S. 1073.

148 Mugdan, Materialien II, S. 1077.

149 Mugdan, Materialien II, S. 1077. Siehe Brehmer/Voegeli, JA 1978, 374 (375).

150 Mugdan, Materialien II, S. 1077;

c) *Die endgültige Fassung*

Seinen endgültigen Wortlaut erhielt § 823 Abs. 1 BGB durch die zweite Kommission als § 808 der Bundesratsvorlage und § 807 der Reichstagsvorlage. Auf der Grundlage eines in der zweiten Lesung angenommen Antrags wurde erneut eine klarstellende Aufzählung in § 746 des zweiten Entwurfs aufgenommen. Infolge des Antrags wurde der Wortlaut wie folgt geändert:

> „*Wer vorsätzlich oder fahrlässig das Leben, den Körper, die Gesundheit, die Freiheit, das Eigenthum oder ein sonstiges Recht eines Anderen widerrechtlich verletzt, ist dem Anderen zum Ersatze des daraus entstehenden Schadens verpflichtet.*
>
> *Die gleiche Verpflichtung trifft denjenigen, welcher gegen ein den Schutz eines Anderen bezweckendes Gesetz verstößt. Ist nach dem Inhalte des Gesetzes ein Verstoß gegen dieses auch ohne Verschulden möglich, so tritt die Ersatzpflicht nur im Falle des Verschuldens ein.*“[151]

Abweichend von § 704 Abs. 2 S. 2 des ersten Entwurfs, wurde die Ehre nicht mehr als ausdrücklich geschütztes Rechtsgut aufgenommen[152].

2. Ablehnung eines allgemeinen Persönlichkeitsrechts durch Rechtsprechung und Literatur

Nach der Einführung des BGB im Jahre 1900 wurde der Schutz von Persönlichkeitsrechten und eines allgemeinen Persönlichkeitsrechts über § 823 Abs. 1 BGB weitestgehend abgelehnt. Die herrschende Meinung vertrat den Standpunkt, dass es sich bei den Lebensgütern Leben, Körper, Gesundheit

151 Mugdan, Materialien II, CXXII f.

152 Klippel/Lies-Benachib (Schutz von Persönlichkeitsrechten, 343 (351 ff.)) kommen anhand der Protokolle dennoch zu dem Ergebnis, dass die Gesetzesväter einem Schutz persönlichkeitsrechtlicher Interessen durch § 823 Abs. 1 BGB offen gegenüber gestanden haben. Fraenkel (Schutz der Ehre, S. 9 f.) vertritt demgegenüber die Auffassung, dass eine Subsumtion der Persönlichkeitsrechte unter § 823 Abs. 1 BGB auch unter Berücksichtigung der Protokolle nicht in Betracht komme. Diese ließen nicht den Schluss zu, dass der Gesetzgeber auch in den Rechtsgütern Leben, Körper, Gesundheit und Freiheit subjektive Rechte gesehen habe. Die Kommission habe in den Gesetzesberatungen mehrfach für zweifelhaft erklärt, ob es sich bei diesen Rechtsgütern um subjektive Rechte handele. Eine Änderung des mehrheitlichen Standpunkts hätte nach seiner Auffassung daher deutlicher zum Ausdruck kommen müssen und wäre wohl auch protokolliert worden.

und Freiheit zwar um Rechtsgüter, nicht aber um Rechte im Sinne von § 823 Abs. 1 BGB handele[153]. Der Wortlaut „oder ein sonstiges Recht" beziehe sich daher auch nicht auf diese Rechtsgüter, sondern allein auf das Recht des Eigentums[154]. Ein Schutz weiterer persönlicher Lebensgüter über § 823 Abs. 1 BGB komme hingegen nicht in Betracht[155]. Insbesondere sei ein Schutz der Ehre durch § 823 Abs. 1 BGB ausgeschlossen. Die Ehre werde durch § 823 Abs. 2 BGB in Verbindung mit den strafrechtlichen Ehrenschutzbestimmungen sowie die §§ 824, 825 BGB hinreichend vor Beeinträchtigungen geschützt. Diese Sonderbestimmungen wären überflüssig, wenn die Ehre bereits unter § 823 Abs. 1 BGB fiele[156].[157]

Lediglich vereinzelt wurde der Schutz eines allgemeinen Persönlichkeitsrechts befürwortet. Dies wurde damit begründet, dass sich die Formulierung „oder ein sonstiges Recht" in § 823 Abs. 1 BGB auf alle genannten Rechtsgüter, also auch auf Leben, Körper, Gesundheit und Freiheit beziehe und somit auch weitere Persönlichkeitsrechte als „sonstige Rechte" geschützt würden[158].

Die Rechtsprechung schloss sich der herrschenden Meinung im Schrifttum an und lehnte die Anerkennung eines allgemeinen Persönlichkeitsrechts ab[159]. Das Reichsgericht blieb damit seiner bereits vor Inkrafttreten des BGB verfolgten Linie treu, nur den gesetzlich anerkannten Persönlichkeitsrechten Schutz zu gewähren. In seiner ersten Entscheidung zum allgemeinen Persönlichkeitsrecht nach Einführung des BGB begründete das Reichsgericht im Jahre 1902 seine ablehnende Haltung ebenso wie die herrschende Literatur damit, dass in § 823 Abs. 1 BGB zunächst „bestimmte Lebensgüter: Leben, Körper, Gesundheit, Freiheit aufgeführt" seien. Dafür aber, dass diese Lebensgüter damit als

---

153 Cosack, Bürgerliches Rechts, S. 71; Enneccerus/Lehmann, Bürgerliches Recht, S. 762; Oertmann, Bürgerliches Gesetzbuch, S. 1378; Planck, Bürgerliches Gesetzbuch, S. 972.

154 Enneccerus/Lehmann, Bürgerliches Recht, S. 762; Oertmann, Bürgerliches Gesetzbuch, S. 1378; Planck, Bürgerliches Gesetzbuch, S. 972.

155 Enneccerus/Lehmann, Bürgerliches Recht, S. 762; Oertmann, Bürgerliches Gesetzbuch, S. 1378 f.; Planck, Bürgerliches Gesetzbuch, S. 971 f.

156 Oertmann, Bürgerliches Gesetzbuch, S. 1379; Planck, Bürgerliches Gesetzbuch, S. 972.

157 Siehe zur ablehnenden Haltung der herrschenden Meinung Martin, Persönlichkeitsrecht, S. 176 f.

158 Dernburg, Bürgerliches Recht, S. 700 f.; Linckelmann, Schadensersatzpflicht, S. 18; v. Liszt, Deliktsobligationen, S. 25 f.

159 RGZ 51, 369 (372 ff.).

wirkliche Rechte anerkannt, als bloße Beispiele von Rechten genannt seien, und dass dementsprechend die Worte „oder ein sonstiges Recht“ in einem allgemeineren, auch andere als die ausdrücklich genannten Lebensgüter umfassenden Sinne gebraucht wären, spreche weder die Fassung, noch die Entstehungsgeschichte der Gesetzesstelle[160]. Die Ehre sei unter den aufgeführten Rechten nicht genannt. Dass der Gesetzgeber die Ehre nicht dem Schutz des § 823 Abs. 1 BGB unterstellen wollte, ergebe sich aus den übrigen Vorschriften dieses Gesetzestitels sowie der Entstehungsgeschichte derselben[161]. Obwohl das Reichsgericht glaubte, durch das BGB und den Willen seiner Väter einen deliktischen Schutz eines allgemeinen Persönlichkeitsrechts versagen zu müssen, gewährte es der Persönlichkeit dennoch Schutz über die gesetzlich normierten besonderen Persönlichkeitsrechte sowie über eine weite Auslegung von § 826 BGB[162]. Sofern sich eine Beeinträchtigung des allgemeinen Persönlichkeitsrechts als Verstoß gegen die guten Sitten erwies, und der Täter eine Vermögensschädigung in Kauf genommen hatte, konnte der Eingriff somit durch § 826 BGB geahndet werden[163].

III. Entwicklung des allgemeinen Persönlichkeitsrechts nach 1954

1. Anerkennung des allgemeinen Persönlichkeitsrechts durch den BGH

Die Anerkennung des allgemeinen Persönlichkeitsrechts als sonstiges Recht im Sinne von § 823 Abs. 1 BGB vollzog schließlich der BGH in seiner Leserbrief-Entscheidung aus dem Jahre 1954[164]. Ausgangspunkt der Klage war ein Zeitungsartikel über den ehemaligen Reichsbankpräsidenten *Hjalmar Schacht*, dessen Inhalt die politische Vergangenheit *Schachts* im Dritten Reich und nach dem Zweiten Weltkrieg thematisierte. Der Artikel veranlasste *Schacht*, über seinen Rechtsanwalt in einem Schreiben an die Zeitung den Abdruck einer Berichtigung zu verlangen. Die Beklagte veröffentlichte daraufhin in ihrer Ausgabe vom

---

160 RGZ 51, 369 (373).

161 RGZ 51, 369 (374).

162 Beater, in: Soergel, § 823 Anh. IV Rn. 2; Brehmer/Voegeli, JA 1978, 374 (375 f. u. 379 f.); Coing, FS-Maihofer, 75 (83); Martin, Persönlichkeitsrecht, S. 183 ff.; Peukert, Güterzuordnung, S. 176; Siebert, NJW 1958, 1369 (1370).

163 Martin, Persönlichkeitsrecht, S. 183. Siehe hierzu auch v. Caemmerer, FS-Hippel, 27 (29 f.); ders., FS-Juristentag, 49 (104).

164 BGH GRUR 1955, 197 (197 ff.) – Leserbrief.

06.07.1952 eine verkürzte Form dieses Briefes in der Rubrik „Leserbriefe". Der Rechtsanwalt *Schachts* sah in dieser Art der Veröffentlichung eine Verletzung seines Persönlichkeitsrechts, da dem Leser der Eindruck vermittelt werde, es handele sich um eine subjektive Meinungsäußerung zu dem in Rede stehenden Artikel. Es werde hingegen nicht deutlich, dass der Kläger nur im Rahmen seines anwaltlichen Auftrags tätig geworden sei[165].

Der BGH gab dem Widerrufsverlangen des Klägers statt, da durch die Veröffentlichung des Berichtigungsschreibens in der Rubrik „Leserbriefe" und die gleichzeitige Weglassung wesentlicher Teile des Schreibens seine persönlichkeitsrechtlichen Interessen verletzt würden[166]. Jede sprachliche Festlegung eines bestimmten Gedankeninhalts sei Ausfluss der Persönlichkeit. Allein dem Verfasser stehe daher das Recht zu, darüber zu entscheiden, ob und in welcher Form seine Aufzeichnungen der Öffentlichkeit zugänglich gemacht werden[167].

Die Kehrtwende in der Rechtsprechung begründete der BGH mit den geänderten verfassungsrechtlichen Voraussetzungen des Persönlichkeitsschutzes[168]:

> *„Nachdem nunmehr das Grundgesetz das Recht des Menschen auf Achtung seiner Würde (Art 1 GrundG) und das Recht auf freie Entfaltung seiner Persönlichkeit auch als privates, von jedermann zu achtendes Recht anerkennt, soweit dieses Recht nicht die Rechte anderer verletzt oder gegen die verfassungsmäßige Ordnung oder das Sittengesetz verstößt (Art 2 GrundG), muß das allgemeine Persönlichkeitsrecht als ein verfassungsmäßig gewährleistetes Grundrecht angesehen werden"*[169].

Im Ergebnis stieß das Urteil des BGH weitestgehend auf Zustimmung. Kritik zog allein die Begründung auf sich, da der BGH von einer unmittelbaren Bindung der Privatrechtssubjekte durch die Grundrechte ausging. Nach heute einhelliger, auch von BGH und BVerfG vertretener Ansicht, gibt es eine derarti-

---

165 BGH GRUR 1955, 197 (197) – Leserbrief.

166 BGH GRUR 1955, 197 (198) – Leserbrief.

167 BGH GRUR 1955, 197 (198) – Leserbrief.

168 Neben der Änderung des Grundgesetzes war für die Anerkennung des allgemeinen Persönlichkeitsrechts zum einen auch die technische Entwicklung entscheidend, denn mit den nunmehr verfügbaren Kameras, Tonband- und Abhörgeräten konnte in bisher nicht bekanntem Maße in die Persönlichkeitssphäre Dritter eingedrungen werden. Zum anderen konnte die Breitenwirkung der Massenmedien besonders schwerwiegende Persönlichkeitsverletzungen zur Folge haben (v. Caemmerer, FS-Juristentag, 49 (105)).

169 BGH GRUR 1955, 197 (198) – Leserbrief.

ge „unmittelbare Drittwirkung“ der Grundrechte aber nicht[170]. Allein der Staat wird unmittelbar durch die Grundrechte gebunden. Die Argumentation des BGH, dass das Grundgesetz das allgemeine Persönlichkeitsrecht auch im Privatrecht als ein verfassungsmäßig gewährleistetes Grundrecht ausgestaltet habe, und daher das allgemeine Persönlichkeitsrecht gemäß § 823 Abs. 1 BGB als „sonstiges Recht“ zu schützen sei, stimmt somit nicht mit den verfassungsrechtlichen Vorgaben überein. Vielmehr ist es die Aufgabe des Staates, entsprechende Vorkehrungen zum Schutz der Persönlichkeit im Privatrecht zu treffen[171].

2. Versuche einer gesetzlichen Regelung

Vereinzelt wurde nach seiner Anerkennung versucht, das allgemeine Persönlichkeitsrecht auf eine gesetzliche Grundlage zu stellen. Insbesondere der Referentenentwurf eines Gesetzes zur Neuordnung des zivilrechtlichen Persönlichkeits- und Ehrenschutzes aus den Jahren 1958/59[172] beabsichtigte eine klare gesetzliche Regelung des Persönlichkeitsschutzes. Die zentrale Norm des zivilrechtlichen Persönlichkeitsschutzes sollte § 12 Abs. 1 BGB werden. Der Entwurf sah folgende Fassung vor:

> „*Wer widerrechtlich einen anderen in der Persönlichkeit verletzt, ist ihm zur Beseitigung der Beeinträchtigung verpflichtet, dies gilt insbesondere in den Fällen der §§ 13-19.*“[173]

In den §§ 13-19 folgten sodann einzelne Beispiele. Darüber hinaus war auch eine Änderung des § 823 Abs. 1 BGB geplant, um die besondere Bedeutung des Persönlichkeitsschutzes hervorzuheben. Es wurde die folgende Fassung vorgeschlagen[174]:

> „*Wer vorsätzlich oder fahrlässig einen anderen in der Persönlichkeit oder wer vorsätzlich oder fahrlässig das Eigentum oder ein sonstiges*

170 BVerfGE 7, 198 (204 ff.) – Lüth; BVerfG NJW 1987, 827 (827); BGH NJW 1986, 2944 (2944). Siehe hierzu Canaris, AcP 184 (1984), 201 (231); Funkel, Schutz der Persönlichkeit, S. 16 f.; Larenz/Canaris, SchR II/2, S. 492 f.

171 Larenz/Canaris, SchR II/2, S. 492 f.

172 BT-Drucks. III/1237.

173 BT-Drucks. III/1237, S. 2.

174 Martin, Persönlichkeitsrecht, S. 269.

Recht eines anderen widerrechtlich verletzt, ist ihm zum Ersatz des daraus resultierenden Schadens verpflichtet.“[175]

Letztlich scheiterte der Entwurf jedoch am massiven Widerstand der Presse, die einen Angriff auf die Pressefreiheit sah[176].

Auch der Referentenentwurf eines Gesetzes zur Änderung und Ergänzung schadensersatzrechtlicher Vorschriften aus dem Jahr 1967[177] sah einen ausdrücklichen Schutz der Persönlichkeit und Ehre durch § 823 Abs. 1 BGB vor[178]. Er konnte sich aber ebenso wenig durchsetzen wie die Vorschläge zur Kodifizierung des Persönlichkeitsschutzes, die anlässlich der geplanten großen Schuldrechtsreform im Jahre 1981geäußert wurden[179]. Die letzten Änderungsvorschläge zur Kodifizierung des allgemeinen Persönlichkeitsrechts, einerseits der auf dem 58. Deutschen Juristentag im Jahr 1990 diskutierte Änderungsvorschlag

---

175 BT-Drucks. III/1237, S. 4. Daneben sah der Entwurf noch einen Anspruch auf Ersatz immaterieller Schäden durch § 847 Abs. 1 BGB vor: „Wer in seiner Persönlichkeit verletzt wird, kann auch wegen des Schadens, der nicht Vermögensschaden ist, eine angemessene Entschädigung in Geld einschließlich einer Genugtuung für die erlittene Unbill verlangen; dies gilt nicht, soweit eine Herstellung im Sinne des § 249 möglich und genügend und soweit dem Verletzten Genugtuung in anderer Weise als durch Geld geleistet ist; eine unerhebliche Verletzung bleibt außer Betracht. Die Höhe der Entschädigung bestimmt sich nach den Umständen, insbesondere nach der Schwere der Verletzung und des Verschuldens.“ (BT-Drucks. III/1237, S. 4).

176 Erdsiek, UFITA 29, 1959, 1 (3); ders., NJW 1962, 622 (622); Gottwald, Persönlichkeitsrecht, S. 261 ff.; Martin, Persönlichkeitsrecht, S. 270. Erdsiek (UFITA 29, 1959, 1 (3)) spricht in diesem Zusammenhang von einem „Feldzug der Presse gegen den Entwurf“.

177 Entwurf eines Gesetzes zur Änderung und Ergänzung schadensersatzrechtlicher Vorschriften, veröffentlicht vom Bundesministerium der Justiz, Verlag der Versicherungswirtschaft e.V., Band 1: Wortlaut, Band 2: Begründung, Karlsruhe 1967.

178 Martin, Persönlichkeitsrecht, S. 271. § 823 Abs. 1 BGB sollte danach folgenden Wortlaut erhalten: „Wer vorsätzlich oder fahrlässig das Leben, den Körper, die Gesundheit, die Freiheit oder die Ehre eines anderen oder in sonstiger Weise einen anderen in seiner Persönlichkeit widerrechtlich verletzt, ist dem anderen zum Ersatz des daraus entstehenden Schadens verpflichtet. Das gleiche gilt für den, der vorsätzlich oder fahrlässig das Eigentum oder ein sonstiges Recht eines anderen widerrechtlich verletzt.“ (Band 1, S. 3). Gleichzeitig sah auch dieser Entwurf eine Regelung des Anspruchs auf immateriellen Schadensersatz bei schwerwiegenden Persönlichkeitsverletzungen in § 847 Abs. 1 S. 2 BGB vor (Band 1, S. 7).

179 Siehe hierzu ausführlich Martin, Persönlichkeitsrecht, S. 272 ff.

Stürners[180], andererseits die im Rahmen des zweiten Gesetzes zur Änderung schadensersatzrechtlicher Vorschriften vorgeschlagene Änderung des § 847 BGB[181], wurden ebenfalls nicht umgesetzt[182].

C. Zusammenfassung

Das Urheberpersönlichkeitsrecht sowie das allgemeine Persönlichkeitsrecht sind als feste Bestandteile unserer Zivilrechtsordnung anerkannt. Gemeinsamer historischer Ausgangspunkt beider Rechte war die Diskussion über die Rechtsnatur des Urheberrechts. Diese wurde zum Anlass genommen, nicht nur das Verhältnis der materiellen zu den ideellen Urheberinteressen näher zu untersuchen, sondern gleichzeitig ein umfassendes System der Persönlichkeitsrechte einschließlich eines allgemeinen Persönlichkeitsrechts zu entwickeln. Das Urheberrecht hatte folglich einen entscheidenden Einfluss auch auf die Entwicklung des allgemeinen Persönlichkeitsrechts.

Während die Normierung des Urheberpersönlichkeitsrechts im Urheberrechtsgesetz von 1965 letztlich vor allem aufgrund internationaler Bestrebungen nach einem umfassenden Schutz der ideellen Urheberinteressen erfolgte, waren für die Anerkennung des allgemeinen Persönlichkeitsrechts durch den BGH die geänderten verfassungsrechtlichen Voraussetzungen nach dem zweiten Weltkrieg entscheidend. Der Schutz der Menschenwürde und des allgemeinen Persönlichkeitsrechts als oberste Verfassungsprinzipien erforderten gleichzeitig auch die Anerkennung eines umfassenden Persönlichkeitsschutzes im privaten Bereich. Entgegen der früheren Auffassung des BGH entfalten die Grundrechte

---

180 Der Vorschlag Stürners sah neben den Grundtatbeständen in den §§ 12 f. BGB eine Reihe von Sondertatbeständen zum Schutz der Persönlichkeit in den §§ 14 ff. BGB vor (Vgl. Stürner, Gutachten A, S. 67 ff.).

181 Der vom Bundesrat geäußerte Vorschlag sah eine gesetzliche Verankerung des Geldentschädigungsanspruchs bei Persönlichkeitsrechtsverletzungen in § 847 BGB vor: „Im Fall einer Verletzung des allgemeinen Persönlichkeitsrechts kann der Verletzte auch wegen des Schadens, der nicht Vermögensschaden ist, eine angemessene Entschädigung in Geld verlangen, wenn die besondere Schwere der Verletzung sowie das Verschulden dies rechtfertigen und ein hinreichender Ausgleich für die Rechtsbeeinträchtigung auf andere Weise nicht zu erreichen ist." (Stellungnahme des Bundesrates zum Entwurf eines Zweiten Gesetzes zur Änderung schadensersatzrechtlicher Vorschriften, BR-Drucks. 742/01, S. 11).

182 Martin, Persönlichkeitsrecht, S. 275 ff.

insoweit jedoch keine unmittelbare Wirkung, sondern wirken lediglich mittelbar auf die Privatrechtsbeziehungen ein.

Anders als das Urheberpersönlichkeitsrecht hat das allgemeine Persönlichkeitsrecht bis heute keine gesetzliche Grundlage. Es wird als „sonstiges Recht“ im Sinne von § 823 Abs. 1 BGB nach inzwischen einhelliger Ansicht aber ebenfalls umfassend geschützt. Vereinzelte Versuche einer gesetzlichen Kodifikation sind bisher erfolglos geblieben. Der Gesetzgeber hat den Schutz des allgemeinen Persönlichkeitsrechts bewusst der Rechtsprechung überlassen.

Teil 2. Der Inhalt des Urheberpersönlichkeitsrechts und des allgemeinen Persönlichkeitsrechts

A. Der Inhalt des Urheberpersönlichkeitsrechts

I. Das Urheberpersönlichkeitsrecht als Teil des einheitlichen Urheberrechts

Das Urheberrecht schützt den Urheber in seinen geistigen und persönlichen Beziehungen zum Werk und in der Nutzung des Werkes (§ 11 UrhG). Es dient damit einerseits dem Schutz wirtschaftlicher, andererseits aber auch rein ideeller Urheberinteressen. Entsprechend der monistischen Urheberrechtstheorie bilden die materiellen und ideellen Interessen eine untrennbare Einheit[183]. Die enge Verbindung der materiellen und ideellen Interessen lässt sich am Beispiel der Verwertung eines unveröffentlichten Werkes verdeutlichen. Ohne die gleichzeitige Ausübung des Veröffentlichungsrechts ist dessen Verwertung nicht möglich[184]. Die Entwicklung des Urheberrechts hat gezeigt, dass einerseits die Nutzungsrechte einen persönlichkeitsrechtlichen Einschlag haben, andererseits aber die Verletzung persönlichkeitsrechtlicher Befugnisse vermögensrechtliche Ansprüche nach sich ziehen kann[185]. Aufgrund der untrennbaren Einheit der ideellen und der materiellen Urheberinteressen ist das Urheberrecht weder ein reines Vermögensrecht noch ein reines Persönlichkeitsrecht[186]. Es ist aber auch kein Immaterialgüterrecht, da Immaterialgüterrechte sich von den Persönlichkeitsrechten durch ihre Verkehrsfähigkeit unterscheiden[187]. Da das Urheberrecht als Ganzes unübertragbar ist[188], verbietet sich seine Qualifizierung als Immaterialgüterrecht. Es ist vielmehr ein Recht eigener Art, das sowohl materielle als auch

---

183 Altenburg, Entwicklung, S. 3; Ulmer, Urheber- und Verlagsrecht, S. 113.

184 Begründung zum Regierungsentwurf, BT-Drucks. IV/270, S. 44; Forkel, Gebundene Rechtsübertragungen, S. 179; Groppler, Einheit, S. 29; Leßmann, Übertragbarkeit, S. 73.

185 Rehbinder, Urheberrecht, Rn. 31 und oben Teil 1.A.I.4.

186 Siehe oben Teil 1.A.

187 Götting, Handbuch des Persönlichkeitsrechts, S. 20; ders., FS-Schricker, 53 (65); a.A. Freitag, Kommerzialisierung, S. 35; Lucas-Schloetter, GRUR Int. 2002, 809 (809).

188 Siehe zur Unübertragbarkeit des Urheberpersönlichkeitsrechts unten Teil 4.A.

ideelle Interessen schützt[189]. Verfassungsrechtlich werden die materiellen Urheberinteressen durch Art. 14 Abs. 1 GG, das Urheberpersönlichkeitsrecht dagegen ebenso wie das allgemeine Persönlichkeitsrecht durch Art. 1 Abs. 1, 2 Abs. 1 GG gewährleistet[190].

II. Das geistige Band zwischen Urheber und Werk als Schutzgegenstand des Urheberrechts

Den Schutz des Urheberrechtsgesetzes und somit auch des Urheberpersönlichkeitsrechts genießt nur derjenige, der ein Werk geschaffen hat. Der Werkbegriff hat die Aufgabe, schutzfähige von nicht schutzfähigen Gestaltungen abzugrenzen[191]. Er ist der zentrale Begriff des Urheberrechtsgesetzes[192]. Definiert wird der Werkbegriff in § 2 Abs. 2 UrhG. Erforderlich ist danach eine persönliche geistige Schöpfung, die eine wahrnehmbare Form angenommen hat und die Individualität des Urhebers zum Ausdruck bringt[193].

Das Merkmal der persönlichen Schöpfung setzt voraus, dass das Werk von einem Menschen geschaffen wurde[194]. Eine menschlich-gestalterische Tätigkeit liegt daher nicht vor, wenn das Erzeugnis ausschließlich von Tieren oder Maschinen hergestellt wurde, ohne dass ein Mensch den Schaffensprozess gesteuert hat[195]. Der Mensch darf allerdings technische Hilfsmittel, wie beispielsweise einen Fotoapparat, bei der Herstellung des Werkes benutzen[196]. An einer persön-

---

189 Götting, Handbuch des Persönlichkeitsrechts, S. 20 f.; ders., Persönlichkeitsrechte als Vermögensrechte, S. 10 f.; ders., FS-Schricker, 53 (66); Ulmer, Urheber- und Verlagsrecht, S. 116 f.

190 Götting, in: Handbuch des Urheberrechts, § 3 Rn. 2 f.

191 Loewenheim, Handbuch des Urheberrechts, § 5 Rn. 4.

192 A. Nordemann, in: Fromm/Nordemann, § 2 Rn. 1; Schack, Urheber- und Urhebervertragsrecht, Rn. 180.

193 Loewenheim, Handbuch des Urheberrechts, § 6 Rn. 5.

194 Bullinger, in Wandtke/Bullinger, § 2 Rn. 15; Loewenheim, Handbuch des Urheberrechts, § 6 Rn. 7; ders., in: Schricker/Loewenheim, § 2 Rn. 11; A. Nordemann, in: Fromm/Nordemann, § 2 Rn. 21; Schack, Urheber- und Urhebervertragsrecht, Rn. 184; Schulze, in: Dreier/Schulze, § 2 Rn. 8.

195 Bullinger, in: Wandtke/Bullinger, § 2 Rn. 15; Loewenheim, in: Schricker/Loewenheim, § 2 Rn. 12 u. 15; Rehbinder, Urheberrecht, Rn. 146; Schulze, in: Dreier/Schulze, § 2 Rn. 8.

196 Loewenheim, Handbuch des Urheberrechts, § 6 Rn. 9; ders., in: Schricker/Loewenheim, § 2 Rn. 13; A. Nordemann, in: Fromm/Nordemann, § 2 Rn. 21; Schulze, in: Dreier/Schulze, § 2 Rn. 8.

lichen Schöpfung fehlt es auch dann, wenn ein Mensch lediglich einen vorgefundenen Gegenstand präsentiert[197]. Andererseits erfordert eine persönliche Schöpfung nicht, dass etwas objektiv Neues entsteht[198]. Ausreichend ist allein, dass der Urheber seine Schöpfung subjektiv als etwas Neues ansieht[199]. Relevant wird dies bei den sogenannten Doppelschöpfungen, bei denen mehrere Urheber unabhängig voneinander identische Werke geschaffen haben, ohne dass der eine Urheber das Werk des anderen kannte und auch nicht unbewusst auf die fremde Schöpfung zurückgegriffen hat. In diesem Fall werden beide Werke urheberrechtlich geschützt[200].

Eine geistige Schöpfung liegt vor, wenn der menschliche Geist im Werk zum Ausdruck kommt[201]. Die Schöpfung muss einen vom Urheber stammenden Gedanken- oder Gefühlsinhalt aufweisen, der auf den Leser, Hörer oder Betrachter anregend wirkt[202]. Ist das Werk nicht das Erzeugnis eines geistigen Schaffensprozesses sondern lediglich das zufällige Ergebnis einer Handlung des Urhebers, fehlt es am geistigen Inhalt des Werkes[203]. Je nach Werkart wird der geistige Inhalt unterschiedlich zum Ausdruck gebracht. Bei Sprachwerken erfolgt dies durch das Mittel der Sprache, bei Musikwerken in der durch Hören erfassbaren Tonfolge und bei Werken der bildenden Künste durch die Darstellungsmittel der Kunst[204].

Für den urheberrechtlichen Schutz ist weiterhin erforderlich, dass die Schöpfung eine für andere Menschen sinnlich wahrnehmbare Form angenommen

---

197 Bullinger, in: Wandtke/Bullinger, § 2 Rn. 15; Schulze, in: Dreier/Schulze, § 2 Rn. 9; a.A. Kummer (Werk, S. 75 ff.), nach dessen Präsentationlehre auch ein vorgefundener Gegenstand urheberrechtlichen Schutz genießen können soll.

198 BGH GRUR 1979, 332 (336) – Brombeerleuchte; Ahlberg, in: Möhring/Nicolini, § 2 Rn. 71 f.; Loewenheim, in: Schricker/Loewenheim, § 2 Rn. 42.

199 A. Nordemann, in: Fromm/Nordemann, § 2 Rn. 26; Wallner, Schutz von Urheberwerken, S. 65.

200 Ahlberg, in: Möhring/Nicolini, § 2 Rn. 72; Schack, Urheber- und Urhebervertragsrecht, Rn. 189.

201 Loewenheim, in: Schricker/Loewenheim, § 2 Rn. 18; Rehbinder, Urheberrecht, Rn. 148.

202 Dreyer, in: Dreyer/Kotthoff/Meckel, § 2 Rn. 41; Loewenheim, Handbuch des Urheberrechts, § 6 Rn. 10; Schulze, in: Dreier/Schulze, § 2 Rn. 12.

203 Ahlberg, in: Möhring/Nicolini, § 2 Rn. 50.

204 Loewenheim, in: Schricker/Loewenheim, § 2 Rn. 19.

hat[205]. Ideen oder Vorstellungen zu einem Werk, die allein der geistigen Sphäre einer Person angehören, werden daher noch nicht urheberrechtlich geschützt[206]. Erst wenn die Idee oder Vorstellung eine konkrete Gestalt angenommen hat, liegt eine wahrnehmbare Form vor[207]. Einer körperlichen oder dauerhaften Festlegung der Schöpfung bedarf es hingegen nicht[208]. Ebenso wenig ist die Vollendung des Werkes erforderlich. Es werden bereits alle Vor- und Zwischenstufen eines Werkes geschützt[209].

Die Individualität als letzte Voraussetzung ist für die Annahme eines schutzfähigen Werkes von besonderer Bedeutung. In ihr manifestiert sich in besonderer Weise der Zweck des Urheberrechts, der darin besteht, individuelle geistige oder künstlerische Leistungen zu schützen und dem Urheber die Verwertung seines Werkes vorzubehalten[210]. Die Individualität eines Werkes erfordert, dass der individuelle Geist des Urhebers in Konzeption, Inhalt oder Form des Werkes derart zu Tage tritt, dass es als Ergebnis eines persönlichen Schöpfungsakts erkennbar ist[211]. In jedem Werk kommt die Individualität des Urhebers verschieden stark zum Ausdruck. Damit das Werk urheberrechtlichen Schutz genießt, bedarf es eines Mindestmaßes an Individualität[212]. Dieses Mindestmaß wird in Rechtsprechung und Literatur als Gestaltungshöhe bezeichnet. Dies kann so weit gehen, dass das Werk bildlich gesprochen den „Stempel der Persönlichkeit“ des Urhebers trägt[213]. Auf der anderen Seite lässt die Rechtsprechung für die Annahme eines urheberrechtlichen Schutzes teilweise ausreichen, dass die Indivi-

---

205 Bullinger, in: Wandtke/Bullinger, § 2 Rn. 19; Jänecke, Zerstörungsverbot, S. 41; Loewenheim, Handbuch des Urheberrechts, § 6 Rn. 11; ders., in: Schricker/Loewenheim, § 2 Rn. 20; Rehbinder, Urheberrecht, Rn. 149.

206 Bullinger, in: Wandtke/Bullinger, § 2 Rn. 19; Schulze, in: Dreier/Schulze, § 2 Rn. 37; Wallner, Schutz von Urheberwerken, S. 67.

207 Schulze, in: Dreier/Schulze, § 2 Rn. 37.

208 Loewenheim, Handbuch des Urheberrechts, § 6 Rn. 11.

209 Bullinger, in: Wandtke/Bullinger, § 2 Rn. 41; Loewenheim, in: Schricker/Loewenheim, § 2 Rn. 22; Rehbinder, Urheberrecht, Rn. 149.

210 Loewenheim, Handbuch des Urheberrechts, § 6 Rn. 13.

211 BGH GRUR 1953, 299 (301) – Lied der Wildbahn I; GRUR 2005, 860 (861) – Fash 2000; Jänecke, Zerstörungsverbot, S. 41; Loewenheim, Handbuch des Urheberrechts, § 6 Rn. 13; ders., in: Schricker/Loewenheim, § 2 Rn. 23; A. Nordemann, in: Fromm/Nordemann, § 2 Rn. 24; Ulmer, Urheber- und Verlagsrecht, S. 133; Wallner, Schutz von Urheberwerken, S. 68.

212 A. Nordemann, in: Fromm/Nordemann, § 2 Rn. 30.

213 Loewenheim, in: Schricker/Loewenheim, § 2 Rn. 24; Ulmer, Urheber- und Verlagsrecht, S. 124.

dualität wie bei der „kleinen Münze“ nur einen sehr geringen Grad aufweist[214]. Je nach Werkart bestehen allerdings unterschiedliche Anforderungen an die Gestaltungshöhe und damit auch an das für einen urheberrechtlichen Schutz erforderliche unterste Schutzniveau[215]. Während die „kleine Münze“ vor allem bei Werken der Musik und bei wissenschaftlichen und technischen Darstellungen zur Anwendung gelangt, fordert die Rechtsprechung beispielsweise für Schriftwerke, die keine rein literarischen Werke sind (z. B. Bedienungsanleitungen), sowie für Werke der angewandten Kunst zumeist eine gesteigerte Gestaltungshöhe[216].

III. Die urheberpersönlichkeitsrechtlichen Befugnisse

Das Urheberpersönlichkeitsrecht, als Teilbereich des einheitlichen Urheberrechts, schützt die ideellen Interessen des Urhebers. Hierzu gehören gemäß § 11 S. 1 UrhG sowohl die persönlichen als auch die geistigen Beziehungen des Urhebers zu seinem Werk. Zu den persönlichen Interessen des Urhebers zählen sein Ansehen und seine Ehre, soweit diese im Zusammenhang mit der Veröffentlichung oder Nutzung des Werkes stehen[217]. Sofern es dem Urheber um sein Werk geht, beispielsweise um die Verhinderung von Entstellungen, sind seine geistigen Interessen betroffen[218]. In gleicher Weise wie die ideellen und die materiellen Urheberinteressen lassen sich auch die persönlichen und geistigen Interessen des Urhebers nicht trennscharf voneinander abgrenzen. Sie fließen ineinander und bilden zusammen die ideellen Interessen des Urhebers[219]. Da sowohl die materiellen mit den ideellen Interessen, als auch die persönlichen mit den

214 Loewenheim, in: Schricker/Loewenheim, § 2 Rn. 24.

215 Siehe hierzu A. Nordemann, in: Fromm/Nordemann, § 2 Rn. 30; Loewenheim, in: Schricker/Loewenheim, § 2 Rn. 32 ff. und ders., GRUR 1987, 761 (761 ff.).

216 Loewenheim, in: Schricker/Loewenheim, § 2 Rn. 34 f. u. 39 und ders., GRUR 1987, 761 (762 f.).

217 Jänecke, Zerstörungsverbot, S. 38; Müsse, Urheberpersönlichkeitsrecht, S. 36; Peter, UFITA 36 (1962), 257 (271); Schack, Urheber- und Urhebervertragsrecht, Rn. 353; Schöfer, Rechtsverhältnisse, S. 142 f.; Ulmer, Urheber- und Verlagsrecht, S. 209.

218 Federle, Werkintegrität, S. 24; Jänecke, Zerstörungsverbot, S. 38; Müsse, Urheberpersönlichkeitsrecht, S. 36; Peter, UFITA 36 (1962), 257 (271); Schack, Urheber- und Urhebervertragsrecht, Rn. 353; Ulmer, Urheber- und Verlagsrecht, S. 209.

219 Ulmer, Urheber- und Verlagsrecht, S. 209. Gegen eine Unterteilung der ideellen Urheberinteressen in persönliche und geistige Interessen Dieselhorst, Urheberpersönlichkeitsrecht, S. 144; v. Welser, Wahrnehmung, S. 24.

geistigen Interessen miteinander verknüpft sind, wird teilweise auch von einem doppelten Monismus gesprochen[220].

Die einzelnen urheberpersönlichkeitsrechtlichen Befugnisse sind im Urheberrechtsgesetz gesetzlich geregelt. Insbesondere schützt das Urheberrechtsgesetz unter der Überschrift „Urheberpersönlichkeitsrecht“ das Urheberpersönlichkeitsrecht im engeren Sinne. Dieses umfasst die in den §§ 12-14 UrhG geregelten Befugnisse und hat damit einen festen Umriss. Die Einzelbefugnisse der §§ 12-14 UrhG regeln das Urheberpersönlichkeitsrecht jedoch nicht abschließend. Es wird ergänzt durch das Urheberpersönlichkeitsrecht im weiteren Sinne. Dieses umfasst sämtliche persönlichkeitsrechtlich geprägten Einzelbefugnisse des Urhebers, die der Gesetzgeber nicht dem Urheberpersönlichkeitsrecht im engeren Sinne zugeordnet hat[221]. Dem Urheberpersönlichkeitsrecht im weiteren Sinne liegt der das gesamte Urheberrecht prägende Gedanke des Schutzes der geistigen und persönlichen Interessen des Urhebers an seinem Werk zugrunde[222]. Es kommt folglich immer dann zum Tragen, wenn es der Schutz der geistigen und persönlichen Interessen des Urhebers erfordert[223].

Im Einzelnen hat das Urheberpersönlichkeitsrecht im weiteren Sinne in einer Reihe urheberrechtlicher Vorschriften Ausdruck gefunden[224]. Hierzu gehören u. a. das Recht auf Zugang zu Werkstücken, (§ 25 UrhG), der Grundsatz der Unübertragbarkeit des Urheberrechts (§ 29 UrhG)[225], das Erfordernis der Zustimmung des Urhebers zur Weitergabe von Nutzungsrechten gemäß §§ 34, 35 UrhG sowie das Änderungsverbot gemäß § 39 UrhG, die Rückrufsrechte wegen gewandelter Überzeugung gemäß §§ 41 und 42 UrhG, aber auch die Einschränkungen für die Zwangsvollstreckung gemäß §§ 113 ff. UrhG[226]. Durch die

220 Federle, Werkintegrität, S. 29.

221 Metzger, Rechtsgeschäfte, S. 13 f.

222 Dietz/Peukert, in: Schricker/Loewenheim, Vor §§ 12 ff. Rn. 8; Haberstumpf, Urheberrecht, Rn. 197.

223 Altenburg, Entwicklung, S. 4; Dietz/Peukert, in: Schricker/Loewenheim, Vor §§ 12 ff. Rn. 8; Heeschen, Urheberpersönlichkeitsrecht, S. 23; Ulmer, Urheber- und Verlagsrecht, S. 209 f.

224 Dietz/Peukert, in: Schricker/Loewenheim, Vor §§ 12 ff. Rn. 9; v. Gamm, Urheberrechtsgesetz, § 11 Rn. 6; Kellerhals, UFITA 2000/III, 617 (617 f); Müsse, Urheberpersönlichkeitsrecht, S. 36; Schulze, in: Dreier/Schulze, Vor § 12 Rn. 3.

225 Siehe hierzu unten Teil 4.A.

226 Dietz/Peukert, in: Schricker/Loewenheim, Vor §§ 12 ff. Rn. 9; v. Gamm, Urheberrechtsgesetz, § 11 Rn. 6; Haberstumpf, Urheberrecht, Rn. 197; Heeschen, Urheberpersönlichkeitsrecht, S. 23; Kellerhals, UFITA 2000/III, 617 (618).

Vielzahl von Vorschriften mit urheberpersönlichkeitsrechtlichem Bezug wird der Urheber umfassend vor Eingriffen in seine ideellen Urheberinteressen geschützt.

1. Urheberpersönlichkeitsrecht im engeren Sinne

Durch das Urheberpersönlichkeitsrecht im engeren Sinne werden das Veröffentlichungsrecht (§ 12 UrhG), das Recht auf Anerkennung der Urheberschaft (§ 13 UrhG) und das Recht auf Schutz gegen Entstellung oder Beeinträchtigung des Werkes (§ 14 UrhG) geschützt[227]. Mit Ausnahme des Veröffentlichungsrechts entspricht das Urheberpersönlichkeitsrecht im engeren Sinne dem „droit moral" in Art. 6bis RBÜ[228].

a) Veröffentlichungsrecht und Recht der ersten Inhaltsmitteilung gemäß § 12 UrhG

Das Veröffentlichungsrecht gemäß § 12 UrhG enthält zwei urheberpersönlichkeitsrechtliche Befugnisse. Absatz 1 schützt das Veröffentlichungsrecht, Absatz 2 das Recht der ersten Inhaltsmitteilung. Zusammen dienen beide Rechte der Verfügungsgewalt des Urhebers über sein Werk[229]. Neben seiner Funktion als Urheberpersönlichkeits- und Abwehrrecht zum Schutz ideeller Interessen, ist das Veröffentlichungsrecht gleichzeitig auch Voraussetzung für die materielle Verwertung des Werkes[230]. Eine Verwertung des Werkes ohne dessen Veröffentlichung ist nicht vorstellbar. Diese dualistische Ausprägung des Veröffentlichungsrechts verursachte insbesondere im Gesetzgebungsverfahren zum Urheberrechtsgesetz von 1965 noch Unklarheit über seine Rechtsnatur. Man war sich nicht einig, ob das Veröffentlichungsrecht als Verwertungsrecht und/oder als Urheberpersönlichkeitsrecht zu qualifizieren sei[231]. Mit der Entscheidung, das Veröffentlichungsrecht dem Unterabschnitt „Urheberpersönlichkeitsrecht" zuzuweisen, hat der Gesetzgeber letztlich jedoch deutlich gemacht, dass das Veröf-

---

227 Dietz/Peukert, in: Schricker/Loewenheim, Vor §§ 12 ff. Rn. 7.

228 Dietz/Peukert, in: Schricker/Loewenheim, Vor §§ 12 ff. Rn. 7; Heeschen, Urheberpersönlichkeitsrecht, S. 23.

229 Dustmann, in: Fromm/Nordemann, § 12 Rn. 2.

230 Begründung zum Regierungsentwurf, BT-Drucks. IV/270, S. 43; Schack, Urheber- und Urhebervertragsrecht, Rn. 364.

231 Siehe hierzu auch Dieselhorst, Urheberpersönlichkeitsrecht, S. 109 f. mit Fn. 2 und oben Teil 1.A.IV.4.

fentlichungsrecht nach seiner Auffassung in erster Linie dem Schutz der ideellen Interessen des Urhebers an seinem Werk zu dienen bestimmt ist[232].

aa) Veröffentlichungsrecht gemäß § 12 Abs. 1 UrhG

Das Veröffentlichungsrecht gemäß § 12 Abs. 1 UrhG überlässt dem Urheber die Entscheidung über das „Ob" und das „Wie" der Veröffentlichung seines Werkes[233]. Da sich der Urheber ab dem Zeitpunkt der Veröffentlichung mit seinem Werk der öffentlichen Kritik mit allen ihren Konsequenzen stellen muss, soll er durch das Veröffentlichungsrecht davor bewahrt werden, dass ein unfertiges oder möglicherweise nicht für die Öffentlichkeit bestimmtes Werk ohne seine Zustimmung an die Öffentlichkeit gelangt[234]. Ihm wird folglich das Recht vorbehalten, sowohl den konkreten Zeitpunkt als auch die konkreten Umstände der Veröffentlichung, wie beispielsweise den Ort und die Form, in der das Werk veröffentlicht wird, zu bestimmen[235]. § 12 Abs. 1 UrhG schützt jedoch nur das Recht zur erstmaligen Veröffentlichung[236]. Nach einmal erfolgter Veröffentlichung ist das Veröffentlichungsrecht verbraucht. Dem Urheber verbleibt dann lediglich die Möglichkeit, spätere Publikationsakte aufgrund seiner Verwertungsrechte zu verbieten[237].

Die Frage, wann ein Werk veröffentlicht ist, richtet sich nach § 6 Abs. 1 UrhG[238]. Danach muss das Werk mit Zustimmung des Berechtigten

232 Dieselhorst, Urheberpersönlichkeitsrecht, S. 110.

233 Dreyer, in: Dreyer/Kotthoff/Meckel, § 12 Rn. 1 u. 3; Dustmann, in: Fromm/Nordemann, § 12 Rn. 8; Rehbinder, Urheberrecht, Rn. 395.

234 Dietz/Peukert, in: Schricker/Loewenheim, § 12 Rn. 1 u. 16; Dustmann, in: Fromm/Nordemann, § 12 Rn. 9; v. Gamm, Urheberrechtsgesetz, § 12 Rn. 2; Haberstumpf, Urheberrecht, Rn. 199.

235 Dietz/Peukert, in: Schricker/Loewenheim, § 12 Rn. 16; Dustmann, in: Fromm/Nordemann, § 12 Rn. 10; Rehbinder, Urheberrecht, Rn. 395; Ulmer, Urheber- und Verlagsrecht, S. 210.

236 H.M.: Bullinger, in: Wandtke/Bullinger, § 12 Rn. 9; Dietz/Peukert, in: Schricker/Loewenheim, § 12 Rn. 7 ff.; Dreyer, in: Dreyer/Kotthoff/Meckel, § 12 Rn. 5; Dustmann, in: Fromm/Nordemann, § 12 Rn. 9; Haberstumpf, Urheberrecht, Rn. 200; Strömholm, GRUR 1963, 350 (353); Ulmer, FS-Hubmann, 435 (435); ders., Urheber- und Verlagsrecht, S. 210; a.A. v. Gamm, Urheberrechtsgesetz, § 12 Rn. 7; Kroitzsch, in: Möhring/Nicolini, § 12 Rn. 14; Schack, Urheber- und Urhebervertragsrecht, Rn. 366.

237 Haberstumpf, Urheberrecht, Rn. 200.

238 Bullinger, in: Wandtke/Bullinger, § 12 Rn. 7; Schack, Urheber- und Urhebervertragsrecht, Rn. 366.

der Öffentlichkeit zugänglich gemacht worden sein. Der Veröffentlichungsbegriff in § 6 Abs. 1 UrhG kann aufgrund der unterschiedlichen Interessenlage nicht im gleichen Sinne verstanden werden wie die für die Verwertungsrechte der öffentlichen Wiedergabe geltende Legaldefinition der Öffentlichkeit in § 15 Abs. 3 UrhG[239]. Im Rahmen der Werkverwertung ist für eine öffentliche Wiedergabe bereits ausreichend, dass nur wenige Personen, die nicht durch persönliche Beziehungen miteinander verbunden sind, das Werk wahrnehmen können. Dagegen geht das Interesse des Urhebers im Anwendungsbereich des § 12 UrhG gerade dahin, dass ihm das Veröffentlichungsrecht möglichst lange erhalten bleibt[240]. Mit der Veröffentlichung wird der Rechtsschutz des Urhebers eingeschränkt[241]. So gelten beispielsweise das Recht der ersten Inhaltsmitteilung (§ 12 Abs. 2 UrhG) und das Ausstellungsrecht (§ 18 UrhG) nur für noch nicht veröffentlichte Werke.

Für den Verbrauch des Veröffentlichungsrechts ist die tatsächliche Veröffentlichung maßgeblich, nicht hingegen nur die Ausübung des Rechts[242]. In der Regel übt der Urheber seine Befugnis zur Erstveröffentlichung durch die Einräumung eines Nutzungsrechts aus[243]. In diesem Fall erlischt das Veröffentlichungsrecht erst dann, wenn das Werk dem Publikum tatsächlich zugänglich gemacht wurde bzw. erschienen ist, hingegen noch nicht mit Abschluss des Verwertungsvertrages[244]. Eher selten erfolgt die Veröffentlichung durch die Erklärung der Freigabe des Werkes durch den Urheber[245].

---

239 Bullinger, in: Wandtke/Bullinger, § 12 Rn. 7; Dietz/Peukert, in: Schricker/Loewenheim, § 12 Rn. 8; Dustmann, in: Fromm/Nordemann, § 12 Rn. 8.

240 Dustmann, in: Fromm/Nordemann, § 12 Rn. 8.

241 Haberstumpf, Urheberrecht, Rn. 199; Rehbinder, Urheberrecht, Rn. 395; Schack, Urheber- und Urhebervertragsrecht, Rn. 367.

242 Hertin, in: Fromm/Nordemann, 9. Aufl., § 12 Rn. 2.

243 Bullinger, in: Wandtke/Bullinger, § 12 Rn. 10; Dreyer, in: Dreyer/Kotthoff/Meckel, § 12 Rn. 14; Dustmann, in: Fromm/Nordemann, § 12 Rn. 11; Haberstumpf, Urheberrecht, Rn. 201; Metzger, Rechtsgeschäfte, S. 6; Rehbinder, Urheberrecht, Rn. 396; a.A. Dietz/Peukert, in: Schricker/Loewenheim, § 12 Rn. 16, nach deren Auffassung die Entscheidung über die Veröffentlichung des Werkes der Vergabe von Nutzungsrechten und der tatsächlichen Erstveröffentlichung vorgelagert ist.

244 Dustmann, in: Fromm/Nordemann, § 12 Rn. 11; Haberstumpf, Urheberrecht, Rn. 201.

245 Heeschen, Urheberpersönlichkeitsrecht, S. 39; Hertin, in: Fromm/Nordemann, 9. Aufl., § 12 Rn. 2.

Das Veröffentlichungsrecht gewährt keinen positiven Anspruch auf Veröffentlichung des Werkes gemäß § 12 Abs. 1 UrhG[246]. Eine selbständige praktische Bedeutung erhält das Veröffentlichungsrecht insbesondere auch dann, wenn der Urheber gegen eine unerwünschte Veröffentlichung nicht bereits durch eines seiner Verwertungsrechte geschützt wird[247].

bb) Recht der ersten Inhaltsmitteilung gemäß § 12 Abs. 2 UrhG

Ergänzt wird das Veröffentlichungsrecht durch das Recht der ersten Inhaltsmitteilung gemäß § 12 Abs. 2 UrhG. Danach ist es dem Urheber vorbehalten, den Inhalt seines Werkes öffentlich mitzuteilen oder zu beschreiben, solange weder das Werk noch der wesentliche Inhalt oder eine Beschreibung des Werkes mit seiner Zustimmung veröffentlicht ist. Das Recht der ersten Inhaltsmitteilung gemäß § 12 Abs. 2 UrhG erlischt, wenn das Werk mit Zustimmung des Urhebers veröffentlicht wurde. Die rechtswidrige Vorveröffentlichung des Werkes berührt dieses Recht des Urhebers daher nicht[248]. Sobald das Werk oder sein wesentlicher Inhalt aber legal veröffentlicht wurden, ist jedermann dazu berechtigt, den Inhalt eines geschützten Werkes öffentlich mitzuteilen oder zu beschreiben[249]. Inhaltsmitteilungen oder -beschreibungen, bei denen es sich um Bearbeitungen oder Umgestaltungen handelt, dürfen dagegen auch nach Veröffentlichung des Werkes gemäß § 23 S. 1 UrhG nur mit Einwilligung des Urhebers veröffentlich oder verwertet werden. Aus § 12 Abs. 2 UrhG folgt insoweit auch nach der Veröffentlichung des Werkes keine Beschränkung der Rechte des Urhebers[250]. Genauso wie das Veröffentlichungsrecht erlischt die Befugnis zur ersten Inhaltsmitteilung aber auch mit ihrer erstmaligen Ausübung[251].

---

246 KG GRUR 1981, 742 (743) – Totenmaske; Dreyer, in: Dreyer/Kotthoff/Meckel, § 12 Rn. 3; Schack, Urheber- und Urhebervertragsrecht, Rn. 368.

247 Heeschen, Urheberpersönlichkeitsrecht, S. 36.

248 Dietz/Peukert, in: Schricker/Loewenheim, § 12 Rn. 26; Dreyer, in: Dreyer/Kotthoff/Meckel, § 12 Rn. 26; Hertin, in: Fromm/Nordemann, 9. Aufl., § 12 Rn. 12.

249 Hertin, in: Fromm/Nordemann, 9. Aufl., § 12 Rn. 14.

250 BGH GRUR 2011, 134 (138 f.) – Perlentaucher.

251 Bullinger, in: Wandtke/Bullinger, § 12 Rn. 19; Dietz/Peukert, in: Schricker/Loewenheim, § 12 Rn. 26; Dreyer, in: Dreyer/Kotthoff/Meckel, § 12 Rn. 25; Dustmann, in: Fromm/Nordemann, § 12 Rn. 19; Haberstumpf, Urheberrecht, Rn. 204; v. Welser, Wahrnehmung, S. 30 f.

b) Recht auf Anerkennung der Urheberschaft und Recht auf Bestimmung der Urheberbezeichnung gemäß § 13 UrhG

Gemäß § 13 S. 1 UrhG erlangt der Urheber mit der Entstehung des Werkes das Recht auf Anerkennung seiner Urheberschaft am Werk. Hierdurch gewährt ihm das Urheberrechtsgesetz die Möglichkeit, sich jederzeit auf seine Urheberschaft zu berufen und gegen denjenigen zur Wehr setzen zu können, der seine Urheberschaft bestreitet oder sich selbst die Urheberschaft anmaßt[252]. Das Recht auf Anerkennung der Urheberschaft hat allein die geistigen und persönlichen Beziehungen des Urhebers zu seinem Werk zum Gegenstand[253]. Rufbeeinträchtigungen, Angriffe auf die persönliche Ehre sowie Ansehensminderungen, die nicht das geistige Band des Urhebers zu seinem Werk betreffen, werden durch das allgemeine Persönlichkeitsrecht geschützt[254]. Dies gilt in gleicher Weise auch für das ebenfalls nicht vom Schutzbereich des § 13 S. 1 UrhG umfasste „droit de non-paternité", worunter man das Recht des Urhebers versteht, sich gegen ein Unterschieben fremder Werke zu wehren[255]. Derartige Verhaltensweisen können jedoch als Beeinträchtigungen des allgemeinen Persönlichkeitsrechts sanktioniert werden[256].

Eine besondere Erscheinungsform des Rechts auf Anerkennung der Urheberschaft ist das in § 13 S. 2 UrhG geregelte Recht auf Bestimmung der Urheberbezeichnung[257]. Es umfasst über das Recht auf Anerkennung der Urheberschaft hinaus das Recht des Urhebers, darüber zu entscheiden, ob das Werk mit einer Urheberbezeichnung zu versehen und welche Bezeichnung zu verwenden ist. Die Urheberbezeichnung dient der Kennzeichnung und Identifizierung der Persönlichkeit des Werkschöpfers in ihrer Verbindung zu dem geschaffenen Werk. Sie muss daher eine gewisse Eignung zur Identifizierung des Werkschöp-

---

252 Begründung zum Regierungsentwurf, BT-Drucks. IV/270, S. 44; Dietz/Peukert, in: Schricker/Loewenheim, § 13 Rn. 8; Dreyer, in: Dreyer/Kotthoff/Meckel, § 13 Rn. 6; Haberstumpf, Urheberrecht, Rn. 212; Schack, Urheber- und Urhebervertragsrecht, Rn. 370; Ulmer, Urheber- und Verlagsrecht, S. 213.

253 v. Gamm, Urheberrechtsgesetz, § 13 Rn. 2.

254 v. Gamm, Urheberrechtsgesetz, § 13 Rn. 2.

255 BGH NJW 1990, 1986 (1988) – Emil Nolde; Dreyer, in: Dreyer/Kotthoff/Meckel, § 13 Rn. 22; Dustmann, in: Fromm/Nordemann, § 13 Rn. 11; Haberstumpf, Urheberrecht, Rn. 212.

256 Dietz/Peukert, in: Schricker/Loewenheim, § 13 Rn. 11; Schack, Urheber- und Urhebervertragsrecht, Rn. 371.

257 Haberstumpf, Urheberrecht, Rn. 213; Heeschen, Urheberpersönlichkeitsrecht, S. 41.

fers aufweisen[258]. Hat sich der Urheber für eine Urheberbezeichnung entschieden, so kommen als Bezeichnung neben dem bürgerlichen Namen des Urhebers auch ein Pseudonym oder ein Künstlerzeichen in Betracht[259]. An die Entscheidung des Urhebers über die Bezeichnung des Werkes ist auch der Nutzungsberechtigte gebunden. Ohne Zustimmung des Urhebers darf dieser keine Änderung der Urheberbezeichnung vornehmen[260]. Entscheidet sich der Urheber für eine anonyme Veröffentlichung, darf das Werk nicht mit einer Urheberbezeichnung zu versehen werden[261]. Ist das Werk mit einer Urheberbezeichnung versehen, wird der Bezeichnete gemäß § 10 Abs. 1 UrhG bis zum Beweis des Gegenteils als Urheber angesehen.

c) Schutz vor Entstellungen und anderen Beeinträchtigungen des Werkes gemäß § 14 UrhG

Als letzte Einzelbefugnis schützt § 14 UrhG die Integrität des Werkes in der ihm vom Urheber verliehenen Gestalt. Da allein der Urheber über die Formgestaltung seines Werkes entscheiden darf[262], kann er eine Entstellung oder eine andere Beeinträchtigung seines Werkes verbieten, sofern diese geeignet ist, seine berechtigten geistigen oder persönlichen Interessen am Werk zu gefährden.

Unter einer Entstellung oder Beeinträchtigung ist grundsätzlich jede Veränderung des individuellen Gesamteindrucks des Werkes zu verstehen, unabhängig davon, ob ein Dritter sie als positiv oder negativ empfindet[263]. In beiden Fällen wird die Werkintegrität verletzt. Entstellungen und Beeinträchtigungen können beispielsweise in Form von Verstümmelungen[264], Übermalungen[265], Kür-

---

258 Dietz/Peukert, in: Schricker/Loewenheim, § 13 Rn. 12; Dreyer, in: Dreyer/Kotthoff/Meckel, § 13 Rn. 20; v. Gamm, Urheberrechtsgesetz, § 13 Rn. 12.

259 Begründung zum Regierungsentwurf, BT-Drucks. IV/270, S. 44; Dreyer, in: Dreyer/Kotthoff/Meckel, § 13 Rn. 23; Schack, Urheber- und Urhebervertragsrecht, Rn. 375.

260 Dietz/Peukert, in: Schricker/Loewenheim, § 13 Rn. 17; Ulmer, Urheber- und Verlagsrecht, S. 214.

261 Ulmer, Urheber- und Verlagsrecht, S. 214.

262 Schulze, in: Dreier/Schulze, § 14 Rn. 7.

263 BGH GRUR 1989, 106 (107) – Oberammergauer Passionsspiele II; Dietz/Peukert, in: Schricker/Loewenheim, § 14 Rn. 21; Dreyer, in: Dreyer/Kotthoff/Meckel, § 14 Rn. 38; Metzger, Rechtsgeschäfte, S. 10; Schack, Urheber- und Urhebervertragsrecht, Rn. 383.

264 BGH GRUR 1971, 525 (526) – Petite Jacqueline.

265 RGZ 79, 397 (397 ff.) – Felseneiland mit Sirenen.

zungen[266], Hinzufügungen[267] oder Tendenzveränderungen[268] auftreten[269]. Auch die teilweise Vernichtung stellt eine Beeinträchtigung des Werkes dar[270]. Umstritten ist hingegen, ob auch die vollständige Zerstörung des Werkes in den Anwendungsbereich des § 14 UrhG fällt[271]. Richtigerweise stellt die vollständige Werkvernichtung jedoch keine Beeinträchtigung im Sinne dieser Vorschrift dar, da § 14 UrhG ausschließlich den Schutz des fortbestehenden Werkes vor einer Verfälschung bezweckt[272].

Neben direkten schützt § 14 UrhG auch vor indirekten Beeinträchtigungen. Hierzu gehören solche Handlungen, durch die das Werk in einen Sachzusammenhang gebracht wird, der sich auf das Werk auswirkt[273].

§ 14 UrhG erfasst nur solche Beeinträchtigungen, die dazu geeignet sind, die geistigen oder persönlichen Interessen des Urhebers zu gefährden. Die Eignung zur Interessengefährdung wird indiziert, wenn objektiv eine Beeinträchtigung vorliegt[274]. Hat der Urheber allerdings durch Einräumung eines Änderungs- (§ 39 Abs. 1 UrhG) oder Bearbeitungsrechts (§ 23 UrhG) deutlich gemacht, dass ihm an der unbedingten Aufrechterhaltung des Werkzustandes nichts liegt, ent-

---

266 RGZ 102, 134 (141 f.) – Strindberg-Übersetzung; OLG Frankfurt am Main GRUR 1989, 203 (205) – Wüstenflug.

267 BGH GRUR 1971, 35 (35 ff.) – Maske in Blau.

268 BGH GRUR 1954, 80 (81); OLG München NJW 1996, 135 (135 f.) – Zeitschriftenartikel.

269 Haberstumpf, Urheberrecht, Rn. 219; Schack, Urheber- und Urhebervertragsrecht, Rn. 382.

270 Dietz/Peukert, in: Schricker/Loewenheim, § 14 Rn. 37.

271 Siehe zum Streitstand Bullinger, in: Wandtke/Bullinger, § 14 Rn. 22 ff.; Dietz/Peukert, in: Schricker/Loewenheim, § 14 Rn. 37 ff.

272 RGZ 79, 397 (401) – Felseneiland mit Sirenen; KG GRUR 1981, 742 (743) – Totenmaske I; LG Hamburg GRUR 2005, 672 (674) – Astra Hochhaus; Bullinger, in: Wandtke/Bullinger, § 14 Rn. 22 ff.; Jänecke, Zerstörungsverbot, S. 87 f.; Goldmann, GRUR 2005, 639 (643).

273 Dietz/Peukert, in: Schricker/Loewenheim, § 14 Rn. 23; Dreyer, in: Dreyer/Kotthoff/Meckel, § 14 Rn. 39; Dustmann, in: Fromm/Nordemann, § 14 Rn. 49.

274 OLG München GRUR Int. 1993, 332 (333) – Christoph Columbus; Altenburg, Entwicklung, S. 21; Dietz/Peukert, in: Schricker/Loewenheim, § 14 Rn. 27; Dreyer, in: Dreyer/Kotthoff/Meckel, § 14 Rn. 48; Dustmann, in: Fromm/Nordemann, § 14 Rn. 15; Honscheck, GRUR 2007, 944 (946); Schack, Urheber- und Urhebervertragsrecht, Rn. 386; Schilcher, Werkänderungen, S. 95; Schöfer, Rechtsverhältnisse, S. 50 f.; Wallner, Schutz von Urheberwerken, S. 135.

fällt die Indizwirkung[275]. Die Frage, inwieweit sich eine Beeinträchtigung zur Interessengefährdung eignet, ist anhand objektiver Kriterien zu beantworten. Dabei gilt der Grundsatz, dass eine Interessengefährdung umso eher anzunehmen ist, je höher der künstlerische Rang des Werkes ist[276].

Der Schutz des § 14 UrhG greift nur dann ein, wenn es sich bei den beeinträchtigten ideellen Interessen um berechtigte Interessen des Urhebers handelt. Ein Anspruch des Urhebers besteht folglich nur, wenn eine Abwägung der widerstreitenden Interessen im Einzelfall zu dem Ergebnis führt, dass das Integritätsinteresse des Urhebers das Interesse des Nutzungsberechtigten oder des Werkeigentümers überwiegt[277]. Das Integritätsinteresse hat dabei keinen generellen Vorrang vor den widerstreitenden Interessen. Vielmehr ist in jedem Einzelfall das überwiegende Interesse festzustellen[278]. In die Abwägung sind insbesondere die Intensität der Eingriffshandlung[279], die Gestaltungshöhe[280], der bestimmungsgemäße Gebrauchszweck des Werkes[281], bindende behördliche oder

275 BGH GRUR 2009, 395 (399) – Klingeltöne; Altenburg, Entwicklung, S. 22; Dietz/Peukert, in Schricker/Loewenheim, § 14 Rn. 27; Rehbinder, Urheberrecht, Rn. 409; Schack, Urheber- und Urhebervertragsrecht, Rn. 386; Schilcher, Werkänderungen, S. 97; Wallner, Schutz von Urheberwerken, S. 135.

276 Schack, Urheber- und Urhebervertragsrecht, Rn. 387.

277 Dreyer, in: Dreyer/Kotthoff/Meckel, § 14 Rn. 33; Dustmann, in: Fromm/Nordemann, § 14 Rn. 21; Grohmann, Entstellungen, S. 24 f.; Metzger, Rechtsgeschäfte, S. 12; Paschke, GRUR 1984, 858 (866); Schack, Urheber- und Urhebervertragsrecht, Rn. 389.

278 Metzger, Rechtsgeschäfte, S. 12 f.

279 BGH NJW 1974, 1381 (1382) – Schulerweiterung; Altenburg, Entwicklung, S. 22; Dietz, Werkintegritätsschutz, S. 84 f.; Dietz/Peukert, in: Schricker/Loewenheim, § 14 Rn. 30; Dustmann, in: Fromm/Nordemann, § 14 Rn. 29; Federle, Werkintegrität, S. 52 f.; Haberstumpf, Urheberrecht, Rn. 221; Heidmeier, Urheberpersönlichkeitsrecht, S. 91; Honscheck, GRUR 2007, 944 (947); Schilcher, Werkänderungen, S. 105; Schöfer, Rechtsverhältnisse, S. 85 ff.

280 BGH NJW 1974, 1381 (1382 f.) – Schulerweiterung; Altenburg, Entwicklung, S. 22; Bullinger, in: Wandtke/Bullinger, § 14 Rn. 16; Dietz, Werkintegritätsschutz, S. 85; Dietz/Peukert, in: Schricker/Loewenheim, § 14 Rn. 31; Federle, Werkintegrität, S. 53 f.; Grohmann, Entstellungen, S. 40 ff. u. 44; Honscheck, GRUR 2007, 944 (947); Schilcher, Werkänderungen, S. 109 ff.; Schöfer, Rechtsverhältnisse, S. 96 ff.

281 BGH NJW 1974, 1381 (1382 f.) – Schulerweiterung; Altenburg, Entwicklung, S. 22 f.; Bullinger, in: Wandtke/Bullinger, § 14 Rn. 18; Dietz, Werkintegritätsschutz, S. 86; Dietz/Peukert, in: Schricker/Loewenheim, § 14 Rn. 31 u. 36; Dustmann, in: Fromm/Nordemann, § 14 Rn. 28; Grohmann, Entstellungen, S. 49 ff.; Honscheck, GRUR 2007, 944 (947); Schilcher, Werkänderungen, S. 111; Schöfer, Rechtsverhältnisse, S. 103 ff.

gerichtliche Entscheidungen[282], wirtschaftliche Gesichtspunkte[283], der Zugang der Öffentlichkeit zum Werk[284], die Tatsache, ob es sich um das Werkoriginal oder um ein Vervielfältigungsstück handelt[285], die Anzahl der geänderten Werkexemplare[286], das Verhalten der Beteiligten[287] und die Reversibilität der Veränderung[288] mit einzubeziehen[289]. Daneben ist auch von Bedeutung, ob die Änderung höchstpersönliche Werkteile oder geistiges Gemeingut berührt[290].

2. Urheberpersönlichkeitsrecht im weiteren Sinne

Die dem Urheberpersönlichkeitsrecht im weiteren Sinne zugewiesenen Regelungen finden sich in sämtlichen Abschnitten des Urheberrechtsgesetzes, also auch in den Abschnitten über Nutzungsrechte oder sonstige Rechte. Ihre Zuweisung zum Urheberpersönlichkeitsrecht im weiteren Sinne erfolgt nicht ausschließlich[291]. Dennoch lassen sich Vorschriften ausmachen, die in erster Linie persönlichkeitsrechtlichen Charakter haben. Hierzu gehört neben dem Rückrufs-

282 KG ZUM 1997, 208 (212 f.) – Fahrstuhlschacht; Schilcher, Werkänderungen, S. 119 f.

283 BGH NJW 1974, 1381 (1382 f.) – Schulerweiterung; Dietz, Werkintegritätsschutz, S. 87; Grohmann, Entstellungen, S. 205 f.; Haberstumpf, Urheberrecht, Rn. 221; Schilcher, Werkänderungen, S. 121 f.; Schöfer, Rechtsverhältnisse, S. 108 ff.

284 Bullinger, in: Wandtke/Bullinger, § 14 Rn. 20; Dietz/Peukert, in: Schricker/Loewenheim, § 14 Rn. 32; Federle, Werkintegrität, S. 54 f.; Honscheck, GRUR 2007, 944 (947); Paschke, GRUR 1984, 858 (866); Schilcher, Werkänderungen, S. 122 ff.; Schöfer, Rechtsverhältnisse, S. 110 ff.

285 Dietz/Peukert, in: Schricker/Loewenheim, § 14 Rn. 32 und § 39 Rn. 26; Dustmann, in: Fromm/Nordemann, § 14 Rn. 29; Honscheck, GRUR 2007, 944 (947); Paschke, GRUR 1984, 858 (866); Schilcher, Werkänderungen, S. 124 ff.; Ulmer, Urheber- und Verlagsrecht, S. 219.

286 Dustmann, in: Fromm/Nordemann, § 14 Rn. 29; Honscheck, GRUR 2007, 944 (947).

287 OLG München GRUR 1986, 460 (463) – Die unendliche Geschichte; Schilcher, Werkänderungen, S. 137.

288 Bullinger, Kunstwerkfälschung, S. 80; ders., in: Wandtke/Bullinger, § 14 Rn. 19; Dietz, Werkintegritätsschutz, S. 86; Dietz/Peukert, in: Schricker/Loewenheim, § 14 Rn. 30; Dustmann, in: Fromm/Nordemann, § 14 Rn. 29.

289 Siehe zu den Interessen des Urhebers und den Gegeninteressen des Werkverletzers Dieselhorst, Urheberpersönlichkeitsrecht, S. 126 ff.; Metzger, Rechtsgeschäfte, S. 13.

290 Dietz/Peukert, in: Schricker/Loewenheim, § 14 Rn. 30; Dustmann, in: Fromm/Nordemann, § 14 Rn. 26; Grohmann, Entstellungen, S. 38; Metzger, Rechtsgeschäfte, S. 13; Schilcher, Werkänderungen, S. 108 f.

291 Dietz/Peukert, in: Schricker/Loewenheim, Vor §§ 12 ff. Rn. 10.

recht wegen gewandelter Überzeugung gemäß § 42 UrhG das Zugangsrecht gemäß § 25 UrhG[292].

Das Rückrufsrecht wegen gewandelter Überzeugung gemäß § 42 UrhG behält dem Urheber das Recht vor, ein Nutzungsrecht gegenüber dem Inhaber zurückzurufen, wenn das Werk nicht mehr seiner Überzeugung entspricht und ihm deshalb die Verwertung des Werkes nicht mehr zugemutet werden kann. Nach § 25 UrhG kann der Urheber vom Besitzer des Originals oder eines Vervielfältigungsstückes seines Werkes verlangen, dass ihm dieser Zugang zum Original oder dem Vervielfältigungsstück gewährt, soweit dies zur Herstellung von Vervielfältigungsstücken oder Bearbeitungen des Werkes erforderlich ist und nicht berechtigte Interessen des Besitzers entgegenstehen. Das Zugangsrecht dient somit zwar grundsätzlich dem Schutz der persönlichen Beziehung des Urhebers zu seinem Werk, dennoch kann es dem Urheber bei seiner Geltendmachung auch um seine Vermögensinteressen gehen[293].

IV. Rechtsschutz bei Verletzungen des Urheberpersönlichkeitsrechts

Die Rechtsfolgen einer Beeinträchtigung des Urheberpersönlichkeitsrechts sind in § 97 UrhG geregelt. Danach kann der Urheber neben der Unterlassung von Eingriffen in das Urheberpersönlichkeitsrecht sowie der Beseitigung etwaiger Beeinträchtigungen auch Ersatz seiner materiellen und immateriellen Schäden verlangen. Gemäß § 102a UrhG handelt es sich bei den vom Urheberrechtsgesetz zur Verfügung gestellten Sanktionsmitteln nicht um ein abgeschlossenes Instrumentarium. Der Urheber wird vielmehr auch durch die allgemeinen zivilrechtlichen Ansprüche geschützt.

1. Unterlassungsanspruch

Der Urheber kann von demjenigen, der widerrechtlich sein Urheberpersönlichkeitsrecht verletzt, gemäß § 97 Abs. 1 UrhG die Unterlassung des widerrechtlichen Verhaltens verlangen. Der Anspruch setzt weder ein Verschulden noch das

---

292 Dietz/Peukert, in: Schricker/Loewenheim, Vor §§ 12 ff. Rn. 9; Metzger, Rechtsgeschäfte, S. 14; Schack, Urheber- und Urhebervertragsrecht, Rn. 356; Ulmer, Urheber- und Verlagsrecht, S. 209.

293 Spautz, in: Möhring/Nicolini, § 25 Rn.1.

Bewusstsein der Rechtswidrigkeit voraus[294]. Sofern ein Eingriff in die §§ 12 ff. UrhG erfolgt, wird die Widerrechtlichkeit indiziert[295]. Sie entfällt nur, wenn der Verletzer Rechtfertigungsgründe darlegen und beweisen kann[296]. Für den Inhalt des Unterlassungsanspruchs ist die konkrete Form der Verletzung maßgebend. Um auch im Kern gleiche Verletzungshandlungen zu erfassen und somit dem Interesse eines effektiven Rechtsschutzes gerecht zu werden, sind im Unterlassungsantrag auch gewisse Verallgemeinerungen zulässig, wenn in diesen das Charakteristische der konkreten Verletzungsform zum Ausdruck kommt[297].

Der Unterlassungsanspruch kommt zunächst bei Vorliegen einer Wiederholungsgefahr in Betracht. Eine solche liegt immer dann vor, wenn eine Wiederholung der Rechtsverletzung ernsthaft und greifbar zu besorgen ist[298]. Die Wiederholungsgefahr wird vermutet, soweit es bereits zu einem Rechtsverstoß gekommen ist[299]. Ausgeräumt wird sie in der Regel nur durch Abgabe einer Unterlassungserklärung, die mit dem Versprechen des Verletzers abgesichert wird, dass er für jeden Fall der Zuwiderhandlung eine angemessen hohe Vertragsstrafe zahlen wird[300]. Die Beendigung der Rechtsverletzung reicht dagegen ebenso wenig aus, wie die bloße Zusage des Verletzers, es werde in der Zukunft zu keinen weiteren Verletzungshandlungen kommen[301].

---

294 Backhaus, in: Mestmäcker/Schulze, § 97 Rn. 42.

295 BGH GRUR 1955, 97 (98) – Constanze II; GRUR 1961, 138 (140) – Familie Schölermann; Vinck, Handbuch des Urheberrechts, § 81 Rn. 23; Wild, in: Schricker/Loewenheim, § 97 Rn. 123.

296 BGH GRUR 1960, 500 (502 f.) – Plagiatsvorwurf.

297 BGH GRUR 1989, 445 (446) – Professorenbezeichnung in der Arztwerbung; GRUR 1992, 858 (860) – Clementinen; GRUR 1994, 304 (305) – Zigarettenwerbung in Jugendzeitschriften; Dreier, in: Dreier/Schulze, § 97 Rn. 46; Lütje, in: Möhring/Nicolini, § 97 Rn. 134.

298 Backhaus, in: Mestmäcker/Schulze, § 97 Rn. 44.

299 BGH GRUR 1955, 97 (98) – Constanze II; Backhaus, in: Mestmäcker/Schulze, § 97 Rn. 44; Dreier, in: Dreier/Schulze, § 97 Rn. 41; v. Wolff, in: Wandtke/Bullinger, § 97 Rn. 36.

300 BGH GRUR 1984, 593 (595) – adidas Sportartikel; GRUR 1996, 290 (291) – Wegfall der Wiederholungsgefahr I; Backhaus, in: Mestmäcker/Schulze, § 97 Rn. 44; Dreier, in: Dreier/Schulze, § 97 Rn. 42; Lütje, in: Möhring/Nicolini, § 97 Rn. 125; Wild, in: Schricker/Loewenheim, § 97 Rn. 123; v. Wolff, in: Wandtke/Bullinger, § 97 Rn. 37.

301 BGH GRUR 1961, 138 (140) – Familie Schölermann; Backhaus, in: Mestmäcker/Schulze, § 97 Rn. 44; Dreier, in: Dreier/Schulze, § 97 Rn. 42; v. Wolff, in: Wandtke/Bullinger, § 97 Rn. 37.

Hat der Urheber erstmals eine Verletzung zu befürchten, so kann er gemäß § 97 Abs. 1 S. 2 UrhG einen vorbeugenden Unterlassungsanspruch geltend machen[302]. Die für den vorbeugenden Unterlassungsanspruch erforderliche Gefahr einer Erstbegehung ist dann gegeben, wenn aufgrund von vorangegangenen Handlungen oder aus anderen Umständen greifbare Anhaltspunkte für eine künftige Verletzung vorliegen[303]. Ein derartiger Anhaltspunkt für eine Erstbegehungsgefahr ist insbesondere dann gegeben, wenn sich ein Dritter des fremden Urheberrechts berühmt[304]. Ihre Feststellung erfolgt grundsätzlich anhand der Umstände des Einzelfalles. Anders als die Wiederholungsgefahr wird die Erstbegehungsgefahr nicht erst durch eine strafbewehrte Unterlassungserklärung ausgeräumt. Es reicht vielmehr bereits eine ernst gemeinte Erklärung aus, in der sich der Erklärende dazu verpflichtet, die Verletzungshandlung zu unterlassen[305].

---

302 Der vorbeugende Unterlassungsanspruch ist erst durch das Gesetz zur Verbesserung der Durchsetzung von Rechten des geistigen Eigentums vom 07.07.2008 (BGBl. I S. 1202) ausdrücklich in § 97 Abs. 1 S. 2 UrhG geregelt worden. Bis dato entsprach er bereits der ständigen Rechtsprechung (Wild, in: Schricker/Loewenheim, § 97 Rn. 128).

303 Begründung zum Regierungsentwurf, BT-Drucks. 16/5048, S. 37; BGH GRUR 1994, 57 (58) – Geld-zurück-Garantie; GRUR 1999, 1097 (1099) – Preissturz ohne Ende; Dreier, in: Dreier/Schulze, § 97 Rn. 43; Wild, in: Schricker/Loewenheim, § 97 Rn. 128.

304 Begründung zum Regierungsentwurf, BT-Drucks. 16/5048, S. 37; BGH GRUR 1952, 410 (413) – Constanze I; GRUR 1955, 411 (414); GRUR 1957, 342 (345) – Underberg; GRUR 1987, 125 (126) – Berühmung; GRUR 1992, 404 (405) – Systemunterschiede; GRUR 1992, 618 (619) – Pressehaftung II; Backhaus, in: Mestmäcker/Schulze, § 97 Rn. 47; Dreier, in: Dreier/Schulze, § 97 Rn. 43; Lütje, in: Möhring/Nicolini, § 97 Rn. 131; v. Wolff, in: Wandtke/Bullinger, § 97 Rn. 41. Nicht ausreichend für die Annahme einer Berühmung und die damit korrespondierende Erstbegehungsgefahr ist die Verteidigung gegen eine Klage. Selbst wenn der Beklagte im Rahmen seiner Verteidigung die Auffassung vertritt, zu dem beanstandeten Verhalten berechtigt zu sein, begründet dies keine Erstbegehungsgefahr, da der Beklagte andernfalls in seinen verfassungsrechtlich gewährleisteten Rechten auf Verteidigung seiner Rechte und auf rechtliches Gehör beschränkt würde (BGH GRUR 2001, 1174 (1175) – Berühmungsaufgabe).

305 BGH GRUR 1992, 116 (117) – Topfgucker-Scheck; GRUR 1993, 53 (55) – Ausländischer Inserent; GRUR 2001, 1174 (1176) – Berühmungsaufgabe; Backhaus, in: Mestmäcker/Schulze, § 97 Rn. 49; Lütje, in: Möhring/Nicolini, § 97 Rn. 133; v. Wolff, in: Wandtke/Bullinger, § 97 Rn. 41.

2. Beseitigungsanspruch

Sofern durch die Beeinträchtigung des Urheberpersönlichkeitsrechts eine fortdauernde Störung oder Gefährdung geschaffen wird, die mithilfe eines Unterlassungsanspruchs nicht beseitigt werden kann, steht dem Urheber gegen den Verletzer ein verschuldensunabhängiger Beseitigungsanspruch gemäß § 97 UrhG zu[306]. Wegen der erheblichen Auswirkungen, die eine Beseitigung für den Störer zur Folge haben kann[307], muss sich die konkrete Beseitigungsmaßnahme stets im Rahmen einer einzelfallbezogenen Abwägung der widerstreitenden Interessen als verhältnismäßig erweisen[308].

Im Bereich des Urheberpersönlichkeitsrechts kommt der Beseitigungsanspruch insbesondere bei Beeinträchtigungen des Werkes in Betracht, sofern diese sich dauerhaft im Werk manifestiert haben[309]. Er ermöglicht anders als der Unterlassungsanspruch eine effektive Abwehr von Beeinträchtigungen der urheberpersönlichkeitsrechtlichen Befugnisse. Besondere Bekanntheit, ob seiner grundsätzlichen Bedeutung für das Urheberpersönlichkeitsrecht, erlangte insoweit das Reichsgericht-Urteil „Felseneiland mit Sirenen", in dem es um die Beseitigung einer Übermalung ging[310]. Aber auch die Entfernung einer gefälschten Signatur[311], das nachträgliche Anbringen der Urheberbezeichnung[312] die Umge-

306 Eine Beseitigung kann der Urheber auch durch Naturalrestitution im Wege eines Schadensersatzanspruchs erreichen. Anders als der Anspruch aus § 97 UrhG setzt der Schadensersatzanspruch einerseits jedoch ein Verschulden des Verletzers voraus, andererseits ist er nur auf den Ausgleich bereits eingetretener Schäden beschränkt, während der Beseitigungsanspruch auf die Vermeidung zukünftiger Schäden gerichtet ist (v. Wolff, in: Wandtke/Bullinger, § 97 Rn. 43).

307 Beispielsweise kann eine Beseitigung für den Störer mit hohen finanziellen Kosten verbunden sein. Siehe hierzu Köhler, GRUR 1996, 82 (86).

308 BGH GRUR 1960, 500 (503) – Plagiatsvorwurf; GRUR 1962, 315 (318) – Deutsche Miederwoche; GRUR 1964, 91 (93) – Tonbänder-Werbung; GRUR 1964, 94 (97) – Tonbandgeräte-Hersteller; Backhaus, in: Mestmäcker/Schulze, § 97 Rn. 51; Dreier, in: Dreier/Schulze, § 97 Rn. 48; Wild, in: Schricker/Loewenheim, § 97 Rn. 133; v. Wolff, in: Wandtke/Bullinger, § 97 Rn. 43.

309 Grohmann, Entstellungen, S. 224.

310 RGZ 79, 397 (397 ff.) – Felseneiland mit Sirenen.

311 BGH NJW 1990, 1986 (1986 ff.) – Emil Nolde.

312 LG München I UFITA 87 (1980), 338 (342).

staltung eines urheberrechtlich geschützten Kircheninnenraumes[313] können Gegenstand eines Beseitigungsanspruchs sein[314].

Ausgeschlossen ist ein Beseitigungsanspruch in der Regel im Falle der Vernichtung des Werkes, da es dann sowohl an einem fortdauernden störenden Zustand als auch am drohenden Eintritt weiterer Schäden fehlt[315].

Besondere Ausprägungen des urheberrechtlichen Beseitigungsanspruchs finden sich in § 98 UrhG. Danach kann der Urheber vom Verletzer die Vernichtung rechtswidriger Vervielfältigungsstücke (Abs. 1), den Rückruf von rechtswidrig hergestellten, verbreiteten oder zur rechtswidrigen Verbreitung bestimmten Vervielfältigungsstücken oder deren endgültiges Entfernen aus den Vertriebswegen (Abs. 2), oder die Überlassung der Vervielfältigungsstücke, die im Eigentum des Verletzers stehen, gegen eine angemessene, die Herstellungskosten nicht übersteigende Vergütung (Abs. 3) verlangen. Die Beseitigungsansprüche des § 98 UrhG gehen als Spezialregelungen dem allgemeinen Beseitigungsanspruch vor.

3. Ersatz materieller Schäden

Entsteht dem Berechtigten durch eine Beeinträchtigung des Urheberpersönlichkeitsrechts ein materieller Schaden, so ist der Verletzer gemäß § 97 Abs. 2 S. 1 UrhG zum Ersatz verpflichtet. Er hat gemäß §§ 249 ff. BGB grundsätzlich den Zustand wiederherzustellen, der ohne die Rechtsverletzung bestehen würde[316]. Wie mithilfe des verschuldensunabhängigen Beseitigungsanspruchs kann der Urheber so beispielsweise die Beseitigung von Änderungen seines Werkes verlangen[317]. Allerdings ist die praktische Bedeutung des Schadensersatzanspruches gegenüber dem Beseitigungsanspruch gemäß § 97 Abs. 1 UrhG in diesen Fällen äußerst gering, da letzterer nicht den Nachweis eines Verschuldens erfordert. Kommt die Naturalrestitution nicht in Betracht, hat der Verletzer gemäß § 251 Abs. 1 BGB eine Entschädigung in Geld zu leisten. Der Urheber kann seinen Schaden dabei auf dreifache Art berech-

---

313 OLG Hamm ZUM 2006, 641 (641 ff.).

314 Weitere Beispiele aus der Rechtsprechung finden sich bei Backhaus, in: Mestmäcker/Schulze, § 97 Rn. 55 und Dreier, in: Dreier/Schulze, § 97 Rn. 49.

315 Jänecke, Zerstörungsverbot, S. 182.

316 Begründung zum Regierungsentwurf, BT-Drucks. IV/270, S. 103 (zu § 107 des Regierungsentwurfs, dem späteren § 97 UrhG); Dreier, in: Dreier/Schulze, § 97 Rn. 58; Wild, in: Schricker/Loewenheim, § 97 Rn. 144.

317 Siehe oben Teil 2.A.IV.2.

nen[318]. Neben der konkret erlittenen Vermögenseinbuße (konkreter Schaden) kann der Urheber auch eine angemessene Lizenzgebühr (Lizenzanalogie) oder den vom Verletzer durch den Eingriff erzielten Gewinn (Herausgabe des Verletzergewinns) erstattet verlangen. Die dreifache Schadensberechnung trägt der besonderen Verletzlichkeit des Urheberrechts Rechnung. Diese hat zur Folge, dass der Verletzte zum einen nur äußerst schwer Vorkehrungen zum Schutz seines Rechts treffen kann, zum anderen aber auch die Feststellung einer Rechtsverletzung, eines konkreten Schadens und insbesondere auch eines entgangenen Gewinns besondere Schwierigkeiten bereitet, weil sich die hypothetischen Geschehensabläufe ohne die Verletzungshandlung nicht ohne weiteres rekonstruieren lassen[319]. Bei der dreifachen Schadensberechnung handelt es sich nicht um eigenständige Ansprüche, sondern um Schadensberechnungsmöglichkeiten, welche die Schwierigkeiten bei der Ermittlung der genauen Schadenshöhe beseitigen sollen[320]. Zwischen den einzelnen Schadensberechnungsmöglichkeiten kann der Verletzte frei wählen[321].

a) Konkreter Schaden

Die Berechnung des konkreten Schadens erfolgt nach der Differenzmethode. Danach ist die Vermögenslage nach dem schädigenden Ereignis mit der Vermögenslage, wie sie ohne das schädigende Ereignis bestanden hätte, zu vergleichen[322]. Soweit die Herstellung des Zustandes, der bestehen würde, wenn der zum Ersatz verpflichtende Umstand nicht eingetreten wäre, nicht möglich ist, kann der Urheber auch eine Geldentschädigung für die erlittene Vermögenseinbuße verlangen (§ 251 Abs. 1 BGB). Der konkrete Schaden umfasst grundsätz-

---

318 BGH GRUR 1973, 379 (380) – Doppelte Tarifgebühr; GRUR 1977, 539 (541) – Prozessrechner; GRUR 1980, 227 (232) – Monumenta Germaniae Historica; GRUR 1993, 55 (59) – Tchibo/Rolex II; Backhaus, in: Mestmäcker/Schulze, § 97 Rn. 66.

319 BGH GRUR 1977, 539 (541) – Prozessrechner; GRUR 1993, 55 (59) – Tchibo/Rolex II; Backhaus, in: Mestmäcker/Schulze, § 97 Rn. 69.

320 Backhaus, in: Mestmäcker/Schulze, § 97 Rn. 66 ff.; Lütje, in: Möhring/Nicolini, § 97 Rn. 149; v. Wolff, in: Wandtke/Bullinger, § 97 Rn. 58.

321 BGH GRUR 1962, 401 (402) – Kreuzbodenventilsäcke III; Backhaus, in: Mestmäcker/Schulze, § 97 Rn. 73; Dreier, in: Dreier/Schulze, § 97 Rn. 58 u. 68; Lütje, in: Möhring/Nicolini, § 97 Rn. 157; Wild, in: Schricker/Loewenheim, § 97 Rn. 147; v. Wolff, in: Wandtke/Bullinger, § 97 Rn. 59. Nicht zulässig ist dagegen eine Verquickung der verschiedenen Schadensberechnungsmöglichkeiten (BGH GRUR 1993, 55 (59) – Tchibo/Rolex II).

322 Vinck, Handbuch des Urheberrechts, § 81 Rn. 41; v. Wolff, in: Wandtke/Bullinger, § 97 Rn. 62.

lich auch den entgangenen Gewinn (§ 252 S. 1 BGB). Als entgangen gilt gemäß § 252 S. 2 BGB der Gewinn, welcher nach dem gewöhnlichen Lauf der Dinge oder nach den besonderen Umständen, insbesondere nach den getroffenen Anstalten und Vorkehrungen, mit Wahrscheinlichkeit erwartet werden konnte. Für den Verletzten erweist sich die Berechnung des konkret erlittenen Schadens oftmals als schwierig. Dies liegt unter anderem daran, dass sich der Zustand, der ohne die zum Ersatz verpflichtende Handlung gegeben wäre, häufig nicht mit hinreichender Sicherheit bestimmen lässt[323].

b) Herausgabe des Verletzergewinns

Wird in die urheberpersönlichkeitsrechtlichen Befugnisse eingegriffen, kann der Verletzte gemäß § 97 Abs. 2 S. 2 UrhG auch den Gewinn herausverlangen, den der Verletzer durch die Rechtsverletzung erzielt hat. Bei der Herausgabe des Verletzergewinns handelt es sich um einen Ausgleichsanspruch, bei dem fingiert wird, dass der Rechtsinhaber ohne die Rechtsverletzung in gleicher Weise Gewinn erzielt hätte wie der Verletzer. Unerheblich ist, ob der Verletzte selbst einen entsprechenden Gewinn hätte erzielen können[324]. Von dem herauszugebenden Gewinn kann der Verletzer in begrenztem Umfang Kosten für die Herstellung der rechtsverletzenden Gegenstände abziehen[325]. Ein Abzug von Gemeinkosten ist allerdings nicht möglich. Lediglich die variablen Kosten für die Herstellung und den Vertrieb können danach vom Gewinn abgezogen werden, nicht hingegen solche Kosten, die von der konkreten Herstellung der rechtsverletzenden Produkte unabhängig sind[326].

c) Lizenzanalogie

Die Lizenzanalogie beruht auf der Überlegung, dass der Verletzer nicht besser stehen soll als im Falle einer ordnungsgemäß erteilten Erlaubnis durch den

---

323 Kraßer, GRUR Int. 1980, 259 (262); Lütje, in: Möhring/Nicolini, § 97 Rn. 161; v. Wolff, in: Wandtke/Bullinger, § 97 Rn. 63.

324 BGH GRUR 1973, 478 (480) – Modeneuheit; GRUR 2001, 329 (332) – Gemeinkostenanteil; GRUR 2007, 431 (433) – Steckverbindergehäuse; Lütje, in: Möhring/Nicolini, § 97 Rn. 170; Wild, in: Schricker/Loewenheim, § 97 Rn. 167; v. Wolff, in: Wandtke/Bullinger, § 97 Rn. 67.

325 BGH GRUR 1962, 509 (511) – Dia Rähmchen II; GRUR 2001, 329 (331) – Gemeinkostenanteil; Backhaus, in: Mestmäcker/Schulze, § 97 Rn. 92.

326 BGH GRUR 2001, 329 (332) – Gemeinkostenanteil; GRUR 2007, 431 (433) – Steckverbindergehäuse; Backhaus, in: Mestmäcker/Schulze, § 97 Rn. 92; Vinck, Handbuch des Urheberrechts, § 81 Rn. 47; Wild, in: Schricker/Loewenheim, § 97 Rn. 167.

Rechtsinhaber[327]. Der Verletzer hat nach der Rechtsprechung daher dasjenige an den Urheber zu zahlen, was bei vertraglicher Einräumung ein vernünftiger Lizenzgeber gefordert und ein vernünftiger Lizenznehmer gewährt hätte, wenn beide die im Zeitpunkt der Entscheidung gegebene Sachlage gekannt hätten[328]. Es wird somit der Abschluss eines Lizenzvertrages fingiert[329]. Dabei kommt es grundsätzlich weder darauf an, ob der Verletzte zur Erteilung einer entsprechenden Lizenz überhaupt bereit gewesen wäre[330], noch, ob der Verletzte überhaupt in der Lage gewesen wäre, eine angemessene Lizenzgebühr zu erzielen[331]. Die Höhe der Lizenzgebühr bestimmt sich nach objektiven Maßstäben, so dass der Verletzte im Ergebnis so gestellt wird, als hätte er die Nutzung gegen Zahlung einer üblichen Lizenz gestattet[332]. Grundsätzlich sind jedoch die Umstände des Einzelfalles zu berücksichtigen. Danach kann unter Umständen auch ein Schadensersatz über die üblichen Lizenzgebühren hinaus gerechtfertigt sein[333].

Bei Beeinträchtigungen des Urheberpersönlichkeitsrechts kommt eine Berechnung des Schadens nach der Lizenzanalogie dann in Betracht, wenn die Verletzung des Urheberpersönlichkeitsrechts kommerzielle Belange betrifft und von daher als ein Aspekt des zu ersetzenden materiellen Schadens anzusehen

---

327 BGH GRUR 1987, 37 (39) – Videolizenzvertrag; GRUR 1990, 1008 (1009) – Lizenzanalogie; GRUR 2006, 143 (145); Vinck, Handbuch des Urheberrechts, § 81 Rn. 44; v. Wolff, in: Wandtke/Bullinger, § 97 Rn. 69.

328 BGH GRUR 1966, 375 (378) – Meßmer-Tee II; GRUR 1975, 323 (324) – Geflügelte Mädchen; GRUR 1990, 1008 (1009) – Lizenzanalogie; v. Wolff, in: Wandtke/Bullinger, § 97 Rn. 74.

329 BGH GRUR 1975, 323 (325) – Geflügelte Melodien; GRUR 1990, 1008 (1009) – Lizenzanalogie; GRUR 1993, 55 (58) – Tchibo/Rolex II; J. B. Nordemann, in: Fromm/Nordemann, § 97 Rn. 87; Wild, in: Schricker/Loewenheim, § 97 Rn. 153. Seit dem 01.09.2008 hat die Lizenzanalogie in § 97 Abs. 2 S. 3 UrhG eine ausdrückliche gesetzliche Grundlage.

330 J. B. Nordemann, in: Fromm/Nordemann, § 97 Rn. 88; v. Wolff, in: Wandtke/Bullinger, § 97 Rn. 71.

331 Backhaus, in: Mestmäcker/Schulze, § 97 Rn. 79; J. B. Nordemann, in: Fromm/Nordemann, § 97 Rn. 89; v. Wolff, in: Wandtke/Bullinger, § 97 Rn. 71.

332 BGH GRUR 1980, 841 (844) – Tolbutamid; GRUR 2006, 136 (137) – Pressefotos; OLG Frankfurt ZUM 2004, 924 (925); J. B. Nordemann, in: Fromm/Nordemann, § 97 Rn. 90.

333 BGH GRUR 2006, 136 (137 f.) – Pressefotos; J. B. Nordemann, in: Fromm/Nordemann, § 97 Rn. 96.

ist[334]. So rechtfertigt die fehlende Namensnennung beispielsweise einen Schadensersatzanspruch, wenn mit ihr gleichzeitig auch ein Verlust der Werbemöglichkeit verbunden ist[335]. Bei einer Entstellung des Werkes ist hingegen entscheidend, ob sich diese im Rahmen dessen bewegt, was üblicherweise gegen Entgelt gestattet wird. Anders als bei zum normalen Gebrauch erstellten Architekturleistungen wird dies bei Werken mit geringerem Gebrauchs- und höherem rein künstlerischen Wert eher nicht der Fall sein[336].

4. Ersatz immaterieller Schäden

Besondere Bedeutung bei Verletzungen des Urheberpersönlichkeitsrechts genießt der Anspruch auf Ersatz immaterieller Schäden gemäß § 97 Abs. 2 S. 4 UrhG. Dieser Anspruch bezweckt gerade die Sanktionierung von Beeinträchtigungen der ideellen Urheberinteressen und kommt folglich überhaupt nur bei Verletzungen urheberpersönlichkeitsrechtlicher Befugnisse in Betracht, nicht hingegen bei Verletzung von Verwertungsrechten[337]. Für Eingriffe in Verwertungsrechte steht dem Verletzten der Weg über den materiellen Schadensersatzanspruch offen. Der Anspruch auf Ersatz des immateriellen Schadens kann grundsätzlich auch neben einem Anspruch auf Ersatz des materiellen Schadens sowie Beseitigungs- und Unterlassungsansprüchen geltend gemacht werden[338].

Da der Anspruch auf Ersatz des immateriellen Schadens gemäß § 97 Abs. 2 S. 4 UrhG der Billigkeit entsprechen muss, kommt er nur dann in Betracht, wenn eine schwerwiegende (rechtswidrige und schuldhafte) Verletzung des Urheberpersönlichkeitsrechts vorliegt[339], die nicht auf andere Weise befriedigend ausgeglichen werden kann[340]. Kriterien für eine Billigkeit des An-

---

334 BGH GRUR 2002, 532 (532 ff.) – Unikatrahmen; LG Münster, NJW-RR 1996, 32 (33); Lütje, in: Möhring/Nicolini, § 97 Rn. 168; Wild, in: Schricker/Loewenheim, § 97 Rn. 178; J. B. Nordemann, in: Fromm/Nordemann, § 97 Rn. 101.

335 LG Münster, NJW-RR 1996, 32 (33).

336 Lütje, in: Möhring/Nicolini, § 97 Rn. 182.

337 Backhaus, in: Mestmäcker/Schulze, § 97 Rn. 95; v. Wolff, in: Wandtke/Bullinger, § 97 Rn. 84.

338 Dreier, in: Dreier/Schulze, § 97 Rn. 73.

339 BGH GRUR 1971, 525 (526) – Petite Jacqueline.

340 BGH GRUR 1970, 370 (372 f.) – Nachtigall; NJW 1995, 861 (864) – Caroline von Monaco; Backhaus, in: Mestmäcker/Schulze, § 97 Rn. 97; Lütje, in: Möhring/Nicolini, § 97 Rn. 245; Wild, in: Schricker/Loewenheim, § 97 Rn. 183; v. Wolff, in: Wandtke/Bullinger, § 97 Rn. 86.

spruchs auf Ersatz des immateriellen Schadens sind unter anderem die Bedeutung und Tragweite des Eingriffs[341], Anlass und Beweggrund des Handelnden, der Grad des Verschuldens auf Seiten des Schädigers[342], aber auch der Grad der Bindung des Urhebers an sein Werk[343].

Als Rechtsfolge einer schwerwiegenden Beeinträchtigung des Urheberpersönlichkeitsrechts erhält der Verletzte eine billige Entschädigung in Geld[344]. Bei der Bemessung der Höhe des Anspruchs sind neben der Genugtuungsfunktion des immateriellen Schadensersatzes auch präventive Aspekte zu berücksichtigen[345]. Die Entschädigung soll für den Verletzer spürbar sein. Insbesondere, wenn die Verletzung zur Gewinnerzielung erfolgte, ist die Entschädigung so zu bemessen, dass von ihr ein echter Hemmungseffekt ausgeht[346].

5. Weitere zivilrechtliche Ansprüche

Das Urheberrecht ist ein absolutes Recht und wird daher als „sonstiges Recht" auch durch § 823 Abs. 1 BGB geschützt. Eine eigenständige Bedeutung erlangt der Schadensersatzanspruch aus § 823 Abs. 1 BGB aber nur, sofern er über den Regelungsbereich der §§ 97 ff. UrhG hinausgeht. Ansonsten sind die urheberrechtlichen Ansprüche als lex specialis vorrangig[347].

Bereicherungsrechtliche Ansprüche gemäß §§ 812 ff. BGB kommen neben den urheberrechtlichen Ansprüchen gegenüber demjenigen, der durch einen

---

341 OLG München NJW-RR 1998, 556 (557).

342 BGH GRUR 1972, 97 (99) – Pariser Liebestropfen.

343 Siehe zu den relevanten Kriterien Backhaus, in: Mestmäcker/Schulze, § 97 Rn. 97; J. B. Nordemann, in: Fromm/Nordemann, § 97 Rn. 122.

344 Backhaus, in: Mestmäcker/Schulze, § 97 Rn. 98.

345 Der Gesichtspunkt der Prävention wird von der Rechtsprechung bei Verletzungen des allgemeinen Persönlichkeitsrechts in die Bemessung der immateriellen Geldentschädigung einbezogen (siehe hierzu unten Teil 2.B.VI.4). Für eine Übertragung dieser Rechtsprechung bei Verletzung urheberpersönlichkeitsrechtlicher Befugnisse auch Backhaus, in: Mestmäcker/Schulze, § 97 Rn. 98; Dreier, in: Dreier/Schulze, § 97 Rn. 76; J. B. Nordemann, in: Fromm/Nordemann, § 97 Rn. 123; Wild, in: Schricker/Loewenheim, § 97 Rn. 182.

346 BGH NJW 1995, 861 (865) – Caroline von Monaco; NJW 1996, 984 (985) – Caroline von Monaco II; ZUM 1996, 243 (244); OLG München NJW-RR 1998, 556 (557); Lütje, in: Möhring/Nicolini, § 97 Rn. 249; Wild, in: Schricker/Loewenheim, § 97 Rn. 182; v. Wolff, in: Wandtke/Bullinger, § 97 Rn. 88.

347 Schricker/Loewenheim, in: Schricker/Loewenheim, Einl. Rn. 42; Vinck, Handbuch des Urheberrechts, § 81 Rn. 64.

Eingriff in das Urheberpersönlichkeitsrecht einen vermögenswerten Vorteil erlangt, in Betracht. Für den Verletzten sind bereicherungsrechtliche Ansprüche zwar vorteilhaft, weil ein Verschulden des Verletzers nicht erforderlich ist[348]. Ihre praktische Relevanz ist dennoch gering, da die Anforderungen an das Verschulden im Rahmen der Schadensersatzansprüche bei Verletzungen des Urheberrechts nicht allzu hoch sind[349].

Ebenfalls von geringer praktischer Bedeutung sind Ansprüche aus angemaßter Eigengeschäftsführung nach §§ 687 Abs. 2, 681 S. 2, 667 BGB, da dem Verletzer oftmals das Bewusstsein, zur Führung des fremden Geschäfts nicht berechtigt zu sein, nicht nachgewiesen werden kann[350].

B. Der Inhalt des allgemeinen Persönlichkeitsrechts

I. Verfassungsrechtlicher Ausgangspunkt

Im Bereich des allgemeinen Persönlichkeitsrechts ist zunächst zwischen dem verfassungsrechtlichen und dem zivilrechtlichen allgemeinen Persönlichkeitsrecht zu unterscheiden. Beide Rechte haben ihre rechtliche Grundlage in Art. 1 Abs. 1 und 2 Abs. 1 GG, sind aber keineswegs identisch[351]. Im Unterschied zu seinem verfassungsrechtlichen Pendant handelt es sich beim zivilrechtlichen allgemeinen Persönlichkeitsrecht nach inzwischen ganz herrschender Meinung um ein Institut des einfachen Rechts, da weder die Grundrechte im Allgemeinen noch das verfassungsrechtliche allgemeine Persönlichkeitsrecht im Besonderen eine unmittelbare Drittwirkung entfalten[352]. Die Grundrechte dienen dem Bürger in erster Linie als Abwehrrechte gegen den Staat und binden daher ausschließlich die öffentliche Gewalt, nicht jedoch die Bürger untereinander[353]. Über die Abwehrfunktion hinaus wirken die Grundrechte zugleich aber als objektiv-rechtliche Wertentscheidungen der Verfassung in sämtliche Bereiche der

348 Lütje, in: Möhring/Nicolini, § 97 Rn. 255.

349 Backhaus, in: Mestmäcker/Schulze, § 97 Rn. 63 ff. u. 104.

350 Backhaus, in: Mestmäcker/Schulze, § 97 Rn. 105; Lütje, in: Möhring/Nicolini, § 97 Rn. 265.

351 Baston-Vogt, Schutzbereich, S. 122 ff.; Jarass, NJW 1989, 857 (858); Kläver, ZUM 2002, 205 (206).

352 Siehe oben Teil 1.B.III.1.

353 Baston-Vogt, Schutzbereich, S. 124; Beater, in: Soergel, § 823 Anh. IV Rn. 6; Rixecker, in: MüKo, 5. Aufl., Anh. § 12 Rn. 2.

Rechtsordnung hinein[354]. Für den Persönlichkeitsschutz hat dies zur Folge, dass der Gesetzgeber aufgrund des verfassungsrechtlichen allgemeinen Persönlichkeitsrechts die Pflicht hat, die Bürger untereinander vor Verletzungen der Werte zu schützen, die durch das Grundrecht gesichert werden sollen[355]. Grundsätzlich wäre anstelle des zivilrechtlichen allgemeinen Persönlichkeitsrechts auch eine andere Art und Weise des Persönlichkeitsschutzes mit dem Grundgesetz vereinbar gewesen, etwa durch die Herausbildung besonderer Persönlichkeitsrechte oder aber auch durch das Strafrecht[356]. Der BGH hat sich demgegenüber für die Einordnung als „sonstiges Recht" im Sinne von § 823 Abs. 1 BGB entschieden[357].

Das zivilrechtliche und das verfassungsrechtliche allgemeine Persönlichkeitsrecht unterscheiden sich nicht nur in ihrer Funktion, sondern auch in ihrer Reichweite. Dem Gesetzgeber wird durch die Verfassung lediglich ein gewisser Mindestrahmen vorgegeben, über den das zivilrechtliche Persönlichkeitsrecht deutlich hinausgehen kann[358]. Dies gilt auch deshalb, weil das Persönlichkeitsrecht verfassungsrechtlich durch weitere Grundrechte ergänzt wird, die ebenfalls den Schutz der Persönlichkeit bezwecken, wie etwa die Grundrechte zur Sicherung des Brief-, Post- und Fernmeldegeheimnisses sowie der Unverletzlichkeit der Wohnung. Zivilrechtlich werden diese Aspekte alle durch das allgemeine Persönlichkeitsrecht geschützt[359].

II. Das allgemeine Persönlichkeitsrecht als Rahmenrecht

Gegenstand der weiteren Untersuchungen ist allein das zivilrechtliche allgemeine Persönlichkeitsrecht. Dieses schützt den Anspruch des Einzelnen auf Achtung seiner Menschenwürde und Entfaltung seiner individuellen Persönlich-

354 BVerfGE 7, 198 (205) – Lüth; 73, 261 (269) - Sozialplan; Baston-Vogt, Schutzbereich, S. 124; Beater, in: Soergel, § 823 Anh. IV Rn. 6; Rixecker, in: MüKo, 5. Aufl., Anh. § 12 Rn. 2.

355 BVerfGE 73, 118 (201) – Gegendarstellung; Canaris, AcP 184 (1984), 201 (231); Ehmann, in: Erman, Anh. § 12 Rn. 12; Jung, Vererblichkeit, S. 47.

356 Ehmann, in: Erman, Anh. § 12 Rn. 12; Jarass, NJW 1989, 857 (858); Larenz/Canaris, SchR II/2, S. 493; Rixecker, in: MüKo, 5. Aufl., Anh. § 12 Rn. 3; Schwerdtner, JuS 1978, 289 (291).

357 Siehe oben Teil 1.B.III.1.

358 Jarass, NJW 1989, 857 (858); Kläver, ZUM 2002, 205 (206).

359 Jarass, NJW 1989, 857 (858).

keit[360]. „Das Wesen der Persönlichkeit besteht gerade darin, daß sie sich nicht, wie eine Sache, in feste Grenzen einschließen lässt, sondern unaufhörlich über ihre Grenzen hinausstrebt“[361]. Das allgemeine Persönlichkeitsrecht hat daher keinen fest umrissenen Tatbestand. Es ist ein Recht „generalklauselartiger Weite und Unbestimmtheit“, das keine festen Grenzen aufweist, die eine abschließende Festlegung seines Inhalts zulassen[362]. Hierzu fehlt es dem allgemeinen Persönlichkeitsrecht zunächst an der „sozialtypischen Offenkundigkeit“ bzw. an einem „körperlichen Substrat“, das Verletzungen in gleicher Weise sichtbar zu Tage treten lässt, wie beispielsweise Verletzungen von Eigentum, Leben oder Gesundheit, die allesamt einem gegenständlich verkörperten Interesse dienen[363]. Da der Mensch stets auch auf fremde Persönlichkeitssphären einwirkt, steht das allgemeine Persönlichkeitsrecht des Einzelnen in ständigem Konflikt mit dem Persönlichkeitsrecht anderer Menschen[364]. Das Fehlen eines festen Tatbestands macht das allgemeine Persönlichkeitsrecht zu einem „Rahmenrecht“[365] bzw. offenen Tatbestand, dessen Reichweite in jedem Einzelfall neu bestimmt werden muss. Ob im konkreten Fall das Persönlichkeitsrecht des Betroffenen verletzt wurde, ist deshalb stets im Rahmen einer umfassenden Güter- und Interessenabwägung zu prüfen[366]. Dadurch wird die Feststellung einer rechtswidrigen Verletzung zwar deutlich schwieriger und umfangreicher als bei den anderen Rechten und Rechtsgütern des § 823 Abs. 1 BGB, dafür ist das allgemeine Persönlichkeitsrecht aufgrund seiner generalklauselartigen Weite und Unbestimmtheit

360 BGHZ 24, 72 (80) – Krankenkassenpapiere.

361 Larenz, NJW 1955, 521 (522).

362 BGHZ 24, 72 (78) – Krankenkassenpapiere; Baston-Vogt, Schutzbereich, S. 151; Diederichsen, Jura 2008, 1 (1).

363 Ehmann, JuS 1997, 193 (195); Helle, Besondere Persönlichkeitsrechte, S. 23; Larenz/Canaris, SchR II/2, S. 491; Rixecker, in: MüKo, Anh. § 12 Rn. 9.

364 Jung, Vererblichkeit, S. 48; Larenz/Canaris, SchR II/2, S. 491.

365 Fikentscher/Heinemann, SchR, Rn. 1584; Medicus/Lorenz, Schuldrecht II, Rn. 1308.

366 Vgl. BGHZ 24, 72 (80) – Krankenkassenpapiere, dort heißt es: „Bei den Konfliktsmöglichkeiten, die sich daraus ergeben, daß das allgemeine Persönlichkeitsrecht eines jeden mit dem eines jeden anderen gleichen Rang hat und die freie Entfaltung der Persönlichkeit gerade in dem Hinausstreben des einzelnen über sich selbst besteht […], bedarf es im Streitfalle einer Abgrenzung, für die das Prinzip der Güter- und Interessenabwägung maßgebend sein muß […]. Je nach der Gestaltung der Dinge kann die Reichweite des Persönlichkeitsrechts durchaus verschieden sein. Ob im einzelnen Falle das Persönlichkeitsrecht verletzt ist, lässt sich nur auf Grund einer sorgsamen Würdigung und Abwägung aller für seine Abgrenzung bedeutsamen Umstände beurteilen.“ Siehe auch Baston-Vogt, Schutzbereich, S. 152; Brandner, JZ 1983, 689 (689); v. Caemmerer, FS-Hippel, 27 (33); Funkel, Schutz der Persönlichkeit, S. 18; Peukert, Güterzuordnung, S. 179; Schwerdtner, JuS 1978, 289 (292).

gegenüber anderen Rechten aber auch besonders flexibel und anpassungsfähig. Es ist nicht nur in besonderem Maße dazu geeignet für Einzelfallgerechtigkeit zu sorgen, sondern auch in der Lage neuen Gefährdungspotentialen entgegenzutreten[367].

III. Schutz der Persönlichkeit durch die besonderen Persönlichkeitsrechte

1. Die besonderen Persönlichkeitsrechte

Bereits vor der Anerkennung des allgemeinen Persönlichkeitsrechts durch den BGH wurden einzelne Persönlichkeitsbestandteile durch besondere Persönlichkeitsrechte geschützt. Es handelt sich dabei etwa um das in § 12 BGB geregelte Recht am eigenen Namen, das Recht am eigenen Bild (§ 22 KUG), das Recht am eigenen Datenbestand (§ 4 BDSG), den Schutz der bürgerlich rechtlichen Ehre (§ 823 Abs. 2 BGB i.V.m. §§ 185 ff. StGB), der Geschäftsehre (§ 824 BGB und §§ 14, 15 UWG) sowie des persönlichen Lebens- und Geheimbereichs (§ 823 Abs. 2 BGB i.V.m. §§ 201 ff. StGB)[368].[369]

Vom allgemeinen Persönlichkeitsrecht unterscheiden sich die besonderen Persönlichkeitsrechte neben ihrer Regelung durch gesetzliche Vorschriften durch einen fest umschriebenen Tatbestand, der das Ergebnis einer vom Gesetzgeber vorgenommenen Güter- und Interessenabwägung ist[370]. Die Verwirklichung des Tatbestandes indiziert die Rechtswidrigkeit der persönlichkeitsverletzenden Handlung und lässt somit das Erfordernis einer Güter- und Interessenabwägung bei den besonderen Persönlichkeitsrechten weitestgehend entfallen[371].

---

367 Bullinger, Kunstwerkfälschung, S. 152; Degenhardt, JuS 1992, 361 (361); Götting, Handbuch des Persönlichkeitsrechts, S. 16; Hubmann, JZ 1957, 521 (524); Klass, Realitätsfernsehen, S. 242; Larenz/Wolf, BGB AT, S. 128.

368 Siehe zu den einzelnen besonderen Persönlichkeitsrechten Gounalakis/Rhode, Internet, Rn. 36 ff.; Jung, Vererblichkeit, S. 21 ff.; Witzleb, Geldansprüche, S. 17 ff.

369 Siehe zu der Frage, ob auch das Urheberpersönlichkeitsrecht als ein besonderes Persönlichkeitsrecht anzusehen ist, unten Teil 2.C.I.

370 Helle, Besondere Persönlichkeitsrechte, S. 38; Jung, Vererblichkeit, S. 44.

371 Ehmann, FS-BGH, 613 (625); Helle, Besondere Persönlichkeitsrechte, S. 38; Jung, Vererblichkeit, S. 44.

2. Verhältnis der besonderen Persönlichkeitsrechte zum allgemeinen Persönlichkeitsrecht

Nach der herrschenden Meinung handelt es sich beim allgemeinen Persönlichkeitsrecht um das „Mutterrecht" oder „Quellrecht"[372], aus dem die besonderen Persönlichkeitsrechte herausgebildet und abgespalten werden[373]. Die Funktion des allgemeinen Persönlichkeitsrechts ist jedoch nicht auf die eines „Quellrechts" für die besonderen Persönlichkeitsrechte beschränkt. Es ist gleichzeitig ein eigenständiges Recht, das zusammen mit den besonderen Persönlichkeitsrechten einen umfassenden Schutz der Persönlichkeit bezweckt[374].

a) Spezialität der besonderen Persönlichkeitsrechte

Das Konkurrenzverhältnis der besonderen Persönlichkeitsrechte zum allgemeinen Persönlichkeitsrecht ist durch Spezialität[375] der besonderen Persönlichkeitsrechte gekennzeichnet (lex specialis)[376]. Zwei Normen stehen immer dann im Verhältnis der Spezialität zueinander, wenn der Anwendungsbereich der Spezialregelung in dem Anwendungsbereich der allgemeinen Vorschrift (lex generalis) vollständig aufgeht, so dass die Fälle der spezielleren Norm auch solche der generellen Regelung sind[377]. Da die besonderen Persönlichkeitsrechte jeweils nur einen Teilbereich des umfassenden allgemeinen Persönlichkeitsrechts regeln, indiziert eine Beeinträchtigung der besonderen Persönlichkeitsrechte zugleich auch eine Verletzung des allgemeinen Persönlichkeitsrechts[378].

Als lex specialis verdrängen die besonderen Persönlichkeitsrechte das allgemeine Persönlichkeitsrecht in ihrem Anwendungsbereich sowohl auf Tatbestands- als auch auf Rechtsfolgenseite. Demgegenüber wird teilweise auch die Auffassung vertreten, dass die besonderen Persönlichkeitsrechte dem allgemeinen Persönlichkeitsrecht nur auf Tatbestandsseite vorgingen. Auf Rechtsfolgen-

---

372 Larenz, NJW 1955, 521 (525); Nipperdey, UFITA 30 (1960), 1 (7).

373 Götting, in: Handbuch des Persönlichkeitsrechts, S. 16.

374 Baston-Vogt, Schutzbereich, S. 102; Götting, in: Handbuch des Persönlichkeitsrechts, S. 16.

375 Vgl. zur Spezialität zweier Normen Dietz, Anspruchskonkurrenz, S. 22 f. und Larenz, Methodenlehre, S. 267 f.

376 H.M. Dunz, in: RGRK, § 823 Anh. I Rn. 20; Dünnwald, UFITA 49 (1967), 129 (136); Ellenberger, in: Palandt, § 12 Rn. 2; Helle, Besondere Persönlichkeitsrechte, S. 40 f.; a.A. Hubmann, Persönlichkeitsrecht, S. 172 f.

377 Dietz, Anspruchskonkurrenz, S. 23; Larenz, Methodenlehre, S. 267.

378 Helle, Besondere Persönlichkeitsrechte, S. 41.

seite gelange das allgemeine Persönlichkeitsrecht hingegen neben den besonderen Persönlichkeitsrechten zur Anwendung, da nur auf diese Weise ein umfassender Persönlichkeitsschutz gewährleistet werden könne. Denn nur bei einem Rückgriff auf das allgemeine Persönlichkeitsrecht komme auch im Anwendungsbereich der besonderen Persönlichkeitsrechte ein Anspruch auf Ersatz des immateriellen Schadens in Betracht[379]. Dieser Ansatz verkennt allerdings, dass ein umfassender Persönlichkeitsschutz auch allein durch die besonderen Persönlichkeitsrechte gewährleistet wird. Die aus Art. 1 Abs. 1 und 2 Abs. 1 GG fließenden Wertentscheidungen garantieren einen umfassenden Schutz der Menschenwürde sowie der Persönlichkeitsentfaltung nicht nur für das allgemeine Persönlichkeitsrecht, sondern auch für die besonderen Persönlichkeitsrechte. Hat die Verletzung eines besonderen Persönlichkeitsrechts einen immateriellen Schaden zur Folge, so folgt der Anspruch auf Ersatz des immateriellen Schadens bereits aus dem verfassungsrechtlich garantierten Persönlichkeitsschutz[380].

b) Auffangfunktion des allgemeinen Persönlichkeitsrechts

Im Anwendungsbereich der besonderen Persönlichkeitsrechte kommt das allgemeine Persönlichkeitsrecht somit nicht zur Anwendung. Sollten die besonderen Persönlichkeitsrechte in einzelnen Fällen ausnahmsweise einen den Wertentscheidungen der Art. 1 Abs. 1, 2 Abs. 1 GG entsprechenden Schutz nicht gewährleisten können, greift das allgemeine Persönlichkeitsrecht aber dennoch ergänzend ein[381]. Gegenüber den besonderen Persönlichkeitsrechten übernimmt das allgemeine Persönlichkeitsrecht insoweit eine Auffangfunktion[382].

---

379 Funkel, Schutz der Persönlichkeit, S. 41; Helle, Besondere Persönlichkeitsrechte, S. 40 f.; Larenz/Canaris, SchR II/2, S. 497.

380 Baston-Vogt, Schutzbereich, S. 109; Magold, Personenmerchandising, S. 405 f.; Neumann-Duesberg, NJW 1971, 1640 (1641) zum Urheberpersönlichkeitsrecht; Peukert, Güterzuordnung, S. 179; Sack, WRP 1984, 521 (533); Schack, GRUR 1985, 352 (353).

381 Dietz/Peukert, in: Schricker/Loewenheim, Vor §§ 12 ff. Rn. 15; Dreyer, in: Dreyer/Kotthoff/Meckel, Vor §§ 12 ff. Rn. 38; Krüger-Nieland, FS-Hauß, 215 (221 f.); Schack, IPRax 1993, 46 (51).

382 BGH GRUR 1959, 430 (431) – Caterina Valente; GRUR 1968, 552 (556) – Mephisto; NJW 1981, 1738 (1740); GRUR 1984, 688 (689) – AEG-Aktionär; Deutsch, Haftungsrecht, Rn. 83; Ehlers, Geldersatz, S. 8; v. Gierke, Privatrecht I, S. 705; Götting, in: Handbuch des Persönlichkeitsrechts, S. 17; Hubmann, Persönlichkeitsrecht, S. 172 f.; Kau, Persönlichkeitsschutz, S. 62; Larenz/Wolf, BGB AT, S. 133 f.; Leisner, Grundrechte, S. 243; Nipperdey, NJW 1967, 1985 (1992); Peukert, Güterzuordnung, S. 255;

Ebenso gelangt das allgemeine Persönlichkeitsrecht neben den besonderen Persönlichkeitsrechts uneingeschränkt zur Anwendung, wenn dieselbe Handlung unterschiedliche Persönlichkeitsinteressen beeinträchtigt, von denen nicht alle durch eine Spezialregelung geschützt werden. Hinsichtlich der nicht spezialgesetzlich geregelten Interessen sind die besonderen Persönlichkeitsrechte bereits nicht einschlägig, so dass die Anwendbarkeit des allgemeinen Persönlichkeitsrechts von vornherein nicht gesperrt ist[383].

IV. Konkretisierung des allgemeinen Persönlichkeitsrechts

Die einzelfallbezogene Güter- und Interessenabwägung birgt die Gefahr, „im Meer der Abwägungen jeglichen Kurs zu verlieren“[384]. Das Bundesverfassungsgericht hat aus diesem Grund darauf hingewiesen, dass eine einzelfallbezogene Güter- und Interessenabwägung dem rechtsstaatlichen Gebot der Berechenbarkeit des Rechts, sowie der Rechtsklarheit und Rechtssicherheit nicht hinreichend gerecht werde. Den Gesetzen und dem ergänzenden Richterrecht obliege die Aufgabe, die Rechtsfindung normativ zu leiten. Im Hinblick auf eine Konkretisierung der Rahmenrechte sei die höchstrichterliche Rechtsprechung daher angehalten, unter Berücksichtigung der Besonderheiten der zu beurteilenden Sachverhalte und der Bedeutung der Grundrechte, Grundsätze zu entwickeln, welche die Einzelfallentscheidung leiten können[385]. Es stellt sich daher die Frage, ob und inwieweit das allgemeine Persönlichkeitsrecht einer tatbestandlichen Konkretisierung zugänglich ist[386].

1. Entwicklung besonderer Persönlichkeitsrechte

Eine inhaltliche Konkretisierung des allgemeinen Persönlichkeitsrechts ließe sich zunächst durch die Entwicklung besonderer Persönlichkeitsrechte erreichen[387]. Zwar würde die Entwicklung besonderer Persönlichkeitsrechte eine Gü-

---

Sack, WRP 1984, 521 (529); ders., GRUR 1981, 850 (851); Schack, IPRax 1993, 46 (51); Siebert, NJW 1958, 1369 (1372); Witzleb, Geldansprüche, S. 15.

383 Baston-Vogt, Schutzbereich, S. 113; Kläver, Bereicherungsrechtliche Ansprüche, S. 51; Klippel, Schutz des Namens, S. 513.

384 Rixecker, in: MüKo, Anh. § 12 Rn. 9.

385 BVerfGE 66, 116 (138) – Wallraff.

386 Siehe zur Konkretisierung des allgemeinen Persönlichkeitsrechts Ehmann, JuS 1997, 193 (193 ff.).

387 So z.B. Deutsch/Ahrens, Deliktsrecht, Rn. 270.

ter- und Interessenabwägung weitestgehend entbehrlich machen, andererseits hätte sie eine starke Aufgliederung des Persönlichkeitsrechts zur Folge, ohne dass sich sämtliche Persönlichkeitsinteressen abschließend erfassen ließen[388]. Darüber hinaus wäre die Güter- und Interessenabwägung auch nicht vollständig obsolet. Im Bereich des Persönlichkeitsschutzes lassen sich die schutzwürdigen Interessen der Beteiligten nicht für jeden Einzelfall mithilfe einer gesetzlichen Regelung aufeinander abstimmen[389]. Dies zeigen die Beispiele der §§ 23 Abs. 2 KUG, 193 StGB und 824 Abs. 2 BGB, die allesamt eine Güter- und Interessenabwägung erfordern[390]. Auch ihr Sinn und Zweck sprechen dagegen, die besonderen Persönlichkeitsrechte zur Konkretisierung des allgemeinen Persönlichkeitsrechts heranzuziehen. Die Aufgabe der besonderen Persönlichkeitsrechte besteht allein darin, den Persönlichkeitsschutz, nicht aber das allgemeine Persönlichkeitsrecht zu konkretisieren. Sie lassen daher keinen unmittelbaren Rückschluss auf den Inhalt des allgemeinen Persönlichkeitsrechts zu[391]. Die Herausbildung besonderer Persönlichkeitsrechte zur inhaltlichen Konkretisierung des allgemeinen Persönlichkeitsrechts erweist sich insofern nicht nur als umständlich, sondern auch als ungeeignet.

2. Sphärentheorie

Nach der sogenannten Sphärentheorie soll die Persönlichkeit zur inhaltlichen Konkretisierung des allgemeinen Persönlichkeitsrechts in drei Sphären unterschiedlicher Schutzintensität eingeteilt werden[392]. Der Sphärentheorie liegt die Annahme zu Grunde, dass der Betroffene umso schutzwürdiger ist, je stärker

---

388 Jung, Vererblichkeit, S. 50; Trebes, Schutz der Persönlichkeit, S. 44. In diese Richtung geht auch die Rechtsprechung des Bundesverfassungsgerichts in seiner Gleichberechtigungs-Entscheidung (BVerfGE 3, 225 (243)). Dort heißt es zur Konkretisierung des Rechts durch besondere Regelungen: „Gleichwohl verwendet der moderne Gesetzgeber vielerorts unbestimmte Rechtsbegriffe und allgemeine Regeln, weil es unmöglich ist, mit Spezialnormen der Vielfalt der Lebensverhältnisse Herr zu werden und zugleich einen Weg zu der rechtlichen Differenzierung zu eröffnen, die im Einzelfall eine gerechte Entscheidung oft erst ermöglicht."

389 Hager, in: Staudinger, § 823 Rn. C 17; Jung, Vererblichkeit, S. 50; Schwerdtner, Karlsruher Forum, 105 (105).

390 Funkel, Schutz der Persönlichkeit, S. 38; Helle, Besondere Persönlichkeitsrechte, S. 25; Jung, Vererblichkeit, S. 50 f.; Witzleb, Geldansprüche, S. 17.

391 Baston-Vogt, Schutzbereich, S. 107 f. u. 179.

392 Die Sphärentheorie geht auf Hubmann zurück. Siehe Hubmann, Persönlichkeitsrecht, S. 157, 268 ff., 376 und JZ 1957, 521 (524).

sein innerster Bereich betroffen ist[393]. Der Kernbereich der privaten Lebensgestaltung wird durch die Intimsphäre geschützt. Eingriffe in diesen Bereich können auch nicht durch ein überwiegendes Interesse der Allgemeinheit gerechtfertigt werden[394]. Um die Intimsphäre legen sich die Privat- und die Sozialsphäre. Die Privatsphäre dient insbesondere dem häuslichen, familiären und sonstigen der Öffentlichkeit entzogenen Bereich der Person, daneben aber auch den wirtschaftlichen Verhältnissen[395]. Sie genießt keinen derart weitreichenden Schutz wie der innerste Persönlichkeitskern. Für den Betroffenen hat dies zur Folge, dass er Eingriffe eher dulden muss. Als äußerer Schutzkreis legt sich die Individualsphäre um die Intim- und die Privatsphäre[396]. Durch sie wird das Selbstbestimmungsrecht des Einzelnen in seinem öffentlichen, wirtschaftlichen und beruflichen Wirken geschützt[397]. An Eingriffe in die Individualsphäre sind die geringsten Rechtfertigungsanforderungen zu stellen. Beeinträchtigungen durch Äußerungen des Verletzers sind nur dann unzulässig, wenn sie unwahre Tatsachenbehauptungen oder ehrverletzende Meinungsäußerungen zum Gegenstand haben[398].

Die Sphärentheorie verdeutlicht somit letztlich nur, dass, abhängig von der betroffenen Sphäre, unterschiedliche Rechtfertigungsanforderungen an einen Eingriff bestehen[399]. Zur Konkretisierung des allgemeinen Persönlichkeitsrechts vermag sie jedoch keinen weitergehenden Beitrag zu leisten. Die Persönlichkeitssphären sind nicht weniger unbestimmt als das allgemeine Persönlichkeitsrecht[400]. Des Weiteren lassen sich die verschiedenen Sphären auch nicht präzise voneinander abgrenzen[401]. Abhängig von den Umständen des Einzelfalles, bedarf „der Einzelne in seinen intimen Bezügen einmal keines, in seinen sozialen

---

393 Beater, in Soergel, § 823 Anh. IV Rn. 42; Diederichsen, Jura 2008, 1 (2).

394 BVerfGE 34, 238 (245) – Tonbandaufnahme.

395 Beater, in Soergel, § 823 Anh. IV Rn. 44.

396 Die Terminologie hinsichtlich der einzelnen Sphären ist recht unterschiedlich, was sowohl in Bezug auf die Bezeichnung als auch auf die Abgrenzung der einzelnen Sphären zu Unklarheiten führt. Siehe hierzu Baston-Vogt, Schutzbereich, S. 193 f.

397 Diederichsen, Jura 2008, 1 (2).

398 Beater, in Soergel, § 823 Anh. IV Rn. 45; Diederichsen, Jura 2008, 1 (2).

399 Ehmann, JuS 1997, 193 (197); Jung, Vererblichkeit, S. 52.

400 Baston-Vogt, Schutzbereich, S. 193; Helle, Besondere Persönlichkeitsrechte, S. 9; Jung, Vererblichkeit, S. 51; Larenz/Canaris, SchR II/2, S. 503; Trebes, Schutz der Persönlichkeit, S. 43.

401 Degenhart, JuS 1992, 361 (364); Ehmann, Jus 1997, 193 (197); Jung, Vererblichkeit, S. 51; Rixecker, in: MüKo, Anh. § 12 Rn. 10.

jedoch eines wirksamen Schutzes"[402]. Eine allgemeingültige Definition, unter welchen Voraussetzungen eine bestimmte Sphäre betroffen ist, kann es daher nicht geben. In der Folge hängt auch die Zuordnung eines konkreten Lebenssachverhaltes zu einer der Sphären wiederum von den Umständen des Einzelfalles ab[403]. Die Sphärentheorie ist somit zur inhaltlichen Konkretisierung des allgemeinen Persönlichkeitsrechts ungeeignet. Allein bei der Güter- und Interessenabwägung kann sie als Arbeitshilfe oder Richtschnur dienen und als Abwägungskriterium herangezogen werden[404].

3. Konkretisierung durch Schutzbereiche

Sowohl die Herausbildung besonderer Persönlichkeitsrechte, als auch die Sphärentheorie sind folglich nicht dazu in der Lage, dem allgemeinen Persönlichkeitsrecht feste Konturen zu verleihen. Dennoch ist das allgemeine Persönlichkeitsrecht in gewissem Maße einer Konkretisierung zugänglich. Bei Betrachtung der höchstrichterlichen Rechtsprechung zeigt sich, dass bestimmten Beeinträchtigungen des allgemeinen Persönlichkeitsrechts immer wieder die gleichen Gegeninteressen der Handelnden gegenüberstehen[405]. Unter Berücksichtigung dieses Fallmaterials lassen sich bestimmte Schutzbereiche des allgemeinen Persönlichkeitsrechts derart konkretisieren, dass eine Verletzung die Vermutung der Rechtswidrigkeit begründen kann und es nur noch im Einzelfall der Ergänzung durch eine Güter- und Interessenabwägung bedarf[406].

---

402 Rixecker, in: MüKo, Anh. § 12 Rn. 10. So auch Jung, Vererblichkeit, S. 52.

403 BVerfGE 34, 238 (248) – Tonbandaufnahme; 80, 367 (374) – Tagebuch; OLG Schleswig, MDR 1980, 164 (164); Amelung/Tyrell, NJW 1980, 1560 (1560 f.); Amelung, NJW 1990, 1753 (1755); Baston-Vogt, Schutzbereich, S. 191 f.; Brossette, Selbstbestimmung, S. 130 f.; Ehmann, AcP 188 (1988), 230 (236 Fn. 22); Osiander, Recht am Bild, S. 89.

404 Baston-Vogt, Schutzbereich, S. 192; vgl. hierzu auch Brossette, Selbstbestimmung, S. 131; Degenhart, JuS 1992, 361 (364); Ehmann, in: Erman, Anh. § 12 Rn. 7; ders., AcP 188 (1988), 230 (236 Fn. 22); Funkel, Schutz der Persönlichkeit, S. 38; Helle, Besondere Persönlichkeitsrechte, S. 9; Steffen, AfP 1988, 117 (118).

405 Funkel, Schutz der Persönlichkeit, S. 19.

406 Ehmann, JuS 1997, 193 (196). Baston-Vogt (Schutzbereich, S. 203 ff.) und ihr folgend Trebes (Schutz der Persönlichkeit, S. 44 ff.) wollen das allgemeine Persönlichkeitsrecht dagegen durch Auswahl, Benennung und Konturierung von Individualinteressen konkretisieren. Nach ihrer Auffassung schützt das allgemeine Persönlichkeitsrecht nicht pauschal die Persönlichkeit als solche, sondern nur gewichtige Persönlichkeitsinteressen, deren Schutz durch ein subjektives Privatrecht gerechtfertigt sei. Bei der Bestimmung der persönlichkeitsrechtlich geschützten Individualinteressen seien die

Bei der Bildung von Schutzbereichen steht die Erkenntnis im Vordergrund, dass das allgemeine Persönlichkeitsrecht rechtlich geschützte, aber widerstreitende Verhaltensweisen koordinieren soll[407]. Zur Bestimmung der Schutzbereiche ist daher nicht nur auf den Gegenstand des zu schützenden Interesses abzustellen, sondern insbesondere auch auf die Art und die Umstände der Beeinträchtigung[408]. Eine abschließende inhaltliche Konkretisierung lässt sich freilich auch auf diesem Wege nicht erreichen[409]. Im Wesentlichen haben sich aber folgende Schutzbereiche herausgebildet: (1) Ehrenschutz, (2) Schutz vor Verfälschungen des Persönlichkeitsbildes, (3) Schutz vor dem Eindringen in den persönlichen Bereich und vor dessen Ausforschung, (4) Schutz vor der Verbreitung und Auswertung von Geheimnissen aus dem privaten Bereich, (5) Schutz vor unbefugter kommerzieller Nutzung der Persönlichkeit sowie (6) Schutz der aktiven Persönlichkeitsentfaltung[410]. Allen Schutzbereichen – mit Ausnahme des Ehrenschutzes – ist gemeinsam, dass sie dem Einzelnen die „Befugnis zur Selbstbestimmung“ gewähren[411].

a) Ehrenschutz

Die Ehre[412] – zunächst nicht als sonstiges Recht über § 823 Abs. 1 BGB geschützt[413] – ist als fester Bestandteil des allgemeinen Persönlichkeitsrechts aner-

---

grundrechtlichen Wertungen umzusetzen und die hierfür herausgearbeiteten verfassungsrechtlichen Vorgaben zu beachten. Als schützenswerte Individualinteressen sollen die Entfaltung im räumlich-gegenständlichen Bereich, Selbstbestimmung in eigenen Angelegenheiten, Diskretion in persönlichen Angelegenheiten, Achtung der persönlichen Ehre, wahre Darstellung der eigenen Person und die Kenntnis und Achtung der personalen Identität in Betracht kommen.

407 Jung, Vererblichkeit, S. 52; Rixecker, in: MüKo, Anh. § 12 Rn. 10.

408 Jung, Vererblichkeit, S. 52; Rixecker, in: MüKo, Anh. § 12 Rn. 11.

409 Funkel, Schutz der Persönlichkeit, S. 19. Baston-Vogt (Schutzbereich, S. 177 f.) hält der Bildung von Schutzbereichen entgegen, dass Letztere nichts über den Inhalt des allgemeinen Persönlichkeitsrechts, sondern nur darüber aussagen, wann das allgemeine Persönlichkeitsrecht bisher in der Rechtsprechung Anwendung gefunden hat.

410 Beater, in: Soergel, § 823 Anh. IV Rn. 34; Brossette, Selbstbestimmung, S. 131 ff.; Ehmann, in: Erman, Anh. § 12 Rn. 5; ders., in FS-BGH, 613 (628 u. 635 ff.); ders., JuS 1997, 193 (197 ff.); Jung, Vererblichkeit, S. 53 ff.; Rixecker, in: MüKo, Anh. § 12 Rn. 11 u. 45 ff.

411 Jung, Vererblichkeit, S. 89 f.

412 Die Ehre wird in der zivilrechtlichen Rechtsprechung und der Lehre nur vereinzelt näher definiert. Hubmann (Persönlichkeitsrecht, S. 288) sieht in der Ehre den Gesamtwert der Individualität, die Summe der ihr anhaftenden Werte. Schlechtriem (DRiZ 1975, 65 (66)) definiert die Ehre dagegen als das Ansehen einer Person im Urteil ihrer

kannt und damit zivilrechtlich auch gegen fahrlässige Verletzungen geschützt[414]. Darüber hinaus besteht ein Schutz gegen vorsätzliche Eingriffe auch durch § 823 Abs. 2 BGB i.V.m. §§ 185 ff. StGB. Der Schutzbereich der persönlichen Ehre umfasst sowohl die „innere" als auch die „äußere Ehre"[415]. Unter der inneren Ehre ist der Selbstachtungsanspruch des Einzelnen zu verstehen, der ihm aufgrund seiner Personenwürde, seines Menschseins zusteht[416]. Hinter der äußeren Ehre steht der „gute Ruf" eines Menschen in der Gemeinschaft[417]. Die Ehre steht insbesondere mit der ebenfalls verfassungsrechtlich durch Art. 5 Abs. 1 GG gewährleisteten Meinungs- und Pressefreiheit[418], aber auch mit der Kunstfreiheit Dritter (Art. 5 Abs. 3 GG) in ständigem Konflikt[419]. Gerade im Bereich des Ehrenschutzes bedarf die Feststellung der Rechtswidrigkeit einer

---

Mitmenschen und die davon nie ganz unabhängige Selbstachtung. Ein eigenständiger zivilrechtlicher Ehrbegriff existiert wohl nicht (v. d. Decken, Ehrenschutz, S. 20; Mackeprang, Ehrenschutz, S. 20).

413 Siehe zur geschichtlichen Entwicklung des allgemeinen Persönlichkeitsrechts im Gesetzgebungsverfahren und der Eliminierung der Ehre als geschütztes Rechtsgut oben Teil 1.B.II.1.

414 Siehe zum Schutz der Ehre im Zivilrecht Hager, AcP 196 (1996), 168 (169 ff.).

415 Helle, Schutz der Persönlichkeit, S. 6; Prinz/Peters, Medienrecht, Rn. 89.

416 Helle, Schutz der Persönlichkeit, S. 6; Prinz/Peters, Medienrecht, Rn. 89.

417 Prinz/Peters, Medienrecht, Rn. 89.

418 Bei der Abwägung zwischen dem Schutz der Ehre und der Meinungsfreiheit kommt die vom Bundesverfassungsgericht im Lüth-Urteil entwickelte „Wechselwirkungslehre" zur Anwendung. Danach wird die Meinungsfreiheit gemäß Art. 5 Abs. 2 GG zwar ausdrücklich durch die allgemeinen Gesetze, die gesetzlichen Bestimmungen zum Schutz der Jugend und das Recht der persönlichen Ehre beschränkt. Aufgrund der besonderen Bedeutung der Meinungsfreiheit im freiheitlich demokratischen Staat, sind diese Schranken nach der Rechtsprechung des Bundesverfassungsgericht aber in ihrer das Grundrecht beschränkenden Wirkung selbst wieder einzuschränken (BVerfGE 7, 198 (208 f.)). Die Wechselwirkungslehre hat somit eine doppelte Gewichtung der Meinungsfreiheit im Rahmen der Abwägung mit der Ehre zur Folge. Im Schrifttum wird diese Rechtsprechung des Bundesverfassungsgerichts teilweise deshalb kritisiert, weil sie der Bedeutung der Ehre nicht hinreichend Rechnung trage. Zum einen genieße die Ehre als Bestandteil des allgemeinen Persönlichkeitsrechts gemäß Art. 1 Abs. 1, 2 Abs. 1 GG ebenfalls Verfassungsrang, zum anderen nehme die Ehre aufgrund ihrer ausdrücklichen Erwähnung in Art. 5 Abs. 2 GG gegenüber den „allgemeinen Gesetzen" eine besondere Stellung ein. Dies werde von der „Wechselwirkungslehre" nicht hinreichend berücksichtigt (Kriele, NJW 1994, 1897 (1898 f.)). Siehe zur Kritik an der „Wechselwirkungslehre" auch Hager, AcP 196 (1996), 168 (178 ff.).

419 Ehmann, FS-BGH, 613 (638 ff.); Funkel, Schutz der Persönlichkeit, S. 20; Jung, Verderblichkeit, S. 55.

Verletzung des allgemeinen Persönlichkeitsrechts daher einer besonders sorgfältigen Abwägung der widerstreitenden Interessen[420]. Da unrichtige Informationen keinen Beitrag zur Meinungsbildung leisten können, kommt dem Schutz der Ehre grundsätzlich der Vorrang vor der Meinungs- und Pressefreiheit zu, sofern Gegenstand der Beeinträchtigung eine bewusst oder erwiesen unwahre Tatsachenbehauptung[421] ist[422]. Demgegenüber stellen wahre Tatsachenbehauptungen in der Regel bereits keinen Eingriff in den Schutzbereich der Ehre dar[423]. Etwas anderes gilt für die Behauptung wahrer Tatsachen aus der Intimsphäre sowie der Verbreitung von Informationen, die unter Vertrauensbruch erlangt wurden. An der Äußerung derartiger Behauptungen besteht unabhängig von ihrem Wahrheitsgehalt kein Drittinteresse[424]. Gegenüber Meinungsäußerungen tritt die Ehre grundsätzlich zurück. Hier spricht eine Vermutung für die Zulässigkeit freier Rede[425]. Etwas anderes gilt allerdings dann, wenn das geäußerte Werturteil eine Formalbeleidigung oder Schmähkritik darstellt[426].[427] Gegenüber der Kunstfreiheit genießt die Ehre jedenfalls dann Vorrang, wenn das künstlerische Werk den durch die Menschenwürde gemäß Art. 1 Abs. 1 GG gewährleisteten Kern menschlicher Ehre berührt[428].

---

420 Jung, Vererblichkeit, S. 55.

421 Als Tatsachen definiert man etwas Bestehendes oder Geschehenes, das bewiesen werden kann (Helle, Schutz der Persönlichkeit, S. 13). Demgegenüber sind Werturteile bzw. Meinungsäußerungen durch das Element der Stellungnahme, des Dafürhaltens oder des Meinens geprägt (BVerfGE 61, 1 (8) – NPD Europas). Die Abgrenzung zwischen Tatsachenbehauptungen und Meinungsäußerungen kann im Einzelfall Probleme bereiten, insbesondere dann, wenn Tatsachen und Werturteile vermengt werden (Grimm, NJW 1995, 1697 (1699)).

422 BVerfGE 54, 208 (219) – Böll; 61, 1 (8) – NPD Europas; 90, 241 (247) – Auschwitzlüge; Grimm, NJW 1995, 1697 (1702); Ossenbühl, JZ 1995, 633 (639); Stoll, Jura 1979, 576 (580).

423 Hubmann, Persönlichkeitsrecht, S. 293.

424 Grimm, NJW 1995, 1697 (1702).

425 BVerfGE 7, 198 (212) – Lüth.

426 BVerfGE 61, 1 (12) – NPD Europas; 66, 116 (151) – Wallraff; 82, 272 (281 ff.) – Postmortale Schmähkritik; 90, 241 (248) – Auschwitzlüge; 93, 266 (294) – Soldaten sind Mörder; Funkel, Schutz der Persönlichkeit, S. 23; Grimm, NJW 1995, 1697 (1703).

427 Ehrverletzungen können auch durch die Wahrnehmung berechtigter Interessen gemäß § 193 StGB gerechtfertigt sein. Dies gilt für unwahre Tatsachenbehauptungen allerdings nur dann, wenn diese zum Schutz des verfolgten Interesses erforderlich sind und der Äußernde die Wahrheit sorgfältig geprüft hat (BGH GRUR 1997, 396 (399) – Polizeichef; Ehmann, in: Erman, Anh. § 12 Rn. 53).

428 BVerfGE 67, 213 (228) – Anachronistischer Zug; 75, 369 (380) – Strauß-Karikatur.

b) Schutz vor Verfälschungen des Persönlichkeitsbildes

Eng verbunden mit dem Ehrenschutz, und nicht immer exakt von diesem zu trennen, ist der Schutz vor Verfälschungen des Persönlichkeitsbildes (Identitätsschutz)[429]. Dieser Schutzbereich will den Betroffenen vor Verhaltensweisen schützen, die dazu geeignet sind, ihn „ins falsche Licht zu rücken"[430]. Der Schutz durch das allgemeine Persönlichkeitsrecht erfasst in Abgrenzung zum Ehrenschutz damit auch solche Beeinträchtigungen der Persönlichkeit, die den Grad einer Ehrverletzung nicht erreichen[431]. Wie der Ehrenschutz steht auch der Identitätsschutz in ständigem Konflikt mit der Meinungs-, Presse- und Kunstfreiheit[432]. Dennoch bedarf es im Falle der Identitätsentstellung zumeist keiner Abwägung der widerstreitenden Interessen, da an der Verfälschung des Persönlichkeitsbildes kein schutzwürdiges Interesse besteht. Die Verfälschung des Persönlichkeitsbildes indiziert in diesem Falle die Rechtswidrigkeit[433]. Beispielhaft wird das Persönlichkeitsbild verfälscht, wenn dem Betroffenen nicht getätigte Äußerungen in den Mund gelegt werden, wie dies unter anderem bei erfundenen Interviews der Fall ist[434]. Auch eine falsche Zitierung kann die Persönlichkeit des Betroffenen beeinträchtigen[435], genauso wie die Veröffentlichung eines Bildnisses des Betroffenen in entstellendem Zusammenhang[436]. Überschneidungen können sich beim Identitätsschutz durch solche Verhaltensweisen ergeben, die neben der Verfälschung des Persönlichkeitsbildes zugleich eine unbefugte kommerzielle Nutzung der Person darstellen, wie dies beispielsweise bei der Veröffentlichung erfundener Interviews der Fall ist[437].

---

429 Ehmann, in: Erman, Anh. § 12 Rn. 104; ders., in FS-BGH, 613 (643 f.); Rixecker, in: MüKo, Anh. § 12 Rn. 85.

430 BVerfGE 97, 391 (403) – Sexueller Missbrauch; BVerfG NJW 1999, 2358 (2359); BGH NJW 1965, 2395 (2396) – Mörder unter uns; Ehmann, in: Erman, Anh. § 12 Rn. 104; ders., FS-BGH, 613 (643); Jung, Vererblichkeit, S. 66; Larenz/Canaris, SchR II/2, S. 499; Rixecker, in: MüKo, Anh. § 12 Rn. 85.

431 Jung, Vererblichkeit, S. 66.

432 Ehmann, in FS-BGH, 613 (645); Jung, Vererblichkeit, S. 67 f.

433 Funkel, Schutz der Persönlichkeit, S. 25; Hückel, Persönlichkeitsschutz, S. 41; Larenz/Canaris, SchR II/2, S. 500; Rixecker, in: MüKo, Anh. § 12 Rn. 85.

434 BGH GRUR 1965, 254 (254 ff.) – Soraya; NJW 1995, 861 (861 ff.) – Caroline von Monaco; Rixecker, in: MüKo, Anh. § 12 Rn. 86.

435 BVerfGE 54, 148 (155 ff.) – Eppler; BVerfG NJW 1993, 2925 (2926); BGH NJW 1998, 1391 (1391 ff.) – Rechte Professoren; NJW 1982, 635 (635 ff.) – Böll/Wallden II; Ehmann, FS-BGH, 613 (643); Rixecker, in: MüKo, Anh. § 12 Rn. 86.

436 Rixecker, in: MüKo, Anh. § 12 Rn. 87.

437 Ehmann, FS-BGH, 613 (645); Jung, Vererblichkeit, S. 66.

c) *Schutz vor dem Eindringen in den persönlichen Bereich und dessen Ausforschung*

Ein weiterer Schutzbereich ist der Schutz vor dem Eindringen in den persönlichen Bereich und dessen Ausforschung. Verletzungen des hiermit angesprochenen Rechts auf Selbstbestimmung im privaten Bereich erfolgen zumeist zum Zwecke der Informationsbeschaffung[438]. Als Gegeninteressen stehen diesem Schutzbereich in erster Linie die Meinungs- und Pressefreiheit sowie die durch Art. 5 Abs. 1 GG gewährleistete Informationsfreiheit und die allgemeine Handlungsfreiheit aus Art. 2 Abs. 1 GG entgegen[439]. Darüber hinaus sind aber auch die Berufs und Eigentumsfreiheit gemäß Art. 12 und 14 GG als Gegeninteressen des Verletzers zu berücksichtigen[440]. Typische Fallgruppen dieses Schutzbereichs sind das Belauschen einer Person und das Festhalten ihrer Stimme, das Beobachten einer Person und Fixieren ihrer Gestalt und Bewegung, das Ausforschen persönlicher Umstände[441]. Aber auch das Aufdrängen von Informationen und Kontakten stellt ein Eindringen in den persönlichen Bereich dar[442]. Konkrete Beispiele eines Eindringens in den persönlichen Bereich sind unter anderem das heimliche Abhören von Telefongesprächen[443], das heimliche Anfertigen von Bild- und Tonaufnahmen[444], das Lesen von Tagebuchaufzeichnungen[445]. Ein Fall des Aufdrängens von Informationen ist die Konfrontation mit Werbung gegen den Willen des Betroffenen[446].

---

438 Jung, Vererblichkeit, S. 70.

439 Ehmann, in: Erman, Anh. § 12 Rn. 113; ders., FS-BGH, 613 (649); Gallwas, NJW 1992, 2785 (2787).

440 Ehmann, in: Erman, Anh. § 12 Rn. 113.

441 Jung, Vererblichkeit, S. 70 ff.; Rixecker, in: MüKo, Anh. § 12 Rn. 90 ff.

442 Rixecker, in: MüKo, Anh. § 12 Rn. 104. Im Unterschied zu den übrigen Fallgruppen handelt es sich beim Aufdrängen von Informationen nicht um einen Fall der Informationsbeschaffung, sondern der Informationsvermittlung (Jung, Vererblichkeit, S. 75).

443 BVerfG NJW 2002, 3619 (3621 f.); BGH NJW 2003, 1727 (1728).

444 BVerfGE 34, 238 (245 ff.) – Tonbandaufnahme; BGH NJW 1958, 1344 (1344 f.) – Tonbandaufnahme I; NJW 1982, 277 (277 f.) – Tonbandaufnahme II; NJW 1988, 1016 (1016 ff.) – Tonbandaufnahme III; Jung, Vererblichkeit, S. 72 ff.; Larenz/Canaris, SchR II/2, S. 505; Rixecker, in: MüKo, Anh. § 12 Rn. 90 ff.

445 Ehmann, in: Erman, Anh. § 12 Rn. 120 ff.; Rixecker, in: MüKo, Anh. § 12 Rn. 102.

446 BGH GRUR 1989, 225 (225 f.) – Handzettel-Wurfsendung; OLG Frankfurt NJW 1996, 934 (934 f.); Jung, Vererblichkeit, S. 75.

d) *Schutz vor der Verbreitung und Auswertung von Geheimnissen aus dem privaten Bereich*

Der Schutzbereich der Verbreitung und Auswertung von Geheimnissen aus dem privaten Lebensbereich behält dem Einzelnen die Entscheidung darüber vor, ob und wen er über seine persönlichen Verhältnisse unterrichtet[447]. Dem stehen neben der Meinungs-, Presse- und Kunstfreiheit auch die allgemeine Handlungsfreiheit sowie die Berufs- und Eigentumsfreiheit Dritter gegenüber[448]. Vom Identitätsschutz unterscheidet sich dieses Recht auf informationelle Selbstbestimmung dadurch, dass die verbreiteten Tatsachen der Wahrheit entsprechen und der Betroffene folglich nicht in ein falsches Licht gerückt wird[449]. Die Verbreitung wahrer Tatsachen hat aber dennoch eine Beeinträchtigung des allgemeinen Persönlichkeitsrechts zur Folge, wenn ein überwiegendes Geheimhaltungsinteresse des Betroffenen besteht. Ein solches ist immer dann gegeben, wenn eine wahre Berichterstattung schwerwiegende Folgen für den Betroffenen haben kann[450], so im Falle der Veröffentlichung rechtmäßig erlangter Informationen aus der Privat- und Intimsphäre. Grundsätzlich gilt jedoch eine Vermutung für die Zulässigkeit wahrer Informationen[451]. Dies gilt auch für die Veröffentlichung unrechtmäßig erlangter Informationen, sofern das öffentliche Interesse an den Informationen die persönlichkeitsrechtlichen Nachteile für den Betroffenen überwiegt[452]. Diesbezüglich besteht eine Einschränkung allerdings dahingehend, dass, wenn der Publizierende selbst am Rechtsbruch beteiligt war, eine Veröffentlichung nur ausnahmsweise gerechtfertigt ist, wenn es um Missstände von erheblichem Gewicht geht, an deren Aufdeckung ein überragendes öffentliches Interesse besteht[453].

---

447 Rixecker, in: MüKo, Anh. § 12 Rn. 109.

448 Ehmann, in: Erman, Anh. § 12 Rn. 153.

449 Ehmann, FS-BGH, 613 (655); Jung, Vererblichkeit, S. 77.

450 Rixecker, in: MüKo, Anh. § 12 Rn. 110.

451 BVerfGE 97, 391 (403) – Sexueller Missbrauch; 99, 185 (196) – Helnwein; Funkel, Schutz der Persönlichkeit, S. 29; Larenz/Canaris, SchR II/2, S. 509; Rixecker, in: MüKo, Anh. § 12 Rn. 110.

452 Jung, Vererblichkeit, S. 81.

453 BVerfGE 66, 116 (139) – Wallraff; Funkel, Schutz der Persönlichkeit, S. 30 f.; Jung, Vererblichkeit, S. 81; Rixecker, in: MüKo, Anh. § 12 Rn. 129.

e) Schutz vor unbefugter kommerzieller Nutzung der Persönlichkeit

Dass das allgemeine Persönlichkeitsrecht auch dem Schutz kommerzieller Interessen dient, hat der BGH bereits 1956 im Paul Dahlke-Urteil anerkannt[454]. Das wirtschaftliche Selbstbestimmungsrecht als Bestandteil des allgemeinen Persönlichkeitsrechts behält dem Betroffenen die Entscheidung über das Ob und Wie der Nutzung seiner Persönlichkeit vor[455]. Der Einzelne wird durch das allgemeine Persönlichkeitsrecht daher auch vor einer kommerziellen Ausbeutung seiner Persönlichkeit geschützt. Beeinträchtigt wird das Recht auf wirtschaftliche Selbstbestimmung zumeist durch die unbefugte Nutzung einzelner Persönlichkeitsbestandteile wie Name, Stimme oder Bildnis prominenter Personen. Diese sind insbesondere in der Werbung[456] und im Merchandising[457] gewinnbringend einsetzbar und daher häufig Gegenstand unbefugter Aneignung. Aber auch die Presse nutzt Persönlichkeitsbestandteile Dritter regelmäßig ohne entsprechende Erlaubnis des Betroffenen. So werden die bereits erwähnten erfundenen Interviews[458] oder Fotos bekannter Personen[459] zum Zwecke der Auflagensteigerung veröffentlicht[460]. Wie gezeigt gehen derartige Verletzungen des wirtschaftlichen Selbstbestimmungsrechts oftmals mit Verfälschungen des Persönlichkeitsbildes einher[461]. Zwingend ist eine solche Überschneidung allerdings nicht.

f) Schutz der Persönlichkeitsentfaltung

Neben den reinen Abwehrbefugnissen gewährleistet das allgemeine Persönlichkeitsrecht in begrenztem Maße auch Ansprüche auf Vornahme einer bestimmten Leistung[462]. Einen solchen Anspruch stellt beispielsweise das Recht eines nichtehelichen Kindes auf Kenntnis der eigenen Abstammung dar[463]. Ihm kann daher

454 BGH GRUR 1956, 427 (427 ff.) – Paul Dahlke.

455 BGH NJW 1979, 2205 (2206) – Fußballtorwart; NJW 1992, 2084 (2084) – Joachim Fuchsberger.

456 BGH NJW 1992, 2084 (2084 f.) – Joachim Fuchsberger.

457 BGH NJW 2000, 2195 (2195 ff.) – Marlene Dietrich.

458 BGH GRUR 1965, 254 (254 ff.) – Soraya; NJW 1995, 861 (861 ff.) – Caroline von Monaco.

459 LG Hamburg ZUM 2002, 68 (68 ff.) – Hera Lind.

460 Jung, Vererblichkeit, S. 84.

461 Siehe oben Teil 2.B.IV.3.b).

462 Ehmann, FS-BGH, 613 (671 ff.); Jung, Vererblichkeit, S. 85; Rixecker, in: MüKo, Anh. § 12 Rn. 133 f.

463 Vgl. zum Recht des Kindes auf Kenntnis seiner biologischen Abstammung Gottwald, FS-Hubmann, 111 (111 ff.).

ein Auskunftsanspruch gegen die Mutter auf Nennung seines Vaters zustehen[464]. Der aktiven Persönlichkeitsentfaltung sind jedoch enge Grenzen gesetzt, da die Persönlichkeitsentfaltung des Einzelnen häufig mit ebenfalls persönlichkeitsrechtlich relevanten Gegeninteressen anderer Personen kollidiert. Voraussetzung eines Leistungsanspruchs ist daher stets ein besonderes Entfaltungsbedürfnis, welches die entgegenstehenden Persönlichkeitsinteressen überwiegt[465].

V. Verwertung von Persönlichkeitsbestandteilen

Der Zeitpunkt der Anerkennung des allgemeinen Persönlichkeitsrechts durch den Bundesgerichtshof – kurz nach dem zweiten Weltkrieg – hatte zur Folge, dass aufgrund der Erfahrungen durch die nationalsozialistische Herrschaft zunächst die ideellen Persönlichkeitsinteressen, die der Abwehr von Eingriffen dienen, in den Vordergrund rückten[466]. Die Entwicklung der technischen Möglichkeiten sowie der Wandel der gesellschaftlichen Anschauungen haben dazu geführt, dass heutzutage auch die vermögenswerten Persönlichkeitsbestandteile eine gewichtige Rolle spielen. Die Persönlichkeit wird zunehmend kommerziell verwertet[467]. Vor allem die Vermarktung prominenter Persönlichkeiten ist mittlerweile zu einem eigenen Wirtschaftszweig mit jährlichen Umsätzen in Milliardenhöhe geworden[468].

Prominente werden insbesondere zu Werbezwecken eingesetzt, um den Absatz bestimmter Produkte durch eine erhöhte Aufmerksamkeit beim Verbraucher zu steigern[469]. Durch die Verwendung persönlicher Merkmale wie Name, Bildnis oder Stimme, mithilfe derer eine prominente Persönlichkeit zweifelsfrei identifiziert werden kann, sollen bestimmte Eigenschaften dieser Person auf das Produkt übertragen werden (Imagetransfer), um die Kaufentscheidung des Ver-

---

464 BVerfG NJW 1988, 3010 (3010).

465 Jung, Vererblichkeit, S. 86.

466 Forkel, FS-Neumayer, 229 (238); Götting, Persönlichkeitsrechte als Vermögensrechte, S. 4 ff.; Helle, RabelsZ 60 (1996), 448 (454); Lichtenstein, Idealwert und Geldwert, S. 86 f.; Meyer, Persönlichkeitsrechte, S. 225.

467 Vgl. zur Kommerzialisierung von Persönlichkeitsbestandteilen auch Beuter, Kommerzialisierung, 2000; Kläver, Bereicherungsrechtliche Ansprüche, Hamburg 1999. Siehe zur zeitlichen Entwicklung der Kommerzialisierung der Persönlichkeit Schertz, AfP 2000, 495 (495 f.).

468 Lichtenstein, Idealwert und Geldwert, S. 81.

469 Vgl. zur Werbung und zum Merchandising auch die weitergehenden Ausführungen von Beuthien/Hieke, AfP 2001, 353 (353 ff.); Seemann, Prominenz, S. 53 ff.

brauchers zugunsten des beworbenen Produkts positiv zu beeinflussen[470]. Der Verbraucher soll sich bei der Suche nach einem Konsumgut in erster Linie an das beworbene Produkt erinnern und dieses in seine Kaufentscheidung einbeziehen. Gleichzeitig garantiert die prominente Persönlichkeit in den Augen des Verbrauchers durch ihre tatsächliche oder vorgegebene persönliche oder fachliche Autorität die Qualität des beworbenen Produkts[471]. Die möglichen Formen der Werbung sind äußerst vielfältig. Zumeist werden die Prominenten durch Anzeigen in Printmedien oder im Internet, Werbespots in Radio, Fernsehen und Kino mit dem Produkt in Verbindung gebracht[472].

Neben der Werbung ist das Merchandising bei der Kommerzialisierung bekannter Persönlichkeiten von besonderer Bedeutung[473]. Das Merchandising ist in seiner Funktionsweise weitestgehend mit der Werbung vergleichbar. Im Unterschied zur Werbung werden beim Merchandising die persönlichen Eigenschaften prominenter Persönlichkeiten zum Zwecke der Verkaufsförderung mit einem Produkt verbunden[474]. So werden Prominente beispielsweise auf T-Shirts, Tassen, Schlüsselanhängern, Postern etc. abgebildet. Immer häufiger entwerfen bekannte Persönlichkeiten aber auch eigene Produkte wie Kleidung oder Parfum[475].

Auch für bloße Informationszwecke lässt sich die Persönlichkeit Prominenter nutzbar machen. Im Gegenzug für die Zahlung entsprechender Geldbeträge gewähren Prominente den Medien exklusiv den Zugang zu persönlichen Details[476]. Insbesondere für die Vergabe von Exklusivrechten an Wort- und Bildberichterstattungen lassen sich Prominente immer wieder gut bezahlen.

---

470 Gregoritza, Kommerzialisierung, S. 21; Magold, Personenmerchandising, S. 14 ff.; Pietzko, AfP 1988, 209 (215 f.); Schertz, Merchandising, Rn. 21. Die Werbung mit Prominenten birgt allerdings die Gefahr, dass das beworbene Produkt neben der prominenten Persönlichkeit nicht mehr die gewünschte Aufmerksamkeit findet. Auch kann sich ein negativer Imagewandel der Person unmittelbar auf den Absatz der beworbenen Produkte auswirken (Meyer, Persönlichkeitsrechte, S. 28 f. u. 36 f.).

471 Pietzko, AfP 1988, 209 (216).

472 Vgl. zu weiteren Werbemöglichkeiten Meyer, Persönlichkeitsrechte, S. 16 f.

473 Vgl. zum Merchandising Schertz, ZUM 2003, 631 (631 ff.).

474 Beuthien/Hieke, AfP 2001, S. 353 (354); Gregoritza, Kommerzialisierung, S. 22; Magold, Personenmerchandising, S. 18; Schertz, Merchandising, Rn. 43 ff.; Seemann, Prominenz, S. 54.

475 Meyer, Persönlichkeitsrechte, S. 17.

476 Gregoritza, Kommerzialisierung, S. 23; Lichtenstein, Idealwert und Geldwert, S. 82.

1. Kommerzialisierung der Persönlichkeit in der Rechtsprechung

Bereits das Reichsgericht hat sich mit der Kommerzialisierung der Persönlichkeit auseinandergesetzt. Dem Graf Zeppelin-Urteil[477] aus dem Jahre 1910 lag ein Fall der ungewollten Kommerzialisierung von Persönlichkeitsmerkmalen zugrunde. Die Beklagte hatte unbefugter Weise das Bildnis und den Namen Graf Zeppelins als Warenzeichen für Tabakfabrikate eingetragen. Der Kläger stellte daraufhin einen Löschungsantrag, dem das Reichsgericht stattgab. Seine Entscheidung stützte das Reichsgericht dabei allerdings noch auf eine Verletzung rein ideeller Interessen[478]. Zur Begründung führte es aus, dass es einem feinfühlenden Menschen widerstrebe, wenn sein Name überhaupt mit gewissen Waren in Verbindung gebracht werde[479].

Die gesteigerte tatsächliche Kommerzialisierung der Persönlichkeit infolge der geänderten wirtschaftlichen und technischen Möglichkeiten nach dem zweiten Weltkrieg veranlasste den BGH bereits kurz nach Anerkennung des allgemeinen Persönlichkeitsrechts dazu, den besonderen Persönlichkeitsrechten erstmals einen vermögenswerten Gehalt zuzusprechen[480]. Im Paul Dahlke-Urteil bezeichnete er das Recht am eigenen Bild als ein vermögenswertes Ausschließlichkeitsrecht[481]. Dem folgten mit den Rennsportgemeinschaft-[482], Nena-[483] und Fuchsberger[484]-Urteilen weitere Entscheidungen, in denen die vermögensrechtliche Struktur besonderer Persönlichkeitsrechte bestätigt wurde. Bei Verletzungen des allgemeinen Persönlichkeitsrechts ist der BGH dagegen stets davon ausgegangen, dass als Sanktion nur der immaterielle Schaden ersetzt verlangt werden könne[485]. Erst im Marlene Dietrich-Urteil[486] hat der BGH die Erkenntnis, dass Persönlichkeitsmerkmalen ein wirtschaftlicher Wert zukomme, auch auf die

477 RGZ 74, 308 (308 ff.) – Graf Zeppelin.

478 Lichtenstein, Idealwert und Geldwert, S. 85.

479 RGZ 74, 308 (311) – Graf Zeppelin.

480 Siehe zur Anerkennung des Vermögenswertes von Persönlichkeitsrechten in der Rechtsprechung Wagner, VersR 2000, 1305 (1307 f.).

481 BGH GRUR 1956, 427 (429) – Paul Dahlke.

482 BGH GRUR 1981, 846 (846 ff.) – Rennsportgemeinschaft (Namensrecht).

483 BGH GRUR 1987, 128 (128 f.) – Nena (Recht am eigenen Bild).

484 BGH NJW 1992, 2084 (2084 f.) – Joachim Fuchsberger (Recht am eigenen Bild).

485 BGH GRUR 1963, 490 (492 f.) – Fernsehansagerin. Siehe hierzu Wagner, VersR 2000, 1305 (1308).

486 BGH NJW 2000, 2195 (2195 ff.) – Marlene Dietrich.

vermögenswerten Bestandteile des allgemeinen Persönlichkeitsrechts erstreckt und diese neben den ideellen Interessen in den Schutzbereich aufgenommen[487]:

> „*Der Abbildung, dem Namen sowie sonstigen Merkmalen der Persönlichkeit, wie etwa der Stimme kann ein beträchtlicher wirtschaftlicher Wert zukommen, der im Allgemeinen auf der Bekanntheit und dem Ansehen der Person in der Öffentlichkeit – meist durch besondere Leistungen etwa auf sportlichem oder künstlerischem Gebiet erworben – beruht. Die bekannte Persönlichkeit kann diese Popularität und ein damit verbundenes Image dadurch wirtschaftlich verwerten, dass sie Dritten gegen Entgelt gestattet, ihr Bildnis oder ihren Namen, aber auch andere Merkmale der Persönlichkeit, die ein Wiedererkennen ermöglichen, in der Werbung für Waren oder Dienstleistungen einzusetzen. Durch eine unerlaubte Verwertung ihrer Persönlichkeitsmerkmale etwa für Werbezwecke werden daher häufig weniger ideelle als kommerzielle Interessen der Betroffenen beeinträchtigt, weil diese sich weniger in ihrer Ehre und ihrem Ansehen verletzt fühlen, als vielmehr finanziell benachteiligt sehen.*“[488]

2. Kommerzialisierung der Persönlichkeit im Schrifttum

Anders als die Rechtsprechung stand vor allem das ältere Schrifttum einer Kommerzialisierung der Persönlichkeit kritisch gegenüber. Man verstand das allgemeine Persönlichkeitsrecht als ein Recht, das sich auf den Schutz der ideellen Persönlichkeitsinteressen beschränke[489]. Das allgemeine Persönlichkeitsrecht schütze nur den Anspruch auf Achtung der Würde des Menschen als sittlicher

---

487 Bereits im Mephisto-Urteil (GRUR 1968, 552 (554)) hat der BGH von den „vermögenswerten Bestandteilen“ des allgemeinen Persönlichkeitsrechts gesprochen.

488 BGH NJW 2000, 2195 (2197) – Marlene Dietrich.

489 Hubmann (UFITA 39 (1963), 223 (229 ff.)) verneint zwar einen vermögensrechtlichen Zuweisungsgehalt des allgemeinen Persönlichkeitsrechts, weil das allgemeine Persönlichkeitsrecht nach seiner Auffassung nicht zur Kommerzialisierung bestimmt ist. Den besonderen Persönlichkeitsrechten soll dagegen ein vermögensrechtlicher Zuweisungsgehalt zukommen. Anders als das allgemeine Persönlichkeitsrecht würden die besonderen Persönlichkeitsrechte auch von Art. 14 GG erfasst, da hier die vom GG geforderte Voraussetzung, dass Inhalt und Schranken durch die Gesetze bestimmt werden, erfüllt sei.

Person[490].[491] Es gehe daher nicht um die Zuweisung bestimmter, außerhalb der Person liegender Rechtsgüter, sondern um den Schutz der Personenhaftigkeit[492].

Auch heute wird weiterhin noch der Standpunkt vertreten, dass die Persönlichkeitsrechte im Unterschied zu den Immaterialgüterrechten nicht als Verwertungs- sondern als reine Abwehrrechte konzipiert seien[493]. Die rechtliche Anerkennung der Verwertung von Persönlichkeitsmerkmalen sei mit „fatalen" Auswirkungen auf die Individualität verbunden. Sofern der Einzelne dazu angereizt werde, sich marktgerecht zu verhalten, verändere dies seine Einstellung zum Eigensein. Als Konsequenz verkomme die Individualität mit dem Anreiz zur optimalen geldwerten Ausnutzung zum Image, das seinerseits marktfähig und marktgängig sein müsse. Das aufgebaute Image trete so an die Stelle der entwickelten Individualität[494]. Der Einzelne laufe somit Gefahr, sich in dem Bestreben, Handlungsfreiheiten durch neue Vermögensrechte zu erweitern, die Kontrolle über seine identifizierenden Merkmale zu verlieren. Dies könne im äußersten Fall sogar dazu führen, dass sich die Verwendung dieser Merkmale gegen die Person selbst richte. Der Ausbildung der menschlichen Individualität müsse daher ein weiter, unverfügbarer Raum verbleiben[495].

Die herrschende Meinung steht einer rechtlichen Anerkennung der Kommerzialisierung dagegen offen gegenüber. Uneinig ist man allein darüber, wie der Schutz der kommerziellen Persönlichkeitsbestandteile dogmatisch begründet werden soll. Die vertretenen Standpunkte weisen erhebliche Parallelen zu den urheberrechtlichen Theorien zur Frage der Rechtsnatur des Urheberrechts auf. So wird teilweise die Auffassung vertreten, dass in Anlehnung an die monistische Urheberrechtstheorie das allgemeine Persönlichkeitsrecht sowohl die ideellen als auch die materiellen Persönlichkeitsinteressen als einheitliches Recht schütze. Demgegenüber wird der Theorie vom Immaterialgüterrecht vergleichbar angenommen, dass das allgemeine Persönlichkeitsrecht allein den Schutz der

---

490 Mestmäcker, JZ 1958, 521 (525).

491 Bereits im Gesetzgebungsverfahren wurde ein Geldersatz für immaterielle Schäden durch Persönlichkeitsrechtsverletzungen abgelehnt. Die zweite Kommission führte im Gesetzgebungsverfahren dazu aus: „Es widerstrebe der herrschenden Volksauffassung, die immateriellen Lebensgüter auf gleiche Linie mit den Vermögensgütern zu stellen und einen idealen Schaden mit Geld aufzuwiegen." (Mugdan, Materialien II, S. 517).

492 Mestmäcker, JZ 1958, 521 (525); Raiser, JZ 1961, 465 (471).

493 Peifer, Individualität, S. 291 ff.; ders., GRUR 2002, 495 (499); Schack, AcP 195 (1995), 594 (595).

494 Peifer, Individualität, S. 293.

495 Peifer, Individualität, S. 325 f.

ideellen Persönlichkeitsbestandteile übernehme, während die vermögenswerten Persönlichkeitsinteressen durch ein daneben stehendes eigenständiges Recht wahrgenommen werden sollen. Der Schutz der Persönlichkeit würde folglich durch ein ideelles und ein materielles Persönlichkeitsrecht gewährleistet.

3. Dualistisches Persönlichkeitsschutzkonzept

Neben der Theorie vom Immaterialgüterrecht hat insbesondere das US-amerikanische Recht eine besondere Vorbildfunktion für sämtliche dualistischen Ansätze. Auch in den USA wird die Persönlichkeit durch zwei getrennt nebeneinander stehende Rechte geschützt. Das sogenannte „right of privacy" dient allein den ideellen Persönlichkeitsinteressen, das „right of publicity" dagegen den Vermögensinteressen prominenter Personen[496].

Im US-amerikanischen Recht ist ein zweigleisiger Persönlichkeitsschutz deshalb erforderlich, weil das „right of privacy" nur das sogenannte „right to be left alone" schützt[497]. Personen, die sich zwecks Kommerzialisierung ihrer Persönlichkeit freiwillig in die Öffentlichkeit begeben, setzen sich nach Ansicht der US-Gerichte aber in Widerspruch zu ihrem „right to be left alone" und verzichten daher konkludent auf ihr „right of privacy" (waiver-Doktrin)[498]. Im Bereich des Persönlichkeitsschutzes besteht folglich eine Rechtsschutzlücke. Diese wurde durch das „right of publicity" geschlossen. Prominente können danach auch nach dem Schritt an die Öffentlichkeit Ansprüche gegenüber Dritten geltend machen, ohne dass ihnen die Verwertung ihrer Persönlichkeit verwehrt bliebe[499].

Im deutschen Schrifttum wird der dualistische Ansatz in verschiedenen Ausprägungen vertreten. Die vorgeschlagenen Persönlichkeitsschutzkonzepte ähneln in ihrem Ausgangspunkt jedoch allesamt dem US-amerikanischen Recht.

a) Persönlichkeitsnutzungsrechte

Eine Vorreiterrolle für einen dualistischen Persönlichkeitsschutz in Deutschland übernimmt die von *Heitmann* begründete Theorie der Persönlichkeitsnutzungsrechte. Danach sollen die materiellen Interessen an der eigenen Persönlichkeitssphäre durch ein vermögensrechtliches Nutzungsrecht, ein „Persönlich-

496 Götting, Persönlichkeitsrechte als Vermögensrechte, S. 191 ff.; ders., GRUR Int. 1995, 656 (656 ff.); Jung, Vererblichkeit, S. 131; Peifer, Individualität, S. 274 ff.

497 Götting, GRUR Int. 1995, 656 (657).

498 Ahrens, Verwertung, S. 170; Götting, GRUR Int. 1995, 656 (659 f.).

499 Ahrens, Verwertung, S. 170.

keitsnutzungsrecht“ geschützt werden[500]. Dieses ergänzt den Schutz der ideellen Persönlichkeitsinteressen durch das allgemeine Persönlichkeitsrecht[501]. *Heitmann* vertritt den Standpunkt, dass das allgemeine Persönlichkeitsrecht aufgrund seiner ideellen Ausrichtung die materiellen Interessen nur mittelbar und daher in beschränktem Umfang berücksichtige. Vor allem fehle ihm die Fähigkeit, materielle Werte in der Persönlichkeitssphäre der Nutzung des betreffenden Menschen zuzuweisen[502]. Das Persönlichkeitsnutzungsrecht soll ebenso wie das allgemeine Persönlichkeitsrecht die Persönlichkeitssphäre zum Gegenstand haben, andererseits aber nur auf den Schutz der mit ihr verknüpften materiellen Belange abzielen. Die vermögensrechtliche Ergänzung des allgemeinen Persönlichkeitsrechts kann nach *Heitmann* nur durch ein von diesem unabhängiges, selbständiges Recht verwirklicht werden. Dagegen sei die Aufnahme eines vermögensrechtlichen Inhalts in das allgemeine Persönlichkeitsrecht aus zwingenden dogmatischen und praktischen Gründen nicht möglich. Zum einen würde die inhaltliche Ausweitung die Einheit des allgemeinen Persönlichkeitsrechts sprengen und zum anderen gleichzeitig dazu führen, dass unter einer unzutreffenden, gemeinsamen Bezeichnung zwei innerlich und wesensmäßig verschiedene, unterschiedlichen Rechtsregeln unterworfene Rechtshälften leben und jede Systematisierung und dogmatische Einordnung vereiteln würde[503]. Ein selbständiges Nutzungsrecht an der Persönlichkeitssphäre habe den Vorzug, dass es alle schutzwürdigen, materiellen Interessen, die sich an die eigene Persönlichkeitssphäre knüpften, schützen könne, ohne dogmatische Verwirrung anzurichten und schwierige Probleme der rechtlichen Behandlung aufzuwerfen[504]. Auf diesem Wege lasse sich die im Rechtsschutz der materiellen Interessen an der eigenen Persönlichkeitssphäre bestehende Lücke schließen.

b) Wirtschaftliches Persönlichkeitsrecht

Der auf *Fikentscher* zurückgehende Ansatz eines wirtschaftlichen Persönlichkeitsrechts will das allgemeine Persönlichkeitsrecht um ein Persönlichkeitsrecht für den wirtschaftlichen Bereich der Person ergänzen[505]. Dieses „wirtschaftliche Persönlichkeitsrecht“ soll als weiteres Rahmenrecht neben das allgemeine Per-

---

500 Heitmann, Schutz der materiellen Interessen, S. 77 u. 81.
501 Heitmann, Schutz der materiellen Interessen, S. 77.
502 Heitmann, Schutz der materiellen Interessen, S. 77.
503 Heitmann, Schutz der materiellen Interessen, S. 77 f.
504 Heitmann, Schutz der materiellen Interessen, S. 78.
505 Fikentscher, Wirtschaftsrecht, S. 112 f.

sönlichkeitsrecht treten[506]. Durch das wirtschaftliche Persönlichkeitsrecht soll auch Privatpersonen der Schutz zukommen, der dem Unternehmer bereits durch das Recht am eingerichteten und ausgeübten Gewerbebetrieb gewährleistet wird[507]. Letztlich gäbe es neben den besonderen Persönlichkeitsrechten somit zwei Rahmenrechte, das allgemeine und das wirtschaftliche Persönlichkeitsrecht.

c) *Eigentumsähnliche Gegenstände*

Beuthien/Schmölz unterscheiden dagegen zwischen der Persönlichkeit als Teil der Person und den von dieser geprägten, eigentumsähnlichen Gegenständen mit nahem Persönlichkeitsbezug[508]. Die Persönlichkeit soll als Freiheit der Persönlichkeit durch § 823 Abs. 1 BGB geschützt werden, die von der Person zu trennenden besonderen Gegenstände mit nahem Persönlichkeitsbezug hingegen durch ein sonstiges Herrschaftsrecht im Sinne des § 823 Abs. 1 BGB. Dies solle wie beim Eigentum durch ein gegenstandsbezogenes Ausschließlichkeitsrecht sowie ein gegenstandsbezogenes Verwertungsrecht erfolgen[509]. Lediglich die Gegenstände mit nahem Persönlichkeitsbezug könnten verwertet werden, nicht hingegen die Persönlichkeit als solche. Diese sei kein Wirtschaftsgut, sondern ideeller Natur[510]. Zu diesen Gegenständen zählen sie den Namen, das Bildnis, das eigene Wort, Daten und Informationen mit nahem Persönlichkeitsbezug und das darauf beruhende Persönlichkeitsbild[511].

d) *Persönlichkeitsverwertungsrechte*

Nach einer von *Peukert* vertretenen Ansicht sollen neben das allgemeine Persönlichkeitsrecht sogenannte Persönlichkeitsverwertungsrechte treten[512]. Letztere werden als eine aus dem ehemaligen Mutter- und Quellrecht herausgelöste selbständige Gruppe von Persönlichkeitsrechten begriffen[513]. Wie das allgemeine Persönlichkeitsrecht sollen sie ihren Ausgangs- und Bezugspunkt in der unteil-

---

506 Fikentscher, Wirtschaftsrecht, S. 112.

507 Fikentscher, Wirtschaftsrecht, S. 112 u. 130 ff.

508 Beuthien/Schmölz, Persönlichkeitsgüterrechte, S. 21 f.; Beuthien, ZUM 2003, 261 (262).

509 Beuthien/Schmölz, Persönlichkeitsgüterrechte, S. 22.

510 Beuthien/Schmölz, Persönlichkeitsgüterrechte, S. 27.

511 Beuthien/Schmölz, Persönlichkeitsgüterrechte, S. 12 ff., 22 u. 25 f.

512 Peukert, ZUM 2000, 710 (719 ff.).

513 Peukert, ZUM 2000, 710 (720 f.).

baren Persönlichkeit des Rechtsträgers haben[514]. Im Unterschied zum allgemeinen Persönlichkeitsrecht seien sie aber zugleich Persönlichkeits- und vermögenswertes Ausschließlichkeitsrecht. Gegenüber dem allein ideelle Interessen schützenden allgemeinen Persönlichkeitsrecht komme ihnen eine Sonderrolle zu, so dass sie nicht mehr als integrale Bestandteile des allgemeinen Persönlichkeitsrechts zu verstehen seien[515]. Persönlichkeitsverwertungsrechte seien beispielsweise das Bildnis- und Namensrecht, die Stimme, das gesprochene Wort, sowie vertrauliche Briefe und Tagebücher[516].

4. Stellungnahme

a) Stärkung des Persönlichkeitsschutzes durch Anerkennung vermögenswerter Persönlichkeitsbestandteile

Soweit in der Literatur die Auffassung vertreten wird, dass das allgemeine Persönlichkeitsrecht auf den Schutz der ideellen Persönlichkeitsinteressen beschränkt sei, kann dem nicht gefolgt werden. Eine Reduzierung des Persönlichkeitsschutzes auf die Abwehr von Eingriffen in den ideellen Bereich wird den tatsächlichen Gegebenheiten nicht gerecht. Sie verkennt einerseits, dass im Rahmen der Diskussion über die Rechtsnatur der gewerblichen Schutzrechte in erster Linie wirtschaftliche Gesichtspunkte dem allgemeinen Persönlichkeitsrecht zur Anerkennung verhalfen, weshalb auch die Väter des allgemeinen Persönlichkeitsrechts davon ausgingen, dass die Persönlichkeitsrechte einen vermögenswerten Inhalt in sich tragen können und daher zugleich Vermögensrechte seien[517]. Sie lässt darüber hinaus aber auch unberücksichtigt, dass das allgemeine Persönlichkeitsrecht seit jeher unter dem Einfluss wirtschaftlicher Faktoren stand[518]. So wurde ein zivilrechtlicher Schutz der Persönlichkeit gegen Verlet-

514 Peukert, ZUM 2000, 710 (720).

515 Peukert, ZUM 2000, 710 (720).

516 Peukert, ZUM 2000, 710 (719 f.).

517 v. Gierke, Privatrecht I, S. 706. Siehe auch Buchner, Selbstbestimmung, S. 214 f.; Forkel, FS-Neumayer, 229 (238); Götting, Persönlichkeitsrechte als Vermögensrechte, S. 7; Lichtenstein, Idealwert und Geldwert, S. 86. Dass Persönlichkeitsrechte einen Vermögenswert haben können, zeigen auch die Beispiele des Warenzeichenrechts und des Wettbewerbsrechts, die anfangs als Persönlichkeitsrechte angesehen wurden (Götting, GRUR 2004, 801 (804)).

518 Buchner, Selbstbestimmung, S. 214; Forkel, FS-Neumayer, 229 (238); Gottwald, Persönlichkeitsrecht, S. 18; Helle, RabelsZ 60 (1996), 448 (472); Krneta, GRUR Int. 1996, 298 (299); Lichtenstein, Idealwert und Geldwert, S. 86; Peifer, Individualität, S. 137; Seemann, UFITA 131 (1996), 5 (27 f.); Simon, Persönlichkeitsrecht, S. 18, 145 ff., 231 u. 249 f.

zung materieller Persönlichkeitsinteressen auch rechtlich, beispielsweise durch § 824 BGB, gewährleistet[519].

Darüber hinaus kann ein auf die ideellen Persönlichkeitsinteressen beschränkter Schutz auch deshalb nicht überzeugen, weil er den Betroffenen nicht hinreichend vor einer unbefugten Kommerzialisierung seiner Persönlichkeitsmerkmale zu schützen vermag[520]. Bei einer Verletzung ideeller Interessen steht dem Betroffenen neben Abwehransprüchen nur noch ein Anspruch auf Ersatz des immateriellen Schadens gegen den Verletzer zu. Materielle Ersatzansprüche kommen dagegen nicht in Betracht. Der auf den Ersatz immaterieller Schäden gerichtete Geldentschädigungsanspruch[521] setzt aber zum einen eine schwerwiegende Beeinträchtigung des allgemeinen Persönlichkeitsrechts voraus, die zum anderen nicht auf andere Weise befriedigend ausgeglichen werden kann[522]. Demzufolge kommt der Geldentschädigungsanspruch nur unter sehr restriktiven Voraussetzungen überhaupt zur Anwendung. Liegen diese nicht vor, ist der Betroffene allein auf die gesetzlichen Abwehransprüche beschränkt, was in den meisten Fällen einer unbefugten Kommerzialisierung der Persönlichkeit zu ungerechten Ergebnissen führt[523]. Auch der BGH stellt daher zutreffend fest, dass mit der Anerkennung vermögenswerter Persönlichkeitsbestandteile eher eine Stärkung als eine Schwächung des Persönlichkeitsschutzes verbunden ist[524].[525]

Der Anerkennung kommerzieller Persönlichkeitsinteressen steht auch nicht die Rechtsprechung des Bundesverfassungsgerichts entgegen. Dieses hatte im Jahr 2000 entschieden, dass das allgemeine Persönlichkeitsrecht „nicht im Interesse einer Kommerzialisierung der eigenen Person gewährleistet" sei[526]. Diese Aussage im zweiten Leitsatz, die dem ersten Anschein nach jegliche Kommerzi-

---

519 Buchner, Selbstbestimmung, S. 214 f.

520 Götting, Handbuch des Persönlichkeitsrechts, S. 199 f.

521 Siehe dazu unten Teil 2.B.VI.4.

522 BGH GRUR 1962, 105 (107) – Ginseng; 1963, 490 (492) – Fernsehansagerin; Jung, Vererblichkeit, S. 123.

523 Ellger, Bereicherungsrecht, S. 732; Jung, Vererblichkeit, S. 123 f.; Schlechtriem, FS-Hefermehl, 445 (455 f.).

524 BGH NJW 2000, 2195 (2199) – Marlene Dietrich.

525 Götting (Handbuch des Persönlichkeitsrechts, S. 200) gibt daher die Devise aus: „Schutz vor Kommerzialisierung durch Kommerzialisierung". Siehe auch Frommeyer, JuS 2002, 13 (17); Haines, Bereicherungsansprüche, S. 106; Knudsen, Werbung, S. 84; Schlechtriem, FS-Hefermehl, 445 (456 f.).

526 So der 2. Leitsatz der Entscheidung (BVerfGE 101, 361 (361) – Caroline von Monaco II).

alisierung von Persönlichkeitsbestandteilen verbietet[527], bezog sich lediglich auf die Privatsphäre als Teilbereich des allgemeinen Persönlichkeitsrechts[528]. Dies wird in den Urteilsgründen deutlich, dort heißt es: „Der verfassungsrechtliche Privatsphärenschutz [...] ist nicht im Sinne einer Kommerzialisierung der eigenen Person gewährleistet."[529]. Darüber hinaus hatte die Entscheidung aber auch nicht den zivilrechtlichen, sondern den verfassungsrechtlichen Persönlichkeitsschutz zum Gegenstand. Da dieser nicht deckungsgleich mit dem zivilrechtlichen Persönlichkeitsschutz ist[530], steht die Rechtsprechung des Bundesverfassungsgerichts der grundsätzlichen Anerkennung vermögenswerter Persönlichkeitsbestandteile durch die Zivilgerichte nicht entgegen[531].

b) Vorzugswürdigkeit einer monistischen Ausgestaltung des Persönlichkeitsschutzes

Sämtlichen dualistisch ausgestalteten Persönlichkeitsschutzkonzepten kann nicht gefolgt werden. Zunächst ist einem zweigleisigen Persönlichkeitsschutz entgegenzuhalten, dass die Regelung des Persönlichkeitsschutzes im US-amerikanischen Recht nicht als Vorbild für das allgemeine Persönlichkeitsrecht taugt. Dem US-amerikanischen Persönlichkeitsschutz liegen andere Voraussetzungen zu Grunde als seinem deutschen Pendant. Eine Schutzlücke, wie sie das US-amerikanische Recht im Bereich des Persönlichkeitsschutzes aufweist, besteht im deutschen Recht gerade nicht[532]. Nach deutschem Recht verlieren auch Personen, die sich bewusst in die Öffentlichkeit begeben, nicht ihren ideellen Schutz[533]. Insofern bedarf es im deutschen Persönlichkeitsschutz auch keines

---

527 Siehe hierzu Lichtenstein, Idealwert und Geldwert, S. 93 ff.

528 Jung, Vererblichkeit, S. 119; Gregoritza, Kommerzialisierung, S. 106; Lichtenstein, Idealwert und Geldwert, S. 94; Schulze Wessel, Vermarktung, S. 127 f.

529 BVerfGE 101, 361 (385) – Caroline von Monaco II.

530 Siehe oben Teil 2.B.I.

531 Ehmann, AfP 2005, 237 (242); Friedrich, Internationaler Persönlichkeitsschutz, S. 65; Hückel, Persönlichkeitsschutz, S. 74; Jung, Vererblichkeit, S. 121; Lichtenstein, Idealwert und Geldwert, S. 94; Schulze Wessel, Vermarktung, S. 127 f.; Seitz, NJW 2000, 2167 (2168).

532 Ahrens, Verwertung, S. 171; Claus, Postmortaler Persönlichkeitsschutz, S. 136; Jung, Vererblichkeit, S. 134; Peukert, ZUM 2000, 710 (719).

533 Ahrens, Verwertung, S. 171; Jung, Vererblichkeit, S. 134.

Rechtsinstituts, welches zur Schließung einer Lücke ergänzend neben das allgemeine Persönlichkeitsrecht tritt[534].

Gegen die Aufspaltung des ideellen und des materiellen Persönlichkeitsschutzes in zwei selbständige Rechte spricht vor allem aber die monistische Ausgestaltung des Urheberrechts. Der monistischen Urheberrechtstheorie liegt einerseits die Erkenntnis zugrunde, dass ein Recht sowohl eine ideelle als auch eine materielle Schutzrichtung aufweisen kann. Andererseits hat sich die monistische Urheberrechtstheorie aber auch gerade deshalb durchgesetzt, weil sich die Verwertungsrechte nicht exakt von den Urheberpersönlichkeitsrechten trennen lassen[535].

Die gleichen Erkenntnisse gelten auch für den Bereich des allgemeinen Persönlichkeitsrechts. Werden wirtschaftliche Interessen der Person beeinträchtigt, sind typischerweise gleichzeitig auch ideelle Persönlichkeitsinteressen betroffen und umgekehrt[536]. Die geschützten ideellen und materiellen Persönlichkeitsinteressen sauber voneinander zu trennen, ist dabei genauso wenig möglich wie im Urheberrecht. Beide sind gleichermaßen miteinander verflochten wie die ideellen und materiellen Urheberinteressen[537]. Eine Trennung der kommerziellen Persönlichkeitsinteressen von den ideellen Persönlichkeitsinteressen, hätte somit eine künstliche Aufspaltung der Persönlichkeit zur Folge[538]. Dies zeigt sich auch an einem Beispiel *Göttings*, wonach das Ansehen als immaterieller Persönlichkeitsbestandteil, der grundsätzlich einer wirtschaftlichen Berechenbarkeit nicht zugänglich ist, im unternehmerischen Bereich unter wirtschaftlichen Gesichtspunkten erhebliche Bedeutung erlangt, wenn es um den „guten Namen" geht. Genauso kann ein Prominenter sowohl materiell als auch ideell geschädigt werden, wenn seine Identität zu Werbezwecken mit einem anrüchigen Produkt in Verbindung gebracht wird[539].

---

534 Auch im US-amerikanischen Recht bereitet die Differenzierung zwischen „right of privacy" und „right of publicity" durchaus Schwierigkeiten. Siehe hierzu Buchner, Selbstbestimmung, S. 218 f.

535 Siehe oben Teil 2.A.I.

536 Forkel, FS-Neumayer, 229 (244); Götting, GRUR 2004, 801 (805).

537 Götting, Persönlichkeitsrechte als Vermögensrechte, S. 138; ders., GRUR Int. 1995, 656 (667); Knudsen, Werbung, S. 83.

538 Buchner, Selbstbestimmung, S. 218; Forkel, FS-Neumayer, 229 (244); Kläver, ZUM 2002, 205 (209 f.).

539 Götting, Persönlichkeitsrechte als Vermögensrechte, S. 138; so auch Staudinger/Schmidt, Jura 2001, 241 (245 Fn. 90). Claus (Postmortaler Persönlichkeitsschutz, S. 137) weist zutreffend darauf hin, dass die ideellen und die materiellen Persönlich-

Da faktisch die Ausgangslage mit der im Urheberrecht vergleichbar ist, sprechen die besseren Argumente dafür, im Sinne einer systemimmanenten Fortbildung des Persönlichkeitsschutzes die ideellen und die materiellen Persönlichkeitsinteressen entsprechend der monistischen Urheberrechtstheorie in einem einheitlichen Recht zusammenzufassen. Dabei ist auch zu berücksichtigen, dass sich der Gesetzgeber die monistische Theorie im Urheberrechtsgesetz in § 11 UrhG zu eigen gemacht hat und folglich eine gesetzliche Grundlage besteht, von der nur ausnahmsweise abgewichen werden sollte. Eine Ausnahme von der urheberrechtlichen Konzeption insofern, als sich die ideellen und die materiellen Persönlichkeitsinteressen genau voneinander trennen und somit auch zwei selbständig nebeneinander stehenden Rechten zuordnen ließen, ist hier – wie gesehen – aber nicht gegeben[540].

5. Persönlichkeitsbestandteile mit Vermögenswert

Das allgemeine Persönlichkeitsrecht schützt somit auch vermögenswerte Persönlichkeitsinteressen als integralen Bestandteil. Nachfolgend bleibt noch zu klären, welche Persönlichkeitsbestandteile konkret einen Vermögenswert aufweisen.

Inwieweit einem Recht letztlich ein Vermögenswert zukommt, bestimmt sich nach Angebot und Nachfrage und ist damit eine Sache des Marktes[541]. Die Rechtsordnung ist an die Wertzuweisung durch den Markt gebunden und darf nur ausnahmsweise begrenzend einschreiten, wenn höherrangige rechtliche Prinzipien entgegenstehen[542]. Nicht möglich ist angesichts dessen die Kommerzialisierung der Person selbst, weil die überragende Bedeutung des Schutzes der

---

keitsinteressen noch enger verbunden sind als im Urheberrecht. Die Verwertung von Persönlichkeitsinteressen weise nicht erst über den Umweg über das Werk auf die Persönlichkeit des Betroffenen hin.

540 Claus, Postmortaler Persönlichkeitsschutz, S. 137.

541 Beuter, Kommerzialisierung, S. 157; Ernst-Moll, GRUR 1996, 558 (563); Friedrich, Internationaler Persönlichkeitsrechtsschutz, S. 71; Götting, Persönlichkeitsrechte als Vermögensrechte, S. 54; v. Holleben, Geldersatz, S. 109; Kläver, ZUM 2002, 205 (207); Kleinheyer, JZ 1970, 471 (474); Lichtenstein, Idealwert und Geldwert, S. 92; Meyer, Persönlichkeitsrechte, S. 261; Schierholz, Stimme, S. 172; Schlechtriem, FS-Hefermehl, 445 (453); Siemes, AcP 201 (2001), 202 (219).

542 BGH NJW 2000, 2195 (2199) – Marlene Dietrich; Dasch, Einwilligung, S. 22 f.; Götting, Persönlichkeitsrechte als Vermögensrechte, S. 54; Klüber, Persönlichkeitsschutz, S. 82; Meyer, Persönlichkeitsrechte, S. 261; Schlechtriem, FS-Hefermehl, 445 (453); Siemes, AcP 201 (2001), 202 (219).

Menschenwürde gemäß Art. 1 Abs. 1 GG es verbietet, die Person als Vermögensgegenstand bzw. als ein vom Herrschaftswillen umfasstes bloßes Objekt anzusehen[543].

Ein Vermögenswert kann vor diesem Hintergrund lediglich einzelnen Bestandteilen der Persönlichkeit zukommen. Um zu verhindern, dass die Person selbst Gegenstand einer Kommerzialisierung wird, haben daher nur solche Persönlichkeitsmerkmale einen Vermögenswert, die eine gewisse Objektivierbarkeit aufweisen. Diese liegt immer dann vor, wenn sich ein Persönlichkeitsdetail in gewissem Maße von der Person lösen und auf einem Träger für Dritte sinnlich wahrnehmbar festgehalten werden kann[544]. Allein die Objektivierbarkeit reicht für die Annahme eines Vermögenswertes jedoch nicht aus. Ob einem Persönlichkeitsmerkmal Vermögenswert zukommt, hängt darüber hinaus auch davon ab, ob seine Nutzung nach den Gepflogenheiten des täglichen Lebens üblicherweise überhaupt gegen Entgelt gestattet wird[545]. Damit scheiden solche Persönlichkeitsbestandteile als Vermögenswert aus, für die überhaupt keine Nachfrage am Markt und daher auch nicht die Möglichkeit der Gestattung zu Verwertungszwecken besteht. Hierzu gehören zunächst diejenigen Fallgruppen, in denen das allgemeine Persönlichkeitsrecht ausschließlich den von seinem Inhaber selbst definierten sozialen Geltungsanspruch schützt[546]. Der Gedanke der Selbstbestimmung behält ihm in diesen Fällen die Entscheidung vor, wie er sich Dritten oder der Öffentlichkeit gegenüber darstellen will[547]. Es geht dann jedoch nicht um die Verwertung von Persönlichkeitsmerkmalen, sondern um den Schutz des gegenwärtigen Zustands (status quo) vor Beeinträchtigungen durch Dritte[548]. Von den genannten Schutzbereichen des allgemeinen Persönlichkeits-

---

543 Beuthien, NJW 2003, 1220 (1221); Klüber, Persönlichkeitsschutz, S. 88; Lichtenstein, Idealwert und Geldwert, S. 160; Peukert, ZUM 2000, 710 (717); Rixecker, in: MüKo, Anh. § 12 Rn. 27.

544 Bungart, Dingliche Lizenzen, S. 84; Lichtenstein, Idealwert und Geldwert, S. 160 f. Vgl. auch Schlechtriem, FS-Hefermehl, 445 (454) und ders., DRiZ 1975, 65 (69), der in diesem Zusammenhang von „materialisierten Persönlichkeitsdetails" sowie „verdinglichter oder einer Vergegenständlichung zugänglicher Persönlichkeitsdetails" spricht.

545 BGH GRUR 1956, 427 (429) – Paul Dahlke; GRUR 1958, 408 (409) – Herrenreiter; NJW 1979, 2205 (2206) – Fußballtorwart; OLG Hamburg NJW-RR 1994, 990 (991); OLG Koblenz NJW-RR 1995, 1112 (1113); Lichtenstein, Idealwert und Geldwert, S. 165; Taupitz, in: Taupitz/Müller, S. 38.

546 BVerfGE 54, 148 (155) – Eppler.

547 BVerfGE 54, 148 (155) – Eppler.

548 Kläver, Bereicherungsrechtliche Ansprüche, S. 115.

rechts trifft dies insbesondere auf den Schutz der Ehre zu, die ihren Inhaber vor einer Beeinträchtigung des gegenwärtigen „guten Rufs“ schützt. Eine Verletzung der Ehre kann zwar auch einen Vermögensschaden des Betroffenen zur Folge haben. Dieser tritt jedoch allenfalls als Reflex der Beeinträchtigung ein, beispielsweise, wenn die Ehrverletzung den Verlust des Arbeitsplatzes zur Folge hat[549]. Dagegen lässt sich die Ehre als solche im Geschäftsleben nicht kommerziell verwerten[550]. Dies gilt gleichermaßen auch für den Schutz vor Verfälschungen des Persönlichkeitsbildes, dem Eindringen in den persönlichen Bereich und dessen Ausforschung, der entstellenden Wiedergabe von Äußerungen, dem Unterschieben nicht getätigter Aussagen[551]. In diesen Fallgruppen dient das allgemeine Persönlichkeitsrecht ausschließlich dem Schutz ideeller Interessen[552]. Darüber hinaus gibt es aber auch Persönlichkeitsbestandteile, die grundsätzlich zwar einen Vermögenswert aufweisen könnten, deren Verwertung im Geschäftsleben aber nicht üblich ist. Hierzu gehören beispielsweise Zahn- und Fingerabdrücke, die Augeniris und genetische Merkmale[553].

Vermögenswert haben demgegenüber diejenigen Persönlichkeitsmerkmale, die nicht nur objektivierbar sind und deren Nutzung üblicherweise gegen Zahlung eines Entgelts gestattet wird, sondern auch zur zweifelsfreien Identifizierung einer Person geeignet sind[554]. Die Eignung zur zweifelsfreien Identifizierung ist zu verneinen, wenn ein Persönlichkeitsmerkmal nicht eindeutig auf eine bestimmte Person hinweist, sondern auf einen Personenkreis, wie dies beispielsweise bei häufig vorkommenden Namen der Fall ist[555]. Insbesondere die Identitätsmerkmale einer Person wie das Bildnis, der Name und die Stimme haben danach einen Vermögenswert. Zumeist sind es Prominente, die Dritten die Nutzung der entsprechenden Merkmale zur Werbung in den Printmedien sowie in Fernsehen und Rundfunk gestatten, um das Image des Prominenten absatzfördernd mit einem bestimmten Produkt in Verbindung zu bringen. Ebenso las-

549 BGH NJW 1997, 1148 (1150) – Chefarzt; Beuthien/Schmölz, Persönlichkeitsgüterrechte, S. 35; Lichtenstein, Idealwert und Geldwert, S. 103.

550 Beuthien/Schmölz, Persönlichkeitsgüterrechte, S. 35; v. Holleben, Geldersatz, S. 110; Lichtenstein, Idealwert und Geldwert, S. 103; Meyer, Persönlichkeitsrecht, S. 45; Taupitz, in: Taupitz/Müller, S. 40; Wandtke, GRUR 2000, 942 (948); ders., KUR 2003, 144 (145).

551 Kläver, Bereicherungsrechtliche Ansprüche, S. 115.

552 Ellger, Bereicherung, S. 784; Kläver, Bereicherungsrechtliche Ansprüche, S. 116.

553 Lichtenstein, Idealwert und Geldwert, S. 135 f. u. 165.

554 Götting, Persönlichkeitsrechte als Vermögensrechte, S. 277; Lichtenstein, Idealwert und Geldwert, S. 161; Seemann, Prominenz, S. 199 f.

555 Lichtenstein, Idealwert und Geldwert, S. 161.

sen sich einzelne Identitätsmerkmale im Merchandising nutzen, wo sie mit verschiedenen Merchandisingartikeln verbunden werden. Daneben besteht ein Markt auch für Informationen aus der Privat- und Intimsphäre prominenter Persönlichkeiten. Das nichtöffentlich gesprochene Wort, Briefe und Tagebücher werden von den Medien ebenfalls nachgefragt und gewinnbringend eingesetzt[556]. Der Berechtigte kann die Veröffentlichung dieser Persönlichkeitsmerkmale gegen Zahlung eines Entgelts gestatten. Darüber hinaus lässt sich eine Vielzahl weiterer persönlicher Details kommerziell vermarkten. Als solche kommen persönliche Daten[557], wie die Lebensgeschichte[558], Krankengeschichte[559] oder personenbezogene Konsumentendaten[560], die Unterschrift[561], der Sprachstil[562], die typische Haltung[563], das Familienwappen[564], vertrauliche Briefe und Tagebuchnotizen[565] etc. in Betracht.

---

556 Siehe oben Teil 2.B.V.

557 Beuthien/Schmölz, Persönlichkeitsgüterrechte, S. 14; Forkel, GRUR 1988, 491 (499); Lichtenstein, Idealwert und Geldwert, S. 138 ff.; Peukert, ZUM 2000, 710 (720).

558 Lichtenstein, Idealwert und Geldwert, S. 138 ff.; Lober/Weber, ZUM 2003, 658 (660); Schlechtriem, FS-Hefermehl, 445 (454 f.); ders., DRiZ 1975, 65 (66 u. 69); Seemann, Prominenz, S. 200. Vgl. zu den verschiedenen Möglichkeiten der kommerziellen Verwertung der Lebensgeschichte Lichtenstein, Idealwert und Geldwert, S. 139 (Schlüsselroman, Verfilmung, Bühnendarstellung).

559 Schlechtriem, DRiZ 1975, 65 (70); Ullmann, WRP 2000, 1049 (1051); ders., AfP 1999, 209 (210).

560 Vgl. zu den Konsumentendaten Weichert, NJW 2001, 1463 (1463 ff.).

561 Freitag, Kommerzialisierung, S. 129; Lichtenstein, Idealwert und Geldwert, S. 136 f.; Schlechtriem, DRiZ 1975, 65 (69); Schulze Wessel, Vermarktung, S. 69; Ullmann, AfP 1999, 209 (210).

562 OLG Hamburg GRUR 1989, 666 (666) – Heinz Erhardt; Freitag, GRUR 1994, 345 (345); Ullmann, WRP 2000, 1049 (1051); ders., AfP 1999, 209 (210). Krit. Lichtenstein (Geldwert und Idealwert, S. 146 f.), nach dessen Auffassung verschiedenen Stilarten, wie dem Bewegungs-, Sprach-, Tanz-, Mal- und Musikstil sowie dem Sound die Eignung zur zweifelsfreien Identifizierung fehlt.

563 Ullmann, WRP 2000, 1049 (1051); ders., AfP 1999, 209 (210).

564 Schlechtriem, FS-Hefermehl, 445 (452); Ullmann, AfP 1999, 209 (210). Krit. zum Familienwappen als vermögenswerter Persönlichkeitsbestandteil Lichtenstein (Idealwert und Geldwert, S. 137), der darauf hinweist, dass das Wappen nicht dazu geeignet ist, eine einzelne Person zu identifizieren. Vielmehr werde mittels des Familienwappens die Identifikation sämtlicher Familienmitglieder bewirkt, sofern nicht ausnahmsweise eine Einzelperson das Familienwappen führe.

565 Beuthien/Schmölz, Persönlichkeitsgüterrechte, S. 13 f.; Peukert, ZUM 2000, 710 (720); Schlechtriem, FS-Hefermehl, 445 (452); ders., DRiZ 1975, 65 (66 u. 69); Ullmann, WRP 2000, 1049 (1051); ders., AfP 1999, 209 (210).

VI. Rechtsschutz bei Verletzungen des allgemeinen Persönlichkeitsrechts

Nur geringe Unterschiede zum Urheberpersönlichkeitsrecht ergeben sich hinsichtlich der zivilrechtlichen Rechtsschutzmöglichkeiten bei Verletzungen des allgemeinen Persönlichkeitsrechts.

1. Unterlassungsanspruch

Auch bei Verletzungen des allgemeinen Persönlichkeitsrechts steht seinem Träger zur Abwehr zukünftiger und weiterer Verletzungen ein verschuldensunabhängiger Unterlassungsanspruch zu. Im Unterschied zu seinem urheberrechtlichen Gegenüber hat der persönlichkeitsrechtliche Unterlassungsanspruch keine eigene gesetzliche Grundlage. Er wird auf eine analoge Anwendung der §§ 12, 862, 1004 BGB gestützt[566]. In seinen Voraussetzungen unterscheidet sich der Unterlassungsanspruch hingegen nicht vom urheberrechtlichen Anspruch. Erforderlich ist eine Begehungsgefahr, die je nach Art der drohenden Verletzung eine Erstbegehungs- oder eine Wiederholungsgefahr sein kann. Während die Erstbegehungsgefahr vom Kläger darzulegen und zu beweisen ist[567], streitet für das Vorliegen der Wiederholungsgefahr grundsätzlich eine Vermutung, sofern bereits ein Eingriff erfolgt ist[568]. Typische Verletzungshandlungen, die durch einen Unterlassungsanspruch – auch durch einen vorbeugenden – sanktioniert werden können, sind beispielsweise eine Verfälschung der Persönlichkeit, die unzulässige Erhebung oder Speicherung, Verbreitung oder Verwertung von Informationen aus dem privaten Bereich, sowie unzulässige Belästigungen, Zumutungen aber auch durch Meinungsäußerungen und Tatsachenbehauptungen[569].

2. Beseitigung/Widerruf

Bei Verletzungen des allgemeinen Persönlichkeitsrechts erweist sich der ebenfalls in Analogie zu den §§ 12, 862, 1004 BGB anerkannte Widerrufs- bzw. Beseitigungsanspruch häufig als wirksame Rechtsschutzmöglichkeit[570]. Insbeson-

566 Burkhardt, in: Wenzel, Rn. 12.1; Damm/Rehbock, Widerruf, Rn. 796; Rixecker, in: MüKo, Anh. § 12 Rn. 214; Soehring, Presserecht, Rn. 30.2.

567 Damm/Rehbock, Widerruf, Rn. 805; Ehmann, in: Erman, Anh. § 12 Rn. 320.

568 BGH NJW 1986, 2503 (2505); NJW 1994, 1281 (1283); Damm/Rehbock, Widerruf, Rn. 808; Fechner, Medienrecht, S. 101; v. Gamm, Persönlichkeits- und Ehrverletzungen, Rn. 67; Rixecker, in: MüKo, Anh. § 12 Rn. 214; Soehring, Presserecht, Rn. 30.7.

569 Ehmann, in: Erman, Anh. § 12 Rn. 318.

570 Helle, Schutz der Persönlichkeit, S. 30; Rixecker, in: MüKo, Anh. § 12 Rn. 219.

dere im medialen Bereich kommt dem Beseitigungsanspruch große Bedeutung zu, da er den Verletzer zu dem Eingeständnis einer falschen Berichterstattung zwingt. Der Widerrufsanspruch ist aus diesem Grund eine besonders „scharfe Waffe“ gegen die Medien[571].[572]

Einen Widerrufsanspruch kann der Betroffene auch unter dem Gesichtspunkt der Naturalrestitution über die §§ 823 ff. BGB geltend machen[573]. Da dieser auf die Beseitigung einer bereits eingetretenen Störung gerichtete Anspruch nur bei einem Verschulden des Behauptenden in Betracht kommt, ist er für den Betroffenen deutlich unattraktiver als der quasi-negatorische Widerruf[574].

Tatbestandlich setzt der Widerrufsanspruch eine rechtswidrig aufgestellte unwahre Tatsachenbehauptung voraus[575]. Ein Widerruf von Meinungsäußerungen ist hingegen ausgeschlossen[576]. Die Rechtswidrigkeit einer Tatsachenbehauptung entfällt insbesondere dann, wenn sie durch die Wahrnehmung berechtigter Interessen gerechtfertigt ist. Da unwahre Tatsachenbehauptungen aber auch nicht durch die Wahrnehmung berechtigter Interessen gerechtfertigt werden können, ist regelmäßig mit der Unwahrheit auch die Rechtswidrigkeit der Behauptung zu bejahen[577]. Stellt der Äußernde seine Behauptung im Glauben an deren Wahrheit in Wahrnehmung berechtigter Interessen auf, stellt sich aber später deren Unwahrheit heraus, so hat der Betroffene ebenfalls einen Anspruch auf Widerruf[578]. Der bestehende Zustand ist dann gleichfalls rechtswidrig und

---

571 Damm/Rehbock, Widerruf, Rn. 841.

572 Andererseits kann sich der Widerruf für den Betroffenen auch als „Bumerang“ erweisen, denn, wenn zwischen der Verletzung des Persönlichkeitsrechts und dem Widerruf bereits ein beträchtlicher Zeitraum liegt, wird der Widerruf oftmals nur noch vereinzelt wahrgenommen. Er ist dann nicht mehr dazu geeignet, die Persönlichkeitsverletzung zu beseitigen, sondern hat im Gegenteil zur Folge, dass eine verletzende Äußerung ein letztes Mal in rechtlich zulässiger Weise im Rahmen des Widerrufs wiederholt wird (Mackeprang, Ehrenschutz, S. 51; Schwerdtner, JuS 1978, 289 (298)).

573 Damm/Rehbock, Widerruf, Rn. 852; Fechner, Medienrecht, S. 107; Siebrecht, JuS 2001, 337 (339).

574 Ehmann, in: Erman, Anh. § 12, Rn. 333; Rixecker, in: MüKo, 5. Aufl., Anh. § 12 Rn. 204.

575 Fechner, Medienrecht, S. 107; Steffen, in: Löffler, § 6 Rn. 284 ff.

576 Rixecker, in: MüKo, Anh. § 12 Rn. 222; Steffen, in: Löffler, § 6 Rn. 284.

577 Siebrecht, JuS 2001, 337 (339).

578 BVerfG NJW 2003, 1855 (1855); Steffen, in: Löffler, § 6 Rn. 287.

muss beseitigt werden, da auch der Angreifer in diesem Fall kein Interesse mehr an der Aufrechterhaltung der rechtswidrigen Störung haben kann[579].[580]

3. Gegendarstellungsanspruch

Eine besondere Rolle bei der Verletzung von Persönlichkeitsrechten durch die Medien spielt der in den Landespresse- oder Landesmediengesetzen geregelte Gegendarstellungsanspruch[581]. Dieser räumt demjenigen, dessen Angelegenheiten in den Medien öffentlich erörtert werden, den Anspruch ein, an gleicher Stelle, mit derselben Publizität und vor demselben Forum mit einer eigenen Darstellung zu Wort zu kommen[582].[583] Der Anwendungsbereich des Gegendarstellungsanspruchs ist auf Tatsachenbehauptungen durch die Presse beschränkt. Es gilt der Grundsatz „Tatsache gegen Tatsache", so dass auch die Gegendarstellung nur tatsächliche Angaben enthalten darf[584].

---

579 BGH NJW 1958, 1043 (1043); NJW 1959, 2011 (2012); NJW 1960, 672 (672); Steffen, in: Löffler, § 6 Rn. 287.

580 Der Widerruf kommt je nach Lage des Einzelfalles in verschiedenen Abstufungen in Betracht. Beispielsweise kann der Betroffen bei einer nicht beweisbaren Tatsachenbehauptung nur einen „beschränkten Widerruf" verlangen, mit dem der Verletzer erklärt, dass er seine Behauptung nicht aufrechterhalten könne. Siehe hierzu und zu den weiteren Abstufungen Helle, Schutz der Persönlichkeit, S. 33 ff.

581 Siehe zum Gegendarstellungsanspruch Burkhardt, in: Wenzel, Rn. 11.9 ff.; Prinz/Peters, Medienrecht, Rn. 442 ff.; Sedelmeier, in: Löffler, § 11 LPG Rn. 1 ff.

582 BVerfGE 63, 131 (142) – Gegendarstellung; BGH NJW 1976, 1198 (1201) – Panorama; Burkhardt, in: Wenzel, Rn. 11.91; Mackeprang, Ehrenschutz, S. 62; Prinz/Peters, Medienrecht, Rn. 442

583 Eine Gegendarstellung kommt auch bei Veröffentlichungen im Rundfunk und Fernsehen in Betracht. Die Anspruchsgrundlage ergibt sich dann für die öffentlichrechtlichen Anstalten entweder aus dem Gesetz oder aus den Staatsverträgen der Bundesländer, für die privaten Anstalten aus den Landesmediengesetzen, Landesrundfunkgesetzen, Privatrundfunkgesetzen oder Staatsverträgen (Siebrecht, JuS 2001, 337 (339)).

584 OLG Hamburg, AfP 1978, 155 (156); Burkhardt, in: Wenzel, Rn. 11.114; Groß, DVBl. 1981, 247 (250); ders., AfP 2003, 497 (500); Mackeprang, Ehrenschutz, S. 63; Prinz/Peters, Medienrecht, Rn. 447, 485 f. u. 519; Rebmann/Ott/Storz, § 11 Rn. 9 u. 21; Rixecker, in: MüKo, Anh. § 12 Rn. 257; Schwerdtner, JuS 1978, 289 (299); Sedelmeier, in: Löffler, § 11 LPG Rn. 114; Seitz/Schmidt, Gegendarstellungsanspruch, S. 113.

Prägender Grundsatz des Gegendarstellungsrechts ist das Prinzip der „Waffengleichheit“[585]. Danach soll die Gegendarstellung die gleiche Aufmerksamkeit erreichen können wie die Erstmitteilung. Der große Vorteil des Gegendarstellungsanspruchs für den Betroffenen liegt in der Möglichkeit, auf Persönlichkeitsverletzungen zeitnah reagieren zu können[586]. Andererseits gibt der Betroffene bei der Gegendarstellung lediglich eine eigene, von den Medien zu veröffentlichende Erklärung ab, während der Widerruf den Störer selbst zum Abrücken von seiner Aussage zwingt[587]. Im Vergleich zum Widerruf durch den Behauptenden mangelt es der Gegendarstellung daher an Überzeugungskraft[588].

4. Anspruch auf Geldentschädigung

Da Eingriffe in das Persönlichkeitsrecht mit den herkömmlichen Ansprüchen auf Gegendarstellung, Unterlassung, Widerruf und Schadensersatz nicht immer ausreichend sanktioniert werden können[589], hat der BGH in seinem Herrenreiter-Urteil[590] dem Verletzten in Analogie zu § 847 BGB a.F. erstmals auch ein Schmerzensgeld für die Beeinträchtigung des Persönlichkeitsrechts zugesprochen. Nachdem der Persönlichkeit durch das Grundgesetz umfassender Schutz garantiert werde, würde es eine unerträgliche Missachtung des allgemeinen Persönlichkeitsrechts bedeuten, wenn derjenige, der in der Freiheit der Selbstentschließung über seinen persönlichen Lebensbereich verletzt ist, seinen hierdurch hervorgerufenen immateriellen Schaden nicht ersetzt verlangen könnte[591]. Im Anschluss an das Herrenreiter-Urteil hat der BGH im Ginseng-Urteil ergänzend

---

585 OLG Düsseldorf NJW 1986, 1270 (1270); OLG Hamburg ZUM 1986, 403 (404); AfP 1975, 861 (862); OLG Karlsruhe NJW-RR 1993, 728 (729); OLG München AfP 1992, 158 (158); Burkhardt, in: Wenzel, Rn. 11.1; Fechner, Medienrecht, S. 105; Prinz/Peters, Medienrecht, Rn. 442; Sedelmeier, in: Löffler, § 11 LPG Rn. 162; Seitz/Schmidt, Gegendarstellungsanspruch, S. 170; Siebrecht, JuS 2001, 337 (340); Soehring, Presserecht, Rn. 29.53.

586 Kohler-Gehrig, JA 2000, 602 (608); Siebrecht, JuS 2001, 337 (340).

587 Fechner, Medienrecht, S. 104; Kohler-Gehrig, JA 2000, 602 (608); Siebrecht, JuS 2001, 337 (339).

588 Kohler-Gehrig, JA 2000, 602 (608). Siehe zur geringen Effizienz des Gegendarstellungsanspruchs auch Papier, Bitburger Gespräche, 27 (35 ff.) und Prinz, NJW 1995, 817 (817 ff.), die insbesondere das sog. „Alles-oder-nichts-Prinzip“, das Erfordernis der Originalunterschrift des Betroffenen und die mangelnde Waffengleichheit des Gegendarstellungsrechts im Fernsehen kritisieren.

589 Gounalakis/Rhode, Internet, Rn. 357.

590 BGH GRUR 1958, 408 (408 ff.) – Herrenreiter.

591 BGH GRUR 1958, 408 (410) – Herrenreiter.

ausgeführt, dass die unter dem Einfluss der Wertentscheidung des Grundgesetzes erfolgte Ausbildung des zivilrechtlichen Persönlichkeitsschutzes lückenhaft und unzureichend wäre, wenn eine Verletzung des Persönlichkeitsrechts keine der ideellen Beeinträchtigung adäquate Sanktion auslösen würde[592].

Seit dem Caroline von Monaco-Urteil spricht der BGH nicht mehr von einem Schmerzensgeldanspruch, sondern von einem Anspruch auf Geldentschädigung. Dies begründet der BGH damit, dass es sich bei einer Entschädigung wegen einer Verletzung des allgemeinen Persönlichkeitsrechts nicht um ein Schmerzensgeld im Sinne von § 847 BGB a.F., sondern vielmehr um einen eigenständigen, auf den Schutzauftrag aus Art. 1 und 2 Abs. 1 GG zurückgehenden, Rechtsbehelf handele[593]. Im Gegensatz zum Schmerzensgeldanspruch diene der Anspruch auf Geldentschädigung vordergründig der Genugtuung des Opfers, verfolge gleichzeitig aber auch präventive Zwecke[594]. Der BGH nimmt an, dass von der Geldentschädigung ein echter Hemmungseffekt für eine Zwangskommerzialisierung der Persönlichkeit ausgehen müsse. Sofern der Schädiger nicht zu einer fühlbaren Geldentschädigung verurteilt werde, stünde der Betroffene einer derartigen Vermarktung seiner Persönlichkeit weitgehend schutzlos gegenüber[595]. Insbesondere die Tatsache, dass die Verletzung zur Erzielung von Gewinnen erfolgte, soll neben der Intensität der Persönlichkeitsrechtsverletzung als Bemessungsfaktor für die Entschädigungshöhe Berücksichtigung finden. Eine „Gewinnabschöpfung" soll allerdings nicht vorgenommen werden[596].

Seit dem Caroline von Monaco-Urteil stützt der BGH den Geldentschädigungsanspruch auf § 823 Abs. 1 BGB i.V.m. Art. 1 und 2 GG[597].

Die Präventivfunktion hat zu einer deutlichen Aufwertung der Geldentschädigung geführt[598]. Sie lässt die Entschädigungssummen in bisher nicht gekannte Höhen steigen[599]. Diese für den Betroffenen begrüßenswerte Folge erweist sich

---

592 BGH GRUR 1962, 105 (106) – Ginseng.

593 BGH NJW 1995, 861 (864) – Caroline von Monaco.

594 BGH NJW 1995, 861 (865) – Caroline von Monaco.

595 BGH NJW 1995, 861 (865) – Caroline von Monaco.

596 BGH NJW 1995, 861 (865) – Caroline von Monaco.

597 BGH GRUR 1996, 227 (229) – Wiederholungsveröffentlichung; NJW 1996, 984 (985) – Caroline von Monaco II.

598 Gounalakis, AfP 1998, 10 (14); Prinz, NJW 1995, 817 (820); ders., NJW 1996, 953 (954).

599 Im Caroline von Monaco-Fall hat das OLG Hamburg als Berufungsgericht nach der Zurückverweisung des BGH beispielsweise eine Geldentschädigung in Höhe von 180.000 DM für angemessen gehalten (OLG Hamburg NJW 1996, 2870 (2871)).

insofern als bedenklich, als die Geldentschädigung mit der Einbeziehung der Prävention einen strafenden Charakter im Sinne einer Privatstrafe erhält und sich somit den sogenannten „punitive damages" aus dem amerikanischen Recht annähert[600]. Nach der im Strafrecht herrschenden Vereinigungstheorie sind General- und Spezialprävention neben dem Schuldausgleichcharakter der Sühne jedoch ein Teil des Strafzwecks. Die Bestrafung des Schädigers ist in der deutschen Rechtsordnung damit in erster Linie Aufgabe des Strafrechts. Die Berücksichtigung präventiver Aspekte führt somit dazu, dass auch das Zivilrecht diese Aufgabe übernimmt[601]. Zwar trifft es zu, dass eine exakte Trennung der zivilrechtlichen und strafrechtlichen Funktionen nicht möglich ist, weil das Zivilrecht beispielsweise im Rahmen der Anspruchsdurchsetzung oder beim Schadensersatz auch eine general- oder spezialpräventive Wirkung entfaltet und somit notwendigerweise ähnliche Funktionen wie das Strafrecht übernimmt[602].[603] Dennoch ist hinsichtlich der Präventivfunktion der Geldentschädigung Zurückhaltung geboten, da insbesondere die Pressefreiheit durch hohe Entschädigungssummen unverhältnismäßig stark beeinträchtigt wird[604]. Auch nach Ansicht des BGH soll die Prävention daher nur in Ausnahmefällen zur Bemessung der Anspruchshöhe herangezogen werden und zwar dann, wenn der Beklagte unter vorsätzlichem Rechtsbruch die Persönlichkeit des Geschädigten als Mittel zur Auflagensteigerung und damit zur Verfolgung eigener kommerzieller Interessen eingesetzt hat[605]. Bei einer derart restriktiven Heranziehung des Präventionsgedankens ist im deutschen Schadensersatzrecht aber nicht mit „amerikanischen Verhältnissen" zu rechnen[606].

---

600 Gounalakis, AfP 1998, 10 (17 f.).

601 Gounalakis, AfP 1998, 10 (14 ff.); Seitz, NJW 1996, 2848 (2848 f.).

602 Stürner, AfP 1998, 1 (8). Vgl. zum Präventionsgedanken im Zivilrecht auch Rosengarten, NJW 1996, 1935 (1935 ff.).

603 Gegen den Präventionsgedanken im Zivilrecht Barton, AfP 1995, 452 (456); Gounalakis, AfP 1998, 10 (14 ff.); Seitz, NJW 1996, 2848 (2848); Siemes, AcP 201 (2001), 202 (212 ff.); dies., AfP 1997, 542 (543); Soehring, NJW 1997, 360 (372). Für eine Übertragung des Präventionsgedankens ins Zivilrecht Bentert, Element, S. 98; Diederichsen, AcP 182 (1982), 101 (111 f.); Motsch, JZ 1984, 211 (221); Ott/Schäfer, JZ 1990, 563 (566); Taupitz, AcP 196 (1996), 114 (139 f.).

604 BGH NJW 1995, 861 (865) – Caroline von Monaco; Steffen, NJW 1997, 10 (13).

605 BGH NJW 1995, 861 (865) – Caroline von Monaco.

606 Bedenken gegen die Rechtsprechung des BGH zur Geldentschädigung haben sich mit der Einführung von § 253 Abs. 2 BGB ergeben. Der Wortlaut der neu eingeführten Vorschrift gewährt anders als § 847 BGB a.F. nun auch immateriellen Ersatz bei der Verletzung des Rechts auf sexuelle Selbstbestimmung. Da es sich hierbei um eine be-

Auf der Tatbestandsseite ergeben sich beim Anspruch auf Geldentschädigung für Persönlichkeitsverletzungen keine Unterschiede zum immateriellen Schadensersatz im Urheberrecht. Der Anspruch setzt eine schuldhafte schwerwiegende Beeinträchtigung des Persönlichkeitsrechts voraus, die nicht auf andere Weise hinreichend ausgeglichen werden kann[607]. Die Subsidiarität der Geldentschädigung trägt dem Gedanken Rechnung, dass es sich bei dieser um einen Anspruch handelt, der die bestehenden Lücken des Persönlichkeitsschutzes schließen soll[608]. Mithin kommt dem Anspruch auf Geldentschädigung nur die Funktion eines „ultima-ratio-Rechtsbehelfs" zu[609]. Er soll jedoch nicht dazu ausgenutzt werden, um an Persönlichkeitsrechtsverletzungen zu verdienen[610]. Insofern ist vorrangig nach anderen Ausgleichsmöglichkeiten Ausschau zu halten. Als solche kommen insbesondere Ansprüche auf Unterlassung, Widerruf, Herausgabe des Erlangten und materiellen Schadensersatz in Betracht[611]. Demgegenüber ist der Gegendarstellungsanspruch nicht dazu geeignet, eine Verletzung des allgemeinen Persönlichkeitsrechts hinreichend auszugleichen[612].

---

sondere Ausprägung des allgemeinen Persönlichkeitsrechts handelt, wäre damit der Weg für einen weitergehenden Schutz der Persönlichkeit durch immateriellen Schadensersatz nach den allgemeinen Auslegungsgrundsätzen möglicherweise versperrt (Schiemann, in: Staudinger, § 253 Rn. 51). Nach Auffassung der Bundesregierung soll sich aufgrund der verfassungsrechtlichen Ausgangslage auch durch die Einführung von § 253 Abs. 2 BGB aber nichts ändern (Begründung zum Regierungsentwurf, BT-Drucks. 14/7752, S. 24 f.). Beim Anspruch auf Geldentschädigung handele es sich nach der Rechtsprechung um ein vom Schmerzensgeld nach § 847 BGB zu unterscheidendes Recht, das auf den Schutzauftrag aus Art. 1 und 2 Abs. 1 GG zurückgehe. Da dieser Anspruch damit von den §§ 847, 253 BGB unabhängig sei, könnten deren Änderungen den Anspruch auch nicht tangieren (vgl. zur Neufassung des § 253 BGB in Bezug auf Persönlichkeitsrechtsverletzungen auch Katzenmeier, JZ 2002, 1029 (1033); Wagner, NJW 2002, 2049 (2056 f.)).

607 BGH NJW 1970, 1077 (1077); NJW 1995, 861 (864) – Caroline von Monaco; OLG München NJW-RR 2000, 472 (473); Burkhardt, in: Wenzel, Rn. 14.101; Prinz/Peters, Medienrecht, Rn. 744; Rixecker, in: MüKo, Anh. § 12 Rn. 241; Sprau, in: Palandt, § 823 Rn. 124.

608 BGH NJW 1970, 1077 (1077); Burkhardt, in: Wenzel, Rn. 14.120; Sprau, in: Palandt, § 823 Rn. 124; Steffen, NJW 1997, 10 (10); ders., in: Löffler, § 6 Rn. 333.

609 Steffen, in: Löffler, § 6 Rn. 338; Ullmann, WRP 2000, 1049 (1053); Witzleb, Geldansprüche, S. 107.

610 Ehmann, in: Erman, Anh. § 12 Rn. 385.

611 Rixecker, in: MüKo, Anh. § 12 Rn. 248; Sprau, in: Palandt, § 823 Rn. 124; Steffen, NJW 1997, 10 (10).

612 BGH NJW 1965, 685 (686); Beater, in: Soergel, § 823 Anh. IV Rn. 246; Witzleb, Geldansprüche, S. 116 ff.

5. Anspruch auf Ersatz materieller Schäden

Haben Verletzungen des allgemeinen Persönlichkeitsrechts materielle Schäden zur Folge, beispielsweise, wenn eine unberechtigte ehrverletzende Behauptung zum Arbeitsplatzverlust des Arbeitnehmers oder zum Verlust der Kundschaft eines Selbständigen führt[613], so kann der Betroffene gemäß §§ 823 Abs. 1 und 823 Abs. 2 BGB i.V.m. §§ 185 ff. StGB Schadensersatz für die erlittenen Vermögensnachteile verlangen. Im Falle des § 823 Abs. 1 BGB obliegt der Nachweis der haftungsbegründenden Tatbestandsvoraussetzungen dem Anspruchsteller. Zu einer Umkehr der Beweislast kommt es dagegen bei § 823 Abs. 2 BGB i.V.m. den §§ 185 ff. StGB. Die Beweislastumkehr greift aber nicht zugunsten des Anspruchstellers, sofern sich der Anspruchsgegner auf die Wahrnehmung berechtigter Interessen gemäß § 193 StGB berufen kann[614].

Neben der Rechtswidrigkeit des Eingriffs in das Persönlichkeitsrecht setzt der Anspruch ein schuldhaftes Handeln des Anspruchsverpflichteten[615] sowie den Eintritt eines Schadens voraus. Wie auch bei Verletzungen des Urheberpersönlichkeitsrechts, kommt bei Verletzungen der vermögenswerten Bestandteile des allgemeinen Persönlichkeitsrechts zu kommerziellen Zwecken die für die Verletzung von Immaterialgüterrechten entwickelte dreifache Schadensberechnung zum Tragen. Demzufolge kann der Geschädigte seinen Schaden konkret und nach der Lizenzanalogie berechnen oder aber den Verletzergewinn herausverlangen[616 617].

6. Ungerechtfertigte Bereicherung

Da einzelnen Persönlichkeitsbestandteilen ein Vermögenswert zukommt, der dem Berechtigten ausschließlich zur Nutzung zugewiesen ist[618], kommen bei Eingriffen in den Zuweisungsgehalt dieser Persönlichkeitsbestandteile bereicherungsrechtliche Ansprüche gemäß §§ 812 ff. BGB in Betracht.

Der BGH hat die Annahme eines vermögensrechtlichen Zuweisungsgehalts zunächst davon abhängig gemacht, ob der Berechtigte auch im konkreten Einzelfall gewillt war, sein Persönlichkeitsmerkmal tatsächlich zu kommerzialisie-

---

613 BGH NJW 1994, 1950 (1953); Ehmann, in: Erman, Anh. § 12 Rn. 369.

614 Damm/Rehbock, Widerruf, Rn. 923.

615 Damm/Rehbock, Widerruf, Rn. 933.

616 BGH NJW 2000, 2195 (2201) – Marlene Dietrich.

617 Siehe zur dreifachen Schadensberechnung oben Teil 2.A.IV.3.

618 Siehe zum Vermögenswert von Persönlichkeitsbestandteilen oben Teil 2.B.V.

ren[619]. Im Herrenreiter-Urteil verneinte der BGH einen Schadensersatz- und Bereicherungsanspruch des Klägers, der für die ungenehmigte Verwendung seines Bildnisses zu Werbezwecken für ein Potenzmittel durch die Beklagte die Zahlung einer angemessenen Lizenzgebühr verlangte. Zur Begründung führte der BGH aus, dass der Kläger keinen Vermögensnachteil erlitten habe, weil er die Verwendung seines Bildnisses zu Werbezwecken niemals gestattet hätte[620]. Wenn der Betroffene nicht zur Verwertung seines Bildnisses bereit sei, hätte die Bejahung eines Anspruchs auf Zahlung einer angemessenen Lizenzgebühr demgemäß zur Folge, dass dem Betroffenen unterstellt werden müsste, dass er sich für viel Geld freiwillig in die unwürdige Lage gebracht hätte, gegen die er sich nun wehre. Dies müsse der Betroffene als kränkend und als erneute Persönlichkeitsminderung empfinden[621]

Entgegen der Rechtsprechung des BGH kann die Frage, ob der Träger des Persönlichkeitsmerkmals einer Vermarktung zugestimmt hätte, für den vermögenswerten Zuweisungshalt von Persönlichkeitsmerkmalen und damit auch für die Bejahung materieller Ansprüche jedoch nicht von Bedeutung sein[622]. Die Aufgabe der Eingriffskondiktion ist es, einen Vermögensvorteil beim Rechtsverletzer und nicht eine Vermögensminderung beim Rechtsinhaber auszugleichen[623]. Entscheidend ist daher allein, dass der Schuldner eine Verwertungsmöglichkeit für sich beansprucht hat, für deren Einräumung der Gläubiger aufgrund seiner abstrakten Rechtsmacht eine entsprechende Zahlung hätte verlangen kön-

---

619 BGH GRUR 1958, 408 (409) – Herrenreiter; GRUR 1962, 105 (106) – Ginseng; NJW 1979, 2205 (2206) – Fußballtorwart; OLG Hamburg NJW-RR 1994, 990 (991).

620 BGH GRUR 1958, 408 (409) – Herrenreiter.

621 BGH GRUR 1958, 408 (409) – Herrenreiter.

622 Beuter, Kommerzialisierung, S. 160 u. 167 f.; Beuthien/Hieke, AfP 2001, 353 (360); Beuthien/Schmölz, Persönlichkeitsgüterrechte, S. 66; Dünnwald, ZUM 2000, 949 (951); Götting, GRUR 2004, 801 (803); v. Holleben, Geldersatz, S. 106 f.; Loewenheim, Bereicherungsrecht, S. 91 f.; Schlechtriem, FS-Hefermehl, 445 (464); Schwerdtner, JuS 1978, 289 (294); Siemes, AcP 201 (2001), 202 (222); Taupitz, in Taupitz/Müller, S. 37; ders., AcP 191 (1991), 201 (238); Ullmann, AfP 1999, 209 (212); Wagner, VersR 2000, 1305 (1309); ders., ZEuP 2000, 200 (224); Wandtke, GRUR 2000, 942 (949).

623 BGH GRUR 1956, 427 (430) – Paul Dahlke; Canaris, FS-Deutsch, 85 (89); Götting, GRUR 2004, 801 (803); Haines, Bereicherungsansprüche, S. 107; Hort, Ausgleich, S. 69; Kläver, Bereicherungsrechtliche Ansprüche, S. 151; Siemes, AcP 201 (2001), 202 (222); Steffen, NJW 1997, 10 (13); Taupitz, in Taupitz/Müller, S. 37 f.; Witzleb, Geldansprüche, S. 171.

nen[624]. Die Bereicherung des Rechtsverletzers durch die eigenmächtige Nutzung ist eine irreversible Tatsache, weshalb auch der korrespondierende Ausgleichsanspruch unabhängig von den hypothetischen Möglichkeiten und Vorstellungen des Rechtsträgers gewährt wird[625]. Es ist mit dem Gedanken eines effektiven Persönlichkeitsschutzes nicht vereinbar, wenn gerade denjenigen Personen, die besonderen Wert auf einen effektiven Rechtsschutz legen und daher einer Vermarktung grundsätzlich oder aufgrund eines besonders schwerwiegenden Eingriffs nicht zugestimmt hätten, ein solcher versagt würde[626]. Die nicht verwertungsbereite Person könnte dann lediglich unter den strengen Voraussetzungen der Geldentschädigung noch einen Ausgleich für den Eingriff erlangen[627].

Dies bedeutet zugleich, dass ein Bereicherungsanspruch auch nicht deshalb ausscheidet, weil die Gestattung der Verwertung des Persönlichkeitsmerkmals gesetzes- oder sittenwidrig gewesen wäre[628]. Ein anderes Verständnis hätte zur Konsequenz, dass der Rechtsverletzer, bei gleichzeitiger Sitten- oder Gesetzeswidrigkeit des Eingriffs, privilegiert stünde[629]. Die Tatsache, dass auch dem Berechtigten in diesem Fall die Nutzung nicht möglich gewesen wäre, ist aus bereicherungsrechtlicher Sicht unerheblich[630].

---

624 Beuter, Kommerzialisierung, S. 169; Jung, Vererblichkeit, S. 147; Klüber, Persönlichkeitsschutz, S. 87; Larenz/Canaris, SchR II/2, S. 172; Siemes, AcP 201 (2001), 202 (222).

625 Götting, Persönlichkeitsrechte als Vermögensrechte, S. 55; ders., GRUR 2004, 801 (803); Klüber, Persönlichkeitsschutz, S. 84.

626 Beuthien/Schmölz, Persönlichkeitsgüterrechte, S. 42; Däubler, JuS 1969, 49 (51); Klüber, Persönlichkeitsschutz, S. 84; Pietzko, AfP 1988, 209 (220).

627 Klüber, Persönlichkeitsschutz, S. 84

628 BGH GRUR 1966, 375 (377 f.) – Meßmer-Tee II; Ehmann, AfP 2005, 237 (246); Hort, Ausgleich, S. 75 f.; Larenz/Canaris, SchR II/2, S. 172; Pietzner, GRUR 1972, 151 (155); a.A. Friedrich, Internationaler Persönlichkeitsschutz, S. 72; Kläver, Bereicherungsrechtliche Ansprüche, S. 155 f.; Kleinheyer, JZ 1970, 471 (476); Krüger, GRUR 1980, 628 (629); Lorenz, in Staudinger, Vor §§ 812 ff. Rn. 62; Schlechtriem, FS-Hefermehl, 445 (464); Witzleb, Geldansprüche, S. 174 f.

629 BGH GRUR 1966, 375 (378) – Meßmer-Tee II; Beuter, Kommerzialisierung, S. 169; Jung, Vererblichkeit, S. 148; Klüber, Persönlichkeitsschutz, S. 86; Pietzner, GRUR 1972, 151 (155).

630 Beuter, Kommerzialisierung, S. 169; Jung, Vererblichkeit, S. 148; Klüber, Persönlichkeitsschutz, S. 86 f.; Larenz/Canaris, SchR II/2, S. 172.

7. Geschäftsführung ohne Auftrag

Des Weiteren kann der Inhaber des Persönlichkeitsrechts bei einer Verletzung des allgemeinen Persönlichkeitsrechts auch über § 687 Abs. 2 BGB i.V.m. §§ 681, 666 f. BGB auf den Gewinn zugreifen, den der Eingreifer durch die Geschäftsbesorgung erzielt hat[631]. Voraussetzung dafür ist, dass der Verletzer ein fremdes Geschäft wissentlich als sein eigenes behandelt. Dies ist der Fall, wenn er die vermögenswerten Persönlichkeitsbestandteile ohne Genehmigung ihres Inhabers zu kommerziellen Zwecken nutzt[632]. Der Nachteil des Gewinnherausgabeanspruchs aus Geschäftsanmaßung gegenüber einem bereicherungsrechtlichen Anspruch besteht im Verschuldenserfordernis.

C. Das Verhältnis des Urheberpersönlichkeitsrechts zum allgemeinen Persönlichkeitsrecht

I. Das Urheberpersönlichkeitsrecht – ein besonderes Persönlichkeitsrecht?

Das Verhältnis des Urheberpersönlichkeitsrechts zum allgemeinen Persönlichkeitsrecht ist seit jeher umstritten. Bereits im Gesetzgebungsverfahren zum Urheberrechtsgesetz von 1965 wurde kontrovers diskutiert, ob es sich beim Urheberpersönlichkeitsrecht um ein eigenständiges Recht oder um ein besonderes Persönlichkeitsrecht handelt[633]. Dieser Streit hat sich auch durch die Qualifizierung des Urheberpersönlichkeitsrechts als besonderes Persönlichkeitsrecht durch den Gesetzgeber nicht erledigt. Dies folgt daraus, dass das Verhältnis beider Rechte durchaus auch praktische Bedeutung hat. Sofern es sich beim Urheberpersönlichkeitsrecht um ein besonderes Persönlichkeitsrecht handelt, gelten die

---

631 Beuthien/Schmölz, Persönlichkeitsgüterrechte, S. 50 ff.; v. Caemmerer, FS-Rabel, 333 (359 f.); ders. FS-Hippel, 27 (40); Dünnwald, ZUM 2000, 949 (951); Gounalakis/Rhode, Internet, Rn. 376 ff.; v. Holleben, Geldersatz, S. 120 ff.; Hoppe, Persönlichkeitsschutz, S. 90 f.; Klein, Sensationspresse, S. 191 ff.; Krautwig, Eingriffskondiktion, S. 127; Pietzko, AfP 1988, 209 (220); Schlechtriem, FS-Hefermehl, 445 (458 f. u. 463); ders., DRiZ 1975, 65 (69); Siemes, AcP 201 (2001), 202 (228 f.); Taupitz, AcP 191 (1991), 201 (240); ders., Karlsruher Forum, 75 (75); Volkommer, FS-Leisner, 599 (607); Wagner, ZEuP 2000, 200 (224).

632 Beuthien/Schmölz, Persönlichkeitsgüterrechte, S. 50 f.

633 Siehe oben Teil 1.A.IV.4.

für das Verhältnis der besonderen Persönlichkeitsrechte zum allgemeinen Persönlichkeitsrecht gewonnenen Erkenntnisse gleichermaßen auch für das Verhältnis des Urheberpersönlichkeitsrechts zum allgemeinen Persönlichkeitsrecht. Das Urheberpersönlichkeitsrecht würde dem allgemeinen Persönlichkeitsrecht dann als Spezialregelung in seinem Anwendungsbereich vorgehen[634]. Ist das Urheberpersönlichkeitsrecht hingegen ein selbständiges Recht, so schließt dieses zwar nicht notwendigerweise ein Spezialitätsverhältnis beider Normen aus, zwingende Folge wäre dies hingegen nicht[635].

1. Lehre vom Spezialitätsverhältnis

Die herrschende Meinung sieht wie die Gesetzesbegründung zum Urheberrechtsgesetz im Urheberpersönlichkeitsrecht ein besonderes Persönlichkeitsrecht vergleichbar dem Namensrecht oder dem Recht am eigenen Bild und nimmt dementsprechend eine Spezialität des Urheberpersönlichkeitsrechts gegenüber dem allgemeinen Persönlichkeitsrecht an[636]. Das Urheberpersönlichkeitsrecht hat danach mit den besonderen Persönlichkeitsrechten gemeinsam, dass es eine „besondere Erscheinungsform" des allgemeinen Persönlichkeitsrechts darstellt[637]. Zu dieser Einschätzung gelangt die Lehre vom Spezialitätsverhältnis durch die Annahme, dass im Werk die Persönlichkeit des Urhebers zum Ausdruck komme und daher auch in erster Linie die Person des Urhebers durch das Urheberpersönlichkeitsrecht geschützt werde. Das Werk werde hingegen nur mittelbar durch die Persönlichkeit geschützt[638]. Der Annahme einer Spezialität des Urheberpersönlichkeitsrechts gegenüber dem allgemeinen Persönlichkeitsrecht soll auch nicht entgegenstehen, dass das Urheberpersönlichkeitsrecht die Beziehung des Urhebers zu dem außerhalb der Person stehenden Werk schütze

634 Siehe oben Teil 2.B.III.2.

635 Jänecke, Zerstörungsverbot, S. 227.

636 BGH GRUR 1971, 525 (526) – Petite Jaqueline; GRUR 1955, 197 (198) – Leserbrief; Dieselhorst, Urheberpersönlichkeitsrecht, S. 101 ff.; v. Gamm, Urheberrechtsgesetz, Einf. Rn. 93 u. § 11 Rn. 5; Samson, UFITA 47 (1966) 1 (6 f.); Schack, GRUR 1985, 352 (354); Schiefler, GRUR 1960, 156 (158 ff.); Schulze, in: Dreier/Schulze, Vor § 12 Rn. 5; Walchshöfer, FS-Hubmann, 469 (469 f.).

637 Auch die Begründung zum Regierungsentwurf (BT-Drucks. IV/270, S. 44) sieht im Urheberpersönlichkeitsrecht ein echtes Persönlichkeitsrecht. Sie führt zum Urheberpersönlichkeitsrecht aus: „Es ist im Verhältnis zum allgemeinen Persönlichkeitsrecht in ähnlicher Weise als ein ‚besonderes' Persönlichkeitsrecht anzusehen, wie etwa das Namensrecht nach § 12 des Bürgerlichen Gesetzbuches oder das Recht am eigenen Bild nach § 22 KUG." Siehe hierzu bereits oben Teil 1.A.IV.4.c).

638 Michaelis, Persönlichkeitsrechtliche Befugnisse, S. 50.

und damit gegenstandsbezogen sei. Gleiches treffe auch auf das allgemeine Persönlichkeitsrecht zu, in dessen Schutzbereich Sachen fielen, die ihren Ursprung zwar in der Persönlichkeit haben, sich von dieser aber gegenständlich gelöst haben[639]. Zu diesen „sachbezogenen Persönlichkeitsinteressen" gehörten beispielweise vom Recht am eigenen Bild erfasste Bildnisse, urheberrechtlich nicht geschützte Briefe oder persönliche Daten[640]. Insbesondere das von § 22 KUG geschützte Bildnis habe wie das Werk des Urhebers zwar ein rechtliches und wirtschaftliches Eigenleben, gleichermaßen wie beim Urheberpersönlichkeitsrecht blieben zwischen dem Abgebildeten und der Abbildung aber besondere schutzbedürftige persönliche Bindungen bestehen[641]. Diese äußerten sich beispielsweise in dem Interesse des Abgebildeten daran, dass das Bild nicht entstellt bzw. mit entstellendem Bezug veröffentlicht wird oder er bei der Nutzung des Bildes als Abgebildeter bezeichnet wird[642].

2. Lehre von der Wesensverwandtschaft

Die Qualifizierung des Urheberpersönlichkeitsrechts als echtes Persönlichkeitsrecht wird von der Lehre von der Wesensverwandtschaft abgelehnt. Die Lehre von der Wesensverwandtschaft sieht ebenfalls Gemeinsamkeiten zwischen dem Urheberpersönlichkeitsrecht und dem allgemeinen Persönlichkeitsrecht. Beide Rechte seien daher zwar verwandt, das Urheberpersönlichkeitsrecht soll dennoch ein vom allgemeinen Persönlichkeitsrecht zu unterscheidendes selbständiges Recht sein[643]. Gegenstand des Urheberpersönlichkeitsrechts sei das urheber-

---

639 Dieselhorst, Urheberpersönlichkeitsrecht, S. 105.

640 Dieselhorst, Urheberpersönlichkeitsrecht, S. 105 f.; Heidmeier, Urheberpersönlichkeitsrecht, S. 118 f.

641 Dieselhorst, Urheberpersönlichkeitsrecht, S. 106.

642 Dieselhorst, Urheberpersönlichkeitsrecht, S. 106.

643 Bußmann, GRUR 1970, 379 (379); de Boor, UFITA 18 (1954), 260 (262 f.); ders., Übertragbarkeit, S. 694 f.; ders., Wesen des Urheberrechts, S. 36 f.; Dietz, Droit Moral, S. 29 f.; Dietz/Peukert, in: Schricker/Loewenheim, Vor §§ 12 ff. Rn. 14; Fabiani, FS-Hubmann, 87 (92); Hertin, in: Fromm/Nordemann, 9. Aufl., Vor § 12 Rn. 9; Jänecke, Zerstörungsverbot, S. 229 ff.; Kroitzsch, in: Möhring/Nicolini, § 11 Rn. 7; Krüger-Nieland, FS-Hauß, 215 (219 f); Lucas-Schloetter, GRUR Int. 2002, 809 (810 ff.); Mitteis, Urheberrecht, S. 24 f.; Müller, Urheberpersönlichkeitsrecht, S. 18; Neumann, GRUR 1970, 544 (544 f.); Neumann-Duesberg, UFITA 50 (1967), 464 (464); ders., NJW 1971, 1640 (1640 f.); Osenberg, Unverzichtbarkeit, S. 13 ff.; Roeber, FuR 1965, 102 (104); Runge, UFITA 54 (1969), 1 (5 u. 14); Schilcher, Werkänderungen, S. 12 f.; Seetzen, Verzicht, S. 39 f.; Troller, Urheberpersönlichkeitsrecht,

rechtlich geschützte Werk. Dieses sei aber kein Teil der Persönlichkeit. Es gehe zwar aus der Person des Urhebers hervor, erhalte dann jedoch eine von diesem gelöste unabhängige Existenz[644]. Beeinträchtigungen des Werkes hätten aus diesem Grund keine unmittelbaren Auswirkungen auf den Urheber, weshalb das Urheberpersönlichkeitsrecht nicht als echtes Persönlichkeitsrecht angesehen werden könne[645]. Anders als die Lehre vom Spezialitätsverhältnis sieht die Lehre von der Wesensverwandtschaft in der Werkbezogenheit des urheberpersönlichkeitsrechtlichen Schutzes somit das entscheidende Differenzierungskriterium. Die wesensmäßige Verwandtschaft beider Rechte folgt nach der Lehre von der Wesensverwandtschaft aus der gemeinsamen verfassungsrechtlichen Grundlage in Art. 1 Abs. 1, 2 Abs. 1 GG[646].

3. Stellungnahme

Die Annahme, dass es sich beim Urheberpersönlichkeitsrecht im Sinne der Lehre vom Spezialitätsverhältnis um ein besonderes Persönlichkeitsrecht handelt, vermag nicht zu überzeugen. Der Ausgangspunkt der Lehre vom Spezialitätsverhältnis ist dabei nicht zu beanstanden. Sowohl das Urheberpersönlichkeitsrecht als auch das allgemeine Persönlichkeitsrecht weisen erhebliche Gemeinsamkeiten auf, welche eine Qualifizierung des Urheberpersönlichkeitsrechts als besonderes Persönlichkeitsrecht nahe legen. Hierzu zählt neben der Gegenstandsbezogenheit beider Rechte auch die Tatsache, dass sowohl das allgemeine Persönlichkeitsrecht als auch das Urheberpersönlichkeitsrecht der Wahrung der freien Entfaltung der Persönlichkeit dienen. Beide Rechte haben daher in Art. 1 Abs. 1 und 2 Abs. 1 GG eine gemeinsame verfassungsrechtliche Grundla-

---

S. 7 f.; ders., UFITA 29 (1959), 141 (144 ff.); Ulmer, Urheber- und Verlagsrecht, S. 33 f.

644 de Boor, UFITA 18 (1954), 260 (263); Troller, Immaterialgüterrecht, S. 85; ders., UFITA 29 (1959), 141 (145 u. 151).

645 de Boor, UFITA 18 (1954), 260 (262 f.); Troller, Immaterialgüterrecht, S. 86; ders., UFITA 29 (1959), 141 (145 u. 151).

646 Schack (Urheber- und Urhebervertragsrecht, Rn. 46) sieht darüber hinaus auch in der Tatsache, dass das Urheberpersönlichkeitsrecht bereits vor dem allgemeinen Persönlichkeitsrecht als „Quellrecht“ anerkannt war, ein weiteres Argument gegen die Annahme, dass es sich beim Urheberpersönlichkeitsrecht um ein besonderes Persönlichkeitsrecht handele. Dem kann jedoch nicht gefolgt werden. Das allgemeine Persönlichkeitsrecht, als „Quelle“ des Persönlichkeitsschutzes, bestand bereits vor dem Urheberpersönlichkeitsrecht. Allein seine spätere rechtliche Anerkennung vermag daran nichts zu ändern (Kellerhals, Urheberpersönlichkeitsrechte, S 75; dies., UFITA 2000/III, 617 (630)).

ge[647]. Aus diesem Grund kann es, wie die Begründung zum Regierungsentwurf zutreffend ausführt, auch „keinem Zweifel unterliegen, daß die dem Schutz der ideellen Interessen des Urhebers dienenden Befugnisse, wenn das Urheberrechtsgesetz sie nicht gewähren würde, von der Rechtsprechung aus dem heute anerkanntem allgemeinen Persönlichkeitsrecht abgeleitet werden würden“[648].

Dennoch verbieten die strukturellen Unterschiede beider Rechte die Annahme, dass es sich beim Urheberpersönlichkeitsrecht um ein besonderes Persönlichkeitsrecht handelt. Mit dem Schutz außerpersönlicher Gegenstände, der beiden Rechten gemein ist, ist gleichzeitig ihr wesentlicher Unterschied benannt, welcher eine Charakterisierung des Urheberpersönlichkeitsrechts als selbständiges Recht erfordert. Aufgrund seiner Werkbezogenheit genießt nur derjenige den Schutz des Urheberpersönlichkeitsrechts, der ein schutzfähiges Werk geschaffen hat. Sind die gesetzlichen Voraussetzungen nicht erfüllt, entfaltet das Urheberpersönlichkeitsrecht folglich auch keine Schutzwirkung zugunsten des Urhebers[649]. Dagegen können außerpersönliche Gegenstände zwar in den Schutzbereich des allgemeinen Persönlichkeitsrechts und der besonderen Persönlichkeitsrechte einbezogen sein, ihr Vorliegen ist jedoch keine Voraussetzung für einen Schutz. Das allgemeine Persönlichkeitsrecht und die besonderen Persönlichkeitsrechte schützen den Einzelnen unabhängig vom Vorliegen bestimmter Voraussetzungen ab seiner Geburt und kommen jedem Menschen von Natur aus in gleicher Weise zu[650].

---

647 Bullinger, in: Wandtke/Bullinger, Vor §§ 12 ff. Rn. 16; Dietz, Werkintegritätsschutz, S. 27; Dietz/Peukert, in: Schricker/Loewenheim, Vor §§ 12 ff. Rn. 14; Krüger-Nieland, FS-Hauß, 215 (224); Müsse, Urheberpersönlichkeitsrecht, S. 51; Neumann-Duesberg, NJW 1971, 1640 (1641); Schack, Urheber- und Urhebervertragsrecht, Rn. 46; ders., GRUR 1985, 352 (353 u. 361); Ulmer, Urheber- und Verlagsrecht, S. 34; Wallner, Schutz von Urheberwerken, S. 49.

648 Begründung zum Regierungsentwurf, BT-Drucks. IV/270, S. 44. So auch Dieselhorst, Urheberpersönlichkeitsrecht, S. 107; Schiefler, GRUR 1960, 156 (159).

649 Alemdjrodo, Informationsgesellschaft, S. 42; Dieselhorst, Urheberpersönlichkeitsrecht, S. 104 f.; v. Gamm, Urheberrechtsgesetz, § 11 Rn. 6; Kellerhals, UFITA 2000/III, 617 (631); Lucas-Schloetter, GRUR Int. 2002, 809 (811); Neumann-Duesberg, NJW 1971, 1640 (1640 f.); Ruzicka, Urheberpersönlichkeitsrecht, S. 81; Wallner, Schutz von Urheberwerken, S. 50.

650 Alemdjrodo, Informationsgesellschaft, S. 42; Kellerhals, UFITA 2000/III, 617 (631); Lucas-Schloetter, GRUR Int. 2002, 809 (811); Ruzicka, Urheberpersönlichkeitsrecht, S. 81; Wallner, Schutz von Urheberwerken, S. 50.

II. Anwendbarkeit des allgemeinen Persönlichkeitsrechts neben dem Urheberpersönlichkeitsrecht

Da das Urheberpersönlichkeitsrecht kein besonderes Persönlichkeitsrecht ist, können die für das Verhältnis der besonderen Persönlichkeitsrechte zum allgemeinen Persönlichkeitsrecht geltenden Erkenntnisse nicht automatisch auf das Urheberpersönlichkeitsrecht Anwendung finden. Das Konkurrenzverhältnis des Urheberpersönlichkeitsrechts zum allgemeinen Persönlichkeitsrecht bedarf somit gesonderter Betrachtung. Mit der Feststellung, dass es sich beim Urheberpersönlichkeitsrecht um ein selbständiges Recht handelt, ist insoweit noch nichts gewonnen.

Die herrschende Meinung nimmt trotz der Selbständigkeit des Urheberpersönlichkeitsrechts an, dass dieses – ebenso wie die besonderen Persönlichkeitsrechte – das allgemeine Persönlichkeitsrecht als Spezialregelung in seinem Anwendungsbereich verdrängt[651]. Dies steht zunächst nicht im Widerspruch zur Charakterisierung des Urheberpersönlichkeitsrechts als selbständiges Recht, da auch das Verhältnis selbständiger Rechte zueinander durch Spezialität geprägt sein kann[652].

Entgegen der herrschenden Meinung liegen die Voraussetzungen der Spezialität im Verhältnis des Urheberpersönlichkeitsrechts zum allgemeinen Persönlichkeitsrecht jedoch nicht vor. Eine Spezialität des Urheberpersönlichkeitsrechts setzt nach dem oben Gesagten voraus, dass mit der Erfüllung des Tatbestands des Urheberpersönlichkeitsrechts als lex specialis zwingend auch der Tatbestand des allgemeinen Persönlichkeitsrechts als lex generalis verwirklicht wird[653]. Im Unterschied zu den besonderen Persönlichkeitsrechten trifft dies beim Urheberpersönlichkeitsrecht jedoch nicht zu. Eine Handlung, die zu einer Verletzung des Urheberpersönlichkeitsrechts führt, hat nicht zwangsläufig auch eine Verletzung des allgemeinen Persönlichkeitsrechts zur Folge. Das allgemeine Persönlichkeitsrecht schützt allein die Persönlichkeit, das Urheberpersönlichkeitsrecht hingegen den Urheber in seinen „geistigen und persönlichen Beziehungen“ zum Werk. Eine Verletzung des allgemeinen Persönlichkeitsrechts bei

651 Bullinger, in: Wandtke/Bullinger, Vor §§ 12 ff. Rn. 17; Müller, Urheberpersönlichkeitsrecht, S. 17; Schiefler, GRUR 1960, 156 (158).

652 Jänecke, Zerstörungsverbot, S. 232; a.A. Müsse (Urheberpersönlichkeitsrecht, S. 57), der annimmt, dass ein Spezialitätsverhältnis zwischen dem Urheberpersönlichkeitsrecht und dem allgemeinen Persönlichkeitsrecht nur dann in Betracht komme, wenn man das Urheberpersönlichkeitsrecht als besonderes Persönlichkeitsrecht qualifiziere.

653 Siehe oben Teil 2.B.III.2.a).

einer gleichzeitigen Beeinträchtigung des Urheberpersönlichkeitsrechts kommt daher nur bei einem Eingriff in die persönlichen Urheberinteressen in Betracht, der zugleich auch die Würde oder Entfaltungsfreiheit des Betroffenen beeinträchtigt[654]. Dies kann beispielsweise der Fall sein, wenn die Art und Weise der Veröffentlichung des Werkes den Urheber in seinem Ansehen oder seiner Ehre verletzen[655]. Bei einem Eingriff in die werkbezogenen geistigen Interessen des Urhebers ist der Schutzbereich des allgemeinen Persönlichkeitsrechts dagegen von vornherein nicht berührt[656].

Auch wenn das Urheberpersönlichkeitsrecht dem allgemeinen Persönlichkeitsrecht somit nicht als Spezialregelung vorgeht, gelangen beide Rechte grundsätzlich gleichwohl nicht nebeneinander zur Anwendung, wenn ein und dieselbe Handlung sowohl das Urheberpersönlichkeitsrecht als auch das allgemeine Persönlichkeitsrecht verletzt. Denn auch wenn sich, wie beim Urheberpersönlichkeitsrecht und dem allgemeinen Persönlichkeitsrecht, die Tatbestände beider Normen nur teilweise überschneiden, hängt ihr Konkurrenzverhältnis davon ab, ob eine wertende Betrachtung zu dem Ergebnis führt, dass ihre Rechtsfolgen nebeneinander zur Anwendung gelangen sollen oder, ob eine der beiden Normen als subsidiäre Regelung hinter der anderen zurücktritt[657].

Für das Konkurrenzverhältnis des Urheberpersönlichkeitsrechts und des allgemeinen Persönlichkeitsrechts ist unter Berücksichtigung dieses Grundsatzes davon auszugehen, dass der Gesetzgeber mit der Normierung des Urheberpersönlichkeitsrechts und der gleichzeitigen Statuierung eines umfassenden Sanktionskataloges im Urheberrechtsgesetz grundsätzlich eine abschließende Regelung für den Schutz der geistigen und persönlichen Urheberinteressen treffen wollte. Dementsprechend verbleibt im Anwendungsbereich des Urheberpersönlichkeitsrechts in der Regel kein Raum für die Anwendung des allgemeinen Persönlichkeitsrechts. Das allgemeine Persönlichkeitsrecht tritt insoweit als subsidiäre Regelung hinter dem Urheberpersönlichkeitsrecht zurück[658].

Sollte der urheberpersönlichkeitsrechtliche Schutz jedoch eine Lücke aufweisen, übernimmt das allgemeine Persönlichkeitsrecht, wie auch bei den besonderen Persönlichkeitsrechten, ausnahmsweise die Funktion eines Auffangtat-

---

654 Federle, Werkintegrität, S. 25 f.; Jänecke, Zerstörungsverbot, S. 229 f.

655 Ulmer, Urheber- und Verlagsrecht, S. 209.

656 Federle, Werkintegrität, S. 25; Jänecke, Zerstörungsverbot, S. 230.

657 Jänecke, Zerstörungsverbot, S. 233; Larenz, Methodenlehre, S. 268.

658 Jänecke, Zerstörungsverbot, S. 234; Müsse, Urheberpersönlichkeitsrecht, S. 59.

bestandes[659]. Es gelangt in diesen Fällen ergänzend zur Anwendung, weil Art. 1 Abs. 1, 2 Abs. 1 GG einen umfassenden Schutz der Beziehung des Urhebers zu seinem Werk garantieren. Wird folglich durch eine Verletzung der Urheber-Werk-Beziehung, die nicht vom Schutzbereich der urheberpersönlichkeitsrechtlichen Vorschriften erfasst ist, die Würde und Entfaltungsfreiheit des Urhebers angetastet, so gewährleistet das allgemeine Persönlichkeitsrecht einen hinreichenden Schutz des Urhebers[660]. Ein Rückgriff auf das allgemeine Persönlichkeitsrecht kommt danach zum Beispiel bei den bereits genannten Briefen oder auch bei Tagebüchern in Betracht, die mangels Werkqualität nicht durch das Urheberrecht geschützt werden[661].

Die Anwendbarkeit des allgemeinen Persönlichkeitsrechts ist im Übrigen auch dann nicht ausgeschlossen, wenn dieselbe Handlung neben dem Urheberpersönlichkeitsrecht auch andere Persönlichkeitsinteressen beeinträchtigt[662].

Zusammenfassend ist festzuhalten, dass das allgemeine Persönlichkeitsrecht als subsidiäres Recht im Anwendungsbereich des Urheberpersönlichkeitsrechts grundsätzlich zurücktritt. Es gelangt lediglich ergänzend zur Anwendung, wenn das Urheberpersönlichkeitsrecht den Urheber nicht umfassend zu schützen vermag.

D. Zusammenfassung

Die Erkenntnis, dass die Verwertungsrechte und die urheberpersönlichkeitsrechtlichen Befugnisse untrennbar miteinander verflochten sind, hat dazu geführt, dass das Urheberrecht als einheitliches (monistisches) Recht sowohl die materiellen als auch die ideellen (urheberpersönlichkeitsrechtlichen) Interessen des Urhebers schützt. Neben den Einzelbefugnissen in §§ 12-14 UrhG, die das

659 Bullinger, Kunstwerkfälschung, S. 158; ders., in: Wandtke/Bullinger, Vor §§ 12 ff. Rn. 17; Dietz, Werkintegritätsschutz, S. 28; Jänecke, Zerstörungsverbot, S. 235; Runge, UFITA 54 (1969), 1 (14 f.); Schack, Urheber- und Urhebervertragsrecht, Rn. 47; ders., IPRax 1993, 46 (51); Schulze, in: Dreier/Schulze, Vor § 12 Rn. 6.

660 Runge, UFITA 54 (1969), 1 (14 f.); Wallner, Schutz von Urheberwerken, S. 51.

661 BGH GRUR 1955, 197 (198) – Leserbrief; Bullinger, Kunstwerkfälschung, S. 149; ders., in: Wandtke/Bullinger, Vor §§ 12 ff. Rn. 18; Dietz, Werkintegritätsschutz, S. 28; Jänecke, Zerstörungsverbot, S. 235; Schack, Urheber- und Urhebervertragsrecht, Rn. 48; Schulze, in: Dreier/Schulze, Vor § 12 Rn. 6.

662 Schiefler, GRUR 1960, 156 (160); Schilcher, Werkänderungen, S. 11; Wallner, Schutz von Urheberwerken, S. 51.

Urheberpersönlichkeitsrecht im engeren Sinne bilden, schützt das Urheberpersönlichkeitsrecht im weiteren Sinne immer dann die ideellen Urheberinteressen, wenn dies zum Schutze des geistigen Bandes zwischen dem Urheber und seinem Werk erforderlich ist.

Dieser Einteilung vergleichbar wird die Persönlichkeit sowohl durch die besonderen Persönlichkeitsrechte als auch durch das allgemeine Persönlichkeitsrecht geschützt. Neben den ideellen Persönlichkeitsinteressen schützt das allgemeine Persönlichkeitsrecht auch die vermögenswerten Persönlichkeitsbestandteile. Die urheberrechtliche Erkenntnis, dass sich die ideellen und materiellen Urheberinteressen nicht exakt voneinander trennen lassen, sondern mannigfaltig miteinander verwoben sind, gilt für das allgemeine Persönlichkeitsrecht gleichermaßen. Das allgemeine Persönlichkeitsrecht ist daher ebenfalls ein einheitliches Recht, welches sowohl ideelle als auch materielle Befugnisse in sich vereint. Das Urheberrecht hat insoweit für die Ausgestaltung des persönlichkeitsrechtlichen Schutzes eine erhebliche Bedeutung, auch wenn teilweise die Auffassung vertreten wird, dass entgegen der urheberrechtlichen Regelung der Schutz der ideellen und der materiellen Persönlichkeitsbestandteile durch zwei selbständig nebeneinander stehende Rechte gewährleistet werden könne.

Anders als die urheberpersönlichkeitsrechtlichen Befugnisse und die besonderen Persönlichkeitsrechte hat das allgemeine Persönlichkeitsrecht als Rahmenrecht keinen fest umrissenen Tatbestand. Eine rechtswidrige Beeinträchtigung des allgemeinen Persönlichkeitsrechts kann daher erst nach einer umfassenden Abwägung der widerstreitenden Güter und Interessen bejaht werden. Die damit verbundenen Unsicherheiten lassen sich zu einem gewissen Grad durch die Bildung persönlichkeitsrechtlicher Schutzbereiche vermeiden. Allerdings ist das allgemeine Persönlichkeitsrecht durch die einzelfallbezogene Interessenabwägung gegenüber dem Urheberpersönlichkeitsrecht und den besonderen Persönlichkeitsrechten besonders flexibel. Es ist daher in besonderem Maße auch dazu geeignet, der Persönlichkeit des Einzelnen gegenüber bisher unbekannten Verletzungshandlungen zum Schutz zu verhelfen. Diese Flexibilität sollte keinesfalls durch eine Aufgliederung des Persönlichkeitsschutzes in einzelne, besondere Persönlichkeitsrechte aufgegeben werden. Denn einerseits würde dies die gesetzliche Regelung einer Vielzahl von Persönlichkeitsbestandteilen erfordern, andererseits ist es gerade auch die Aufgabe des allgemeinen Persönlichkeitsrechts, den Schutz der besonderen Persönlichkeitsrechte zu ergänzen und Persönlichkeitsverletzungen dort entgegenzutreten, wo besondere Persönlichkeitsrechte keinen Schutz entfalten. Diese Aufgabe kann es aber nur dann effektiv wahrnehmen, wenn das allgemeine Persönlichkeitsrecht als eigenständiges

Recht ebenfalls unmittelbar zum Schutz der Persönlichkeit herangezogen werden kann.

Das Urheberpersönlichkeitsrecht ist kein besonderes Persönlichkeitsrecht. Es steht den Persönlichkeitsrechten wesensmäßig aber nahe. Da mit einer Verletzung des Urheberpersönlichkeitsrechts nicht zwingend auch eine Beeinträchtigung des allgemeinen Persönlichkeitsrechts einhergeht, ist das Urheberpersönlichkeitsrecht nicht als lex specialis sondern das allgemeine Persönlichkeitsrecht als subsidiäres Rechts anzusehen. Dennoch geht das Urheberpersönlichkeitsrecht dem allgemeinen Persönlichkeitsrecht in seinem Anwendungsbereich vor. Sofern sich der Schutz des Urheberpersönlichkeitsrechts als unzureichend erweist, kann die bestehende Rechtsschutzlücke durch einen Rückgriff auf das allgemeine Persönlichkeitsrecht geschlossen werden. Falls neben dem Urheberpersönlichkeitsrecht weitere persönlichkeitsrechtliche Befugnisse betroffen sind, ist die Anwendung des allgemeinen Persönlichkeitsrechts von vornherein nicht gesperrt, da in diesem Fall der Anwendungsbereich des Urheberpersönlichkeitsrechts bereits nicht eröffnet ist.

Teil 3. Der postmortale Schutz des Urheberpersönlichkeitsrechts und des allgemeinen Persönlichkeitsrechts

A. Postmortaler Schutz des Urheberpersönlichkeitsrechts

I. Vererblichkeit des Urheberrechts

Der postmortale Schutz des Urheberrechts ist in den §§ 28 ff. UrhG geregelt. Der Gesetzgeber hat sich, um dem monistischen Verständnis des Urheberrechts auch postmortal Rechnung zu tragen, für eine umfassende Vererblichkeit des Urheberrechts entschieden, § 28 Abs. 1 UrhG. Neben den Verwertungsrechten, die als Vermögenswert bereits über § 1922 Abs. 1 BGB auf die Erben übergehen, werden somit auch die nichtvermögenswerten urheberpersönlichkeitsrechtlichen Bestandteile vererbt[663]. Infolge der monistischen Urheberrechtstheorie scheidet auch im Erbgang eine Trennung der Verwertungsrechte von den urheberpersönlichkeitsrechtlichen Befugnissen aus. Weder die Verwertungsrechte noch die Urheberpersönlichkeitsrechte können also getrennt vererbt werden. Für den Rechtsnachfolger ergibt sich daraus der nicht zu unterschätzende Vorteil, dass er im Rahmen der Werkverwertung keine Behinderung durch von Dritten wahrgenommene Urheberpersönlichkeitsrechte befürchten muss[664]. § 28 Abs. 1 UrhG gilt nur für das Urheberrecht als Stammrecht in der Hand des Urhebers, nicht dagegen hinsichtlich vom Urheberrecht bereits abgespaltener und einem anderen zugewiesener Nutzungsrechte, entstandenen gesetzlichen Vergütungsansprüchen oder in Bezug auf das Urheberrecht vereinbarte schuldrechtliche Rechte. Für letztere gelten die allgemeinen Vorschriften der §§ 1922 ff. BGB[665].

Mit der Anordnung der Vererbung des Urheberrechts in § 28 Abs. 1 UrhG ist gleichzeitig der Anwendungsbereich der erbrechtlichen Vorschriften des

---

663 Clément, Urheberrecht und Erbrecht, S. 19; Dietz, Droit Moral, S. 140; Eggersberger, Übertragbarkeit, S. 138 f.; Gregoritza, Kommerzialisierung, S. 32 f.; Schack, Urheber- und Urhebervertragsrecht, Rn. 649; ders., GRUR 1985, 352 (354); Schricker/Loewenheim, in: Schricker/Loewenheim, § 28 Rn. 5; Ulmer, Urheber- und Verlagsrecht, S. 356.

664 Schack, Urheber- und Urhebervertragsrecht, Rn. 649.

665 Schricker/Loewenheim, in: Schricker/Loewenheim, § 28 Rn. 4.

BGB eröffnet[666]. Der Urheber hat somit auch die Möglichkeit durch Testament oder Erbvertrag letztwillig über sein Urheberrecht zu verfügen[667]. Er kann folglich noch zu Lebzeiten die Erbeinsetzung regeln, Auflagen bezüglich der Ausübung des Urheberrechts anordnen oder einen Testamentsvollstrecker einsetzen. Insbesondere kann er das Urheberrecht aber auch zum Gegenstand eines Vermächtnisses machen. Das Vermächtnis verdient in diesem Zusammenhang besondere Aufmerksamkeit, da der Vermächtnisnehmer einen schuldrechtlichen Anspruch auf Übertragung des Urheberrechts gegen die Erben erhält[668]. Neben der Erbauseinandersetzung stellt das Vermächtnis damit die einzige Ausnahme vom Grundsatz der Unübertragbarkeit des Urheberrechts[669] unter Lebenden dar (vgl. § 29 Abs. 1 UrhG)[670].

II. Rechtsnachfolger des Urhebers

Rechtsnachfolger des Urhebers ist in erster Linie derjenige, der entweder unmittelbar als Erbe oder Erbengemeinschaft oder mittelbar als Miterbe, Vermächtnisnehmer oder als Begünstigter einer Auflage durch gesetzliche oder rechtsgeschäftliche Rechtsnachfolge das Urheberrecht erwirbt[671]. Daneben ist aber auch derjenige mittelbarer Rechtsnachfolger des Urhebers, dem der Testamentsvollstrecker das Urheberrecht gemäß § 2205 S. 2 BGB übertragen hat[672]. Neben natürlichen Personen kann der Urheber auch juristische Personen zu seinem Rechtsnachfolger bestimmen[673]. Verzichtet der Urheber darauf, durch Testament

666 Clément, Urheberrecht und Erbrecht, S. 33; Eggersberger, Übertragbarkeit, S. 139; Gregoritza, Kommerzialisierung, S. 33; Schricker/Loewenheim, in: Schricker/Loewenheim, § 28 Rn. 9.

667 Clément, Urheberrecht und Erbrecht, S. 33; J. B. Nordemann, in: Fromm/Nordemann, § 28 Rn. 5; Rehbinder, ZUM 1986, 365 (368 f.); Schricker/Loewenheim, in: Schricker/Loewenheim, § 28 Rn. 9. Siehe hierzu unten Teil 3.A.IV.2.

668 Schack, Urheber- und Urhebervertragsrecht, Rn. 648.

669 Siehe hierzu unten Teil 4.A.

670 Schack, Urheber- und Urhebervertragsrecht, Rn. 648.

671 Block, in: Wandtke/Bullinger, § 30 Rn. 3; Schulze, in: Dreier/Schulze, § 30 Rn. 2.

672 Block, in: Wandtke/Bullinger, § 30 Rn. 3.

673 Block, in: Wandtke/Bullinger, § 28 Rn. 10; Clément, Urheberrecht und Erbrecht, S. 33; J. B. Nordemann, in: Fromm/Nordemann, § 28 Rn. 7; A. Nordemann, Handbuch des Urheberrechts, § 23 Rn. 17; Schricker/Loewenheim, in: Schricker/Loewenheim, § 28 Rn. 2; Schulze, in: Dreier/Schulze, § 28 Rn. 6.

oder Erbvertrag jemanden zu seinem Rechtsnachfolger zu berufen, so geht das Urheberrecht auf seine gesetzlichen Erben über[674].

III. Stellung des Rechtsnachfolgers

Die Rechtsstellung des Rechtsnachfolgers bestimmt sich nach § 30 UrhG. Danach stehen ihm, mangels abweichender Regelung, grundsätzlich alle Rechte des Urhebers in demselben Umfang wie dem Urheber zu. Der Rechtsnachfolger nimmt also sowohl hinsichtlich der vermögensrechtlichen als auch der urheberpersönlichkeitsrechtlichen Bestandteile des Urheberrechts die volle Rechtsstellung des Urhebers ein.

Da der Rechtsnachfolger die gleiche Rechtsposition erhält wie der Erblasser, kann er selbst ebenfalls das Urheberrecht weiter vererben. Dies gilt nicht nur für den Erben des Urhebers, sondern auch für den Vermächtnisnehmer und dessen Erben[675]. Begrenzt wird die Möglichkeit der Weitervererbung allerdings durch die urheberrechtliche Schutzfrist gemäß § 64 UrhG[676]. Eine Beschränkung der urheberpersönlichkeitsrechtlichen Befugnisse des Rechtsnachfolgers kann sich auch aus dem allgemeinen Persönlichkeitsrecht des Verstorbenen ergeben. Geht mit der Ausübung der Urheberpersönlichkeitsrechte eine Verletzung des allgemeinen Persönlichkeitsrechts einher, wie es etwa bei einer Ehrverletzung des Urhebers durch eine Verfälschung seines Werkes der Fall sein kann, so können auch die Angehörigen gegen den Rechtsnachfolger vorgehen[677]. Ist der Rechtsnachfolger sowohl hinsichtlich der urheberpersönlichkeitsrechtlichen Befugnisse als auch des allgemeinen Persönlichkeitsrechts Berechtigter, so hat er freilich keine Rechtsverfolgung durch Dritte bei einer Verletzung des allgemeinen Persönlichkeitsrechts zu befürchten[678].

---

674 Ulmer, Urheber- und Verlagsrecht, S. 354.

675 OLG Hamm ZUM 2006, 641 (647); Block, in: Wandtke/Bullinger, § 28 Rn. 12; Eggersberger, Übertragbarkeit, S. 139; Gregoritza, Kommerzialisierung, S. 33; Kotthoff, in: Dreyer/Kotthoff/Meckel, § 28 Rn. 5; J. B. Nordemann, in: Fromm/Nordemann, § 28 Rn. 10.

676 Block, in: Wandtke/Bullinger, § 28 Rn. 12; Schricker/Loewenheim, in: Schricker/Loewenheim, § 28 Rn. 8. Siehe hierzu ausführlich unten Teil 3.A.IV.4.

677 Kotthoff, in: Dreyer/Kotthoff/Meckel, § 30 Rn. 3; J. B. Nordemann, in: Fromm/Nordemann, § 30 Rn. 10; Schricker/Loewenheim, in: Schricker/Loewenheim, § 30 Rn. 8; Schulze, in: Dreier/Schulze, § 30 Rn. 6.

678 J. B. Nordemann, in: Fromm/Nordemann, § 30 Rn. 10.

Der Erbe erhält das Urheberrecht in der Lage, in der es sich beim Erblasser befand. Dies hat zur Folge, dass nicht nur gegenständliche Nutzungsrechte, die der Erblasser zu Lebzeiten eingeräumt hat, fortbestehen, sondern dass der Erbe auch in die Rechtsstellung des Erblassers aus schuldrechtlichen Verträgen über das Urheberrecht eintritt[679].

IV. Einschränkung der Stellung des Rechtsnachfolgers

Die Gleichstellung des Rechtsnachfolgers mit dem Urheber erfolgt nur unter der Voraussetzung, dass nichts anderes bestimmt ist (§ 30 UrhG). Dies bedeutet, dass die Rechtsstellung des Rechtsnachfolgers durchaus auch beschränkt werden kann. Einschränkungen der Rechtsstellung können sich für den Rechtsnachfolger aus dem Urheberrechtsgesetz selbst wie auch durch lebzeitige Rechtsgeschäfte oder letztwillige Verfügungen des Urhebers ergeben[680].

1. Einschränkung der Rechtsstellung des Rechtsnachfolgers durch das Urheberrechtsgesetz

Das UrhG trifft verschiedene Regelungen, welche die Rechtsstellung des Rechtsnachfolgers hinsichtlich der urheberpersönlichkeitsrechtlichen Befugnisse beschränken. Von diesen nicht betroffen ist das Urheberpersönlichkeitsrecht im engeren Sinne, für das der Gesetzgeber keine Einschränkungen vorgenommen hat[681].

Anderes gilt für das Urheberpersönlichkeitsrecht im weiteren Sinne. So wird dem Rechtsnachfolger der Rückruf wegen gewandelter Überzeugung gemäß § 42 Abs. 1 S. 2 UrhG erschwert[682]. Danach erfordert die Geltendmachung des

---

679 Block, in: Wandtke/Bullinger, § 28 Rn. 9; Clément, Urheberrecht und Erbrecht, S. 24; Eggersberger, Übertragbarkeit, S. 139; v. Gamm, Urheberrechtsgesetz, § 30 Rn. 3; Gregoritza, Kommerzialisierung, S. 35; Kotthoff, in: Dreyer/Kotthoff/Meckel, § 28 Rn. 6; Schilcher, Werkänderungen, S. 38 f.; Schricker/Loewenheim, in: Schricker/Loewenheim, § 28 Rn. 7; Schulze, in: Dreier/Schulze, § 28 Rn. 4.

680 Kotthoff, in: Dreyer/Kotthoff/Meckel, § 30 Rn. 4; Schulze, in: Dreier/Schulze, § 30 Rn. 7 f.

681 Dietz/Peukert, in: Schricker/Loewenheim, Vor §§ 12 ff. Rn. 29; Jahn, Urheberpersönlichkeitsrecht, S. 94 f.

682 Block, in: Wandtke/Bullinger, § 30 Rn. 6; Clément, Urheberrecht und Erbrecht, S. 72 u. 98 f.; Dietz, Droit Moral, S. 147 f.; Kotthoff, in: Dreyer/Kotthoff/Meckel, § 30 Rn. 5; J. B. Nordemann, in Fromm/Nordemann, § 30 Rn. 11; Schricker/Loewenheim,

Rückrufrechts wegen gewandelter Überzeugung vom Rechtsnachfolger den Nachweis, dass der Urheber vor seinem Tode zum Rückruf berechtigt gewesen wäre und an der Erklärung des Rückrufs gehindert war oder diesen letztwillig verfügt hat.

Daneben folgt aus § 62 Abs. 4 S. 2 UrhG, dass bei Sammlungen für Kirchen-, Schul- oder Unterrichtsgebrauch Änderungen an Sprachwerken, die für den Kirchen-, Schul- oder Unterrichtsgebrauch erforderlich sind, die Zustimmung des Urhebers erforderlich ist. Nach dem Tode des Urhebers ist die Einwilligung des Rechtsnachfolgers dagegen nur dann notwendig, wenn dieser entweder Angehöriger des Urhebers ist oder das Urheberrecht aufgrund letztwilliger Verfügung des Urhebers erworben hat. Für die Frage, wer Angehöriger in diesem Sinne ist, verweist § 62 Abs. 4 S. 2 UrhG auf § 60 Abs. 2 UrhG. Danach sind neben dem Ehe- oder Lebenspartner und den Kindern auch die Eltern als Angehörige anzusehen. Demzufolge wird die Position derjenigen Rechtsnachfolger, die keine Angehörigen im Sinne von § 60 Abs. 2 UrhG sind und auf die das Urheberrecht im Wege der gesetzlichen Erbfolge übergegangen ist, eingeschränkt. Betroffen sind somit insbesondere die Geschwister, Enkel und Großeltern des Urhebers[683].

Ebenfalls eingeschränkt wird die Stellung des Rechtsnachfolgers bei Zwangsvollstreckungen wegen Geldforderungen[684]. Gegen den Urheber ist die Zwangsvollstreckung wegen Geldforderungen in das Urheberrecht gemäß § 113 UrhG nur mit seiner Einwilligung und nur insoweit zulässig, als er Nutzungsrechte einräumen kann. Auch für die ihm gehörenden Originale seiner Werke ist – außer in den Fällen des § 114 Abs. 2 UrhG – gemäß § 114 Abs. 1 UrhG die Zwangsvollstreckung wegen Geldforderungen nur mit der Einwilligung des Urhebers zulässig. Nach dem Tode des Urhebers bedarf weder die Zwangsvollstreckung wegen Geldforderungen in das Urheberrecht noch in die ihm gehörenden Originale der Werke der Einwilligung des Rechtsnachfolgers mehr, wenn das Werk bereits erschienen ist (§§ 115 S. 2, 116 Abs. 2 Nr. 2 UrhG). Selbst wenn eine Einwilligung erforderlich sein sollte,

---

in: Schricker/Loewenheim, § 30 Rn. 9; Schulze, in: Dreier/Schulze, § 30 Rn. 8; Spautz, in: Möhring/Nicolini, § 30 Rn. 4.

683 Clément, Urheberrecht und Erbrecht, S. 99.

684 Block, in: Wandtke/Bullinger, § 30 Rn. 8; Clément, Urheberrecht und Erbrecht, S. 100; Dietz, Droit Moral, S. 147 f.; Kotthoff, in: Dreyer/Kotthoff/Meckel, § 30 Rn. 5; J. B. Nordemann, in Fromm/Nordemann, § 30 Rn. 11; Schricker/Loewenheim, in: Schricker/Loewenheim, § 30 Rn. 9; Schulze, in: Dreier/Schulze, § 30 Rn. 8; Spautz, in: Möhring/Nicolini, § 30 Rn. 4.

ist im Falle der Testamentsvollstreckung nicht der Rechtsnachfolger, sondern der Testamentsvollstrecker zur Erteilung berechtigt (§ 117 UrhG)[685].

Insbesondere die Befristung des Urheberrechts gemäß §§ 64 UrhG bedeutet für den Rechtsnachfolger eine erhebliche Einschränkung gegenüber dem Urheber[686]. Gemäß § 64 UrhG erlischt das Urheberrecht 70 Jahre nach dem Tod des Urhebers. Angesichts der doch recht langen Schutzfrist wird diese Begrenzung zumeist jedoch nicht den unmittelbaren Rechtsnachfolger des Urhebers treffen. Bei pseudonymen oder anonymen Werken erlischt das Urheberrecht dagegen bereits 70 Jahre nach der Veröffentlichung (§ 66 Abs. 1 UrhG). Es kann in diesen Fällen also sogar vorkommen, dass das Urheberrecht noch zu Lebzeiten des Urhebers erlischt[687].

2. Einschränkung der Rechtsstellung des Rechtsnachfolgers durch den Urheber

Der Urheber selbst kann sich zur Beschränkung der Rechtsstellung des Rechtsnachfolgers des erbrechtlichen Instrumentariums bedienen. Seinem Rechtsnachfolger kann er im Wege der letztwilligen Verfügung zum Beispiel auch nur einen Teil des Urheberrechts erbrechtlich zuordnen[688]. Besondere Bedeutung im Rahmen der letztwilligen Verfügung erlangen die erbrechtliche Auflage und die Anordnung der Testamentsvollstreckung.

a) Erbrechtliche Auflage gemäß §§ 1940, 2192 BGB

Im Wege der Verfügung von Todes wegen kann der Erblasser dem Erben oder Vermächtnisnehmer mithilfe der erbrechtlichen Auflage Ge- oder Verbote auferlegen. Auf diese Weise kann der Erblasser bereits zu Lebzeiten Anordnungen über das Schicksal seines Werkes nach seinem Tode treffen. Der Verpflichtung des Erben oder Vermächtnisnehmers als Beschwertem einer erbrechtlichen Auflage steht kein Begünstigter gegenüber, der gleichzeitig ein Recht auf die Leistung erhält[689]. Die erbrechtliche Auflage verleiht gemäß § 2194 BGB lediglich dem Erben, dem Miterben und demjenigen, der beim Wegfall des Rechtsnach-

---

685 Clément, Urheberrecht und Erbrecht, S. 100.

686 Siehe zur Befristung des Urheberrechts auch unten Teil 3.A.IV.4.

687 Clément, Urheberrecht und Erbrecht, S. 100.

688 Schricker/Loewenheim, in: Schricker/Loewenheim, § 30 Rn. 6.

689 Leipold, in: MüKo, § 1940 Rn. 2; Müller-Christmann, in: Bamberger/Roth, § 1940 Rn. 2; Weidlich, in: Palandt, § 1940 Rn. 1.

folgers an dessen Stelle getreten wäre, einen schuldrechtlichen Anspruch auf Vollziehung. Sofern die Vollziehung im öffentlichen Interesse liegt, kann auch die zuständige Behörde die Vollziehung verlangen. Darüber hinaus ist anerkannt, dass neben den ausdrücklich in § 2194 BGB genannten Personen auch der Testamentsvollstrecker und der vom Erblasser im Wege der Verfügung von Todes wegen Bestimmte zur Vollziehung berechtigt ist[690]. Nicht zum Kreis der Vollziehungsberechtigten gehört dagegen der Begünstigte einer erbrechtlichen Auflage. In diesem Punkt unterscheidet sich die Auflage vom Vermächtnis, welches dem Begünstigten einen schuldrechtlichen Anspruch gegen den Erben vermittelt[691]. Auch wenn die Erben durch die erbrechtliche Auflage gebunden werden, so läuft die Auflage dennoch Gefahr unbeachtet zu bleiben, sofern es an einem Berechtigten fehlt, der auf ihrer Erfüllung besteht[692]. Für den Erblasser empfiehlt sich daher die Anordnung der Testamentsvollstreckung. Der Testamentsvollstrecker hat gemäß § 2203 BGB die letztwilligen Verfügungen des Erblassers zur Ausführung zu bringen. In den Aufgabenbereich des Testamentsvollstreckers fällt daher auch die Durchsetzung einer Auflage. Ihre Grenze findet die Auflage in dem Verbot sittenwidriger Rechtsgeschäfte gemäß § 138 Abs. 1 BGB sowie der Unmöglichkeit bzw. Verbotswidrigkeit der angebotenen Leistung (§§ 2192, 2171 BGB)[693].

Mit der Auflage bezweckt der Erblasser regelmäßig in erster Linie die Absicherung des geistigen Bandes zwischen sich und seinem Werk. Aus diesem Grund haben Auflagen zumeist persönlichkeitsrechtlichen Charakter[694]. Je nach Inhalt kann die Auflage den Rechtsnachfolger zur Veröffentlichung bisher noch unveröffentlichter Werke oder zur Vernichtung des Werkes verpflichten. Auch vermag ihm der Urheber auf diesem Wege vorzuschreiben, dass die Veröffentlichung seines Werkes nur anonym oder unter einem Pseudonym zu erfolgen hat. Andererseits kann er die Veröffentlichung seines Werkes genauso wie seine

---

690 Clément, Urheberrecht und Erbrecht, S. 42; Müller-Christmann, in: Bamberger/Roth, § 2194 Rn. 3; Schlichting, in: MüKo, § 2194 Rn. 4; Weidlich, in: Palandt, § 2194 Rn. 2.

691 Leipold, in: MüKo, § 1940 Rn. 2; Müller-Christmann, in: Bamberger/Roth, § 1940 Rn. 2; Weidlich, in: Palandt, § 2194 Rn. 1.

692 Clément, Urheberrecht und Erbrecht, S. 102; Gregoritza, Kommerzialisierung, S. 114; Hunziker, Immaterialgüterrechte, Nr. 346; Schlichting, in: MüKo, § 2192 Rn. 2.

693 Clément, Urheberrecht und Erbrecht, S. 41; Leipold, in: MüKo, § 1940 Rn. 5; Müller-Christmann, in: Bamberger/Roth, § 1940 Rn. 5.

694 Clément, Urheberrecht und Erbrecht, S. 40.

Verfilmung oder Aufführung verbieten oder den Zeitpunkt für die Veröffentlichung festlegen und Änderungen am Werk untersagen[695].

b) Anordnung der Testamentsvollstreckung

Gemäß § 2203 BGB ist es die Aufgabe des Testamentsvollstreckers, die letztwilligen Verfügungen des Erblassers zur Ausführung zu bringen. Darüber hinaus hat er die Auseinandersetzung der Erben zu bewirken (§ 2204 BGB) und den Nachlass zu verwalten (§ 2205 BGB). Für den Bereich des Urheberrechts folgt die Möglichkeit der Anordnung der Testamentsvollstreckung aus § 28 Abs. 2 S. 1 UrhG, der als lex specialis § 2208 BGB vorgeht[696]. § 28 Abs. 2 S. 1 UrhG bietet dem Erblasser für den Fall, dass ihm seine Erben zur Wahrung seines geistigen Nachlasses nicht geeignet erscheinen, die Möglichkeit, die Ausübung des Urheberrechts einer besser geeigneten Persönlichkeit anzuvertrauen, ohne jedoch zugleich seinen Erben die wirtschaftlichen Früchte aus der Nutzung seiner Werke zu entziehen[697].

Der Aufgabenkreis des Testamentsvollstreckers darf vom Urheber frei bestimmt werden. Er kann die Testamentsvollstreckung somit auch auf einzelne Befugnisse, wie beispielsweise die Wahrnehmung des Urheberpersönlichkeitsrechts, beschränken[698]. In der Regel wird dem Testamentsvollstrecker dagegen die Ausübung des ganzen Urheberrechts anvertraut. Der Testamentsvollstrecker kann dann auch Dispositionen über die urheberpersönlichkeitsrechtlichen Befugnisse treffen[699], während die Erben lediglich die Einnahmen aus der Werkverwertung erhalten[700]. Erfasst die Testamentsvollstreckung dagegen nur die

---

695 Clément, Urheberrecht und Erbrecht, S. 40 f.; J. B. Nordemann, in: Fromm/Nordemann, § 30 Rn. 12.

696 Clément, Urheberrecht und Erbrecht, S. 42 f.; Spautz, in: Möhring/Nicolini, § 28 Rn. 3.

697 Begründung zum Regierungsentwurf, BT-Drucks. IV/270, S. 55; Block, in: Wandtke/Bullinger, § 28 Rn. 17; Clément, Urheberrecht und Erbrecht, S. 42 f.; Schricker/Loewenheim, in: Schricker/Loewenheim, § 28 Rn. 13; Spautz, in: Möhring/Nicolini, § 28 Rn. 3.

698 Block, in: Wandtke/Bullinger, § 28 Rn. 19; Clément, Urheberrecht und Erbrecht, S. 43; Schricker/Loewenheim, in: Schricker/Loewenheim, § 28 Rn. 14; Ulmer, Urheber- und Verlagsrecht, S. 355; a.A. J. B. Nordemann, in: Fromm/Nordemann, § 28 Rn. 13, der eine Beschränkung wegen der Untrennbarkeit der Verwertungs- von den Urheberpersönlichkeitsrechten für zweifelhaft hält.

699 Clément, Urheberrecht und Erbrecht, S. 43 f.; Schulze, in: Dreier/Schulze, § 28 Rn. 9.

700 Ulmer, Urheber- und Verlagsrecht, S. 355.

Verwertungsrechte, so können die Erben die Urheberpersönlichkeitsrechte auch gegen den Testamentsvollstrecker geltend machen[701]. Die Erben bleiben trotz der Anordnung die Inhaber des Urheberrechts. Übt der Testamentsvollstrecker die urheberpersönlichkeitsrechtlichen Befugnisse missbräuchlich nicht aus oder missbraucht er seine Befugnisse, so können die Erben die Vornahme der erforderlichen Maßnahmen oder die Unterlassung der entsprechenden Handlungen verlangen, wenn ansonsten die ideellen Interessen des Urhebers an seinem Werk schwerwiegend beeinträchtigt würden[702].

Nach den allgemeinen erbrechtlichen Vorschriften endet die Testamentsvollstreckung mit Eintritt einer vom Erblasser angeordneten auflösenden Bedingung, dem Ablauf einer vom Erblasser gesetzten Frist sowie der Erledigung der dem Testamentsvollstrecker zugewiesenen Aufgaben[703]. Darüber hinaus läuft die Testamentsvollstreckung gemäß § 2210 S. 1 BGB grundsätzlich auch dann aus, wenn seit dem Erbfall 30 Jahre verstrichen sind und wenn der Erblasser gemäß § 2209 BGB entweder dem Testamentsvollstrecker nur die Verwaltung des Nachlasses übertragen oder angeordnet hat, dass der Testamentsvollstrecker die Verwaltung nach Erledigung der sonstigen Aufgaben fortführen soll. Durch diese Regelung soll eine Dauerbeschränkung der Erben hinsichtlich des Nachlasses vermieden werden[704]. Im Bereich des Urheberrechts hat der Gesetzgeber sich jedoch dazu entschieden, die Frist des § 2210 S. 1 BGB im Falle der Testamentsvollstreckung nicht zur Anwendung kommen zu lassen (vgl. § 28 Abs. 2 S. 2 UrhG), da durchaus ein Bedürfnis danach bestehen kann, die Testamentsvollstreckung für die gesamte Dauer des Urheberrechts anzuordnen[705]. Bei der Testamentsvollstreckung im Urheberrecht handelt es sich folglich um eine Dauervollstreckung im Sinne von § 2209 BGB. Der Testamentsvollstrecker übt das Urheberrecht dauerhaft an Stelle der Erben aus[706].

Von der Beendigung der Testamentsvollstreckung zu unterscheiden ist die Beendigung des Amts des Testamentsvollstreckers. Dieses endet gemäß

---

701 Clément, Urheberrecht und Erbrecht, S. 107; Schricker/Loewenheim, in: Schricker/Loewenheim, § 28 Rn. 14; Schulze, in: Dreier/Schulze, § 28 Rn. 10.

702 Clément, Urheberrecht und Erbrecht, S. 102 f.; Lange/Kuchinke, Erbrecht, S. 108.

703 Block, in: Wandtke/Bullinger, § 28 Rn. 21; J. Mayer, in: Bamberger/Roth, § 2225 Rn. 2; Zimmermann, in: MüKo, § 2225 Rn. 1.

704 Block, in: Wandtke/Bullinger, § 28 Rn. 22.

705 Begründung zum Regierungsentwurf, BT-Drucks. IV/270, S. 55; Block, in: Wandtke/Bullinger, § 28 Rn. 23; Schricker/Loewenheim, in: Schricker/Loewenheim, § 28 Rn. 13 u. 15; Spautz, in: Möhring/Nicolini, § 28 Rn. 4.

706 Clément, Urheberrecht und Erbrecht, S. 44.

§ 2225 BGB mit dem Tode des Testamentsvollstreckers, so dass der Urheber gut beraten ist, bereits zu Lebzeiten eine Nachfolgeregelung für den Fall des Todes des Testamentsvollstreckers zu treffen[707].

3. Keine Bindung des Rechtsnachfolgers an die Interessen des Urhebers

Obwohl der Erbe gemäß § 30 UrhG in die volle Rechtstellung des Urhebers eintritt, wird kontrovers diskutiert, ob er postmortal an die Interessen des Urhebers gebunden bleibt. Bedeutung erlangt diese Frage in den Fällen, in denen die Erben die urheberpersönlichkeitsrechtlichen Befugnisse im Widerspruch zu den ideellen Interessen des Urhebers ausüben wollen[708].

Eine Bindung des Rechtsnachfolgers an die Urheberinteressen wird von der Rechtsprechung[709] und einem Teil des Schrifttums[710] befürwortet. Die Vertreter dieser Auffassung stützen sich auf den Wortlaut des § 14 UrhG, wonach der Urheber in „seine(n) berechtigten geistigen und persönlichen Interessen am Werk" geschützt werde[711]. Die Verbindung mit seinem Werk bleibe aber auch über den Tod des Urhebers hinaus bestehen[712]. Gehe das Urheberpersönlichkeitsrecht entsprechend der monistischen Theorie ebenfalls auf die Erben über, so müssten daher konsequenterweise die ideellen Interessen des Urhebers nach dessen Tode bei der Ausübung des Urheberpersönlichkeitsrechts maßgeblich sein. Anderenfalls würde sich das Urheberpersönlichkeitsrecht in seiner Schutzrichtung verwandeln[713]. Die Erben könnten das geistige Band zwischen dem Urheber und seinem Werk durchtrennen, wenn man ihnen die Befugnis einräumte, auch per-

---

707 J. B. Nordemann, in: Fromm/Nordemann, § 28 Rn. 12.

708 Siehe hierzu ausführlich Clément, Urheberrecht und Erbrecht, S. 57 ff.

709 BGH GRUR 1955, 201 (204) – Cosima Wagner; GRUR 1989, 106 (107) – Oberammergauer Passionsspiele II.

710 v. Gamm, Urheberrechtsgesetz, § 11 Rn. 7 u. § 30 Rn. 4; Jänecke, Zerstörungsverbot, S. 179 f.; Krüger-Nieland, FS-Hauß, 215 (220); Schack, GRUR 1985, 352 (356); Schilcher, Werkänderungen, S. 40 ff.; Ulmer, Urheber- und Verlagsrecht, S. 357 f. Ulmer weist aber darauf hin, dass es sich bei der Bindung des Rechtsnachfolgers an die Interessen des Urhebers um einen unvollkommenen Rechtsgedanken handele, da es an einer Instanz fehle, die den Rechtsnachfolger überwache.

711 Jänecke, Zerstörungsverbot, S. 180; Schack, GRUR 1985, 352 (356); Schilcher, Werkänderungen, S. 44.

712 Clément, Urheberrecht und Erbrecht, S. 65.

713 Clément, Urheberrecht und Erbrecht, S. 65.

sönlichkeitsrechtliche Entscheidungen des Urhebers umzustoßen, indem sie beispielsweise das Werk bis zur Unkenntlichkeit verstümmelten[714].

Mit der Bindung des Rechtnachfolgers an die Interessen des Urhebers hat sich vor allem *Clément* auseinandergesetzt. Er spricht sich für eine Bindung des Erben an die Interessen des Urhebers aus und sieht sich durch einen Vergleich mit dem allgemeinen Persönlichkeitsrecht bestätigt[715]. Sowohl das allgemeine Persönlichkeitsrecht, als auch das Urheberpersönlichkeitsrecht seien fortwirkende Rechte[716] des Urhebers und kein Persönlichkeitsrecht der Erben. Daher sei diesen auch nicht gestattet, mit dem Urheberrecht nach Belieben zu verfahren. Das allgemeine Persönlichkeitsrecht des Verstorbenen könne von seinen Angehörigen oder dem hierzu Berufenen wahrgenommen werden. Dabei sei allein das zu unterstellende Interesse des Verstorbenen maßgeblich. Dieses sei aber nicht mit dem eigenen Interesse der Verwandten, das diese ihrerseits mit dem Toten und seinen Werten verbindet, identisch. Aufgrund der Wesensverwandtschaft[717] beider Rechtsinstitute könne für das Urheberpersönlichkeitsrecht daher nichts anderes gelten[718]. Den Rechtsnachfolger treffe insoweit eine Wahrnehmungsbefugnis und -verpflichtung der ihm an sich fremden Interessen des Urhebers[719].

Daneben führt *Clément* auch den Zweck des postmortalen Persönlichkeitsschutzes für eine Bindung an den tatsächlichen oder mutmaßlichen Willen des verstorbenen Urhebers an[720]. Im Mephisto-Urteil[721] habe der BGH darauf hingewiesen, dass „Menschenwürde und freie Entfaltung zu Lebzeiten nur dann im Sinne des Grundgesetzes zureichend gewährleistet sind, wenn der Mensch auf einen Schutz seines Lebensbildes wenigstens gegen grobe ehrverletzende Entstellungen nach dem Tode vertrauen und in dieser Erwartung leben kann“[722]. *Clément* vertritt den Standpunkt, dass dieser Zweck, auch auf das urheberrechtlich geschützte Werk, bei dem es sich um eine Ausstrahlung der Persönlichkeit

---

714 Clément, Urheberrecht und Erbrecht, S. 65.

715 Clément, Urheberrecht und Erbrecht, S. 66 ff.

716 Siehe zur dogmatischen Ausgestaltung des postmortalen Schutzes der ideellen Persönlichkeitsinteressen unten Teil 3.B.II.3.

717 Siehe zur Wesensverwandtschaft zwischen dem Urheberpersönlichkeitsrecht und dem allgemeinen Persönlichkeitsrecht oben Teil 2.C.I.

718 Clément, Urheberrecht und Erbrecht, S. 67 f.

719 v. Gamm, Urheberrechtsgesetz, § 30 Rn. 4.

720 Clément, Urheberrecht und Erbrecht, S. 68 f.

721 BGH GRUR 1968, 552 (552 ff.) – Mephisto.

722 BGH GRUR 1968, 552 (554) – Mephisto.

des Urhebers handele, Anwendung finde[723]. Der Urheber müsse darauf vertrauen können, dass sein Werk nach seinem Tode nicht beeinträchtigt werden dürfe. Dies sei aber nur sichergestellt, wenn auch nach seinem Tode die Interessen des Urhebers für die Ausübung der urheberpersönlichkeitsrechtlichen Befugnisse maßgeblich seien[724].

Den Stimmen in Rechtsprechung und Literatur, die eine Bindung an den Erblasserwillen befürworten, ist mit der herrschenden Meinung[725] entgegenzuhalten, dass es für eine Bindung der Erben an den Willen des verstorbenen Urhebers im Urheberrechtsgesetz an einer gesetzlichen Grundlage fehlt[726]. Im Gegenteil rücken die Erben gemäß § 30 UrhG ausdrücklich in die dem Urheber zustehenden Rechte ein. Auch unter systematischen Gesichtspunkten kommt eine Bindung des Rechtsnachfolgers an die Interessen des Urhebers nicht in Betracht. Sofern der Wille des verstorbenen Urhebers Berücksichtigung finden soll, sind im Urheberrechtsgesetz entsprechende Regelungen getroffen worden[727]. Dies ist beispielsweise bei § 42 Abs. 1 UrhG der Fall. Dieser stellt als Anspruchsvoraussetzung auf den Willen des Urhebers ab. Im Umkehrschluss rechtfertigt sich daraus die Annahme, dass der Rechtsnachfolger grundsätzlich nur in den ausdrücklich genannten Fällen an die Interessen des Urhebers gebunden sein soll[728]. Eine generelle Beschränkung des Rechtsnachfolgers bei der Ausübung urheberpersönlichkeitsrechtlicher Befugnisse ist im UrhG dagegen nicht vorgesehen[729]. Mit den erbrechtlichen Grundsätzen, dass die Erben frei über den Nachlass entscheiden können, ist eine Bindung an die Interessen des Urhebers nicht zu vereinbaren, denn sie würde die Erben bei der Verwertung des Werkes erheblich beeinträchtigen, da sie beispielsweise an der Änderung eines Werkes oder der Zustimmung zur Änderung zur besseren Kommerzialisierung gehindert wären[730].

---

723 Clément, Urheberrecht und Erbrecht, S. 68.

724 Clément, Urheberrecht und Erbrecht, S. 68 f.

725 Bullinger, Kunstwerkfälschung, S. 199 ff.; Kotthoff, in: Dreyer/Kotthoff/Meckel, § 30 Rn. 3; J. B. Nordemann, in: Fromm/Nordemann, § 30 Rn. 10; Schricker/Loewenheim, in: Schricker/Loewenheim, § 30 Rn. 4; Schulze, in: Dreier/Schulze, Vor § 12 Rn. 11.

726 Bullinger, Kunstwerkfälschung, S. 200.

727 Bullinger, in: Wandtke/Bullinger, Vor §§ 12 ff. Rn. 12.

728 A.A. Dietz, Droit Moral, S. 148 und Schilcher, Werkänderungen, S. 42 f., nach deren Auffassung in § 42 Abs. 1 UrhG lediglich die Bestätigung zu sehen ist, dass die Erben im persönlichkeitsrechtlichen Bereich an die Interessen des Urhebers gebunden sind.

729 Bullinger, in: Wandtke/Bullinger, Vor §§ 12 ff. Rn. 12.

730 Bullinger, Kunstwerkfälschung, S. 201.

Unter erbrechtlichen Gesichtspunkten ist eine Bindung an die Interessen des Urhebers auch nicht erforderlich. Der Urheber wird durch das erbrechtliche Instrumentarium hinreichend geschützt. Er kann bereits zu Lebzeiten durch eine erbrechtliche Auflage und die Einsetzung eines Testamentsvollstreckers sicherstellen, dass seine Interessen auch postmortal denen seiner Erben vorgehen[731]. Auch kann er zu Lebzeiten für einen würdigen Rechtsnachfolger sorgen. Macht er von diesen Möglichkeiten keinen Gebrauch, ist in Kauf zu nehmen, dass der Erbe oder Vermächtnisnehmer beispielsweise die weitere Verbreitung willkürlich verhindert oder auch das Andenken des Urhebers in seinen Werken entehrt[732].

Nicht zuletzt hätte eine Bindung der Erben an den Willen des Urhebers erhebliche Rechtsunsicherheiten zur Folge. Der Erblasserwillen wird sich häufig nicht feststellen lassen. Dies gilt insbesondere deshalb, weil nicht auszuschließen ist, dass der verstorbene Urheber seine Interessen nach dem Tode dem sich ändernden Zeitgeist angepasst hätte und diese somit nicht notwendigerweise mit seinen lebzeitigen Vorstellungen identisch sein müssen[733]. Mit der herrschenden Meinung ist eine Bindung der Erben an die urheberpersönlichkeitsrechtlichen Interessen des Erblassers daher abzulehnen.

Der Rechtsnachfolger wird somit selbst Inhaber der Urheberpersönlichkeitsrechte. Dementsprechend kann er über die Ausübung der urheberpersönlichkeitsrechtlichen Befugnisse frei bestimmen[734]. Konkret steht ihm beispielsweise das Recht zur Veröffentlichung noch unveröffentlichter Werke zu. Genauso kann er auch das Pseudonym des Urhebers aufdecken oder das Werk anonymisieren. Ebenfalls von den Befugnissen des Rechtsnachfolgers umfasst ist die

---

731 Bullinger, Kunstwerkfälschung, S. 202; J. B. Nordemann, in: Fromm/Nordemann, § 30 Rn. 12.

732 Hertin, in: Fromm/Nordemann, 9. Aufl., § 30 Rn. 1.

733 Bullinger, Kunstwerkfälschung, S. 200 f. Bullinger stellt daher zutreffend fest, dass die Urheberinteressen nach dem Tode zumeist Fiktion bleiben.

734 Hunziker, Immaterialgüterrechte, Nr. 408; Kotthoff, in: Dreyer/Kotthoff/Meckel, § 30 Rn. 3; J. B. Nordemann, in: Fromm/Nordemann, § 30 Rn. 8; Schricker/Loewenheim, in: Schricker/Loewenheim, § 30 Rn. 4; Schulze, in Dreier/Schulze, § 30 Rn. 4; Spautz, in: Möhring/Nicolini, § 30 Rn. 3. Hunziker (Immaterialgüterrechte, Nr. 408) spricht insoweit davon, dass beim Rechtsnachfolger ein neues Urheberpersönlichkeitsrecht entstehe, während das des Urhebers mit dem Tode erlösche.

Änderung oder Bearbeitung des Werkes bis hin zur Entstellung oder Verstümmelung[735].

4. Schutzdauer des Urheberrechts

Der Schutz des Urheberrechts endet gemäß § 64 UrhG 70 Jahre nach dem Tode des Urhebers. Danach werden seine Werke gemeinfrei[736]. Entsprechend der monistischen Urheberrechtstheorie endet auch der urheberpersönlichkeitsrechtliche Schutz mit Ablauf der Schutzfrist. Die Erben des Urhebers können dann weder die Veröffentlichung eines bisher unveröffentlichten Werkes noch die Verschandelung eines Werkes verhindern. Auch können sie nicht mehr über das Ob und das Wie der Urheberbezeichnung bestimmen[737].

Im Gesetzgebungsverfahren war zunächst eine Schutzdauer von lediglich 50 Jahren vorgesehen[738]. Letztlich hat sich der Gesetzgeber jedoch für eine 70jährige Schutzdauer entschieden. Dem liegt der Gedanke zugrunde, dass angesichts der gestiegenen Lebenserwartung auch 70 Jahre nach dem Tode zumeist noch nähere Angehörige des Urhebers vorhanden sind, denen die Einkünfte aus der Nutzung des Werkes vorbehalten bleiben sollen[739].

Bei der Schutzfrist des § 64 UrhG handelt es sich gemäß § 69 UrhG um eine Jahresfrist. D.h. die Frist beginnt mit Ablauf des Kalenderjahres, in dem der Ur-

735 Bullinger, Kunstwerkfälschung, S. 198; J. B. Nordemann, in: Fromm/Nordemann, § 30 Rn. 10; Schricker/Loewenheim, in: Schricker/Loewenheim, § 30 Rn. 4; Schulze, in Dreier/Schulze, § 30 Rn. 4.

736 Gass, in: Möhring/Nicolini, § 64 Rn. 54; Jahn, Urheberpersönlichkeitsrecht, S. 95; Lüft, in: Wandtke/Bullinger, § 64 Rn. 13; Meckel, in: Dreyer/Kotthoff/Meckel, § 64 Rn. 1; A. Nordemann, Handbuch des Urheberrechts, § 22 Rn. 37; Rehbinder, Urheberrecht, Rn. 527; Ruzicka, Urheberpersönlichkeitsrecht, S. 88.

737 Gass, in: Möhring/Nicolini, § 64 Rn. 54; Lüft, in: Wandtke/Bullinger, § 64 Rn. 13; Ruzicka, Urheberpersönlichkeitsrecht, S. 88.

738 So auch noch in § 67 des Regierungsentwurfes, der Vorgängerregelung des heutigen § 64 UrhG (Begründung zum Regierungsentwurf, BT-Drucks. IV/270, S. 14).

739 So der „Schriftliche Bericht des Rechtsausschusses (12. Ausschuß) über den von der Bundesregierung eingebrachten Entwurf eines Gesetzes über Urheberrecht und verwandte Schutzrechte (Urheberrechtsgesetz) – Drucksachen IV/270, IV/3401 – Bericht des Abgeordneten Dr. Reischl“ zu BT-Drucks. IV/3401, S. 12; Lüft, in: Wandtke/Bullinger, § 64 Rn. 1; Ulmer, Urheber- und Verlagsrecht, S. 341. Krit. gegenüber einer 70jährigen Schutzfrist Rehbinder, Urheberrecht, Rn. 528.

heber verstorben ist. Sie endet mit Ablauf des 31.12. des 70. Jahres nach dem Todesjahr[740].

a) Ewiges Urheberpersönlichkeitsrecht?

Sinn und Zweck der Schutzfrist ist es, dem Urheber und seinen Erben für einen bestimmten Zeitraum die ausschließliche Verwertung des Werkes vorzubehalten[741]. Sie beschränkt andererseits in erheblichem Maße die aus Art. 14 Abs. 1 GG fließenden Rechte der Urheber und ihrer Rechtsnachfolger zugunsten der Interessen der Allgemeinheit[742]. Dies ist jedoch hinzunehmen. Wie der Gesetzgeber zutreffend ausführt, richten sich Inhalt und Grenzen des Urheberrechts nach eigenen Maßstäben, weil es im Wesen der geistigen Schöpfungen auf dem Gebiete der Literatur und Kunst liege, dass sie als Mitteilungsgut nach Ablauf einer gewissen Zeit gemeinfrei werden[743]. Bis zum Ablauf der Schutzfrist haben der Urheber und seine Erben „hinreichend Gelegenheit, das Werk zu verwerten und dadurch den verdienten Lohn für die geistige Schöpfung zu erhalten“[744].

Grundsätzlich bestehen somit keine Bedenken gegen eine Befristung der wirtschaftlichen Verwertungsmöglichkeit. Andererseits stellt sich die Frage, ob nicht zumindest die urheberpersönlichkeitsrechtlichen Befugnisse auch nach dem Tod des Urhebers unbefristet weiterbestehen sollten. Ein derartiges „ewiges Urheberpersönlichkeitsrecht“ wird teilweise gefordert, um die geistige Schöpfung auch nach Ablauf der Schutzfrist weiterhin gegen entstellende Bearbeitungen zu schützen[745]. Ein „ewiges Urheberpersönlichkeitsrecht“ findet sich zwar in zahlreichen Urheberrechtsgesetzen europäischer Staaten[746]. Seine Einführung auch in das deutsche Urheberrechtsgesetz ist jedoch abzulehnen. Einerseits tre-

---

740 Dreier, in: Dreier/Schulze, § 64 Rn. 4; Rehbinder, Urheberrecht, Rn. 532.

741 Begründung zum Regierungsentwurf, BT-Drucks. IV/270, S. 79; Lüft, in: Wandtke/Bullinger, § 64 Rn. 1; Ulmer, Urheber- und Verlagsrecht, S. 341.

742 Lüft, in: Wandtke/Bullinger, § 64 Rn. 1.

743 Begründung zum Regierungsentwurf, BT-Drucks. IV/270, S. 33 u. 79.

744 Begründung zum Regierungsentwurf, BT-Drucks. IV/270, S. 79. Die zeitliche Befristung des Urheberrechts ist auch nach Ansicht des Bundesverfassungsgerichts nicht zu beanstanden (BVerfGE 31, 275 (287) – Bearbeiter-Urheberrechte).

745 So u.a. Hirsch, FS-Roeber, 175 (177 ff.); Hubmann, Urheber- und Verlagsrecht, S. 61; Leinveber, GRUR 1962, 75 (76 f.); ders., GRUR 1964, 364 (368 f.); Nordemann, GRUR 1964, 117 (121).

746 Siehe zu den gesetzlichen Regelungen die Ausführungen bei Ruzicka, Urheberpersönlichkeitsrecht, S. 117 ff.

ten nach Ablauf der Schutzfrist die urheberpersönlichkeitsrechtlichen Befugnisse zunehmend hinter den kulturellen Interessen der Allgemeinheit zurück[747]. Andererseits ist auch nicht hinreichend geklärt, wer die urheberpersönlichkeitsrechtlichen Befugnisse wahrnehmen soll. Die Erben scheinen dazu jedenfalls ungeeignet, weil nach Ablauf der Schutzfrist zumeist keine Erben mehr vorhanden sind, die eine hinreichend enge Beziehung zu dem Werk des Urhebers aufweisen[748].

Auch nach Ablauf der Schutzfrist sind die urheberrechtlichen Werke zudem nicht ungeschützt. Vergegenständlichte Geisteswerke werden, sofern es sich um nationale Kulturgüter handelt, ausreichend durch den öffentlich-rechtlichen Denkmalschutz geschützt[749].

b) Keine Abschwächung der urheberpersönlichkeitsrechtlichen Befugnisse mit zunehmendem Abstand vom Tode des Urhebers

Des Weiteren stellt sich die Frage, ob den Interessen der Erben mit zunehmendem Abstand vom Tode des Urhebers eine geringere Bedeutung beizumessen ist. Bejaht wird diese Frage in erster Linie von denjenigen, die auch nach dem Tode die Interessen des Urhebers für maßgeblich halten[750]. Konsequenz dieser Auffassung ist, dass den urheberpersönlichkeitsrechtlichen Interessen im Rahmen der Interessenabwägung im Anwendungsbereich von § 14 UrhG aber auch bei der Billigkeitsprüfung des immateriellen Schadensersatzanspruchs[751] mit zunehmendem zeitlichen Abstand vom Tode des Urhebers weniger Gewicht zukäme[752]. Einer derartigen Beschränkung des Urheberpersönlichkeitsrechts der Erben fehlt es indes nicht nur an einer gesetzlichen Grundlage. Sie hätte zu-

---

747 Begründung zum Regierungsentwurf, BT-Drucks. IV/270, S. 80; Dietz/Peukert, in: Schricker/Loewenheim, Vor §§ 12 ff. Rn. 34; Jänecke, Zerstörungsverbot, S. 252 ff.; Jahn, Urheberpersönlichkeitsrecht, S. 97; Schack, GRUR 1983, 56 (59); ders., GRUR 1985, 352 (360).

748 Begründung zum Regierungsentwurf, BT-Drucks. IV/270, S. 80; Schilcher, Werkänderungen, S. 21.

749 Dietz/Peukert, in: Schricker/Loewenheim, Vor §§ 12 ff. Rn. 35; Müller, Urheberpersönlichkeitsrecht, S. 97; Schulze, in: Dreier/Schulze, Vor § 12 Rn. 9.

750 BGH GRUR 1989, 106 (107) – Oberammergauer Passionsspiele II; Dietz/Peukert, in: Schricker/Loewenheim, Vor §§ 12 ff. Rn. 31; v. Gamm, Urheberrechtsgesetz, § 30 Rn. 4.

751 Siehe zu der Frage, ob den Erben ein Anspruch auf Ersatz des immateriellen Schadens bei einer Verletzung des Urheberpersönlichkeitsrechts zusteht, unten Teil 3.A.IV.5.

752 Bullinger, Kunstwerkfälschung, S. 206.

gleich auch eine Schwächung der materiellen Interessen der Erben zur Folge, da diese beispielsweise gegen Verfälschungen des Werkes, die sich auch auf das Ansehen des Urhebers und mittelbar damit auch auf die Verwertung auswirken können, nicht in gleichem Maße vorgehen könnten wie der Urheber selbst zu Lebzeiten oder die Erben noch kurz nach dem Tode[753]. Die Annahme, die urheberpersönlichkeitsrechtlichen Interessen nähmen mit zunehmendem Abstand zum Tode des Urhebers ab, verkennt insbesondere, dass eine Abschwächung der Interessen der Erben nicht die zwingende Folge des Zeitablaufs ist. Oftmals gewinnt der Verstorbene erst postmortal an Berühmtheit, so dass zugleich die Verwertungsmöglichkeiten der Erben und damit auch das Interesse der Erben an einer Unverfälschtheit des Werkes viele Jahre nach dem Tode viel ausgeprägter sein kann als kurz nach dem Tode[754].

5. Rechtsschutz der Erben

Die Erben können nach dem Tode des Urhebers grundsätzlich die gleichen Ansprüche geltend machen wie der Urheber zu Lebzeiten. Danach kommen insbesondere Unterlassungs-, Beseitigungs- und materielle Schadensersatzansprüche in Betracht. Fraglich ist allein, inwieweit den Erben auch ein Anspruch auf immateriellen Schadensersatz zusteht. Ein solcher besteht unproblematisch dann, wenn die Verletzung des Urheberpersönlichkeitsrechts noch zu Lebzeiten des Urhebers erfolgte. Dann geht der bereits entstandene Anspruch im Wege des Erbgangs auf die Erben über[755]. Umstritten ist hingegen, ob ein immaterieller Schadensersatzanspruch auch noch nach dem Tode des Urhebers in Betracht kommt. Teilweise wird aus dem Wortlaut von § 97 Abs. 2 S. 4 UrhG hergeleitet, dass nur der Urheber selbst, nicht aber seine Erben einen Anspruch auf Ersatz immaterieller Schäden geltend machen könnten[756]. Eine solche Beschränkung steht jedoch wiederum in klarem Widerspruch zu § 30 UrhG, wonach mangels anderer Regelung im Urheberrechtsgesetz der Erbe alle dem Urheber zustehenden Rechte hat. Sie würde zugleich aber auch zu einer ungerechtfertigten Privilegierung des Schädigers führen, da die Erben auf die Geltendmachung von

---

753 Bullinger, Kunstwerkfälschung, S. 207; Loewenheim, GRUR 1989, 108 (110).

754 Bullinger, Kunstwerkfälschung, S. 207.

755 Bullinger, in: Wandtke/Bullinger, Vor §§ 12 ff. Rn. 11; Spautz, in: Möhring/Nicolini, § 30 Rn. 4.

756 OLG Hamburg NJW-RR 1995, 562 (563); Bullinger, in: Wandtke/Bullinger, Vor §§ 12 ff. Rn. 11; Schack, GRUR 1985, 352 (358); Spautz, in: Möhring/Nicolini, § 30 Rn. 4.

Abwehransprüchen beschränkt wären[757]. Eine Verletzung des Urheberpersönlichkeitsrechts, die keine materielle Vermögenseinbuße zur Folge hat, hätte für den Schädiger daher keine finanziellen Konsequenzen. Die Genugtuung und Prävention erfordern, dass auch nach dem Tode des Urhebers immaterieller Schadensersatz gefordert werden kann[758]. Eine Beschränkung der Stellung des Rechtsnachfolgers kann sich aber daraus ergeben, dass die im Rahmen von § 97 Abs. 2 UrhG unter dem Gesichtspunkt der Billigkeit vorzunehmende Interessenabwägung zu anderen Ergebnissen führt als zu Lebzeiten des Urhebers, wobei die Erbeninteressen, nach dem oben Gesagten, mit zunehmendem Abstand vom Tode des Urhebers nicht zwingend an Bedeutung verlieren[759].

B. Postmortaler Schutz des allgemeinen Persönlichkeitsrechts

Der Schutz der Persönlichkeit endet ebenfalls nicht mit dem Tode des Rechtsträgers. Nach allgemeiner Ansicht ist ein an der Werteordnung des Grundgesetzes orientierter Schutz der Menschenwürde und freien Entfaltung der Persönlichkeit zu Lebzeiten nur dann gewährleistet, wenn der Einzelne nicht befürchten muss, dass sein Persönlichkeitsbild nach dem Tode entstellt wird[760]. Auch wenn die Feststellung, dass ein postmortaler Persönlichkeitsschutz erforderlich ist, mittlerweile allgemein anerkannt ist, sind die Einzelheiten äußerst umstritten. Zwar geht die herrschende Meinung davon aus, dass auch nach dem Tode sowohl die ideellen als auch die materiellen Persönlichkeitsinteressen schutzwürdig sind. Anders als im Urheberrecht sollen die einzelnen Persönlichkeitsbestandteile nach dem Tode aber nicht geschlossen auf die Erben übergehen. Lediglich die materiellen Persönlichkeitsbestandteile werden danach vererbt, die ideellen Persönlichkeitsinteressen dagegen von den Angehörigen des Verstorbenen oder durch einen vom Verstorbenen noch zu Lebzeiten Berufenen wahrgenommen. In Rechtsprechung und Literatur wird dementsprechend zwischen dem postmortalen Schutz der materiellen und der ideellen Persönlichkeitsinteressen unterschieden.

---

757 Schricker/Loewenheim, in: Schricker/Loewenheim, § 30 Rn. 4.

758 Kotthoff, in: Dreyer/Kotthoff/Meckel, § 30 Rn. 5; Schricker/Loewenheim, in: Schricker/Loewenheim, § 30 Rn. 4; Schulze, in: Dreier/Schulze, § 30 Rn. 5.

759 Kotthoff, in: Dreyer/Kotthoff/Meckel, § 30 Rn. 5; Schricker/Loewenheim, in: Schricker/Loewenheim, § 30 Rn. 4.

760 BGH GRUR 1968, 552 (554) – Mephisto; Hager, in: Staudinger, § 823 Rn. C 35; Heldrich, FS-Lange, 163 (167); Schack, GRUR 1985, 352 (355).

I. Postmortaler Schutz der materiellen Persönlichkeitsinteressen

Die Erkenntnis, dass die vermögenswerten Persönlichkeitsinteressen postmortal zu schützen sind, ist eine der wichtigsten Errungenschaften des Persönlichkeitsschutzes in den letzten Jahren. Mit der Anerkennung der Vererblichkeit der vermögenswerten Persönlichkeitsbestandteile, ist der BGH in seiner Marlene Dietrich-Entscheidung im Jahre 1999 den bereits seit längerer Zeit geäußerten Forderungen nach einem umfassenden postmortalen Schutz der materiellen Persönlichkeitsinteressen nachgekommen.

1. Forderung nach einem postmortalen Schutz der vermögenswerten Persönlichkeitsinteressen

Im Schrifttum haben sich zahlreiche Autoren bereits vor der Marlene Dietrich-Entscheidung für eine Vererblichkeit der mit den Persönlichkeitsrechten verbundenen wirtschaftlichen Verwertungsbefugnisse ausgesprochen[761]. Neben dem vermögensrechtlichen Charakter der Verwertungsbefugnisse, der bereits für eine Vererblichkeit der vermögenswerten Persönlichkeitsinteressen spreche, sah man es als unbillig an, beliebigen Dritten die eigene Bereicherung durch Verwendung von Persönlichkeitsbestandteilen des Verstorbenen zu ermöglichen. Demgegenüber sei es gerechter, dem Verstorbenen nahestehende Personen von dessen durch seine eigene Leistung erworbenen Ruhm profitieren zu lassen. Mit der Vererbung werde zugleich das Ansehen des Verstorbenen geschützt, denn die werbemäßige Verwertung seiner Identität bleibe dann der Entscheidung seiner Erben vorenthalten. Auf diese Weise werde eine ungehinderte und unkontrollierte Ausbeutung durch beliebige Dritte verhindert[762].

Daneben sah man die Vererblichkeit der vermögenswerten Persönlichkeitsinteressen aber auch deshalb als erforderlich an, weil es dem Persönlichkeitsrecht unter der Prämisse, dass es sich beim postmortalen Persönlichkeitsschutz um ein fortwirkendes Recht des Verstorbenen handele, nach dem Tode des Rechtsträgers an einem Zuweisungssubjekt fehle, dem die Persönlichkeit von der Rechtsordnung zum Haben und Nutzen zugewiesen sein könne. Mangels Rechtssubjekts kämen postmortal daher keine Schadensersatzansprüche in Be-

761 Götting, Persönlichkeitsrechte als Vermögensrechte, S. 281.

762 Götting, Persönlichkeitsrechte als Vermögensrechte, S. 281 f.; ders., GRUR Int. 1995, 656 (669).

tracht[763]. Die postmortal zur Wahrnehmung der ideellen Interessen Berechtigten könnten allenfalls die kommerzielle Verwertung von Persönlichkeitsmerkmalen untersagen oder aber von der Ausübung eines Unterlassungsanspruchs gegen Zahlung eines Entgelts absehen und sich dadurch den Vermögenswert aneignen. Diese Position der Wahrnehmungsberechtigten sei jedoch äußerst schwach, da der rechtswidrig Handelnde nur mit Wirkung für die Zukunft auf Unterlassung der Verwertung der konkreten Persönlichkeit verpflichtet werden könne[764]. Durch die Versagung von Geldersatzansprüchen werde der rechtswidrig Handelnde privilegiert[765].

2. Vererblichkeit der vermögenswerten Bestandteile des allgemeinen Persönlichkeitsrechts

Im Marlene Dietrich-Urteil ist der BGH schließlich den Forderungen nach einem postmortalen Schutz der vermögenswerten Persönlichkeitsbestandteile nachgekommen. Anders als im Bereich des postmortalen Schutzes der ideellen Persönlichkeitsinteressen hat er sich gegen die Wahrnehmung der materiellen Interessen durch die Angehörigen des Verstorbenen ausgesprochen, sondern für deren Übergang auf die Erben des Persönlichkeitsrechtsträgers.

Dem Urteil vorausgegangen war ein Rechtstreit der einzigen Tochter von Marlene Dietrich und dem Geschäftsführer einer Musicalproduktionsfirma. Letzterer hatte als Inhaber der Marke „Marlene“ ein Musical zunächst mit dem Titel „Sag mir, wo die Blumen sind“ später mit dem Titel „Marlene“ aufführen lassen. Im Gegenzug für Werbemaßnahmen für das Musical räumte er dem Automobilhersteller Fiat eine Lizenz zur Produktion und Vermarktung eines Sondermodells mit dem Namen „Marlene“ ein und gestattete diesem zusätzlich die Nutzung des Schriftzugs „Marlene“, sowie die Nutzung eines Bildnisses von Marlene Dietrich und des eingetragenen Warenzeichens „Marlene“. Auch der Firma Ellen Betrix genehmigte er in seinem Musicalprogramm zum Musical „Sag mir, wo die Blumen sind“ unter der Überschrift „Marlene-Look“ und unter Verwendung einer Marlene Dietrich darstellenden Zeichnung, Kosmetikartikel zu bewerben. Zuletzt ließ der Musicalproduzent Merchandising-Artikel und Postkarten, die mit einem Bildnis von Marlene Dietrich und dem ursprünglichen Titel des Musicals „Sag mir, wo die Blumen sind“ versehen waren, herstellen und vertreiben. Die Klägerin nahm den Beklagten daraufhin wegen der Verwen-

763 Magold, Personenmerchandising, S. 491 f.
764 Magold, Personenmerchandising, S. 493 f.
765 Magold, Personenmerchandising, S. 496.

dung des Bildnisses, des Namens und des Namenszuges von Marlene Dietrich aus eigenem Recht und aus ihrer Rechtsstellung als Testamentsvollstreckerin für den Nachlass ihrer Mutter auf Unterlassung, Schadensersatz sowie Auskunftserteilung in Anspruch[766].

In der Urteilsbegründung stellte der BGH fest, dass der Schutz von Namen, Bildnis und sonstigen Persönlichkeitsmerkmalen gegen eine kommerzielle Nutzung durch Nichtberechtigte nur durch eine Vererbung der materiellen Persönlichkeitsbestandteile sichergestellt werden könne. Ein effektiver postmortaler Schutz der vermögenswerten Bestandteile des Persönlichkeitsrechts sei nur dann gewährleistet, wenn der Erbe in die Rolle des Trägers des Persönlichkeitsrechts eintrete und ebenso wie dieser, unter Wahrung der mutmaßlichen Interessen des Verstorbenen gegen eine unbefugte Nutzung vorgehen könne[767]. Der BGH sah es – in Übereinstimmung mit dem Schrifttum – als unbillig an, den durch die Leistungen des Verstorbenen geschaffenen und in seinem Bildnis, seinem Namen oder seinen sonstigen Persönlichkeitsmerkmalen verkörperten Vermögenswert nach seinem Tode dem Zugriff eines jeden beliebigen Dritten preiszugeben, statt diesen Vermögenswert seinen Erben oder anderen Personen zukommen zu lassen, die ihm zu Lebzeiten nahestanden[768]. Allein Abwehransprüche des Wahrnehmungsberechtigten könnten keinen ausreichenden Schutz bewirken, da die Rechtsverletzung häufig bereits beendet sei, bevor der Anspruchsberechtigte davon überhaupt Kenntnis erlange[769]. Der Persönlichkeitsschutz werde durch die Anerkennung der Vererblichkeit folglich eher gestärkt als geschwächt, da der Berechtigte bei einer Verletzung der vermögenswerten Interessen eigene Abwehr- und Schadensersatzansprüche erlangen könne. Dies gelte insbesondere bei einer kommerziellen Nutzung des Persönlichkeitsrechts entgegen dem Willen der Erben und/oder Angehörigen und entgegen dem mutmaßlichen Willen des verstorbenen Trägers des Persönlichkeitsrechts[770].

Die Befugnisse des Erben leiten sich nach Ansicht des BGH vom Träger des Persönlichkeitsrechts ab und können nicht gegen seinen mutmaßlichen Willen eingesetzt werden. Mit der Befugnis des Erben sei daher kein uneingeschränktes positives Benutzungsrecht verbunden, das auch gegen die ausdrücklichen oder mutmaßlichen Interessen des verstorbenen Trägers eingesetzt werden könnte[771].

---

766 BGH NJW 2000, 2195 (2195) – Marlene Dietrich.
767 BGH NJW 2000, 2195 (2198) – Marlene Dietrich.
768 BGH NJW 2000, 2195 (2198) – Marlene Dietrich.
769 BGH NJW 2000, 2195 (2198) – Marlene Dietrich.
770 BGH NJW 2000, 2195 (2199) – Marlene Dietrich.
771 BGH NJW 2000, 2195 (2199) – Marlene Dietrich.

Nach dem Tode soll der Erbe die fortbestehenden Vermarktungsmöglichkeiten nur unter Berücksichtigung dieses Willens nutzen können.

3. Reaktionen im Schrifttum zur Vererblichkeit der vermögenswerten Persönlichkeitsbestandteile

In der Literatur ist das Marlene Dietrich-Urteil überwiegend auf Zustimmung gestoßen[772]. Die Anerkennung der Vererblichkeit wird als eine gelungene Rechtsfortbildung begrüßt, die angesichts ständig wachsender Vermarktungschancen für Persönlichkeitsgüter sach- und interessengerecht sei[773].

Konsequenterweise sind es in erster Linie diejenigen Vertreter im Schrifttum, die sich der Kommerzialisierung von Persönlichkeitsbestandteilen grundsätzlich verwehren, die auch die Anerkennung der Vererblichkeit der vermögenswerten Persönlichkeitsbestandteile kritisieren. Sie werfen dem BGH vor, er habe mit der Anerkennung vererblicher vermögenswerter Bestandteile dem Zeitgeist einer größtmöglichen Kommerzialisierung nachgegeben und das allgemeine Persönlichkeitsrecht zu einem Immaterialgüterrecht umfunktioniert. Es sei aber nicht Aufgabe der Rechtsprechung, der Merchandising-Industrie durch Schaffung neuer Immaterialgüterrechte einen optimalen Ordnungsrahmen zu schaffen, sondern die Wertentscheidungen der Verfassung aus Art. 1 Abs. 1, 2 Abs. 1 GG zur Geltung zu bringen[774]. Ähnlich hatte bereits das OLG München als Berufungsgericht argumentiert. Dieses sah in der Gewährung finanzieller Ausgleichsansprüche nach dem Tode einen Missbrauch des Persönlichkeitsrechts als „Verdienstquelle“ der Angehörigen[775].

Überwiegend entzündet sich die Kritik der Literatur nicht an der grundsätzlichen Anerkennung eines postmortalen Schutzes der vermögenswerten Persönlichkeitsinteressen, sondern an seiner dogmatischen Ausgestaltung. Dem BGH wird vorgeworfen, er betreibe mit der Vererblichkeit der vermögenswerten Persönlichkeitsbestandteile eine Rechtsfortbildung außerhalb der Persönlichkeits-

---

772 Frommeyer, JuS 2002, 13 (16 ff.); Götting, NJW 2001, 585 (585 ff.); Staudinger/Schmidt, Jura 2001, 241 (245 ff.); Wagner, GRUR 2000, 717 (717 ff.).

773 Wagner, GRUR 2000, 717 (720). Götting sieht in der Entscheidung die Abkehr vom Dogma der Unvererblichkeit durch den BGH. Es handele sich um einen revolutionären Schritt und eine gelungene, wissenschaftlich fundierte Rechtsfortbildung, mit der der BGH einen Gordischen Knoten durchschlagen habe (NJW 2001, 585 (585 u. 587)).

774 Schack, JZ 2000, 1060 (1062).

775 OLG München, ZUM-RD 1997, 449 (450) – Der blaue Engel.

dogmatik[776]. Die Kritik an der Vererblichkeitslösung wirft somit die Frage auf, ob ein umfassender und vor allen Dingen effektiver postmortaler Schutz der materiellen Persönlichkeitsbestanteile notwendigerweise die Vererblichkeit der vermögenswerten Interessen erfordert.

a) Postmortaler Schutz der materiellen Interessen durch Abwehransprüche

Ebenso wie die Vererblichkeit der materiellen Persönlichkeitsbestandteile wäre auch denkbar, die vermögenswerten Persönlichkeitsinteressen postmortal durch Abwehransprüche der Angehörigen bzw. des Wahrnehmungsberechtigten zu schützen[777]. Solche Abwehransprüche allein sind jedoch nicht dazu in der Lage, einen ausreichenden postmortalen Schutz zu gewährleisten. Die Rechtsverletzung ist häufig bereits beendet, bevor der Anspruchsberechtigte überhaupt Kenntnis von ihr erlangt[778]. Der BGH hat im Marlene Dietrich-Urteil daher zutreffend festgestellt, dass ein auf Abwehrbefugnisse beschränkter Schutz des Persönlichkeitsrechts kein Mittel gegen eine unerwünschte Vermarktung der Persönlichkeit darstelle. Vielmehr könne dem Interesse, das Lebensbild eines Verstorbenen nicht durch eine uneingeschränkte kommerzielle Nutzung der Merkmale seiner Persönlichkeit zu beeinträchtigen, am besten in der Weise gedient werden, dass sich der Erbe als Inhaber der vermögenswerten Bestandteile des Persönlichkeitsrechts gegen eine unbefugte Nutzung zur Wehr setzen könne und ihm dabei – ungeachtet der Unterschiede, die sich nach dem Tode hinsichtlich der inhaltlichen Reichweite des Persönlichkeitsrechts ergeben könnten – grundsätzlich dieselben Ansprüche zu Gebote stehen wie dem lebenden Träger des Persönlichkeitsrechts[779]. Darüber hinaus erscheint es gerechtfertigt, einen aus der Persönlichkeit resultierenden Vermögenswert den Erben oder Angehörigen vorzubehalten, anstatt diesen dem Zugriff Dritter preiszugeben[780].

---

776 Peukert, ZUM 2000, 710 (717).

777 So das LG München I (AfP 1997, 554 (556) – Der blaue Engel), das in der Möglichkeit der Verhängung eines Ordnungsgeldes für jeden Fall der Zuwiderhandlung gemäß § 890 ZPO ein geeignetes Druckmittel sieht, um den Unterlassungsanspruch durchsetzen zu können.

778 BGH NJW 2000, 2195 (2198) – Marlene Dietrich; Götting, NJW 2001, 585 (585 f.); ders., GRUR 2004, 801 (802); Jung, Vererblichkeit, S. 226; Müller, GRUR 2003, 31 (31); Schulze Wessel, Vermarktung, S. 111.

779 BGH NJW 2000, 2195 (2199) – Marlene Dietrich.

780 BGH NJW 2000, 2195 (2198) – Marlene Dietrich; Müller, GRUR 2003, 31 (31); Götting, Persönlichkeitsrechte als Vermögensrechte, S. 281; Schertz, Merchandising, Rn. 387.

Zwar können auch Abwehransprüche einen Beitrag zum Schutz der Persönlichkeit nach dem Tode des Rechtsträgers leisten. Eine weitaus größere Abschreckung vor einer ungenehmigten postmortalen Persönlichkeitskommerzialisierung und damit präventive Wirkung lässt sich allerdings dadurch erreichen, dass der unberechtigte Nutzer neben einer bloßen Unterlassungsverpflichtung auch die Verpflichtung zur Zahlung von Schadensersatz befürchten muss[781]. Der Schädiger wird dann voraussichtlich einen entsprechenden Eingriff gar nicht erst vornehmen[782]. Unter diesen Gesichtspunkten ist dem BGH zuzustimmen, dass Abwehransprüche allein keine ausreichende Sanktion postmortaler Persönlichkeitsverletzungen sind und daher auch keine adäquate Alternative zur Vererblichkeit materieller Persönlichkeitsbestandteile sein können.

b) Ersatz immaterieller Schäden

Des Weiteren bestünde anstelle der Vererbung der materiellen Persönlichkeitsinteressen die Möglichkeit, den Angehörigen des Verstorbenen[783] oder seinen Erben[784] einen angemessenen Anspruch auf immateriellen Schadensersatz zu gewähren. Ein entsprechender Anspruch könnte im Gegensatz zu den reinen Abwehransprüchen auch präventive Wirkung entfalten. Zwar ist nach hier vertretender Auffassung bei einer schwerwiegenden Persönlichkeitsverletzung auch postmortal die Möglichkeit eines Geldentschädigungsanspruches zu bejahen[785], der BGH und die wohl herrschende Lehre lehnen die Annahme eines immateriellen Schadensersatzanspruchs der Angehörigen oder Erben dagegen ab, weil die Geldentschädigung dem Betroffenen in erster Linie eine Genugtuung für die ihm zugefügte Verletzung seiner Persönlichkeit verschaffen soll. Ein von den Angehörigen geltend gemachter Anspruch könne diese Funktion aber nicht mehr erfüllen[786]. Selbst wenn man mit der hier vertretenen Auffassung einen immateriellen Geldentschädigungsanspruch auch postmortal anerkennt, unterliegt dieser jedoch denselben Voraussetzungen wie zu Lebzeiten. Auch nach dem Tode kommt ein immaterieller Ersatzanspruch danach nur bei einer schwerwiegenden

---

781 Gregoritza, Kommerzialisierung, S. 89; Jung, Vererblichkeit, S. 227; Schwerdtner, Persönlichkeitsrecht, S. 267 f.

782 Wagner, VersR 2000, 1305 (1307); Jung, Vererblichkeit, S. 227.

783 Schack, JZ 2000, 1060 (1061).

784 Peifer, GRUR 2002, 495 (500).

785 Siehe unten Teil 3.B.V.

786 BGH GRUR 1974, 797 (800) – Fiete Schulze. Siehe auch Götting, GRUR 2004, 801 (802); Jung, Vererblichkeit, S. 219 f.; ders., AfP 2005, 317 (320). Siehe hierzu ausführlich unten Teil 3.B.V.

Beeinträchtigung in Betracht. Letztere wäre jedoch auch postmortal nur bei einer herabsetzenden oder verzerrenden Nutzung von Persönlichkeitsmerkmalen zu bejahen[787]. Zumeist würde es somit dabei bleiben, dass der Schädiger lediglich zur Unterlassung weiterer Verletzungshandlungen gezwungen werden könnte.

Darüber hinaus spricht gegen einen postmortalen Schutz der vermögenswerten Persönlichkeitsinteressen durch immaterielle Schadensersatzansprüche, dass es bei einer unbefugten postmortalen Kommerzialisierung gerade nicht um die Sanktionierung einer immateriellen Beeinträchtigung, sondern um einen Eingriff in die vermögenswerten Persönlichkeitsbestandteile geht. Verstöße gegen die Güterrechtsordnung durch eine rechtswidrige Aneignung vermögenswerter Positionen sind daher durch Ansprüche auf Herausgabe des Vermögensvorteils oder Ansprüche auf Ersatz des materiellen Schadens zu ahnden, nicht aber durch den Anspruch auf Ersatz immaterieller Schäden[788]. Der postmortale Schutz der materiellen Persönlichkeitsbestandteile durch die Zuerkennung immaterieller Ersatzansprüche ist folglich weder das richtige Instrument zum Ausgleich materieller Persönlichkeitsbeeinträchtigungen nach dem Tode, noch ist er aufgrund seiner hohen Voraussetzungen in seiner Effektivität mit der Vererblichkeitslösung des BGH vergleichbar.

c) *Materielle Ausgleichsansprüche der ideell Wahrnehmungsberechtigten*

Zuletzt ließe sich die Rechtsstellung der Angehörigen bzw. des berufenen Wahrnehmungsberechtigten um materielle Ersatzansprüche zum postmortalen Schutz der kommerziellen Interessen anreichern[789]. Der Vorteil dieser Lösung wird darin gesehen, dass, anders als mit einer Vererbung der materiellen Persönlichkeitsinteressen, das persönlichkeitsrechtliche Modell deutscher Prägung nicht verlassen werde, da den Wahrnehmungsberechtigten bereits vor der Marlene Dietrich-Entscheidung eine mit Abwehransprüchen ausgestattete absolute Rechtsposition zugewiesen gewesen sei[790]. Mit der Anerkennung kommerzieller Interessen an einer verstorbenen Person könnten Ansprüche auf Ersatz

---

787 Jung, Vererblichkeit, S. 227; Lichtenstein, Idealwert und Geldwert, S. 328; Taupitz, in: Taupitz/Müller, S. 21.

788 Jung, Vererblichkeit, S. 228.

789 Magold, Personenmerchandising, S. 573; Peukert, ZUM 2000, 710 (717).

790 Peukert, ZUM 2000, 710 (717).

der materiellen Schäden auch dem nach persönlichkeitsrechtlicher Dogmatik postmortal zur Wahrnehmung der ideellen Interessen Berechtigten zustehen[791].

Dieser Ansatz steht derweil im klaren Widerspruch zum zwingenden Grundsatz der Universalsukzession nach § 1922 Abs. 1 BGB, wonach mit dem Tode einer Person deren Vermögen als Ganzes auf den oder die Erben übergeht[792]. Nur ausnahmsweise wird dieser Grundsatz zugunsten einer Singularsukzession durchbrochen, nämlich dann, wenn das Gesetz eine Sonderrechtsnachfolge vorsieht, also einzelne Rechte des Erblassers mit seinem Tod einen vom Erwerb des sonstigen Nachlasses abweichenden Weg gehen[793].

Eine Sonderrechtsnachfolge kann zum einen als Sondererbfolge ausgestaltet sein, mit der Folge, dass der Sonderrechtsnachfolger zu den Erben zählt und das besonders vererbte Recht zum Nachlass zu rechnen ist[794]. Sondererbfolgen erfolgen gemäß § 4 HöfeO im Bereich des Höferechts sowie bei der Vererbung von Anteilen an einer OHG oder KG[795]. Zum anderen kommt eine Sonderrechtsnachfolge von Todes wegen außerhalb des Erbrechts in Betracht. Bei dieser Form der Sonderrechtsnachfolge gehen einzelne Rechte des Erblassers losgelöst von der Erbfolge und unabhängig von den erbrechtlichen Vorschriften mit dem Tode unmittelbar auf den Sonderrechtsnachfolger über, welcher kein Erbe des Verstorbenen sein muss. Es handelt sich dann um eine „Sukzession am Erbrecht vorbei“[796]. Eine Sonderrechtsnachfolge von Todes wegen außerhalb des Erbrechts erfolgt beispielsweise beim Übergang eines Wohnraummietverhältnisses auf den Ehegatten, eingetragenen Lebenspartner, Partner einer nichteheli-

791 Peukert, ZUM 2000, 710 (717).

792 Gregoritza, Kommerzialisierung, S. 91 f.

793 Gregoritza, Kommerzialisierung, S. 91; Leipold, in: MüKo, § 1922 Rn. 131.

794 Gregoritza, Kommerzialisierung, S. 91; Leipold, in: MüKo, § 1922 Rn. 131; Müller-Christmann, in: Bamberger/Roth, § 1922 Rn. 22; Weidlich, in: Palandt, § 1922 Rn. 11.

795 Gregoritza, Kommerzialisierung, S. 91; Leipold, in: MüKo, § 1922 Rn. 131; Marotzke, in: Staudinger, § 1922 Rn. 62; Müller-Christmann, in: Bamberger/Roth, § 1922 Rn. 22; Weidlich, in: Palandt, § 1922 Rn. 11 ff. Die Sondererbfolge bei Anteilen an einer OHG oder KG ist im Gesetz nicht ausdrücklich geregelt aber durch richterliche Rechtsfortbildung anerkannt. Ihre Notwendigkeit folgt aus der haftungsrechtlichen Kollision zwischen Erbrecht und Gesellschaftsrecht (Weidlich, in: Palandt, § 1922 Rn. 17).

796 Gregoritza, Kommerzialisierung, S. 91; Leipold, in: MüKo, § 1922 Rn. 132; Marotzke, in: Staudinger, § 1922 Rn. 54; Weidlich, in: Palandt, § 1922 Rn. 11.

chen Lebensgemeinschaft oder andere Familienangehörige des Erblassers gemäß §§ 563 ff BGB, um ihnen ihren Lebensmittelpunkt zu erhalten[797].

Vertraut man den zur Wahrnehmung der ideellen Persönlichkeitsinteressen berechtigten Personen auch die Wahrnehmung der vermögenswerten Persönlichkeitsbestandteile nach dem Tode an, so wäre dies im Hinblick auf den Grundsatz der Universalsukzession nichts anderes als eine Sonderrechtsnachfolge von Todes wegen außerhalb des Erbrechts[798]. Da eine Ausnahme vom Grundsatz der Universalsukzession aber nur im Rahmen gesetzlicher Ausnahmetatbestände in Betracht kommt, bedürfte es folglich einer entsprechenden Ausnahmevorschrift für den Bereich der Persönlichkeitsrechte. Der Gesetzgeber hat einzig für das Recht am eigenen Bild eine Regelung in § 22 KUG getroffen. Danach kommt den Angehörigen nach dem Tode des Rechtsträgers das Einwilligungsprivileg zu. Insofern käme für den postmortalen Persönlichkeitsschutz allenfalls eine Analogie zu § 22 S. 3 KUG in Betracht. Die Voraussetzungen für eine Analogie liegen jedoch nicht vor. § 22 S. 3 KUG gilt ausschließlich für das Recht am eigenen Bild und entfaltet keine Ausstrahlungswirkung auf das allgemeine Persönlichkeitsrecht. Auch wenn das Recht am eigenen Bild als besonderes Persönlichkeitsrecht zwar eng mit dem allgemeinen Persönlichkeitsrecht verbunden ist, können die ihm und insbesondere § 22 S. 3 KUG zugrunde liegenden Wertungen nicht im Wege der Analogie auch auf das allgemeine Persönlichkeitsrecht übertragen werden[799]. Die analoge Anwendung hätte zur Folge, dass die speziellen Regelungen in § 22 KUG auch im Bereich des allgemeinen Persönlichkeitsrechts Anwendung finden würden. Dies steht jedoch im Widerspruch zur Spezialität der besonderen Persönlichkeitsrechte gegenüber dem allgemeinen Persönlichkeitsrecht. Die besonderen Persönlichkeitsrechte sollen gerade nur einen konkreten Teilbereich der Persönlichkeit und damit auch des allgemeinen Persönlichkeitsrechts regeln. Die Spezialregelungen der besonderen Persönlichkeitsrechte sind daher ausschließlich auf ihren Anwendungsbereich beschränkt[800].

---

797 Gregoritza, Kommerzialisierung, S. 91 f.; Leipold, in: MüKo, § 1922 Rn. 132; Marotzke, in: Staudinger, § 1922 Rn. 54; Weidlich, in: Palandt, § 1922 Rn. 11.

798 Gregoritza, Kommerzialisierung, S. 92 u. 122.

799 OLG München NJW-RR 1994, 925 (925) – Schreckliches Mädchen; Claus, Postmortaler Persönlichkeitsschutz, S. 161; Fischer, Postmortaler Persönlichkeitsschutz, S. 58 u. 219; Nikoletopoulos, Persönlichkeitsschutz, S. 53.

800 Claus, Postmortaler Persönlichkeitsschutz, S. 161; Fischer, Postmortaler Persönlichkeitsschutz, S. 58 u. 219; Nikoletopoulos, Persönlichkeitsschutz, S. 53 f.

Die analoge Anwendung von § 22 S. 3 KUG im Bereich des allgemeinen Persönlichkeitsrechts verursacht aber auch aus historischen Gründen Bedenken. Bei § 22 KUG handelt es sich um eine Vorschrift, die bereits im Jahre 1907 und damit zu einem Zeitpunkt in Kraft getreten ist, zu dem Rechtsprechung und herrschende Lehre dem allgemeinen Persönlichkeitsrecht noch ihre Anerkennung versagt haben. Insoweit ist davon auszugehen, dass der Gesetzgeber § 22 KUG über seinen eigentlichen Anwendungsbereich hinaus keine Bedeutung für das allgemeine Persönlichkeitsrecht und den postmortalen Schutz der vermögenswerten Persönlichkeitsbestandteile beimessen wollte bzw. sich der Auswirkungen der Vorschrift auf das allgemeine Persönlichkeitsrecht nicht bewusst gewesen sein kann[801]. Darüber hinaus wirft die Regelung auch inhaltlich Fragen auf. So ist äußerst umstritten, ob § 22 S. 3 KUG den Angehörigen eine rechtlich geschützte Verwertungsposition zuweist. Nur in diesem Fall könnten die Angehörigen überhaupt Ersatzansprüche gegenüber dem Rechtsverletzer geltend machen oder Lizenzen vergeben[802]. Fraglich bleibt aber auch, wem die vermögenswerten Persönlichkeitsbestandteile zugeordnet werden sollen, wenn der Verstorbene keine Angehörigen hinterlässt[803].

Letztlich kann einer analogen Anwendung des § 22 S. 3 KUG auch deshalb nicht gefolgt werden, weil es inkonsequent wäre, einerseits den Persönlichkeitsrechten einen Vermögenswert beizumessen, diesen aber andererseits mit dem Todesfall nicht, wie die anderen Vermögenswerte des Verstorbenen gemäß § 1922 Abs. 1 BGB, auf die Erben übergehen zu lassen. Die Wahrnehmungsberechtigten würden in diesem Fall in ungerechtfertigter Weise privilegiert und die Erben benachteiligt[804].

Insbesondere die umfassende Vererbung urheberrechtlicher Positionen gemäß § 28 Abs. 1 UrhG zeigt, dass Rechte, die neben ideellen auch materielle Befugnisse umfassen, stets auf den oder die Erben übergehen und nicht im Wege der Sonderrechtsnachfolge anderen Personen zugewiesen werden[805]. Im Urheberrechtsgesetz wird der Grundsatz der Universalsukzession trotz der Zweispurigkeit des Urheberrechts folglich nicht durchbrochen. Im Sinne einer geschlossenen Gesetzessystematik wäre es insofern widersprüchlich, wenn für den Bereich des allgemeinen Persönlichkeitsrechts, das gleichermaßen ideelle und

801 Claus, Postmortaler Persönlichkeitsschutz, S. 161.

802 Jung, Vererblichkeit, S. 229.

803 Fischer, Postmortaler Persönlichkeitsschutz, S. 219.

804 Jung, Vererblichkeit, S. 232; Wortmann, Vererblichkeit, S. 300.

805 Gregoritza, Kommerzialisierung, S. 92.

materielle Interessen in sich vereinigt, ein anderer Weg, nämlich der über eine Sonderrechtsnachfolge, beschritten würde.

d) Fazit

Es bleibt somit festzuhalten, dass ein effektiver postmortaler Schutz der materiellen Persönlichkeitsbestandteile weder durch Abwehransprüche oder immaterielle Schadensersatzansprüche der wahrnehmungsberechtigten Personen noch durch materielle Ausgleichsansprüche der ideell Wahrnehmungsberechtigten sichergestellt werden kann. Demgegenüber werden die vermögenswerten Persönlichkeitsbestandteile durch die Vererblichkeit auch postmortal umfassend geschützt. In Anbetracht der in § 1922 BGB angeordneten Gesamtrechtsnachfolge von Vermögenswerten bietet die Vererblichkeitslösung eine systemkonforme und interessengerechte Lösung.

II. Postmortaler Schutz der ideellen Persönlichkeitsinteressen

1. Anerkennung des postmortalen Persönlichkeitsschutzes durch die Rechtsprechung

Die Rechtsprechung hat den postmortalen Persönlichkeitsschutz bis zur Marlene Dietrich-Entscheidung des BGH im Jahre 1999 zunächst auf die ideellen Persönlichkeitsinteressen beschränkt. Bereits Ende des 19. Jahrhunderts wurde ein postmortaler Schutz der ideellen Persönlichkeitsinteressen erstmals anerkannt. Damals, im Jahre 1899, untersagte das Reichsgericht die ungenehmigte Anfertigung und Verbreitung von Fotografien des Reichskanzlers Otto von Bismarck auf dem Totenbett und ordnete die Herausgabe und Vernichtung der Fotografien an[806].

Der BGH hat sich, gestützt auf die schon damals allgemein anerkannte postmortale Fortwirkung des Urheberpersönlichkeitsrechts, erstmals im Jahre 1954 im Cosima Wagner-Urteil für ein Fortwirken des allgemeinen Persönlichkeitsrechts über den Tod des Rechtsinhabers hinaus ausgesprochen[807]. Die schutzwürdigen Werte der Persönlichkeit überdauerten die Rechtsfähigkeit ihres Subjekts, die mit dem Tod erlösche[808]. Auch wenn der Wille des Verstorbenen,

806 RGZ 45, 170 (170 ff.) – Bismarck.
807 BGH GRUR 1955, 201 (201 ff.) – Cosima Wagner.
808 BGH GRUR 1955, 201 (204) – Cosima Wagner.

wer zur Wahrung seiner einzelnen persönlichkeitsrechtlichen Befugnisse berufen sein soll, nicht in einer letztwilligen Verfügung niedergelegt worden sei, müsse dieser grundsätzlich beachtet werden[809]. Dem Schöpfer eines Geisteswerkes könne es nicht verwehrt sein, unabhängig von der erbrechtlichen Regelung über seinen sonstigen Nachlass bereits zu Lebzeiten in einer auch seine Erben bindenden Weise einen Treuhänder für sein geistiges Erbe einzusetzen[810].

Einen wichtigen Schritt für den postmortalen Schutz der ideellen Persönlichkeitsbestandteile stellte schließlich das Mephisto-Urteil[811] des BGH aus dem Jahre 1968 dar. Der BGH bestätigte darin die Auffassung, dass die für das Urheberpersönlichkeitsrecht anerkannte Fortwirkung über den Tod des Rechtsträgers hinaus in gleicher Weise auch für das allgemeine Persönlichkeitsrecht gelte. Zwar erfahre das Persönlichkeitsrecht mit dem Tode der Person eine einschneidende Einschränkung, da alle diejenigen Ausstrahlungen enden, welche die Existenz einer aktiv handelnden Person bedingen. Auch bei einer Abwägung der widerstreitenden Belange im Rahmen der Abgrenzung des allgemeinen Persönlichkeitsrechts könne nicht mehr der Schutz der persönlichen Empfindung des Angegriffenen als solcher ins Gewicht fallen, dennoch sei aber allgemein anerkannt, dass der Verstorbene nicht nur übertragbare materielle Werte hinterlasse, sondern auch immaterielle Güter seinen Tod überdauerten. Diese seien verletzbar und auch nach dem Tode noch schutzwürdig[812]. Nach der verfassungsrechtlichen Werteordnung des Grundgesetzes könne nicht mehr angenommen werden, dass nach dem Tode einer Person zwar deren übertragbare Rechte an materiellen Gütern fortbestehen, dagegen das durch ihre Leistungen erworbene, unter Umständen viel nachhaltiger im Gedächtnis der Nachwelt fortlebende Ansehen Eingriffen Dritter schutzlos preisgegeben wäre[813]. Es sei zwar davon auszugehen, dass das Grundgesetz durch Art. 1 und 2 GG vorwiegend den Schutz der Persönlichkeitsbelange des in der Rechtsgemeinschaft noch tätigen Bürgers gewährleisten wolle, es sei gleichwohl aber nicht ersichtlich, dass entgegen den Anschauungen unseres Kulturkreises die Schutzgarantie für die Menschenwürde, die auch nach dem Tod „antastbar" bleibe, für Verstorbene entfallen solle[814]. Menschenwürde und freie Entfaltung der Persönlichkeit zu Lebzeiten seien nur dann im Sinne des Grundgesetzes hinreichend gewährleistet, wenn der Mensch

---

809 BGH GRUR 1955, 201 (204) – Cosima Wagner.
810 BGH GRUR 1955, 201 (204) – Cosima Wagner.
811 BGH GRUR 1968, 552 (552 ff.) – Mephisto.
812 BGH GRUR 1968, 552 (554) – Mephisto.
813 BGH GRUR 1968, 552 (554) – Mephisto.
814 BGH GRUR 1968, 552 (554) – Mephisto.

auf einen Schutz seines Lebensbildes wenigstens gegen grobe Entstellungen nach dem Tod vertrauen und in dieser Erwartung leben könne[815]. Anders als noch im Cosima Wagner-Urteil, ging der BGH nun nicht mehr davon aus, dass auch die Erben nach dem Tode des Rechtsträgers die ideellen Persönlichkeitsinteressen wahrnehmen könnten, sondern sprach diese Aufgabe in erster Linie dem vom Verstorbenen zu Lebzeiten Berufenen und diesem nachfolgend den nahen Angehörigen des Verstorbenen zu[816].

Im Fiete Schulze-Urteil äußerte sich der BGH schließlich zu den Rechtsfolgen einer postmortalen Verletzung der ideellen Persönlichkeitsbestandteile. Nach Ansicht des BGH können die Angehörigen bei postmortalen Verletzungen der ideellen Persönlichkeitsinteressen lediglich Abwehransprüche gegen den Verletzer geltend machen. Ein Geldentschädigungsanspruch stehe den Angehörigen dagegen nicht zu, weil die Entschädigung dem Betroffenen in erster Linie eine Genugtuung für die ihm zugefügte Verletzung seiner Persönlichkeit verschaffen solle. Diese Funktion könne eine von den Angehörigen geltend gemachte Entschädigung wegen eines verletzenden Angriffs auf das Ansehen eines Verstorbenen nicht erfüllen[817]. Diese Rechtsprechung hat der BGH im Jahre 2006 erneut bestätigt und zugleich festgestellt, dass auch der Präventionsgedanke nicht dazu geeignet sei, einen Geldentschädigungsanspruch zu begründen, weil der Anspruch auf immateriellen Schadensersatz wegen Verletzung des allgemeinen Persönlichkeitsrechts nur dem Rechtsträger selbst zu dessen Lebzeiten zustehe[818].

2. Rechtsgrundlage des postmortalen Schutzes ideeller Persönlichkeitsinteressen

Der BGH hat den postmortalen Schutz der ideellen Persönlichkeitsinteressen anfänglich auf Art. 1 Abs. 1, 2 Abs. 1 GG gestützt. Dem hat das Bundesverfassungsgericht im Mephisto-Beschluss[819] widersprochen und allein Art. 1 Abs. 1 GG herangezogen. Die Fortwirkung des Persönlichkeitsrechts nach dem Tode kann nach Ansicht des Bundesverfassungsgerichts nicht auch auf Art. 2 Abs. 1 GG gestützt werden, weil dieser die Existenz einer wenigstens potentiell oder zukünftig handlungsfähigen Person als unabdingbar voraussetze.

---

815 BGH GRUR 1968, 552 (554) – Mephisto.
816 BGH GRUR 1968, 552 (554 f.) – Mephisto.
817 BGH GRUR 1974, 797 (800) – Fiete Schulze.
818 BGH GRUR 2006, 252 (253 f.).
819 BVerfGE 30, 173 (173 ff.) – Mephisto.

Daran vermöge die Erwägung des BGH, dass die Rechtslage nach dem Tode für die freie Entfaltung der Person zu Lebzeiten nicht ohne Belang sei, nichts zu ändern. Die Versagung eines Persönlichkeitsschutzes nach dem Tode stelle keinen Eingriff dar, der die in Art. 2 Abs. 1 GG gewährleistete Handlungs- und Entscheidungsfreiheit beeinträchtige[820].

Den Ausführungen des Bundesverfassungsgerichts im Mephisto-Urteil folgend, ist die Rechtsgrundlage des postmortalen Persönlichkeitsschutzes dementsprechend allein in Art. 1 Abs. 1 GG zu sehen[821]. Lediglich vereinzelt wird der postmortale Persönlichkeitsschutz noch unter Berufung auf die Rechtsprechung des BGH im Mephisto-Urteil auf Art. 1 Abs. 1 i.V.m. Art. 2 Abs. 1 GG gestützt[822].

Der Rechtsgedanke, dass die seelisch-geistige Existenz eines Menschen seinen körperlichen Tod überdauert, kommt daneben in verschiedenen einfachgesetzlichen Regelungen zum Ausdruck[823]. Hierzu gehören aus dem Strafrecht die §§ 168 (Störung der Totenruhe) und 189 StGB (Verunglimpfung des Andenkens Verstorbener). Weitere Vorschriften finden sich im ESchG (§ 4 Abs. 1 Nr. 3), im TPG (§ 17). Auch das Zivilrecht enthält mit den Vorschriften zum postmortalen Schutz des Urheberpersönlichkeitsrechts sowie dem postmortalen Bildnisschutz (§ 22 S.3 u. 4 KUG) entsprechende Regelungen, die den Inhalt des postmortalen Persönlichkeitsschutzes konkretisieren[824]. Die einzelnen Bestimmungen sind zugleich Schutzgesetze im Sinne von § 823 Abs. 2 BGB[825].

---

820 BVerfGE 30, 173 (194) – Mephisto.

821 Auch der BGH (NJW 2006, 605 (606) – Mordkommission Köln) sieht als alleinige Grundlage des postmortalen Persönlichkeitsschutzes nunmehr nur noch Art. 1 Abs. 1 GG an.

822 OLG München, NJW-RR 1994, 925 (925) – Schreckliches Mädchen; Schack, GRUR 1985, 352 (355 f.). Bender (VersR 2001, 815 (817)) hält es für zumindest vertretbar, Art. 2 Abs. 1 GG eine objektive Wertentscheidung auch für einen postmortalen Persönlichkeitsschutz zu entnehmen.

823 Brändel, Handbuch des Persönlichkeitsrechts, S. 605, Rixecker, in: MüKo, Anh. § 12 Rn. 32.

824 Rixecker, in: MüKo, Anh § 12 Rn. 32.

825 Brändel, Handbuch des Persönlichkeitsrechts, S. 605; Jung, Vererblichkeit, S. 188.

3. Dogmatische Ausgestaltung des postmortalen Schutzes der ideellen Interessen – Meinungsstand

Auch das Schrifttum hat sich der Rechtsprechung weitestgehend angeschlossen und sich für einen postmortalen Schutz der ideellen Persönlichkeitsbestandteile ausgesprochen. Bis heute nicht abschließend geklärt und äußerst umstritten ist allerdings die dogmatische Ausgestaltung des postmortalen Schutzes der ideellen Persönlichkeitsinteressen. Die Rechtsprechung hat sich über die Ablehnung der Vererblichkeit ideeller Persönlichkeitsinteressen hinaus nicht zur dogmatischen Umsetzung des postmortalen Persönlichkeitsschutzes geäußert. Im Schrifttum haben sich dagegen im Wesentlichen zwei Begründungsansätze herausgebildet. Dabei steht die Frage im Vordergrund, ob es sich beim postmortalen Persönlichkeitsrecht um ein fortwirkendes (eigenes) Recht des Verstorbenen oder lediglich um ein Recht der nahen Angehörigen handelt, welche in ihrem Andenken, ihrem Pietätsgefühl oder ihrer inneren Verbundenheit zu dem Verstorbenen geschützt werden sollen[826].

a) Eigenes Recht der Angehörigen (mittelbares Schutzkonzept)

Einen lediglich mittelbaren Schutz des Verstorbenen über die Persönlichkeitsrechte seiner Angehörigen befürwortet die sogenannte Andenkensschutztheorie[827]. Da die emotionale Verbindung zwischen dem Verstorbenen und seinen Angehörigen auch nach dem Tode weiterhin schutzbedürftig sei, soll das Persönlichkeitsrecht des Hinterbliebenen nach dem Tode einer ihm nahestehenden Person um das Andenken an den Verstorbenen erweitert werden[828]. Durch einen Angriff auf den Verstorbenen würde daher auch die Persönlichkeitssphäre der Hinterbliebenen berührt. Zwar sind danach allein die Hinterbliebenen Bezugspunkt des postmortalen Persönlichkeitsschutzes, mittelbar kommt der Schutz aber auch dem Verstorbenen zugute[829].

---

826 Fischer, Postmortaler Persönlichkeitsschutz, S. 48 f.

827 Claus, Postmortaler Persönlichkeitsschutz, S. 66 ff.; Hoch, Persönlichkeitsschutz, S. 176 ff.; Lehmann, Postmortaler Persönlichkeitsschutz, S. 120 ff.; May, NJW 1958, 2101 (2102 f.); Nikoletopoulos, Persönlichkeitsschutz, S. 101 ff.; Westermann, FamRZ 1969, 561 (566 f.).

828 Claus, Postmortaler Persönlichkeitsschutz, S. 66; Lehmann, Postmortaler Persönlichkeitsschutz, S. 123 f. u. 128.

829 Lehmann, Postmortaler Persönlichkeitsschutz, S. 128 f.; Wortmann, Vererblichkeit, S. 72 u. 73.

b) *Fortwirkungslehre*

Im Unterschied zur Andenkensschutztheorie sind für die Vertreter der Fortwirkungslehre auch postmortal die Interessen des Verstorbenen maßgeblich. Da nach dem Tode ein Rechtsträger, dem die ideellen Persönlichkeitsrechte zugewiesen werden können, nicht mehr vorhanden ist, wird innerhalb der Fortwirkungslehre auf unterschiedliche Art und Weise versucht, das Fehlen des Rechtsträgers zu überwinden.

aa) *Theorie der postmortalen Teilrechtsfähigkeit*

Nach der sogenannten Theorie der postmortalen Teilrechtsfähigkeit sollen die Schwierigkeiten, die sich aus dem Fehlen eines Rechtssubjekts ergeben, durch die Annahme einer Teilrechtsfähigkeit des Verstorbenen beseitigt werden[830]. Danach bleibt der verstorbene Rechtsträger, beschränkt auf den Umfang der fortbestehenden Persönlichkeitsrechte, postmortal rechtsfähig[831]. Im Wege der Fiktion existieren nach dem Tode des Rechtsträgers nicht nur dessen Persönlichkeitsgüter, sondern auch der verstorbene Rechtsträger als Zuordnungsobjekt weiter[832]. Zu ihrer Rechtfertigung verweist die Theorie der postmortalen Teilrechtsfähigkeit insbesondere auf die Rechtslage beim nasciturus, der bereits pränatal rechtsfähig ist[833]. In Analogie zu diesem Beispiel soll zum Schutz der Persönlichkeit daher auch postmortal eine (Teil-) Rechtsfähigkeit des Verstorbenen anerkannt werden.

bb) *Theorie der allgemeinen Rechtssubjektivität*

Auf *Buschmann* geht die Theorie der allgemeinen Rechtssubjektivität zurück, wonach neben die Rechtsfähigkeit eine allgemeine Rechtssubjektivität treten soll. Die Wurzel der allgemeinen Rechtssubjektivität finde sich ebenso wie die der Rechtsfähigkeit in der Personenwürde, sie erfasse aber auch solche Fälle, die nicht mehr von der Rechtsfähigkeit abgedeckt werden[834]. Konkret versteht *Buschmann* unter der allgemeinen Rechtssubjektivität die Eigenschaft des Men-

---

830 Gregoritza, Kommerzialisierung, S. 62; Hirsch, Ehre und Beleidigung, S. 131 Fn. 19; Müller, Rechtssubjektivität, S. 248; J. Schmitt, in: MüKo, § 1 Rn. 55; Zöllner, JuS 1984, 985 (986).

831 Gregoritza, Kommerzialisierung, S. 62; Hirsch, Ehre und Beleidigung, S. 131 Fn. 19; Müller, Rechtssubjektivität, S. 250.

832 Jung, Vererblichkeit, S. 198; Knellwolf, Postmortaler Persönlichkeitsschutz, S. 16.

833 Gitter, in: MüKo, 3. Aufl., § 1 Rn. 58; Hirsch, Ehre und Beleidigung, S. 131 Fn. 19.

834 Buschmann, NJW 1970, 2081 (2087).

schen, Zuordnungssubjekt mindestens eines Rechtssatzes zu sein[835]. Sie setze voraus, dass es Rechtssätze gebe, die einem Subjekt Rechte und Pflichten zuordnen. Im Hinblick auf den Verstorbenen, soll die Rechtsubjektivität aus den §§ 22 S. 3 KUG, 83 Abs. 3 UrhG a. F.[836] folgen. § 22 KUG ordne dem Abgebildeten auch nach seinem Tode das Recht zu, die Veröffentlichung und Verbreitung seines Bildes von seiner Einwilligung abhängig zu machen. In gleicher Weise sei der ausübende Künstler gemäß § 83 UrhG a. F. dazu berechtigt, nach seinem Tode entstellende Darbietungen zu verbieten. Beide Vorschriften ordneten dem Verstorbenen somit Rechte zu, obwohl er mit dem Tod seine Rechtsfähigkeit verloren habe[837]. Die Theorie der allgemeinen Rechtssubjektivität hat somit zur Folge, dass der Verstorbene selbst Inhaber von Ansprüchen sein kann, obwohl er nicht mehr rechtsfähig ist[838].

cc) Allgemeine Rechtspflicht zur Respektierung des Persönlichkeitsbildes Verstorbener

Teilweise wird die Respektierung des Persönlichkeitsbildes Verstorbener als Ausfluss einer allgemeinen Rechtspflicht angesehen, bei deren Verletzung ein Verstoß gegen ein Schutzgesetz im Sinne des § 823 Abs. 2 BGB gegeben sei, welches die Rechtsprechung durch eine Präzisierung der Art. 1 und 2 GG entwi-

---

835 Buschmann, NJW 1970, 2081 (2087).

836 § 83 UrhG in der vom 09.09.1965 bis zum 30.06.1995 gültigen Fassung lautete:

(1) Der ausübende Künstler hat das Recht, eine Entstellung oder eine andere Beeinträchtigung seiner Darbietung zu verbieten, die geeignet ist, sein Ansehen oder seinen Ruf als ausübender Künstler zu gefährden.

(2) Haben mehrere ausübende Künstler gemeinsam eine Darbietung erbracht, so haben sie bei der Ausübung des Rechts aufeinander angemessene Rücksicht zu nehmen.

(3) Das Recht erlischt mit dem Tode des ausübenden Künstlers, jedoch erst fünfundzwanzig Jahre nach der Darbietung, wenn der ausübende Künstler vor Ablauf dieser Frist verstorben ist; die Frist ist nach § 69 zu berechnen. Nach dem Tode des ausübenden Künstlers steht das Recht seinen Angehörigen (§ 60 Abs. 3) zu.

In der Fassung vom 01.07.1995 bis zum 12.09.2003 wurde § 83 UrhG weitestgehend beibehalten. Die einzige Änderung erfolgte in Abs. 3 S. 1, wo die zeitliche Begrenzung auf fünfzig Jahre nach der Darbietung festgesetzt wurde. Seit dem 13.09.2003 gilt § 83 UrhG in seiner heutigen Fassung.

837 Buschmann, NJW 1970, 2081 (2087 f.).

838 Knellwolf, Postmortaler Persönlichkeitsschutz, S. 15.

ckelt habe[839]. Der Vorteil einer allgemeinen Rechtspflicht wird darin gesehen, dass diese keiner korrespondierenden individuellen Berechtigung eines Rechtssubjekts bedarf[840]. Die Fiktion eines Rechtssubjekts, wie bei einer postmortalen Teilrechtsfähigkeit des Verstorbenen, ist damit bei Annahme einer allgemeinen Rechtspflicht entbehrlich[841]. Ein Anhaltspunkt für eine allgemeine Rechtspflicht findet sich in der Rechtsprechung des BGH. Dieser hatte im Mephisto-Urteil entschieden, dass angesichts der in den § 22 KUG, § 189 StGB und § 83 UrhG a. F. gesetzlich geregelten Fälle des Schutzes von Persönlichkeitsgütern Verstorbener von einer allgemeinen Rechtspflicht auszugehen sei[842]. Nach Ansicht des BGH kann die Rechtsordnung Ge- und Verbote für das Verhalten der Rechtsgenossen zum Schutz verletzungsfähiger Rechtsgüter auch unabhängig vom Vorhandensein eines lebenden Rechtssubjekts vorsehen und namentlich Unterlassungsansprüche der in Rede stehenden Art durch jemanden wahrnehmen lassen, der nicht selbst Subjekt eines entsprechenden Rechts ist, wenn der ursprüngliche Träger dieses Rechts durch den Tod die Rechtsfähigkeit verloren hat[843].

dd) Theorie der subjektlosen Rechte

Nach der Theorie der subjektlosen Rechte[844] werden die Persönlichkeitsrechte mit dem Tod ihres einstigen Rechtsträgers postmortal von diesem abstrahiert und bestehen ohne entsprechendes Rechtssubjekt für sich allein weiter[845]. Im Zivilrecht finden die subjektlosen Rechte teilweise dann Anwendung, wenn es darum geht, trotz des vorübergehenden Fehlens eines Berechtigten das Weiter-

---

839 Brox/Walker, Erbrecht, Rn. 16; Heldrich, FS-Lange, 163 (169); Jung, Vererblichkeit, S. 203 ff.; Larenz/Canaris, SchR II/2, S. 532; Rixecker, in: MüKo, 5. Aufl., Anh. § 12 Rn. 33; Schulze Wessel, Vermarktung, S. 54 ff.

840 Heldrich, FS-Lange, 163 (169); Jung, Vererblichkeit, S. 204; Schulze Wessel, Vermarktung, S. 54.

841 Schulze Wessel, Vermarktung, S. 54.

842 BGH GRUR 1968, 552 (554) – Mephisto.

843 BGH GRUR 1968, 552 (554) – Mephisto.

844 Vgl. zu der Rechtsfigur der subjektlosen Rechte Hohner, Subjektlose Rechte, Bielefeld 1969.

845 Claus, Postmortaler Persönlichkeitsschutz, S. 54; Knellwolf, Postmortaler Persönlichkeitsschutz, S. 13; Riklin, Schutz der Persönlichkeit, S. 299. Für die Theorie der subjektlosen Rechte als Modell für den postmortalen Schutz ideeller Persönlichkeitsinteressen Bender, VersR 2001, 815 (820 ff.); Fischer, Postmortaler Persönlichkeitsschutz, S. 67; Hohner, Subjektlose Rechte, S. 80 Fn. 62.

bestehen von Vermögensrechten abzusichern[846]. Sinn und Zweck der subjektlosen Rechte ist es, wie beispielsweise bei der Dereliktion von Eigentum, einen vorübergehenden Zustand, in dem kein Rechtssubjekt vorhanden ist, zu überbrücken[847].

Auch für diesen Fortwirkungsansatz finden sich Hinweise sowohl im Cosima Wagner-Urteil als auch in dem Mephisto-Urteil des BGH. Im Cosima Wagner-Urteil sprach der BGH von einer Fortwirkung des allgemeinen Persönlichkeitsrechts über den Tod des Rechtsträgers hinaus und begründete dies damit, dass die schutzwürdigen Werte der Persönlichkeit die Rechtsfähigkeit ihres Subjekts, welche mit dem Tod erlösche, überdauerten[848]. Wie die Befürworter einer allgemeinen Rechtspflicht sehen auch die Vertreter der Theorie der subjektlosen Rechte ihre Theorie in dem Hinweis des BGH im Mephisto-Urteil, nämlich dass die Rechtsordnung Ge- und Verbote zum Schutze verletzungsfähiger Rechtsgüter auch unabhängig vom Vorhandensein eines lebenden Rechtsträgers vorsehen könne[849], bestätigt.

c) Stellungnahme

Gegen den postmortalen Schutz der ideellen Persönlichkeitsinteressen durch den vom Verstorbenen zur Wahrnehmung Berufenen oder die Angehörigen, wie ihn die herrschende Meinung befürwortet, bestehen erhebliche Bedenken. Weder die dogmatischen Begründungsansätze noch die postmortale Aufspaltung des allgemeinen Persönlichkeitsrechts in einen vererblichen vermögenswerten Bestandteil und einen von den Angehörigen oder einem anderweitig Berechtigten wahrzunehmenden ideellen Bestandteil können überzeugen.

aa) Unzureichende dogmatische Begründung des postmortalen Schutzes der ideellen Persönlichkeitsinteressen

Die größten Bedenken innerhalb der dogmatischen Begründungsansätze bestehen gegen einen Schutz des Verstorbenen über die Persönlichkeitsrechte seiner Angehörigen. Ein lediglich mittelbarer Schutz über die Angehörigen des Ver-

---

846 Hohner, Subjektlose Rechte, S. 81 ff.; Knellwolf, Postmortaler Persönlichkeitsschutz, S. 14; Lehmann, Postmortaler Persönlichkeitsschutz, S. 111; Schünemann, Körper, S. 238.

847 Jung, Vererblichkeit, S. 197 f.; Westermann, FamRZ 1969, 561 (565).

848 BGH GRUR 1955, 201 (204) – Cosima Wagner.

849 BGH GRUR 1968, 552 (554) – Mephisto.

storbenen wird dem Schutzauftrag des Art. 1 Abs. 1 GG nicht gerecht[850]. Ein an der Werteordnung des Grundgesetzes orientierter postmortaler Persönlichkeitsschutz wird über das allgemeine Persönlichkeitsrecht der Angehörigen nicht gewährleistet. Dies hat seinen Grund zunächst darin, dass das allgemeine Persönlichkeitsrecht des Verstorbenen und das der Hinterbliebenen nicht identisch sind[851]. Ein lediglich mittelbarer Schutz des Verstorbenen kann daher kein adäquater Ersatz für einen unmittelbaren Schutz sein[852]. Dies wird besonders deutlich, wenn man sich vor Augen führt, dass das Recht der Angehörigen und das fortbestehende Persönlichkeitsrecht des Verstorbenen einander unter Umständen auch zuwiderlaufen. Beispielsweise muss ein Angriff auf den Verstorbenen nicht zwangsläufig auch eine Beeinträchtigung der Persönlichkeitsinteressen seiner Angehörigen zur Folge haben, er kann den Angehörigen stattdessen sogar zur Ehre gereichen[853]. Im äußersten Fall sind es sogar die Angehörigen selbst, die das Persönlichkeitsbild des Verstorbenen beeinträchtigen[854]. Nicht zuletzt verbleiben bei einem mittelbaren Schutzkonzept über die Angehörigen aber auch Lücken im postmortalen Persönlichkeitsschutz. Diese ergeben sich insbesondere dann, wenn der Verstorbene keine Angehörigen hinterlässt[855]. Auch in diesen Fällen ist das Andenken des Verstorbenen aber schützenswert.

Bei aller Kritik an einem mittelbaren Schutzkonzept darf aber nicht unberücksichtigt bleiben, dass auch sämtliche Ausformungen der Fortwirkungslehre den postmortalen Schutz der ideellen Persönlichkeitsinteressen durch den Wahrnehmungsberechtigten oder die Angehörigen nicht hinreichend erklären können. Die Theorie von der postmortalen Teilrechtsfähigkeit muss sich zunächst entge-

---

850 Brox/Walker, Erbrecht, Rn. 16; Fischer, Postmortaler Persönlichkeitsschutz, S. 54 f.; Jung, Vererblichkeit, S. 201; Schack, GRUR 1985, 352 (360); Schulze Wessel, Vermarktung, S. 51; Wortmann, Vererblichkeit, S. 74 ff.

851 Bender, VersR 2001, 815 (818); Fischer, Postmortaler Persönlichkeitsschutz, S. 55; Heldrich, FS-Lange, 163 (170); Hubmann, Persönlichkeitsrecht, S. 342; Jung, Vererblichkeit, S. 202; Lange/Kuchinke, Erbrecht, S. 101; Rixecker, in: MüKo, Anh. § 12 Rn. 34; J. Schmitt, in: MüKo, § 1 Rn. 52.

852 Heldrich, FS-Lange, 163 (170); Jung, Vererblichkeit, S. 201 f.; Lange/Kuchinke, Erbrecht, S. 101.

853 Fischer, Postmortaler Persönlichkeitsschutz, S. 55 u. 57; Heldrich, FS-Lange, 163 (170); Jung, Vererblichkeit, S. 202; Schack, GRUR 1985, 352 (360); Westermann, FamRZ 1969, 561 (566).

854 Heldrich, FS-Lange, 163 (170); Hirsch, Ehre und Beleidigung, S. 132.

855 Hirsch, Ehre und Beleidigung, S. 131 f.

genhalten lassen, dass eine Teilrechtsfähigkeit im Gesetz keine Stütze findet[856]. Auch der Vergleich mit dem nasciturus überzeugt nicht. Letzterer befindet sich in der Entwicklung zu einem vollständigen Rechtssubjekt. Es wird daher lediglich eine Durchgangsphase, nämlich die zum werdenden Menschen, rechtlich abgesichert[857]. Während es beim nasciturus somit um einen vorwirkenden Rechtsgüterschutz geht, soll die postmortale Teilrechtsfähigkeit nicht nur einen vorübergehenden Zustand absichern. Zwar will auch die Theorie der postmortalen Teilrechtsfähigkeit nach dem Tode des Rechtsinhabers die fortbestehenden Persönlichkeitsinteressen nur vorübergehend für einen gewissen Zeitraum schützen. Der entscheidende Unterschied zur pränatalen Teilrechtsfähigkeit liegt jedoch darin, dass es postmortal darum geht, den Persönlichkeitsschutz endgültig „ausklingen" zu lassen und die fortbestehenden Interessen nicht bloß einem später vorhandenen Rechtsträger vorzubehalten[858]. Die Konstruktion einer postmortalen Teilrechtsfähigkeit missachtet dabei, dass mit dem Tod eines Menschen das Ende seiner Rechtsfähigkeit eintritt[859]. *Westermann* kritisiert die postmortale Teilrechtsfähigkeit daher zu Recht als eine „Mystifikation des unleugbaren Tatbestandes, daß mit seinem Tode *dieser* Mensch als selbständiger Bezugspunkt von Rechten und Pflichten wegfällt"[860]. Zwar hat das Erlöschen der Rechtsfähigkeit mit dem Tode im Gesetz keinen unmittelbaren Ausdruck gefunden, dahinter verbirgt sich indes der bewusste Verzicht des Gesetzgebers, das Selbstverständliche zu normieren[861][862].

---

856 Ahrens, Verwertung, S. 269; Buschmann, NJW 1970, 2081 (2086); Claus, Postmortaler Persönlichkeitsschutz, S. 56; Schünemann, Körper, S. 234.

857 Buschmann, NJW 1970, 2081 (2086); Fischer, Postmortaler Persönlichkeitsschutz, S. 62; Heldrich, FS-Lange, 163 (168); Jung, Vererblichkeit, S. 198 f.; Schulze Wessel, Vermarktung, S. 49.

858 Bender, VersR 2001, 815 (820); Fischer, Postmortaler Persönlichkeitsschutz, S. 62; Heldrich, FS-Lange, 163 (168); Jung, Vererblichkeit, S. 199; Lehmann, Postmortaler Persönlichkeitsschutz, S. 75 ff.; Westermann, FamRZ 1969; 561 (563).

859 Buschmann, NJW 1970, 2081 (2086); Jung, Vererblichkeit, S. 199; Westermann, FamRZ 1969, 561 (563).

860 Westermann, FamRZ 1969, 561 (563). So auch Lehmann, Postmortaler Persönlichkeitsschutz, S. 76.

861 Claus, Postmortaler Persönlichkeitsschutz, S. 56; Gregoritza, Kommerzialisierung, S. 61; Hoch, Persönlichkeitsschutz, S. 71 f.; Lehmann, Postmortaler Persönlichkeitsschutz, S. 61 f.; Nikoletopoulos, Persönlichkeitsschutz, S. 59.

862 Im Gesetzgebungsverfahren waren in den ersten beiden Entwürfen noch Regelungen zum Ende der Rechtsfähigkeit mit dem Tode Rechtsträgers enthalten. Erst durch die Bundesratsvorlage erhielt § 1 BGB schließlich seine heutige Fassung (Mugdan, Materialien I, S. LII). Während der Beratungen über den Ersten Entwurf wurde zweimal die

Demgegenüber stellt sich bei der Theorie der allgemeinen Rechtssubjektivität die Frage, ob sich die von *Buschmann* zur Begründung der Rechtssubjektivität angeführten § 23 S. 3 KUG und § 83 Abs. 3 UrhG überhaupt an den Verstorbenen richten[863]. Selbst wenn man den Verstorbenen als Zuordnungssubjekt dieser Normen ansieht, lässt sich der Theorie der allgemeinen Rechtssubjektivität jedoch wie auch der Theorie der Teilrechtsfähigkeit entgegenhalten, dass der Verstorbene nicht mehr existiert und daher auch nicht Zuordnungssubjekt der Persönlichkeitsrechte sein kann[864].

Indes lässt die Annahme einer allgemeinen Rechtspflicht unberücksichtigt, dass Ansprüche wegen der Verletzung eines Schutzgesetzes gemäß § 823 Abs. 2 BGB nur dann in Betracht kommen, wenn der Schaden an einem Rechtsgut eintritt, das durch die entsprechende Norm geschützt werden soll, und der Geschädigte zu dem geschützten Personenkreis gehört. Dies trifft jedoch auf den Verstorbenen, der nicht mehr am Rechtsverkehr teilnimmt, bereits nicht zu[865]. Darüber hinaus kann eine jedermann obliegende Pflicht nicht Schutzgegenstand des § 823 Abs. 2 BGB sein, weil es sich dabei um ein Allgemeingut handelt, welches nicht vom Schutzbereich des § 823 Abs. 2 BGB erfasst wird[866].

Zuletzt steht der Theorie der subjektlosen Rechte entgegen, dass ihre Existenz bereits im Vermögensrecht nicht unumstritten ist[867]. Darüber hinaus geht es in ihrem eigentlichen Anwendungsbereich bei den Vermögensrechten grundsätzlich immer nur um die Überbrückung eines Durchgangsstadiums, nämlich den Übergang vom einen auf den anderen Rechtsträger. Dauerhaft subjektlose

---

Streichung dieser Regelung befürwortet. Man sah den Passus in § 3 des Ersten Entwurfs „und endigt mit dem Tode" zum einen als „überflüssig" an, zum anderen sei diese Regelung über das Ende der Rechtsfähigkeit mit dem Tode „selbstverständlich", da die Rechtsfähigkeit des Menschen zwingend mit dem Tode des Menschen ein Ende finde (Mugdan, Materialien I, S. 571).

863 Claus, Postmortaler Persönlichkeitsschutz, S. 58; Knellwolf, Postmortaler Persönlichkeitsschutz, S. 16; Schwerdtner, Persönlichkeitsrecht, S. 105 f. u. 109.

864 Claus, Postmortaler Persönlichkeitsschutz, S. 58; Fischer, Postmortaler Persönlichkeitsschutz, S. 63; Nikoletopoulos, Persönlichkeitsschutz, S. 82 f.; Schünemann, Körper, S. 236; Schwerdtner, Persönlichkeitsrecht, S. 109.

865 Schwerdtner, Persönlichkeitsrecht, S. 109 f.

866 Bender, VersR 2001, 815 (820); Claus, Postmortaler Persönlichkeitsschutz, S. 59; Fischer, Postmortaler Persönlichkeitsschutz, S. 64 f.

867 Buschmann, NJW 1970, 2081 (2087); Jung, Vererblichkeit, S. 197; Knellwolf, Postmortaler Persönlichkeitsschutz, S. 14; Lehmann, Postmortaler Persönlichkeitsschutz, S. 107 ff.; Nikoletopoulos, Persönlichkeitsschutz, S. 78; Westermann, FamRZ 1969, 561 (565).

Rechte gibt es dagegen nicht[868]. Ein solcher Rechtsübergang ist beim postmortalen Persönlichkeitsrecht dagegen nicht beabsichtigt, weil kein anderer Rechtsträger mehr an die Stelle des Verstorbenen treten wird. Das postmortale Persönlichkeitsrecht ist daher ein dauerhaft subjektloses Recht[869]. Außerdem lässt sich der Theorie der subjektlosen Rechte entgegengehalten, dass es sich beim allgemeinen Persönlichkeitsrecht um ein dem Persönlichkeitsschutz dienendes Recht handelt, das bereits begriffsnotwendig die Existenz eines Rechtssubjekts voraussetzt[870].

bb) Kritik an der dualistischen Ausgestaltung des postmortalen Persönlichkeitsschutzes

Wie bereits erwähnt, führt die Wahrnehmung der ideellen Persönlichkeitsinteressen durch die Angehörigen des Verstorbenen oder den Wahrnehmungsberechtigten – unabhängig von der rechtlichen Konstruktion – und die gleichzeitige Vererbung der vermögenswerten Persönlichkeitsbestandteile postmortal zu einer dualistischen Aufspaltung der Rechtsträgerschaft. Die dem Schutz der ideellen Interessen des Verstorbenen dienenden Abwehransprüche werden von den Angehörigen oder dem hierzu berufenen Wahrnehmungsberechtigten geltend gemacht, während die vermögenswerten Befugnisse auf die Erben übergehen. Dies hat für den Fall, dass die Berechtigten nicht identisch sind, zur Folge, dass die Berechtigungen hinsichtlich der ideellen und der materiellen Interessen postmortal auseinanderfallen können[871].

Der BGH hält diesen postmortalen Dualismus für unproblematisch. Im Marlene Dietrich-Urteil hat er sich im Hinblick auf den postmortalen Schutz der materiellen Persönlichkeitsbestandteile dahingehend geäußert, dass die Aufspaltung der Rechtsträgerschaft kein Hindernis für eine Vererbung der vermögenswerten Persönlichkeitsbestandteile darstelle. Denn auch wenn die vermögenswerten Bestandteile des Persönlichkeitsrechts vererbt würden, blieben sie zur

868 Ahrens, Verwertung, S. 265; Hohner, Subjektlose Rechte, S. 78 f.; Knellwolf, Postmortaler Persönlichkeitsschutz, S. 14; Lehmann, Postmortaler Persönlichkeitsschutz, S. 117 ff.; Schünemann, Körper, S. 238 f.

869 Heldrich, FS-Lange, 163 (168); Hoch, Persönlichkeitsschutz, S. 111 f.; Knellwolf, Postmortaler Persönlichkeitsschutz, S. 14; Lehmann, Postmortaler Persönlichkeitsschutz, S. 117; Nikoletopoulos, Persönlichkeitsschutz, S. 78 f.; Schünemann, Körper, S. 239.

870 Hoch, Persönlichkeitsschutz, S. 113; Westermann, FamRZ 1969, 561 (566).

871 BGH NJW 2000, 2195 (2199) – Marlene Dietrich; Frommeyer, JuS 2002, 13 (18); Klüber, Persönlichkeitsschutz, S. 98.

Wahrung der ideellen Interessen des Rechtsträgers doch untrennbar mit den unveräußerlichen höchstpersönlichen Bestandteilen des Persönlichkeitsrechts verknüpft[872]. Die kommerzielle Verwertung tangiere häufig auch die ideellen Befugnisse der Angehörigen oder sonstigen Wahrnehmungsberechtigten. Insofern stelle sich die Lage nicht anders dar als beim Urheberrecht, bei dem ebenfalls die auf den Schutz der ideellen Interessen gerichteten urheberpersönlichkeitsrechtlichen Befugnisse häufig nicht in derselben Hand lägen wie die Nutzungsrechte. Dies habe zur Folge, dass Nutzungen durch die auch in urheberpersönlichkeitsrechtliche Befugnisse eingegriffen werde, nicht nur der Zustimmung des Nutzungsberechtigten, sondern auch des Inhabers des Urheberpersönlichkeitsrechts bedürften[873]. Auch wenn das Bildnis des Verstorbenen für kommerzielle Zwecke verwendet werde, sei sowohl die Zustimmung des Erben als Inhaber der vermögenswerten Bestandteile des Persönlichkeitsrechts als auch der Angehörigen erforderlich. Ebenso könnten durch eine kommerzielle Verwendung von Persönlichkeitsmerkmalen die durch das allgemeine Persönlichkeitsrecht geschützten ideellen Interessen des Verstorbenen tangiert sein, mit der Folge, dass der Wahrnehmungsberechtigte gegen eine solche Verwendung trotz Zustimmung der Erben einschreiten könnte[874].

Entgegen der Ansicht des BGH bestehen jedoch erhebliche Bedenken gegen eine dualistische Aufspaltung des postmortalen Persönlichkeitsschutzes[875]. Die ideellen und die materiellen Persönlichkeitsinteressen stehen auch nach dem Tode des Rechtsträgers untrennbar nebeneinander, so dass auch postmortal weiterhin die Schwierigkeit besteht, eindeutig festzustellen, welcher Interessenbereich betroffen ist, und ob dementsprechend die Angehörigen oder die Erben aktivlegitimiert sind[876]. Dies erkennt auch der BGH, wenn er darauf hinweist, dass die vermögensrechtlichen Teilbereiche der Persönlichkeitsrechte trotz ihrer Vererblichkeit untrennbar mit den unveräußerlichen höchstpersönlichen Bestandteilen verknüpft bleiben, da mit der kommerziellen Verwertung häufig auch ideelle Interessen des Verstorbenen berührt würden[877]. Auch der Hinweis,

---

872 BGH NJW 2000, 2195 (2199) – Marlene Dietrich.

873 BGH NJW 2000, 2195 (2199) – Marlene Dietrich; so auch Frommeyer, JuS 2002, 13 (18).

874 BGH NJW 2000, 2195 (2199) – Marlene Dietrich.

875 Gegen eine dualistische Aufspaltung der ideellen und der materiellen Persönlichkeitsbestandteile nach dem Tode Leipold, Erbrecht, Rn. 635a; Magold, Personenmerchandising, S. 568 f. u. 573; Peukert, ZUM 2000, 710 (717 u. 721); Schack, JZ 2000, 1060 (1061); ders., JZ 2007, 366 (367); Schulze Wessel, Vermarktung, S. 131 ff.

876 Brändel, Handbuch des Persönlichkeitsrechts, S. 613.

877 BGH NJW 2000, 2195 (2199) – Marlene Dietrich.

dass die Situation derjenigen im Urheberrecht vergleichbar sei, bei dem ebenfalls die auf den Schutz der ideellen Belange gerichteten urheberpersönlichkeitsrechtlichen Befugnisse oft nicht in der selben Hand lägen wie die Nutzungsrechte[878], übersieht, dass das Auseinanderfallen der Nutzungsrechte sowie der urheberpersönlichkeitsrechtlichen Befugnisse allein eine Folge der Unübertragbarkeit des Urheberrechts gemäß § 29 Abs. 1 UrhG und der Möglichkeit der Einräumung von Nutzungsrechten gemäß §§ 31 ff. UrhG ist. Postmortal gehen dagegen auch im Urheberrecht sowohl die ideellen als auch die materiellen Bestandteile auf die Erben über[879]. Auch nach dem Tode kommt es im Urheberrecht somit nicht zu einer dualistischen Aufspaltung ideeller und materieller Befugnisse[880].

Berücksichtigt man diese Erkenntnisse, so ist auch im Bereich des Persönlichkeitsschutzes eine dualistische Aufspaltung des allgemeinen Persönlichkeitsrechts nach dem Tode problematisch, zumal sie insbesondere mit praktischen Schwierigkeiten zu kämpfen hat. Dies gilt vor allem in den Fällen, in denen bei fehlender Identität von Erben und Angehörigen ein und derselbe Eingriff sowohl die ideellen als auch die materiellen Persönlichkeitsbestandteile betrifft[881]. Aber auch, wenn es um die postmortale Verwertung der Persönlichkeit geht, sind Konflikte zwischen den Erben und Angehörigen zu erwarten[882]. Greift die Vermarktung von Persönlichkeitsmerkmalen in die ideellen Persönlichkeitsinteressen des Verstorbenen ein, kann der zur Wahrnehmung dieser Interessen Berufene oder ein Angehöriger des Verstorbenen gegen die Verwertung einschreiten[883]. *Staudinger/Schmidt* sind daher zutreffend der Auffassung, dass der Erbe

878 BGH NJW 2000, 2195 (2199) – Marlene Dietrich.

879 Klüber, Persönlichkeitsschutz, S. 98; Schulze Wessel, Vermarktung, S. 132 f. Siehe hierzu auch oben Teil 3.A.I.

880 Gregoritza (Kommerzialisierung, S. 119) und Lichtenstein (Idealwert und Geldwert, S. 302) weisen zu Recht darauf hin, dass der Verweis des BGH auf die Situation im Urheberrecht insofern widersprüchlich ist, als der BGH die Untrennbarkeit der ideellen und der materiellen Persönlichkeitsbestandteile zur Begründung eines postmortalen Dualismus heranzieht. Im Urheberrecht hat dagegen genau diese Erkenntnis zur Anerkennung der Vererblichkeit des gesamten Urheberrechts geführt, so dass dem Monismus auch postmortal Rechnung getragen wird.

881 Müller, GRUR 2003, 31 (33).

882 Brändel, FS-Erdmann, 49 (55); Frommeyer, JuS 2002, 13 (18); Gregoritza, Kommerzialisierung, S. 120; Schulze Wessel, Vermarktung, S. 133; Taupitz, in: Taupitz/Müller, S. 34.

883 Götting (GRUR 2004, 801 (806 f.)) sieht gerade darin einen Vorteil der dualistischen Ausgestaltung des postmortalen Persönlichkeitsschutzes. Die Interessen des Verstorbenen würden doppelt abgesichert. Einerseits erhielten die Erben ein Kontrollrecht ge-

gut beraten sei, sich im Vorfeld der Verwertung mit den Wahrnehmungsberechtigten abzustimmen[884].

cc) Lösungsansatz – Monistische Ausgestaltung des postmortalen Persönlichkeitsschutzes

Aufgrund der dogmatischen Schwierigkeiten mit denen sowohl die Begründung des postmortalen Persönlichkeitsschutzes der ideellen Interessen als auch der postmortale Dualismus zu kämpfen haben, stellt sich die Frage, ob ein postmortaler Monismus nicht die geeignetere Konstruktion für einen postmortalen Persönlichkeitsschutz wäre. Hinsichtlich der konkreten Ausgestaltung bestünde die Möglichkeit, die ideellen und die materiellen Persönlichkeitsbestandteile nach dem Tod des ehemaligen Rechtsträgers einheitlich von dessen Angehörigen oder von den Erben wahrnehmen zu lassen.

(1) Modifizierung des erbrechtlichen Rechtsübergangs

Im persönlichkeitsrechtlichen Schrifttum wird teilweise eine Modifizierung des erbrechtlichen Rechtsübergangs vorgeschlagen, um eine einheitliche Wahrnehmung der ideellen und der materiellen Persönlichkeitsbestandteile nach dem Tode des Verstorbenen zu gewährleisten. Danach sollen in analoger Anwendung des § 22 S. 3 und 4 KUG auch die vermögenswerten Persönlichkeitsbestandteile im Wege der Sonderrechtsnachfolge auf die Angehörigen übergehen und so auch postmortal die lebzeitige Einheitlichkeit des Persönlichkeitsschutzes gewährleistet werden[885]. Für diese Konzeption des postmortalen Persönlichkeitsschutzes wird angeführt, dass es auch postmortal einer Ergänzung der materiellen Ersatzansprüche durch den Anspruch auf Zahlung einer Geldentschädigung für immaterielle Beeinträchtigungen bedürfe. Immaterielle Ersatzansprüche seien aber grundsätzlich durch die zur Wahrnehmung der ideellen Interessen berechtigten Personen geltend zu machen[886].

---

genüber einer unkontrollierten Ausbeutung der Persönlichkeit durch Dritte. Auf der anderen Seite könnten die Wahrnehmungsberechtigten als „Kontrolleure der Kontrolleure" gegen eine unzulässige Vermarktung der Persönlichkeit des Verstorbenen durch die Erben vorgehen.

884 Staudinger/Schmidt, Jura 2001, 241 (246).

885 Magold, Personenmerchandising, S. 568 f. u. 573; Schulze Wessel, Vermarktung, S. 137.

886 Schulze Wessel, Vermarktung, S. 137.

Eine persönlichkeitsrechtliche Modifizierung des erbrechtlichen Rechtsübergangs in dem Sinne, dass die Angehörigen sowohl in Bezug auf die ideellen als auch die materiellen Interessen berechtigt sind, scheitert – nach dem oben Gesagten[887] – aber bereits aus rechtlichen Gründen, weil es sich bei der vorgeschlagenen Modifizierung des erbrechtlichen Übergangs um eine vom Gesetz nicht vorgesehene Sonderrechtsnachfolge der Angehörigen von Todes wegen handelt, die im Widerspruch zum Grundsatz der Universalsukzession steht. Ein monistisch ausgestalteter postmortaler Persönlichkeitsschutz in der Form eines umfassenden Übergangs der ideellen und der materiellen Persönlichkeitsbestandteile auf die Angehörigen kommt aber auch deshalb nicht in Betracht, weil dieser Ansatz die Probleme hinsichtlich der dogmatischen Begründung des postmortalen Schutzes der ideellen Persönlichkeitsbestandteile nicht beseitigt. Er verhindert allein die Schwierigkeiten, die ein dualistisches Persönlichkeitskonzept mit sich bringt.

(2) Vererblichkeit der materiellen und der ideellen Persönlichkeitsinteressen entsprechend dem urheberrechtlichen Modell

Abschließend zu klären bleibt somit die Frage, ob mit einer im Vordringen befindlichen Auffassung von der Unvererblichkeit der ideellen Persönlichkeitsbestandteile abgerückt und die gemeinsame Vererbung sowohl der ideellen als auch der materiellen Persönlichkeitsinteressen angenommen werden kann[888]. Dieser Ansatz bedient sich des in § 28 Abs. 1 UrhG für das Urheberrecht niedergelegten Grundsatzes, dass der untrennbaren Verbindung der ideellen und der materiellen Interessen zu Lebzeiten auch nach dem Tode Rechnung zu tragen ist[889].

Folgt man dem BGH und spaltet den postmortalen Persönlichkeitsschutz dualistisch derart auf, dass die ideellen Interessen des allgemeinen Persönlichkeitsrechts den Angehörigen anvertraut werden, während die vermögenswerten Bestandteile auf die Erben übergehen, so stellt dies einen systematischen Wider-

---

887 Siehe oben Teil 3.B.I.3.c).

888 Brändel, Handbuch des Persönlichkeitsrechts, S. 614 ff.; Leipold, Erbrecht, Rn. 635a; Lichtenstein, Idealwert und Geldwert, S. 303 ff.; Muscheler, Universalsukzession, S. 133 ff. Vgl. auch Schierholz, Stimme, S. 152 ff., die sich für eine Vererblichkeit der besonderen Persönlichkeitsrechte ausspricht.

889 Für einen erbrechtlichen Übergang von Persönlichkeitsrechten entsprechend der urheberrechtlichen Vererbungsregelung vor Einführung des Urheberrechtsgesetzes bereits Hubmann, JZ 1957, 521 (528).

spruch zur urheberrechtlichen Regelung dar[890]. Trotz der bestehenden Unterschiede zwischen dem allgemeinen Persönlichkeitsrecht und dem Urheberpersönlichkeitsrecht ist die Ausgangslage des postmortalen Persönlichkeitsschutzes mit der im Urheberrecht nämlich weitestgehend vergleichbar. Weder im Urheberrecht noch im Bereich des allgemeinen Persönlichkeitsrechts lassen sich die ideellen und materiellen Persönlichkeitsbestandteile voneinander trennen[891]. Dies gilt nicht nur zu Lebzeiten. Auch postmortal ist eine exakte Trennung nicht möglich[892]. Teilweise wird sogar die Ansicht vertreten, dass die für das Urheberrecht geltende Untrennbarkeit erst recht für das Persönlichkeitsrecht gelte, da jede kommerzielle Nutzung der Persönlichkeit viel stärker als bei der urheberrechtlichen Verwertung des Werkes auf die Person hinweise, und demzufolge die ideellen höchstpersönlichen Interessen immer eine Rolle spielten[893].

(a) Vorteile einer Gesamtvererblichkeit

Mit der Gesamtvererblichkeit lässt sich nicht nur der Widerspruch zum Urheberrecht vermeiden. Es entfällt gleichzeitig auch die Problematik der dogmatischen Begründung des ideellen postmortalen Persönlichkeitsschutzes, weil sowohl die ideellen als auch die materiellen Persönlichkeitsbestandteile mit dem Erben postmortal einen neuen Rechtsträger erhalten[894]. Auch die aus einer postmortalen Aufspaltung der Rechtsträgerschaft resultierenden Probleme werden beseitigt. Dies gilt in erster Linie für die Fälle, in denen ein und derselbe Eingriff sowohl die ideellen als auch die materiellen Persönlichkeitsbestandteile betrifft und gleichzeitig Erben und Angehörige nicht identisch sind. Auch eine Behinderung der Verwertung durch die Angehörigen ist nicht möglich, wenn der Erbe sowohl hinsichtlich der ideellen als auch der materiellen Persönlichkeitsinteressen berechtigt ist[895]. Die Vererblichkeit des allgemeinen Persönlichkeitsrechts in analoger Anwendung der §§ 28 ff. UrhG birgt auch für den Verstorbenen keine schwerwiegenden Gefahren. Zum einen sind die Erben zumeist mit den Angehörigen identisch, so dass das Persönlichkeitsrecht postmortal den Personen zugeordnet wird, zu denen der Verstorbene in der Regel ein besonderes Vertrauensverhältnis hatte. In den meisten Fällen ergeben sich daher gar keine Unterschie-

---

890 Muscheler, Universalsukzession, S. 136.

891 Siehe oben Teil 2.A.I für das Urheberrecht und Teil 2.B.V.4.b) für das allgemeine Persönlichkeitsrecht.

892 Brändel, Handbuch des Persönlichkeitsrechts, S. 617.

893 Claus, Postmortaler Persönlichkeitsschutz, S. 162 f.

894 Brändel, Handbuch des Persönlichkeitsrechts, S. 615; Leipold, Erbrecht, Rn. 635a.

895 Gregoritza, Kommerzialisierung, S. 121.

de zu der vom BGH vertretenen dualistischen Rechtsträgerschaft im postmortalen Bereich[896]. Zum anderen kann der Erblasser sich des erbrechtlichen Instrumentariums bedienen, um die Wahrung seiner Persönlichkeitsinteressen sicherzustellen. Dieses bietet dem Erblasser beispielsweise die Möglichkeit, einem ihm besonders vertrauenswürdig erscheinenden Miterben im Wege der Teilungsanordnung gemäß § 2048 BGB die Verwaltung des postmortalen Persönlichkeitsrechts zu überlassen oder eine auf das Persönlichkeitsrecht beschränkte Teil-Testamentsvollstreckung gemäß § 2208 Abs. 1 S. 2 BGB anzuordnen[897].

(b) Vereinbarkeit einer Gesamtvererblichkeit entsprechend dem urheberrechtlichen Modell mit dem geltenden Recht

In Rechtsprechung und Schrifttum war man sich lange Zeit einig, dass eine Vererblichkeit der ideellen Persönlichkeitsbestandteile aufgrund der Höchstpersönlichkeit des allgemeinen Persönlichkeitsrechts und seiner verfassungsrechtlichen Verankerung in Art. 1 Abs. 1, 2 Abs. 1 GG nicht in Betracht komme[898]. Ebenso lasse sich eine Gesamtvererbung der Persönlichkeitsinteressen mit den gesetzlichen Regelungen in § 1922 BGB und § 22 S. 3 KUG nicht in Einklang bringen[899]. Gemäß § 1922 Abs. 1 BGB gehe nur das Vermögen des Verstorbenen auf die Erben über, nicht hingegen auch seine nichtvermögenswerten Rechte. Letztere seien nur dann einer Vererbung über § 1922 BGB zugänglich, wenn eine entsprechende gesetzliche Anordnung bestehe. Nur weil im Urheberrecht in § 28 Abs. 1 UrhG eine entsprechende Regelung getroffen worden sei, könne das Urheberpersönlichkeitsrecht zusammen mit den Verwertungsrechten auf den Erben übergehen. Solange es an einer vergleichbaren Regelung für den Bereich des allgemeinen Persönlichkeitsrechts fehle, komme eine Vererbung der ideellen Persönlichkeitsbestandteile zusammen mit den vermögenswerten Persönlichkeitsbestandteilen dagegen weiterhin nicht in Betracht[900]. Darüber hinaus spre-

896 Brändel, Handbuch des Persönlichkeitsrechts, S. 615; Gregoritza, Kommerzialisierung, S. 121.

897 Brändel, Handbuch des Persönlichkeitsrechts, S. 615.

898 Gegen eine Vererbung des allgemeinen Persönlichkeitsrechts Dunz, in: RGRK, § 823 Anh. I Rn. 132; Enders, Persönlichkeitsschutz, S. 60; Fischer, Postmortaler Persönlichkeitsschutz, S. 50; Gitter, in: MüKo, 3. Aufl., § 1 Rn. 57; Gregoritza, Kommerzialisierung, S. 60; Heldrich, FS-Lange, 163 (167); Klüber, Persönlichkeitsschutz, S. 97; Marotzke, in: Staudinger, § 1922 Rn. 131; Schack, GRUR 1985, 352 (360); Westermann, FamRZ 1969, 561 (563); Wortmann, Vererblichkeit, S. 67 ff.

899 Claus, Postmortaler Persönlichkeitsschutz, S. 193 ff.; Gregoritza, Kommerzialisierung, S. 122.

900 Wortmann, Vererblichkeit, S. 69.

che § 22 S. 3 KUG beim Recht am eigenen Bild den Angehörigen das Einwilligungsprivileg zu. Auch wenn den Angehörigen hiermit nicht die vermögenswerten Befugnisse zugewiesen würden[901], erkenne § 22 S. 3 KUG ihnen dennoch die Berechtigung zur Wahrnehmung der ideellen Interessen am Recht am eigenen Bild zu. Bei den übrigen Persönlichkeitsrechten sei dagegen die Wahrnehmungsbefugnis hinsichtlich der ideellen Interessen des Verstorbenen richterrechtlich den Angehörigen zugeordnet[902].

Die Höchstpersönlichkeit des allgemeinen Persönlichkeitsrechts steht einem erbrechtlichen Übergang sowohl der ideellen als auch der materiellen Persönlichkeitsinteressen, anders als bei einer translativen Übertragung des allgemeinen Persönlichkeitsrechts zu Lebzeiten[903], nicht entgegen[904]. Wie *Lichtenstein* zutreffend feststellt, besteht der entscheidende Unterschied zwischen lebzeitigem und postmortalem Persönlichkeitsschutz darin, dass es nach dem Tode nicht mehr um die Sicherung der fortdauernden Selbstbestimmung des Rechtsträgers geht, weil der Verstorbene nach dem Tode keine Selbstbestimmung mehr ausüben kann. Sinn und Zweck des postmortalen Persönlichkeitsschutzes ist es allein, die Persönlichkeit des Verstorbenen im Andenken der Mitmenschen zu bewahren[905]. Dieses Ziel lässt sich auch durch eine Rechtsnachfolge der Erben in das allgemeine Persönlichkeitsrecht erreichen. Denn die Vererbung hat nicht zur Folge, dass der Erbe nunmehr die Persönlichkeit des Erblassers annimmt, er rückt einzig und allein in die persönlichkeitsrechtliche Rechtsstellung des Verstorbenen ein. Der Rechtsgegenstand ist und bleibt somit derselbe, es findet nur ein Wechsel des Rechtsinhabers statt[906]. Insoweit gilt nichts anderes als im Urheberrecht. Auch dort hat die Vererbung gemäß § 28 UrhG nicht zur Folge, dass der Rechtsnachfolger nach dem Tode des Urhebers nunmehr selbst als Urheber des Werkes anzusehen wäre. Urheber ist und bleibt der Verstorbene.

---

901 Siehe hierzu Jung, Vererblichkeit, S. 229 ff.

902 Gregoritza, Kommerzialisierung, S. 122.

903 Siehe hierzu unten Teil 4.B.II.

904 Götting, GRUR 2004, 801 (806); Lichtenstein, Idealwert und Geldwert, S. 320.

905 Lichtenstein, Idealwert und Geldwert, S. 319 f. Siehe auch Schulze Wessel, Vermarktung, S. 118.

906 Lichtenstein, Idealwert und Geldwert, S. 323. Besonders veranschaulichen lässt sich dies am Beispiel des Namensrechts, auf das Lichtenstein (Idealwert und Geldwert, S. 323) hinweist. Mit dem Tode des Rechtsträgers wird der Erbe freilich nicht Namensträger des Verstorbenen, er erhält vielmehr lediglich die Rechte am Namen des Erblassers.

Auch aus verfassungsrechtlicher Sicht ist eine Gesamtvererblichkeit des allgemeinen Persönlichkeitsrechts unbedenklich[907]. Das Bundesverfassungsgericht hat ausdrücklich darauf hingewiesen, dass lediglich der verfassungsrechtlich gewährleistete Kern der Persönlichkeitsentfaltung beim Rechtsträger verbleibt und Persönlichkeitsrechte insofern unverzichtbar und unübertragbar sind, als sie dem Schutz ideeller Interessen dienen[908]. Mit dem Tod ende aber die Möglichkeit der verfassungsrechtlich durch Art. 2 Abs. 1 GG gewährleisteten Persönlichkeitsentfaltung, da Träger dieses Grundrechts nur lebende Personen seien[909]. Außerhalb des verfassungsrechtlich gewährleisteten Kernes seien das Ob und die konkrete Ausgestaltung einer Übertragung persönlichkeitsrechtlicher Befugnisse eine Frage des einfachen Rechts[910].

Eine Vererbung des allgemeinen Persönlichkeitsrechts scheitert insbesondere auch nicht an § 1922 Abs. 1 BGB. Diese Vorschrift, die nur von einem Übergang des „Vermögens“ auf die Erben spricht, kann nicht im Umkehrschluss dahingehend verstanden werden, dass nichtvermögenswerte Rechte nicht auf die Erben übergehen. Vielmehr gehören neben den vermögenswerten Rechtsverhältnissen grundsätzlich auch solche nichtvermögensrechtlicher Art zur Erbschaft[911]. Im Unterschied zur Rechtsnachfolge in vermögenswerte Rechte bedarf eine Vererbung nichtvermögenswerter Rechte allerdings gesetzlicher Anhaltspunkte, die einen Rechtsübergang auf die Erben rechtfertigen[912]. Eine ausdrückliche Anordnung der Vererbung des allgemeinen Persönlichkeitsrechts ist hingegen nicht erforderlich. Eine gesetzliche Vorschrift, die auch für das allgemeine Persönlichkeitsrecht eine Vererbung rechtfertigt, existiert mit der urheberrechtlichen Vererblichkeitsregelung in § 28 UrhG. Die Regelung kann über ihren eigentlichen Anwendungsbereich im Urheberrecht hinaus dahingehend verstanden werden, dass Rechte, die eine materielle und eine ideelle Komponente untrennbar in sich vereinen, nach dem Tode des Rechtsträgers auf die Erben übergehen sollen[913]. Berücksichtigt man die vergleichbare Ausgangslage des Urheberrechts und des allgemeinen Persönlichkeitsrechts, so steht eine Aufspal-

907 Brändel, Handbuch des Persönlichkeitsrechts, S. 614.

908 BVerfG NJW 2006, 3409 (3411) – Marlene Dietrich. Siehe hierzu Brändel, Handbuch des Persönlichkeitsrechts, S. 614.

909 BVerfGE 30, 173 (194) – Mephisto; BVerfG NJW 2006, 3409 (3409) – Marlene Dietrich.

910 BVerfG NJW 2006, 3409 (3411) – Marlene Dietrich. Siehe hierzu Brändel, Handbuch des Persönlichkeitsrechts, S. 614.

911 Weidlich, in: Palandt, § 1922 Rn. 7.

912 Leipold, in: MüKo, § 1922 Rn. 19.

913 Gregoritza, Vererblichkeit, S. 92; Leipold, in: MüKo, § 1922 Rn. 107.

tung des allgemeinen Persönlichkeitsrechts in einen materiellen und einen ideellen Bestandteil nach dem Tode in klarem Widerspruch zur Regelung des § 28 Abs. 1 UrhG. Auch vor dem Hintergrund einer einheitlichen Gesetzessystematik kann eine unterschiedliche rechtliche Behandlung zweier nahezu identischer Rechte nicht gewollt sein. Im Übrigen erscheint es widersinnig, die Vererbung des allgemeinen Persönlichkeitsrechts von der Existenz einer gesetzlichen Anordnung abhängig zu machen. Das allgemeine Persönlichkeitsrecht selbst hat bis heute keine gesetzliche Regelung erfahren[914]. Insoweit ist nicht nahvollziehbar, warum seine Vererblichkeit dann aber von einer ausdrücklichen Regelung durch den Gesetzgeber abhängig sein soll.

Selbst wenn man § 28 Abs. 1 UrhG jede Bedeutung für den postmortalen Schutz des allgemeinen Persönlichkeitsrechts abspricht, steht dies einer einheitlichen Vererbung der materiellen und der ideellen Persönlichkeitsbestandteile nicht entgegen. Da es sich beim allgemeinen Persönlichkeitsrecht um ein monistisch geprägtes Recht handelt, dessen vermögenswerte Bestandteile sich weder zu Lebzeiten noch nach dem Tode des Rechtsträgers von den nichtvermögenswerten ideellen Bestandteilen trennen lassen, kommt dem allgemeinen Persönlichkeitsrecht in Gänze ein Vermögenswert zu, der dann auch einer Rechtsnachfolge nach § 1922 BGB zugänglich sein muss[915]. Die gleiche Überlegung gilt gleichermaßen auch für das Urheberrecht und hat zur Folge, dass sowohl die Verwertungsrechte als auch die Urheberpersönlichkeitsrechte bereits über § 1922 Abs. 1 BGB auf die Erben übergehen würden, wenn es die ausdrückliche Anordnung der Vererbung nicht gäbe. § 28 Abs. 1 UrhG hat danach rein deklaratorischen Charakter[916].

Im Übrigen partizipieren die ideellen Persönlichkeitsinteressen auch nicht nur am Vermögenswert der materiellen Persönlichkeitsbestandteile. Nach heute herrschender Auffassung löst die Beeinträchtigung der ideellen Persönlichkeitsbestandteile nicht mehr nur Abwehransprüche sondern auch Geldentschädigungsansprüche aus, die zweifelsohne eine vermögenswerte Rechtsposition darstellen[917]. Angesichts dessen beinhalten auch die ideellen Interessen heutzutage eine vermögenswerte Komponente, die gemäß § 1922 Abs. 1 BGB auf die Erben übergehen muss.

---

914 Siehe oben Teil 1.B.III.2.

915 Lichtenstein, Idealwert und Geldwert, S. 318.

916 Claus, Postmortaler Persönlichkeitsschutz, S. 194; Schierholz, Stimme, S. 155 f.

917 Siehe oben Teil 2.B.VI.4.

Letztlich greift auch der Hinweis auf § 22 S. 3 KUG nicht. Wie bereits betont wurde, gilt diese Regelung einzig und allein für das Recht am eigenen Bild, so dass die ihm zugrunde liegenden Wertungen nicht im Wege der Analogie auf das allgemeine Persönlichkeitsrecht übertragen werden können und auch sonst keine Bedeutung für das allgemeine Persönlichkeitsrecht erlangen[918].

Im Übrigen handelt es sich bei § 22 S. 3 UrhG um eine Vorschrift aus dem Jahr 1907. Der Gesetzgeber wird sich zur damaligen Zeit über die Bedeutung und Tragweite für das damals noch nicht anerkannte allgemeine Persönlichkeitsrecht wohl kaum bewusst gewesen sein[919]. § 22 S. 3 KUG steht somit nur einer Vererbung des Rechts am eigenen Bild, nicht aber auch des allgemeinen Persönlichkeitsrechts entgegen. Um den Schutz der Persönlichkeit in allen Lebensbereichen einheitlich zu regeln, wäre allerdings eine Änderung oder Streichung von § 22 S. 3 KUG wünschenswert[920].

d) Fazit

Zusammenfassend lässt sich somit festhalten, dass die Gesamtvererblichkeit des allgemeinen Persönlichkeitsrechts nicht nur die Probleme der dogmatischen Begründung des postmortalen Schutzes der ideellen Persönlichkeitsbestandteile beseitigt, sondern zugleich auch den postmortalen Persönlichkeitsschutz auf eine neue Grundlage stellt, die mit der Vererblichkeitsregelung des Urheberrechts identisch ist und somit auch dem Interesse an einer einheitlichen Gesetzessystematik Rechnung trägt. Da einer Anerkennung der Gesamtvererblichkeit auch keine rechtlichen Gründe entgegenstehen, ist entgegen der Rechtsprechung des BGH und der herrschenden Meinung in der Literatur ein monistisch ausgestaltetes postmortales Persönlichkeitsschutzkonzept in Form der Rechtnachfolge der

---

918 OLG München NJW-RR 1994, 925 (925) – Schreckliches Mädchen; Claus, Postmortaler Persönlichkeitsschutz, S. 161; Fischer, Postmortaler Persönlichkeitsschutz, S. 58 u. 219; Nikoletopoulos, Persönlichkeitsschutz, S. 53. Siehe hierzu bereits oben Teil 3.B.I.3.c).

919 Claus, Postmortaler Persönlichkeitsschutz, S. 161. Siehe hierzu bereits oben Teil 3.B.I.3.c).

920 Schierholz (Stimme, S. 157) schlägt insoweit die Streichung von § 22 S. 4 KUG bei gleichzeitiger folgender Änderung des Wortlauts von § 22 S. 3 KUG vor: „Nach dem Tode des Abgebildeten bedarf es der Einwilligung seiner Erben.“ Lichtenstein (Idealwert und Geldwert, S. 314 f.) nimmt zutreffend an, dass § 22 S. 3 u. 4 KUG bei einer Anerkennung der umfassenden Vererblichkeit des allgemeinen Persönlichkeitsrechts überflüssig wären.

Erben in die Rechtsstellung des Erblassers hinsichtlich der ideellen und der materiellen Persönlichkeitsinteressen zu befürworten.

III. Stellung des Rechtsnachfolgers

1. Erbrechtliche Auflage und Testamentsvollstreckung

Mit dem Übergang der vermögenswerten und der nichtvermögenswerten Bestandteile des allgemeinen Persönlichkeitsrechts auf die Erben stellt sich auch hier die Frage nach der Stellung des Rechtsnachfolgers. Die grundsätzlichen Möglichkeiten des Erblassers, die Stellung seines Rechtsnachfolgers mithilfe des erbrechtlichen Instrumentariums einzuschränken, sind zunächst die gleichen wie bei der Vererbung des Urheberrechts[921]. Der Erblasser kann sowohl die materiellen als auch die ideellen Bestandteile des allgemeinen Persönlichkeitsrechts zum Gegenstand eines Vermächtnisses machen oder dem Erben im Wege der Auflage ein bestimmtes Tun oder Unterlassen auferlegen und die Durchsetzung seines Willens durch die Einsetzung eines Testamentsvollstreckers sicherstellen.

2. Keine Bindung des Erben an den Erblasserwillen

Nach dem dualistischen Ansatz des BGH sollen die Erben bei der Nutzung der vermögenswerten Bestandteile auch an den tatsächlichen oder mutmaßlichen Willen des Erblassers gebunden bleiben[922]. Der BGH sieht in der Befugnis der Erben, gegen eine unerlaubte Verwendung des Bildnisses oder des Namens einzuschreiten, kein uneingeschränktes positives Benutzungsrecht[923]. Auch im Schrifttum wird eine Bindung an den Erblasserwillen größtenteils befürwortet. Im Unterschied zum Urheberrecht, wo eine Bindung an die ideellen Interessen des Verstorbenen nicht in Betracht kommt[924], bleibe das postmortale Persönlichkeitsrecht auch nach dem Tode untrennbar mit der Person des Verstorbenen verbunden. Unabhängig davon, wie einzelne Persönlichkeitsdetails des Verstor-

921 Siehe hierzu Brändel, FS-Erdmann, 49 (53 ff.).

922 BGH NJW 2000, 2195 (2199) – Marlene Dietrich; NJW 2007, 684 (685) – kinski-klaus.de.

923 BGH NJW 2000, 2195 (2199) – Marlene Dietrich.

924 Siehe oben Teil 3.A.IV.3.

benen kommerziell eingesetzt würden, verwiesen diese zu jeder Zeit noch auf die Persönlichkeit[925].

Anders als im Urheberrecht wird im Rahmen des postmortalen Persönlichkeitsschutzes dem erbrechtlichen Instrumentarium die Effektivität zur Durchsetzung des Erblasserwillens abgesprochen[926]. Allein mit der erbrechtlichen Auflage könne der Erblasser dem beschwerten Erben ein Tun oder Unterlassen aufgeben und seinen Willen zur Geltung bringen. Da es aber an einem mit der Verpflichtung korrespondierenden Recht eines anderen auf diese Leistung fehle, könne es vorkommen, dass die Auflage unbeachtet bleibe, wenn sich der Erbe über diese hinwegsetze oder wenn sich mehrere Erben darauf verständigten. Die Auflage erweise sich somit als ein nur sehr schwaches Instrument zur Durchsetzung der Interessen des Erblassers[927].

Zwar trifft es zu, dass die Auflage allein keinen ausreichenden Schutz des Willens des Verstorbenen gewährleisten kann. *Gregoritza*, als Vertreterin einer Bindung an den Erblasserwillen, führt selbst aber zutreffend aus, dass die Auflage sehr wohl zur Durchsetzung des Erblasserwillens geeignet ist, nämlich dann, wenn der Verstorbene noch zu Lebzeiten zur Vollziehung der Auflage einen Testamentsvollstrecker einsetzt[928]. Auch kann der Erblasser die Nichterfüllung einer Auflage gemäß § 2075 BGB zur auflösenden Bedingung der Erbeinsetzung machen[929]. Wie im Urheberrecht ist das Erbrecht somit auch postmortal dazu in der Lage, die persönlichkeitsrechtlichen Interessen des Verstorbenen zu schützen. Dann ist es dem Erblasser aber ebenfalls zuzumuten, dass er die zur Wahrung seines Willens erforderlichen Maßnahmen noch zu Lebzeiten selbst in die Wege leitet. Tut er dies nicht, so kann der Erbe gemäß § 1922 BGB frei über den gesamten Nachlass und damit auch über die geerbten Persönlichkeitsbestandteile verfügen[930].

---

925 Frommeyer, JuS 2002, 13 (17); Götting, GRUR 2004, 801 (807); Gregoritza, Kommerzialisierung, S. 109 ff.; Müller, GRUR 2003, 31 (32); Wortmann, Vererblichkeit, S. 313.

926 Claus, Postmortaler Persönlichkeitsschutz, S. 209; Gregoritza, Kommerzialisierung, S. 114. Claus sieht den Nachteil des erbrechtlichen Instrumentariums darin, dass dieses eine Anordnung im Wege einer Verfügung von Todes wegen voraussetze.

927 Gregoritza, Kommerzialisierung, S. 114.

928 Gregoritza, Kommerzialisierung, S. 114.

929 Brändel, FS-Erdmann, 49 (54); Jung, AfP 2005, 317 (320).

930 Beuthien, NJW 2003, 1220 (1222); Burkhardt, in: Wenzel, Rn. 5.117; Jung, Vererblichkeit, S. 244 ff.; ders., AfP 2005, 317 (320); Taupitz, in: Taupitz/Müller, S. 35 f. Dass die Bindung an den Erblasserwillen mit dem erbrechtlichen Grundsatz der unbe-

Darüber hinaus sprechen praktische Gründe gegen eine Bindung der Erben an den Willen des Verstorbenen. Gerade im Hinblick auf die Verwertung der materiellen Persönlichkeitsinteressen erweist sich die Feststellung des mutmaßlichen Erblasserwillens sowohl hinsichtlich neuer Verwertungsarten, als auch solcher Verwertungen, denen der Erblasser zu Lebzeiten nicht zugestimmt hat, als äußerst problematisch[931]. So kann es durchaus vorkommen, dass der Erblasser noch zu Lebzeiten eine Vermarktung seiner Persönlichkeit abgelehnt hat, er aber dennoch mit einer Vermarktung durch seine Erben einverstanden gewesen wäre[932].

IV. Postmortale Schutzdauer des Persönlichkeitsschutzes

Ebenso wie der Schutz des Urheberrechts nicht auf unbeschränkte Zeit gilt, ist auch der Schutz der Persönlichkeitsinteressen nach dem Tode zeitlich begrenzt. Der BGH hat aus seinem dualistischen Persönlichkeitsschutzkonzept den Schluss gezogen, dass die postmortale Schutzdauer für die ideellen und die materiellen Persönlichkeitsinteressen keiner identischen Regelung bedürften.

Für die ideellen Persönlichkeitsinteressen geht der BGH von einer flexiblen Schutzfrist aus. Der postmortale Schutz der ideellen Persönlichkeitsinteressen lasse sich deutlich flexibler und sachgerechter gestalten, wenn die Schutzdauer nicht starr, sondern anhand der Umstände des Einzelfalles im Rahmen einer Güter- und Interessenabwägung bestimmt werde[933]. Im Rahmen der einzelfallbezogenen Güter- und Interessenabwägung seien insbesondere die Intensität der Beeinträchtigung sowie die Bekanntheit und Bedeutung der betroffenen Persönlichkeit zu berücksichtigen[934]. Insbesondere der postmortale Persönlichkeitsschutz Prominenter wird unter Anwendung dieser Kriterien in der Regel relativ lange dauern, jedenfalls weitaus länger als der Schutz des „Normalbürgers"[935].

---

schränkten Erbenstellung kollidiert, erkennen auch die Vertreter der Literatur an, die eine solche Bindung befürworten, vgl. Gregoritza, Kommerzialisierung, S. 117.

931 Fischer, Postmortaler Persönlichkeitsschutz, S. 244 f.; Götting, NJW 2001, 585 (586); ders., GRUR 2004, 801 (807); Jung, Vererblichkeit, S. 245; ders., AfP 2005, 317 (320); Taupitz, in: Taupitz/Müller, S. 35.

932 Fischer, Postmortaler Persönlichkeitsschutz, S. 244 f.

933 BGH NJW 1990, 1986 (1988) – Emil Nolde; OLG München, NJW-RR 1994, 925 (925) – Schreckliches Mädchen. Siehe auch Heldrich, FS Lange, 163 (173 f.); Müller GRUR 2003, 31 (34); Schulze Wessel, Vermarktung, S. 65.

934 BGH NJW 1990, 1986 (1988) – Emil Nolde.

935 Ahrens, Verwertung, S. 277.

Dennoch ist nach der Auffassung des BGH auch in diesen Fällen kein uferloser postmortaler Schutz zu befürchten, da der Kreis der wahrnehmungsberechtigten Personen von vornherein auf die überlebenden engsten Angehörigen beschränkt sei und daher mit der Zeit immer kleiner werde[936]. Zwar ist dem BGH zuzugestehen, dass eine flexible Schutzdauer in besonderem Maße dazu geeignet ist, für Einzelfallgerechtigkeit zu sorgen. Dem Ansatz des BGH ist dennoch entgegenzuhalten, dass er abhängig von der Anzahl und dem Alter der Wahrnehmungsberechtigten zu erheblichen Unterschieden in der Schutzdauer führt. Hat der Verstorbene Enkel im Kindesalter, so kann es unter Umständen Jahrzehnte dauern, bis auch die letzten Wahrnehmungsberechtigten verstorben sind und die natürliche Befristung des postmortalen Persönlichkeitsschutzes eintritt. Andererseits kann es sein, dass bereits im Zeitpunkt des Todes gar keine Wahrnehmungsberechtigten mehr vorhanden sind. In letzterem Fall bliebe die Persönlichkeit des Verstorbenen somit nach dem Tode ungeschützt. Dies zeigt bereits, dass eine flexible Schutzfrist keine interessengerechte Lösung für die zeitliche Begrenzung des postmortalen Persönlichkeitsschutzes sein kann.

Für den hier vertretenen Ansatz einer Vererbung der ideellen und der materiellen Persönlichkeitsbestandteile gilt dies umso mehr, da eine flexible Schutzfrist bei einer einheitlichen Vererbung der ideellen und der materiellen Persönlichkeitsinteressen zu nicht hinnehmbaren Rechtsunsicherheiten führt. Denn es gilt in diesem Fall nicht nur eine Seite des allgemeinen Persönlichkeitsschutzes postmortal abzusichern. Vielmehr bedarf es einer einheitlichen festen Schutzfrist, die gleichermaßen sowohl für die ideellen als auch die materiellen Persönlichkeitsbestandteile gilt. Das Bedürfnis nach einer festen Schutzdauer resultiert dabei aus dem legitimen Interesse dritter Personen an der materiellen Verwertung der vermögenswerten Persönlichkeitsbestandteile des Verstorbenen nach Ablauf der Schutzfrist. Für sie muss zu jeder Zeit klar erkennbar sein, ab welchem Zeitpunkt die Nutzung gemeinfrei ist[937]. Anderenfalls läuft der Verwerter Gefahr, sich im Falle der widerrechtlichen Nutzung von Persönlichkeitsmerkmalen des Verstorbenen unabhängig von der Schwere des Eingriffs schadensersatzpflichtig zu machen. Ihm drohen bei einer widerrechtlichen Nutzung der materiellen Persönlichkeitsbestandteile somit schwerwiegendere Sanktionen, die er bei einem Eingriff in die ideellen Interessen hingegen nicht zu befürchten hätte[938]. Die Schutzdauer spielt im Bereich der materiellen Interessen und somit

---

936 BGH GRUR 1968, 552 (555) – Mephisto.

937 Burkhardt, in: Wenzel, Rn. 5.124; Gregoritza, Kommerzialisierung, S. 129 u. 274; Jung, Vererblichkeit, S. 259 f.; Magold, Personenmerchandising, S. 573 f.

938 Gregoritza, Kommerzialisierung, S. 128 f. u. 274.

auch bei einer Gesamtvererbung der Persönlichkeitsbestandteile eine weitaus wichtigere Rolle als beim isolierten Schutz der ideellen Bestandteile und bedarf daher einer festen zeitlichen Begrenzung. Dies erkennt – bezogen auf die materiellen Persönlichkeitsinteressen – seit seinem kinski-klaus.de-Urteil[939] aus dem Jahr 2007 auch der BGH an, nachdem er es im Marlene Dietrich-Urteil zunächst noch bei der Feststellung belassen hatte, dass die Annahme nahe liege, der Schutz kommerzieller Interessen könne zeitlich nicht über den der ideellen Interessen hinausreichen[940].

Zu klären bleibt insoweit allerdings noch die konkrete Schutzdauer. Der BGH hat sich im kinski-klaus.de-Urteil für eine analoge Anwendung der Zehnjahresfrist des § 22 S. 3 KUG auf den postmortalen Schutz der materiellen Interessen ausgesprochen und zur Begründung ausgeführt, dass das Persönlichkeitsrecht einer zu Lebzeiten sehr bekannten Person nach ihrem Tode Teil der gemeinsamen Geschichte sei. Das Interesse der Angehörigen oder – bei den vermögenswerten Bestandteilen – das der Erben an einer wirtschaftlichen Verwertung des Persönlichkeitsbildes müsse deshalb nach Ablauf von zehn Jahren zurücktreten. Eine darüber hinausgehende zeitliche Ausdehnung der Schutzdauer der vermögenswerten Bestandteile des postmortalen Persönlichkeitsrechts sei mit der Wertung des § 22 KUG nicht vereinbar. Die ideellen Interessen könnten unter den Voraussetzungen und im Umfang des postmortalen Schutzes der ideellen Bestandteile des postmortalen Persönlichkeitsrechts aber auch über diese Frist hinaus fortbestehen[941].

Eine analoge Anwendung der zehnjährigen Schutzfrist des § 22 S. 3 KUG ist für den postmortalen Schutz des allgemeinen Persönlichkeitsrechts jedoch abzulehnen. Wie bereits mehrfach betont wurde, kommt eine analoge Anwendung des Kunsturhebergesetzes über die Fälle des Rechts am eigenen Bild hinaus nicht in Betracht[942]. Zum anderen kann die zehnjährige Schutzfrist auch sachlich nicht überzeugen. *Götting* weist zu Recht darauf hin, dass nicht ersicht-

---

939 BGH NJW 2007, 684 (684 ff.) – kinski-klaus.de.

940 BGH NJW 2000, 2195 (2199) – Marlene Dietrich.

941 BGH NJW 2007, 684 (685 f.) – kinski-klaus.de; Für eine Begrenzung der postmortalen Schutzdauer auf 10 Jahre post mortem auch Magold, Personenmerchandising, S. 573 f.; Schulze Wessel, Vermarktung, S. 142 f.; Taupitz, in: Taupitz/Müller, S. 48; Ullmann, WRP 2000, 1049 (1053); ders., AfP 1999, 209 (214). Ullmann (WRP 2000, 1049 (1053)) vertritt die Auffassung, dass derjenige, der auch danach noch vermögenswerte Bestandteile geschützt wissen will, den Weg über die Immaterialgüterrechte beschreiten müsse.

942 Siehe oben Teil 3.B.I.3.c) und Teil 3.B.II.3.c)cc)(2)(b).

lich ist, warum der BGH sich anders als bei den ideellen Persönlichkeitsinteressen im Bereich der vermögenswerten Persönlichkeitsbestandteile an die Frist des § 22 S. 3 KUG gebunden fühlt[943]. Insbesondere muss aber berücksichtigt werden, dass der Bekanntheitsgrad einer Person für ihren wirtschaftlichen Wert entscheidend ist. Populären Persönlichkeiten, deren Bekanntheitsgrad post mortem nicht innerhalb von zehn Jahren verblasst, wird eine zeitliche Begrenzung des postmortalen Schutzes wirtschaftlicher Interessen auf zehn Jahre oftmals nicht gerecht[944]. Mit den Persönlichkeitsdetails verstorbener Berühmtheiten lassen sich auch noch mehr als 10 Jahre nach dem Tod Gewinne erzielen. Diese dürfen ebenfalls nicht dem rechtswidrigen Nutzer verbleiben[945].

Im persönlichkeitsrechtlichen Schrifttum, das sich ebenso wie der BGH für eine dualistische Aufspaltung des postmortalen Persönlichkeitsschutzes ausspricht, wird anstelle der Zehnjahresfrist für den postmortalen Schutz der materiellen Interessen teilweise eine mittlere Schutzdauer von 30[946] bzw. 35[947] Jahren nach dem Tode des Verstorbenen befürwortet. Für eine solche Frist wird angeführt, dass Erben und nahe Angehörige zumeist identisch seien und es aufgrund ihrer unmittelbaren Nähebeziehung zum Verstorbenen sach- und interessenge-

---

943 Götting, Handbuch des Persönlichkeitsrechts, S. 45.

944 Frommeyer, JuS 2002, 13 (18); Wanckel, NJW 2007, 686 (686).

945 Brändel, Handbuch des Persönlichkeitsrechts, S. 622. Im Gegensatz zu Götting befürwortet Brändel eine flexible Schutzfrist. Seiner Ansicht nach widerspricht die 10-Jahres-Frist dem Gebot, die Schutzwirkungen des Persönlichkeitsrechts für jeden Einzelfall gesondert zu ermitteln. Nur so könne aber den Besonderheiten der zu schützenden individuellen Persönlichkeit Rechnung getragen werden. Eine Kombination von fester und flexibler Schutzfrist befürwortet dagegen Gauß (Mensch als Marke, S. 87 f.). Nach seiner Auffassung sollen die vermögenswerten Persönlichkeitsbestandteile postmortal analog § 22 S. 3 KUG jedenfalls innerhalb der ersten 10 Jahre nach dem Tod uneingeschränkt geschützt werden. Für einen darüber hinausgehenden Schutz seien hingegen die fortdauernde Bekanntheit des Verstorbenen und die Intensität der Verwertung maßgeblich. Eine obere zeitliche Grenze bilde die aus dem Urheberrecht bekannte Frist von 70 Jahren.

946 Gregoritza, Kommerzialisierung, S. 131; Lichtenstein, Idealwert und Geldwert, S. 369 ff.; Burkhardt, in: Wenzel, Rn. 5.124

947 Jung, Vererblichkeit, S. 262; ders., AfP 2005, 317 (322 f.). Jung schlägt vor, § 22 S. 3 u. 4 KUG wie folgt zu ändern: „Das Recht zur Verwertung des Bildnisses einer Person geht mit deren Tod auf die Erben über. Es besteht für die Dauer von 35 Jahren gerechnet vom Tod der Person." Jung bezeichnet diese Änderung als „kleine" Lösung, wohingegen er in der Gesamtregelung des allgemeinen Persönlichkeitsrechts einschließlich des postmortalen Schutzes die „große" Lösung sieht (Jung, Vererblichkeit, S. 263).

recht erscheine, ihnen Zeit ihres Überlebens die Verwertungsberechtigung an den Persönlichkeitsmerkmalen des Erblassers einzuräumen[948]. Da nach 30 bis 35 Jahren jedoch auch der Ehegatte und die Abkömmlinge des Erblassers in aller Regel verstorben sind, soll der Verstorbene ab diesem Zeitpunkt zur „historischen Persönlichkeit" und zum „kulturellen Gemeingut" werden[949]. Eine mittlere Schutzfrist führt allerdings nicht anders als die dualistische Aufspaltung des postmortalen Persönlichkeitsschutzes zu einem nicht gerechtfertigten Wertungswiderspruch mit dem Urheberrecht. Auch insoweit ist *Götting* zuzustimmen, dass nicht nachvollziehbar ist, weshalb für eine Fotografie als Lichtbildwerk, die ihren Marktwert ausschließlich der Prominenz der abgebildeten Person verdankt, auch noch 70 Jahre nach dem Tod des Urhebers Schutz gewährt wird, während die auf dem Lebenswerk des Verstorbenen beruhenden vermögenswerten Bestandteile des Persönlichkeitsrechts bereits vorher erlöschen sollen[950]. Auch kann es unter zeitlichen Gesichtspunkten keinen Unterschied machen, ob Briefe des Verstorbenen als persönliche geistige Schöpfung im Sinne von § 2 Abs. 2 UrhG urheberrechtlichen Schutz genießen oder nicht[951]. Die Interessenlage des postmortalen Persönlichkeitsschutzes ist insofern mit der des Urheberrechts vergleichbar[952]. Dann sollte im Sinne einer systemkonformen Rechtsfortbildung aber auch der postmortale Schutz der kommerziellen Persönlichkeitsinteressen in Anlehnung an die urheberrechtliche Schutzfrist auf 70 Jahre erstreckt werden[953]. Dies gilt nach der hier vertretenen Auffassung einer Gesamtvererblichkeit umso mehr, als auch auf den postmortalen Persönlichkeitsschutz die Vererblichkeitslösung des Urheberrechts anzuwenden ist.

Zusammenfassend ist daher festzuhalten, dass der postmortale Schutz der ideellen und der materiellen Persönlichkeitsinteressen, ebenso wie das Urheberrecht, siebzig Jahre nach dem Tode des Verstorbenen erlischt.

---

948 Jung, Vererblichkeit, S. 262 f.

949 Jung, Vererblichkeit, S. 263.

950 Götting, NJW 2001, 585 (586); ders., GRUR 2004, 801 (806). So auch Freudenberg, EWiR § 22 KUG 1/08, 29 (30).

951 Fischer, Postmortaler Persönlichkeitsschutz, S. 260.

952 A.A. Schulze Wessel (Vermarktung, S. 142), der den entscheidenden Unterschied zum Urheberrecht darin sieht, dass die vermögenswerten Bestandteile von Persönlichkeitsrechten in einer engeren Beziehung zum ideellen Kernbereich stünden, als dies im Urheberrecht der Fall sei.

953 Für einen Rückgriff auf § 64 UrhG auch Claus, Postmortaler Persönlichkeitsschutz, S. 220 f.; Fischer, Postmortaler Persönlichkeitsschutz, S. 260 f.; Freudenberg, EWiR § 22 KUG 1/08, 29 (30); Rixecker, in: MüKo, Anh. § 12 Rn. 43; Schertz, Merchandising, Rn.389; Strothmann, GRUR 1996, 693 (696); Wagner, GRUR 2000, 717 (719).

V. Rechtsschutz der Erben

Sofern das allgemeine Persönlichkeitsrecht bereits zu Lebzeiten beeinträchtigt wurde, gehen die aus der Verletzung resultierenden Ansprüche nach dem Tode gemäß §§ 1922 ff. BGB auf die Erben des Verstorbenen über[954]. Wird postmortal in die vermögenswerten Persönlichkeitsbestandteile eingegriffen, stehen den Erben grundsätzlich die gleichen Ansprüche zu, die auch der Verstorbene zu Lebzeiten hätte geltend machen können. Unter der Voraussetzung, dass es sich um eine rechtwidrige und schuldhafte Verletzung handelt, können die Erben daher auch den hierdurch entstandenen materiellen Schaden über § 823 Abs. 1 BGB ersetzt verlangen. Die Erben können ihren Schaden dabei ebenfalls auf dreifache Art und Weise, entweder konkret, oder im Wege der Lizenzanalogie berechnen, oder aber den vom Verletzer erzielten Gewinn herausverlangen. Wie auch zu Lebzeiten des Verstorbenen erfordert eine Berechnung des Schadens im Wege der Lizenzanalogie nicht, dass der Betroffene zu einer Lizenzierung bereit gewesen wäre. Neben dem Anspruch auf Ersatz des materiellen Schadens steht den Erben gemäß § 812 Abs. 1 S. 1 2. Alt. BGB auch ein Anspruch auf Herausgabe des Erlangten zu. Der Anspruch richtet sich grundsätzlich auf Zahlung von Wertersatz, da eine Herausgabe der wirtschaftlichen Nutzung der Persönlichkeit auch postmortal nicht in Frage kommt. Zuletzt kommen auch Ansprüche der Erben aus unechter Geschäftsführung ohne Auftrag in Betracht. Die Berechtigten können danach aus angemaßter Geschäftsführung gemäß § 687 Abs. 2 S. 1, 681 S. 2, 667 BGB die Herausgabe des Erlöses oder gemäß § 687 Abs. 2 S. 1, 687 BGB Schadensersatz verlangen.

Bei einer postmortalen Verletzung des ideellen Wert- und Achtungsanspruchs des Verstorbenen stehen den Erben auch die gleichen Abwehransprüche zu wie dem Rechtsträger zu Lebzeiten. Danach können sie insbesondere Unterlassungs-, Beseitigungs- bzw. Widerrufsansprüche geltend machen.

Fraglich ist zuletzt, ob die Erben des verstorbenen Persönlichkeitsträgers ebenso wie die Erben des Urhebers bei einer postmortalen Beeinträchtigung der ideellen Persönlichkeitsinteressen einen Geldentschädigungsanspruch geltend machen können. Der BGH und ein Teil der Lehre verneinen einen derartigen Anspruch. Die Verletzung ideeller Persönlichkeitsbestandteile könne allein zu Lebzeiten einen Geldentschädigungsanspruch rechtfertigen, nach dem Tode kä-

954 Beater, in: Soergel, § 823 Anh. IV Rn. 25; Vgl. zur Vererblichkeit des Geldentschädigungsanspruchs Kutschera, AfP 2000, 147 (147 ff.).

men hingegen nur noch Abwehransprüche in Betracht[955]. Nach Auffassung des BGH ist ein postmortaler Geldentschädigungsanspruch mit der Funktion des immateriellen Schadensersatzes, die in erster Linie in der Genugtuung des Opfers bestehe, unvereinbar[956]. Dem Verstorbenen könne nach dem Tode weder selbst noch durch Zahlung einer Entschädigung an seine Angehörigen Genugtuung verschafft werden[957]. Da auch ein Ausgleich der erlittenen Beeinträchtigung bei dem Verstorbenen nicht mehr in Betracht komme, bleibe nur noch die Präventivfunktion übrig, die allein jedoch keinen Geldentschädigungsanspruch der Angehörigen rechtfertigen könne[958]. Nach dem hier vertretenen Modell einer einheitlichen Gesamtvererbung der persönlichkeitsrechtlichen Rechtstellung, kann diese Auffassung nicht überzeugen[959]. Die Versagung eines Geldentschädigungsanspruchs hat erhebliche Rechtsschutzlücken im Bereich des postmortalen Persönlichkeitsschutzes zur Folge. Sofern mit einem postmortalen Eingriff in die ideellen Persönlichkeitsinteressen keine Beeinträchtigung des Vermögens einhergeht, wären die Erben, allein auf die Geltendmachung von Abwehransprüchen beschränkt, denen nach dem bereits oben Gesagten zwar nicht jede Effektivität abgesprochen werden kann, die aber nur in geringem Maße abschreckende Wirkung entfalten. Der Verletzer der ideellen Persönlichkeitsbestandteile hat postmortal danach mit geringeren Sanktionen zu rechnen als zu Lebzeiten des Persönlichkeitsträgers, so dass er sich nach dem Tode des Persönlichkeits-

955 BGH GRUR 1974, 797 (800) – Fiete Schulze; GRUR 2006, 252 (253); Götting, GRUR 2004, 801 (802); Gregoritza, Kommerzialisierung, S. 74 f.; Hager, in: Staudinger, § 823 Rn. C 47; Heldrich, FS-Lange, 163 (174 f.); Jung, Vererblichkeit, S. 219 f.; Rixecker, in: MüKo, Anh. § 12 Rn. 41; Soehring/Seelmann-Eggebert, NJW 2005, 571 (572).

956 BGH GRUR 2006, 252 (253).

957 BGH GRUR 2006, 252 (253 f.). So auch Fischer, Postmortaler Persönlichkeitsschutz, S. 185; Götting, GRUR 2004, 801 (802); Gregoritza, Kommerzialisierung, S. 74 f.; Hager, in: Staudinger, § 823 Rn. C 47; Jung, Vererblichkeit, S. 219 f.; Rixecker, in: MüKo, Anh. § 12 Rn. 41.

958 BGH GRUR 2006, 252 (254). So auch Ernst-Moll, GRUR 1996, 558 (564); Fischötter, GRUR 1974, 796 (797); Götting, GRUR 2004, 801 (802); Gregoritza, Kommerzialisierung, S. 75; Jung, Vererblichkeit, S. 219.

959 Für die Anerkennung eines postmortalen Geldentschädigungsanspruchs auch OLG München ZUM 2002, 744 (745 f.); Schack, JZ 2000, 1060 (1061); Seifert, NJW 1999, 1889 (1895 f.); Schulze Wessel, Vermarktung, S. 140; Storch, GRUR 1974, 800 (800); v. Strobl-Albeg, in: Wenzel, Rn. 9.37; Westermann, FamRZ 1969, 561 (571). Die Ablehnung eines postmortalen Geldentschädigungsanspruchs überzeugt auch dann nicht, wenn man mit dem BGH von einer dualistischen Aufspaltung der materiellen und der ideellen Persönlichkeitsinteressen nach dem Tode des Rechtsträgers ausgeht. In diesem Fall gelten die nachfolgenden Ausführungen entsprechend.

trägers möglicherweise eher zu Beeinträchtigungen hinreißen lassen wird. Ein derartiges Schutzdefizit ist mit dem gemäß Art. 1 GG gebotenen umfassenden Schutz der Persönlichkeit nach dem Tode unvereinbar[960]. Art. 1 Abs. 1 GG als Grundlage des postmortalen Persönlichkeitsschutzes erfordert, dass der Verstorbene postmortal genauso wie zu Lebzeiten effektiv vor Eingriffen in seine Persönlichkeit geschützt wird[961]. Vor diesem Hintergrund muss die Präventivfunktion des Geldentschädigungsanspruchs postmortal gegenüber der Genugtuungs- und Ausgleichsfunktion eine Aufwertung erfahren, die im Zweifelsfall auch alleine dazu geeignet ist, einen Geldentschädigungsanspruch zu begründen. Der Geldentschädigungsanspruch verkommt dadurch auch nicht zu einer lukrativen Einnahmequelle der Angehörigen bzw. Erben[962], denn auch postmortal bleibt es dabei, dass der Anspruch eine schwerwiegende und schuldhafte Verletzung voraussetzt[963]. Insofern ist der Anwendungsbereich des Geldentschädigungsanspruchs erheblich beschränkt.

C. Zusammenfassung

Das Urheberpersönlichkeitsrecht geht als Bestandteil des monistischen Urheberrechts mit dem Tode des Urhebers auf die Erben über. Diesen stehen dieselben Rechte zu wie dem Urheber, sofern sich aus dem Gesetz oder durch letztwillige Verfügung des Urhebers keine Beschränkung ihrer Rechtsstellung ergibt. Für die Dauer von 70 Jahren werden den Erben des Urhebers die urheberpersönlichkeitsrechtlichen Befugnisse vorbehalten. Sie können mit dem Werk nach freiem Belieben verfahren und sind nicht an die Interessen des Urhebers gebunden. Sie können daher bei Verletzungen urheberpersönlichkeitsrechtlicher Befugnisse auch immateriellen Schadensersatz verlangen.

Das gleiche gilt auch für den postmortalen Persönlichkeitsschutz. Entgegen der Auffassung des BGH und der herrschenden Meinung lassen sich die ideellen und die materiellen Persönlichkeitsbestandteile auch nach dem Tode nicht hinreichend voneinander trennen, weshalb ein dualistischer Persönlichkeitsschutz nicht in Betracht kommt. Stattdessen ist in Anlehnung an die urheberrechtliche Vererblichkeitslösung eine umfassende Vererbung der ideellen und der materiel-

960 OLG München ZUM 2002, 744 (746); Schulze Wessel, Vermarktung, S. 140; v. Strobl-Albeg, in: Wenzel, Rn. 9.37.

961 OLG München ZUM 2002, 744 (745 f.).

962 Dies befürchtet Heldrich, FS-Lange 163 (174).

963 OLG München ZUM 2002, 744 (746).

len Persönlichkeitsinteressen vorzugswürdig. Die Erben können dementsprechend nicht nur die vermögenswerten Persönlichkeitsbestandteile selbst verwerten, sondern sowohl gegen Beeinträchtigungen der materiellen als auch der ideellen Interessen vorgehen. Die Erben rücken uneingeschränkt in die Rechtsstellung des Verstorbenen ein und werden nur durch letztwillige Verfügungen des Erblassers gebunden, nicht jedoch auch durch seinen mutmaßlichen Willen. Bei Beeinträchtigungen der materiellen und der ideellen Persönlichkeitsinteressen stehen den Erben dieselben Rechtsschutzmöglichkeiten zu wie dem Persönlichkeitsträger zu Lebzeiten. Insbesondere können die Erben bei einem schwerwiegenden Eingriff in die ideellen Persönlichkeitsbestandteile auch einen Geldentschädigungsanspruch geltend machen, da die gegenteilige Auffassung den postmortalen Persönlichkeitsschutz des Verstorbenen auf nicht hinnehmbare Art und Weise verkürzt. Wie im Urheberrecht endet auch der postmortale Persönlichkeitsschutz 70 Jahre nach dem Tode.

Teil 4. Die Übertragbarkeit des Urheberpersönlichkeitsrechts und des allgemeinen Persönlichkeitsrechts

Oftmals will der Rechtsinhaber nicht erst nach seinem Tod anderen Personen die ihm zustehenden Befugnisse anvertrauen. Die zunehmende wirtschaftliche Bedeutung urheberpersönlichkeitsrechtlicher und persönlichkeitsrechtlicher Positionen offenbart das Bedürfnis, Dritten Befugnisse an den jeweiligen Rechtspositionen bereits zu Lebzeiten des Urhebers oder Persönlichkeitsrechtsinhabers einzuräumen. Dies betrifft nicht nur die Einräumung von Verwertungsmöglichkeiten, sondern auch die Frage, inwieweit Dritte im Falle von Beeinträchtigungen des Urheberpersönlichkeitsrechts und des allgemeinen Persönlichkeitsrechts gegen den Verletzer vorgehen können. Nachfolgend soll daher der Frage nachgegangen werden, ob und wenn ja, wieweit urheberpersönlichkeitsrechtliche Befugnisse und das allgemeine Persönlichkeitsrecht zu Lebzeiten des Urhebers bzw. Rechtsträgers Gegenstand von Rechtsgeschäften sein können.

A. Die Übertragbarkeit des Urheberpersönlichkeitsrechts

I. Unübertragbarkeit des Urheberrechts

Die Übertragbarkeit des Urheberpersönlichkeitsrechts ist in § 29 UrhG geregelt. Danach ist das Urheberrecht unübertragbar (§ 29 Abs. 1 UrhG). Das Gesetz selbst sieht für den Fall der Erfüllung einer Verfügung von Todes wegen sowie der Erbauseinandersetzung unter Miterben Ausnahmen vom Grundsatz der Unübertragbarkeit unter Lebenden vor. Bei der Erfüllung einer Verfügung von Todes wegen geht es um die Fälle der erbrechtlichen Auflage und des Vermächtnisses[964]. Sowohl bei der erbrechtlichen Auflage als auch beim Vermächtnis geht das Urheberrecht zunächst auf den Erben über, der seinerseits in Ausnahme vom Grundsatz der Unübertragbarkeit das Urheberrecht anschließend an den Vermächtnisnehmer oder den Begünstigten der Auflage (unter Lebenden) zu übertragen hat[965]. Die Übertragung an Miterben im Wege der Erbauseinandersetzung betrifft zunächst den Fall, dass der Erblasser die Übertragung durch eine

964 Begründung zum Regierungsentwurf, BT-Drucks. IV/270, S. 55.
965 Schricker/Loewenheim, in: Schricker/Loewenheim, § 29 Rn. 20.

Teilungsanordnung bestimmt hat. Ebenso kommt die Übertragung an Miterben in Betracht, wenn die Miterben selbst die Übertragung untereinander vereinbart haben oder die Übertragung durch den Testamentsvollstrecker oder ein Gericht verfügt wurde[966]. In sämtlichen Fällen der Erbauseinandersetzung ist die Übertragung aber nur an Miterben möglich. Dritte werden von der Ausnahmeregelung in § 29 Abs. 1 UrhG nicht erfasst[967].

Neben den in § 29 Abs. 1 UrhG genannten Ausnahmen von der Unübertragbarkeit sind gemäß § 29 Abs. 2 UrhG auch gewisse Rechtsgeschäfte über das Urheberrecht zulässig. Möglich sind danach die Einräumung von Nutzungsrechten gemäß §§ 31 ff. UrhG, schuldrechtliche Einwilligungen und Vereinbarungen zu Verwertungsrechten sowie die in § 39 UrhG geregelten Rechtsgeschäfte über Urheberpersönlichkeitsrechte. Für das hier interessierende Urheberpersönlichkeitsrecht untersagt § 39 Abs. 1 UrhG dem Nutzungsberechtigten die Änderung des Werkes, dessen Titels oder der Urheberbezeichnung, wenn nichts anderes vereinbart ist. Änderungen des Werkes und des Titels sind aber zulässig, wenn der Urheber seine Einwilligung nach Treu und Glauben nicht versagen darf (§ 39 Abs. 2 UrhG).

II. Erforderlichkeit rechtsgeschäftlicher Dispositionen über urheberpersönlichkeitsrechtliche Befugnisse

Gestützt auf den Wortlaut des § 29 Abs. 1 UrhG wird lediglich vereinzelt die Auffassung vertreten, dass weder dingliche noch schuldrechtliche Dispositionen über urheberpersönlichkeitsrechtliche Befugnisse möglich sein sollen[968]. Danach könnte der Urheber weder translativ noch konstitutiv über seine urheberpersönlichkeitsrechtlichen Befugnisse verfügen. Darüber hinaus wäre ihm aber auch der Weg versperrt, Rechtsgeschäfte über urheberpersönlichkeitsrechtliche Befugnisse mit lediglich obligatorischer Wirkung vorzunehmen. Die Vertreter dieser Auffassung befürchten, dass auch bei schuldrechtlichen Verpflichtungen das geistige und persönliche Band des Urhebers zu seinem Werk als Gegenstand des Urheberpersönlichkeitsrechts beeinträchtigt werden könne oder gar verloren gehe[969].

966 Schricker/Loewenheim, in: Schricker/Loewenheim, § 29 Rn. 20.

967 J. B. Nordemann, in: Fromm/Nordemann, § 29 Rn. 10.

968 Kroitzsch, in: Möhring/Nicolini, § 11 Rn. 14.

969 Kroitzsch, in: Möhring/Nicolini, § 11 Rn. 14.

Die herrschende Meinung geht jedoch zutreffend davon aus, dass der Urheber einem Dritten die Ausübung seiner urheberpersönlichkeitsrechtlichen Befugnisse überlassen kann. Für die Zulässigkeit gewisser Rechtseinräumungen spricht ein nicht von der Hand zu weisendes praktisches Bedürfnis. Sowohl der Urheber als auch die Werkverwerter können von den ihnen zustehenden Rechten nicht umfassend Gebrauch machen, wenn man die Zulässigkeit von Rechtsgeschäften über urheberpersönlichkeitsrechtliche Befugnisse verneint[970].

1. Interesse des Urhebers an Rechtsgeschäften über urheberpersönlichkeitsrechtliche Befugnisse

Der Urheber kann grundsätzlich in zweierlei Hinsicht ein Interesse daran haben, über seine Urheberpersönlichkeitsrechte zu disponieren. Zunächst kann ihm daran gelegen sein, das von ihm geschaffene Werk umfassend wirtschaftlich zu verwerten. Da er allein zumeist nicht in der Lage sein wird, das in seiner Schöpfung liegende Verwertungspotential ohne fremde Hilfe umfassend auszuschöpfen, wird er sich der Hilfe Dritter bedienen wollen, die mit den Marktmechanismen vertraut sind, und diesen Nutzungsrechte an seinem Werk einräumen[971]. Da eine Verwertung aufgrund der monistischen Prägung des Urheberrechts häufig nicht ohne die gleichzeitige Ausübung ideeller Urheberbefugnisse möglich ist, kann es neben der Einräumung von Nutzungsrechten dann auch erforderlich sein, den potentiellen Verwertern des Werkes gewisse urheberpersönlichkeitsrechtliche Befugnisse zusammen mit den Nutzungsrechten zu überlassen. An dieser Stelle sei auf das bereits genannte Beispiel des Veröffentlichungsrechts hingewiesen, ohne dessen Einräumung die Ausübung des eingeräumten Vervielfältigungs- und Verbreitungsrechts in der Regel nicht möglich ist[972]. Für den Urheber hat die Überlassung der urheberpersönlichkeitsrechtlichen Befugnisse somit den Vorteil, dass er sein Werk auf diese Art und Weise unter wirtschaftlichen Gesichtspunkten besser verwerten kann.

Zum anderen kann der Urheber auch ein Interesse daran haben, einen Dritten mit der Wahrnehmung seiner ideellen Urheberinteressen treuhänderisch zu

---

970 Forkel, Gebundene Rechtsübertragungen, S. 186 f.

971 Kellerhals, Urheberpersönlichkeitsrechte, S. 114.

972 BGH GRUR 1955, 201 (204) – Cosima Wagner. Siehe hierzu auch die Begründung zum Regierungsentwurf, BT-Drucks. IV/270, S. 43 und Schack, Urheber- und Urhebervertragsrecht, Rn. 637.

beauftragen[973]. In diesen Fällen geht es dem Urheber und dem Treuhänder um eine Arbeitsteilung bei der Abwehr von Beeinträchtigungen der urheberpersönlichkeitsrechtlichen Befugnisse durch einen Dritten. Da der Urheber selbst in den seltensten Fällen zur Abwehr von Verletzungen technisch oder finanziell in der Lage ist, soll der Treuhänder diese Aufgabe übernehmen. Letzterer muss dann die entsprechenden Berechtigungen zur Wahrnehmung der urheberpersönlichkeitsrechtlichen Befugnisse überlassen bekommen[974]. Genauso gut kann dem Urheber aber auch daran gelegen sein, die urheberpersönlichkeitsrechtlichen Befugnisse durch einen Dritten ausüben zu lassen[975]. Dabei kann es ihm beispielsweise um die Durchführung von Änderungen des Werkes oder die Art und Weise der Veröffentlichung gehen[976].

2. Interesse des Nutzungsberechtigten an Rechtsgeschäften über urheberpersönlichkeitsrechtliche Befugnisse

Spiegelbildlich zum Interesse des Urhebers, sämtliche mit der Verwertung verbundenen Maßnahmen im Sinne einer umfassenden Verwertung dem Nutzungsberechtigten zu überlassen, hat Letzterer ein Interesse daran, auch über die urheberpersönlichkeitsrechtlichen Befugnisse am Werk bestimmen zu können. Dem Nutzungsberechtigten als Vertragspartner des Urhebers geht es in erster Linie ebenfalls um eine umfassende und bestmögliche Verwertung des Werkes für seine Zwecke unter Ausschöpfung der eingeräumten Nutzungsbefugnisse[977]. Im Zusammenhang mit der Verwertung des Werkes wird der Nutzungsberechtigte häufig selbst finanzielle Aufwendungen tätigen müssen. Um die daraus resultierenden Risiken zu minimieren, hat er zum einen ein Interesse daran, gegen Beeinträchtigungen seiner Berechtigung durch Dritte eigenständig vorgehen zu können. Zum anderen will er sichergestellt wissen, dass der Urheber selbst nicht seine Verwertungsbemühungen behindert[978]. So kann es sich für den Nutzungs-

973 Forkel, Gebundene Rechtsübertragungen, S. 187; ders., GRUR 1988, 491 (497); Matanovic, Dispositionen, S. 102; Metzger, Rechtsgeschäfte, S. 38; Schacht, Urheberpersönlichkeitsrecht, S. 122; Schack, Urheber- und Urhebervertragsrecht, Rn. 638; v. Welser, Wahrnehmung, S. 51.

974 Schacht, Urheberpersönlichkeitsrecht, S. 122; Schack, Urheber- und Urhebervertragsrecht, Rn. 638; v. Welser, Wahrnehmung, S. 51.

975 Forkel, Gebundene Rechtsübertragungen, S. 187; ders., GRUR 1988, 491 (497).

976 Haberstumpf, Urheberrecht, Rn. 386; Schacht, Urheberpersönlichkeitsrecht, S. 122.

977 Matanovic, Dispositionen, S. 101; Schack, Urheber- und Urhebervertragsrecht, Rn. 637.

978 Forkel, Gebundene Rechtsübertragungen, S. 187; Haberstumpf/Hintermeier, Verlagsrecht, S. 43.

berechtigten als nachteilig erweisen, wenn der Urheber selbst seine urheberpersönlichkeitsrechtlichen Befugnisse wahrnimmt. Zwar wirkt sich die Teilnahme des Urhebers in der Regel positiv auf die Verwertung des Werkes aus, beispielsweise durch die Namensnennung des Urhebers, wenn diesem Eigenschaften zu Teil werden, die im Rahmen der Verwertung des Werkes durch den Nutzungsberechtigten eine verwertungsfördernde Werbewirkung entfalten. Ausnahmsweise ist jedoch genau das Gegenteil der Fall. Wenn der Nutzungsberechtigte befürchten muss, dass sich das Werk bei einer namentlichen Nennung des Urhebers schlechter verwerten lässt, wird es für ihn von besonderem Interesse sein, die Namensnennung zu verhindern[979].

III. Mögliche Rechtsgeschäfte über das Urheberpersönlichkeitsrecht – Meinungsstand innerhalb der herrschenden Lehre

Innerhalb der herrschenden Lehre sind die rechtliche Konstruktion und die Reichweite von Dispositionen über urheberpersönlichkeitsrechtliche Befugnisse umstritten.

1. Teilübertragung urheberpersönlichkeitsrechtlicher Befugnisse

Die weitreichendste Disposition ist die teilweise für möglich gehaltene Teilübertragung urheberpersönlichkeitsrechtlicher Befugnisse[980]. Nach dieser Auffassung kann über das Urheberpersönlichkeitsrecht mit translativer Wirkung verfügt werden. Die translative Übertragung hat zur Folge, dass das gesamte Recht vollständig auf den Erwerber übergeht und gleichzeitig die Rechtszuständigkeit des Veräußerers endet. Der Erwerber rückt somit in die Rechtsstellung des Veräußerers ein und kann nunmehr als alleiniger Berechtigter die aus dem Recht fließenden Befugnisse ausüben[981]. Ein Fall der translativen Übertragung ist beispielsweise die Übertragung von Eigentum. Eine translative Übertragung urheberpersönlichkeitsrechtlicher Befugnisse soll aber nur im Zusammenhang mit der Verwertung des Werkes möglich sein, und zwar dann, wenn die Übertra-

---

979 Forkel, Gebundene Rechtsübertragungen, S. 211; Matanovic, Dispositionen, S. 101 f.; Schacht, Urheberpersönlichkeitsrecht, S. 121.

980 Dietz, Droit Moral, S. 130; v. Gamm, Urheberrechtsgesetz, Einf. Rn. 28 u. 96, § 11 Rn. 7; § 12 Rn. 6; § 29 Rn. 4, § 31 Rn. 13; Krüger-Nieland, FS-Hauß, 215 (220); Stolz, Ghostwriter, S. 51 f.

981 Ohly, Volenti, S. 147; v. Tuhr, BGB AT II/1, S. 59.

gung der urheberpersönlichkeitsrechtlichen Befugnis die Werkverwertung überhaupt erst ermöglicht[982]. Das Urheberpersönlichkeitsrecht als Ganzes bleibt auch nach dieser Auffassung ebenso unübertragbar wie der Kernbereich des Urheberpersönlichkeitsrechts[983].

2. Konstitutive Einräumung urheberpersönlichkeitsrechtlicher Befugnisse

Demgegenüber wird im Anschluss an *Forkel*[984] zunehmend von der Zulässigkeit konstitutiver Rechtseinräumungen („gebundenen Übertragungen") urheberpersönlichkeitsrechtlicher Befugnisse ausgegangen[985]. Danach verbietet § 29 Abs. 1 UrhG allein die translative Übertragung des Urheberpersönlichkeitsrechts. Bei der konstitutiven Übertragung handelt es sich um eine beschränkte Übertragung eines subjektiven Rechts[986]. Anders als bei der unbeschränkten translativen Übertragung erhält der Erwerber keine vom Veräußerer völlig und endgültig losgelöste Berechtigung, so dass er die erworbenen Befugnisse auch nicht unbeschränkt ausüben kann. Der Erwerber erhält lediglich ein abgeleitetes

---

982 v. Gamm, Urheberrechtsgesetz, § 11 Rn. 7 u. § 29 Rn. 4; Jahn, Urheberpersönlichkeitsrecht, S. 92; Kreile/Wallner, ZUM 1997, 625 (627); Krüger-Nieland, FS-Hauß, 215 (220); Schiefler, GRUR 1960, 156 (159 f.); Schilcher, Werkänderungen, S. 14.

983 v. Gamm, Urheberrechtsgesetz, § 11 Rn. 7 u. § 29 Rn. 4; Jahn, Urheberpersönlichkeitsrecht, S. 92 f.; Krüger-Nieland, FS-Hauß, 215 (220).

984 Forkel, Gebundene Rechtsübertragungen, S. 168 ff.

985 Für die konstitutive Einräumung urheberpersönlichkeitsrechtlicher Befugnisse auch Dietz, Werkintegritätsschutz, S. 129; Federle, Werkintegrität, S. 80 f.; Grohmann, Entstellungen, S. 145 ff.; Haberstumpf, Urheberrecht, Rn. 386; Haberstumpf/Hintermeier, Verlagsrecht, S. 43 f.; Rehbinder, Urheberrecht, Rn. 598; Riedel, Urheber- und Verlagsrecht, § 11 Anm. B, S. 2; Wandtke/Grunert, in: Wandtke/Bullinger, Vor §§ 31 ff. Rn. 38. Gegen die Zulässigkeit konstitutiver Rechtsgeschäfte Alemdjrodo, Informationsgesellschaft, S. 108; Dieselhorst, Urheberpersönlichkeitsrecht, S. 134 ff.; Heeschen, Urheberpersönlichkeitsrecht, S. 69 f.; Kellerhals, Urheberpersönlichkeitsrechte, S. 108 ff.; dies., UFITA 2000/III, 617 (668 ff.); Leßmann, Übertragbarkeit, S. 78 f. u. 81; Matanovic, Dispositionen, S. 103 ff.; Müsse, Urheberpersönlichkeitsrecht, S. 73 ff.; Schilcher, Werkänderungen, S. 152 ff.; v. Welser, Wahrnehmung, S. 90 f.; Wille, Verfügung, S. 15 ff. Die Gegner einer konstitutiv wirkenden Einräumung urheberpersönlichkeitsrechtlicher Befugnisse halten dieser in erster Linie entgegen, dass das Urheberrechtsgesetz in den §§ 31 ff. UrhG eine gebundene Übertragung des Urheberrechts nur hinsichtlich der Verwertungsbefugnisse regelt. Für das Urheberpersönlichkeitsrecht fehle es hingegen an vergleichbaren Vorschriften (Schilcher, Werkänderungen, S. 152 f.).

986 Forkel, Gebundene Rechtsübertragungen, S. 239; v. Tuhr, BGB AT II/1, S. 62.

„Tochterrecht", welches auch nach der Übertragung noch an das in der Hand des Übertragenden befindliche „Mutterrecht" und die damit verbundenen Befugnisse gebunden bleibt[987].

Wie bei einer translativen Übertragung büßt der Veräußerer auch bei einer konstitutiven Rechtseinräumung seine Verfügungsbefugnis ein[988]. Erlischt das abgeleitete Recht, so fallen die aus dem Mutterrecht entnommenen Befugnisse wieder an den Inhaber zurück, ohne dass hierzu ein weiterer (Rück-) Übertragungsakt notwendig wäre[989]. Da der Inhaber bei einer konstitutiv wirkenden Rechtseinräumung seine Befugnisse nicht vollständig verliert, kann er in dem Rahmen, in dem ihm die Befugnisse verbleiben, sämtliche Ansprüche bei einer Verletzung seiner Rechte geltend machen. Der Erwerber hingegen genießt Rechtsschutz nur für die Interessen, die aus dem abgeleiteten Recht resultieren[990]. Die konstitutive Rechtseinräumung ist ein dinglich wirkendes Rechtsgeschäft und verleiht dem Erwerber somit eine umfassendere Rechtsstellung und größere Sicherheit als bei einer obligatorischen Vereinbarung[991]. Im Zivilrecht stellt die Einräumung beschränkt dinglicher Rechte eine konstitutive Rechtseinräumung dar[992]. Besondere Bedeutung erlangt sie darüber hinaus bei den dinglichen Lizenzen im Immaterialgüterrecht (vgl. § 15 Abs. 1 S. 2 PatG, § 22 Abs. 1 S. 2 GebrMG, § 3 S. 2 GeschmMG)[993].

Anhaltspunkte für die Zulässigkeit der konstitutiven Einräumung urheberpersönlichkeitsrechtlicher Befugnisse sieht *Forkel* in den §§ 12, 23, 37 und 39 UrhG[994]. So spricht nach seiner Auffassung die Tatsache, dass eine Verwertung des Werkes nicht ohne seine Veröffentlichung erfolgen kann, für die Zulässigkeit „gebundener Übertragungen". Die Erteilung einer Einwilligung oder Ermächtigung zur Veröffentlichung des Werkes führe zu Schwierigkeiten bei der Weiterübertragung des Nutzungsrechtes, da es sich bei der Stellung aus der Einwilligung oder Ermächtigung nicht um eine übertragbare Rechtsposition

---

987 Forkel, Gebundene Rechtsübertragungen, S. 240; ders., NJW 1993, 3181 (3182); v. Tuhr, BGB AT II/1, S. 62 f.

988 Ohly, Volenti, S. 148.

989 Forkel, Gebundene Rechtsübertragungen, S. 240.

990 Forkel, Gebundene Rechtsübertragungen, S. 241.

991 Forkel, Gebundene Rechtsübertragungen, S. 243.

992 Forkel, NJW 1993, 3181 (3182); Kraßer, GRUR Int. 1973, 230 (232 f); Ohly, Volenti, S. 148; v. Tuhr, BGB AT II/1, S. 63 ff.

993 Forkel, Gebundene Rechtsübertragungen, S. 49 ff.; ders., NJW 1993, 3181 (3182).

994 Forkel, Gebundene Rechtsübertragungen, S. 178 ff.; ders., AcP 185 (1985), 94 (99).

handele[995]. Aus den §§ 37 Abs. 1, 23 S. 1 UrhG ergebe sich, dass der Urheber das Recht, über die Veröffentlichung von Bearbeitungen des Werkes zu entscheiden, dem Nutzungsberechtigten mit einräumen könne. Bei dem Recht, in Bearbeitungen einzuwilligen, handele es sich um eine urheberpersönlichkeitsrechtliche Befugnis, die dennoch bis zur Grenze der erheblichen Beeinträchtigung grundsätzlich gebunden übertragen werden könne[996]. Besonders aufschlussreich sei die Vorschrift des § 39 UrhG, nach deren Absatz 1 der Urheber und der Nutzungsberechtigte die Befugnis zur Änderung des Werkes vereinbaren könnte, sofern diese nicht ohnehin schon nach Absatz 2 zulässig sei. Die Unzulässigkeit gebundener Übertragungen urheberpersönlichkeitsrechtlicher Befugnisse hätte zur Folge, dass zwischen das übertragbare Verwertungsrecht und das Werkänderungsrecht, das dann lediglich Gegenstand schuldrechtlicher Vereinbarungen sein könne, ein Keil getrieben werde[997].

3. Schuldrechtliche Überlassung zur Ausübung

Zuletzt wird die Auffassung vertreten, dass der Urheber einem Dritten die Ausübung seiner urheberpersönlichkeitsrechtlichen Befugnisse nur mit schuldrechtlicher Wirkung überlassen könne.

a) Einwilligung als „klassisches Instrument" zur schuldrechtlichen Gestattung

Mit schuldrechtlicher Wirkung kann der Urheber zunächst in eine Beeinträchtigung seines Urheberpersönlichkeitsrechts einwilligen[998]. Die Einwilligung stellt das „klassische Instrument" zur schuldrechtlichen Gestattung von Eingriffen in

---

995 Forkel, Gebundene Rechtsübertragungen, S. 181.

996 Forkel, Gebundene Rechtsübertragungen, S. 181 ff. Die Grenze zur erheblichen Beeinträchtigung sieht Forkel beispielsweise bei einer Entstellung des Werkes (§ 14 UrhG), beim Film sogar erst bei einer gröblichen Entstellung oder anderen gröblichen Beeinträchtigungen (§ 93 UrhG) überschritten. Kellerhals (UFITA 2000/III, 617 (668 f.)), hält den Verweis Forkels auf die §§ 23, 37, 39 UrhG dagegen für verfehlt.

997 Forkel, Gebundene Rechtsübertragungen, S. 183 f.

998 OLG München GRUR 1986, 460 (463) – Die unendliche Geschichte; v. Gamm, Urheberrechtsgesetz, § 14 Rn. 7; Müsse, Urheberpersönlichkeitsrecht, S. 78 f.; Schilcher, Werkänderungen, S. 161; Schricker/Loewenheim, in: Schricker/Loewenheim, Vor § 28 Rn. 58. Siehe zur Einwilligung auch BGH GRUR 2010, 628 (631 ff.) – Vorschaubilder und BGH GRUR 2012, 602 (604 f.) – Vorschaubilder II.

Persönlichkeitsrechte dar[999]. Sie kann entweder einseitig erfolgen oder Gegenstand eines Gestattungsvertrages sein und nimmt der rechtsverletzenden Handlung grundsätzlich ihren deliktischen Charakter[1000]. Für den Einwilligungsempfänger hat die vertraglich erklärte Einwilligung gegenüber der einseitigen den Vorteil, dass er einen Duldungsanspruch gegenüber dem Urheber erhält[1001].

aa) Wirkung der Einwilligung

Unter rechtlichen Gesichtspunkten wirft die Einwilligung verschiedene Fragen auf. Zunächst bedarf es der Klärung, ob die Einwilligung in eine Verletzung des Urheberpersönlichkeitsrechts ihre Wirkung bereits auf der Tatbestands-[1002] oder erst auf der Rechtfertigungsebene[1003] entfaltet. Ist ersteres der Fall, fehlt es bereits an einer tatbestandsmäßigen Verletzungshandlung. Bei einer rechtfertigenden Einwilligung liegt dagegen zwar eine tatbestandsmäßige Verletzungshandlung vor, diese ist jedoch durch die Einwilligung gerechtfertigt. Die Frage, ob die Einwilligung bereits die Tatbestandsmäßigkeit des Eingriffs entfallen lässt, kann nicht pauschal für alle denkbaren Eingriffe und Tatbestände beantwortet werden. Ausschlaggebend muss vielmehr der jeweils betroffene Tatbestand sein[1004]. Setzt dieser ein Handeln gegen den Willen des Betroffenen voraus, hat die Einwilligung tatbestandsausschließende Wirkung[1005]. Für den Bereich des hier interessierenden Urheberpersönlichkeitsrechts ist von einer tatbestandsausschließenden Wirkung der Einwilligung auszugehen[1006]. Das Urheberpersönlichkeitsrecht schützt das Selbstbestimmungsrecht des Urhebers. Erteilt der Urheber seine Einwilligung zu einer Beeinträchtigung seines Urheberpersönlich-

999 Götting, Persönlichkeitsrechte als Vermögensrechte, S. 142; Peifer, Individualität, S. 312.

1000 Peifer, Individualität, S. 313.

1001 Rehbinder, Urheberrecht, Rn. 594.

1002 Götting, Persönlichkeitsrechte als Vermögensrechte, S. 146; Peifer, Individualität, S. 313.

1003 Dasch, Einwilligung, S. 32 ff.; Deutsch, Haftungsrecht, Rn. 282; Esser/Schmidt, SchR I/2, S. 70; Fikentscher/Heinemann, SchR, Rn. 640; Kohte, AcP 185 (1985), 105 (108); Larenz/Canaris, SchR II/2, S. 363; Medicus/Lorenz, SchR II, Rn. 1257; Sprau, in: Palandt, § 823 Rn. 38.

1004 Dietz, Werkintegritätsschutz, S. 115; Jänecke, Zerstörungsverbot, S. 201; Schenke, Einwilligung, S. 123; v. Welser, Wahrnehmung, S. 60.

1005 Dietz, Werkintegritätsschutz, S. 115; v. Welser, Wahrnehmung, S. 61.

1006 v. Welser, Wahrnehmung, S. 61 f.

keitsrechts, so macht er von diesem Selbstbestimmungsrecht Gebrauch, mit der Folge, dass bereits keine tatbestandsmäßige Verletzungshandlung vorliegt[1007].

bb) Rechtsnatur der Einwilligung

Weiterhin fraglich ist die Rechtsnatur der Einwilligung. Vereinzelt wird sie als Realakt angesehen[1008]. Nach herrschender Meinung handelt es sich dagegen um ein Rechtsgeschäft[1009] oder eine rechtsgeschäftsähnliche Handlung[1010]. Handelt es sich bei der Einwilligung um ein Rechtsgeschäft oder eine rechtsgeschäftsähnliche Handlung, so finden die für Willenserklärungen geltenden Vorschriften auch auf die Einwilligung Anwendung. Ein Widerruf der Einwilligung kommt dann gemäß § 130 Abs. 1 S. 2 BGB nur bis zum Zugang der Einwilligung beim Erklärungsempfänger in Betracht[1011]. Gegen die Qualifizierung als Realakt spricht, dass der Einwilligung ein auf die Erlaubtheit des Eingriffs final gerichteter Wille zugrunde liegt. Sie knüpft daher, anders als Realakte, nicht allein an eine tatsächliche Handlung an[1012]. Darüber hinaus entfaltet die Einwilligung ihre Wirkung auch nicht unmittelbar infolge einer Handlung des Einwilligenden, es bedarf vielmehr noch des Verhaltens eines Dritten[1013]. Der Qualifizierung als Realakt steht letztlich auch entgegen, dass die Einwilligung, anders als Realakte, der Ausübung von Privatautonomie dient und somit eine andere Funktion übernimmt[1014].

1007 Wedemeyer, FS-Piper, 787 (791); v. Welser, Wahrnehmung, S. 61 f.

1008 Dilcher, in: Staudinger, Einl. zu §§ 104-185 Rn. 18.

1009 BGH NJW 1951, 916 (916); NJW 1953, 700 (701); Dasch, Einwilligung, S. 55 ff.; Frömming/Peters, NJW 1996, 958 (958); Helle, AfP 1985, 93 (97); Zitelmann, AcP 99 (1906), 1 (53).

1010 Geerds, Einwilligung, S. 232; Kohte, AcP 185 (1985), 105 (111 ff.); Peifer, Individualität, S. 312; Schwerdtner, in: MüKo, 3. Aufl., § 12 Rn. 167.

1011 Dietz, Werkintegritätsschutz, S. 116; Klüber, Persönlichkeitsschutz, S. 94.

1012 Götting, Persönlichkeitsrechte als Vermögensrechte, S. 147 Fn. 32; Kohte, AcP 185 (1985), 105 (117 u. 119); Rosener, Einwilligung, S. 119.

1013 Dasch, Einwilligung, S. 45; Geerds, Einwilligung, S. 232; Schenke, Einwilligung S. 31.

1014 Bungart, Dingliche Lizenzen, S. 125; Dasch, Einwilligung, S. 45; Götting, Persönlichkeitsrechte als Vermögensrechte, S. 147 Fn. 32.

b) Gestattungsvertrag

Wird die Einwilligung im Rahmen einer vertraglichen Vereinbarung erklärt, so stellt sie die vom Rechtsinhaber geschuldete Leistung dar[1015].

aa) Verhältnis der Einwilligung zum Gestattungsvertrag – Geltung des Trennungs- und Abstraktionsprinzips

In diesem Fall ist zwischen dem Vertrag und der Einwilligung zu differenzieren. Auch wenn die Einwilligung keine dingliche Rechtsänderung bewirkt, gilt für das Verhältnis zwischen dem Vertrag und der Einwilligung selbst das Trennungsprinzip, wonach strikt zwischen der schuldrechtlichen Verpflichtung und der dinglichen Rechtsänderung als Vollzugsgeschäft zu unterscheiden ist[1016]. Die im persönlichkeitsrechtlichen Schrifttum vertretene Auffassung, wonach eine Unterscheidung zwischen dem zugrunde liegenden Vertrag und der Einwilligung nicht möglich sein soll[1017], verkennt, dass die Einwilligung nicht zwingend im Wege einer vertraglichen Vereinbarung erteilt werden muss, sondern auch einseitig erfolgen kann[1018].

Das im deutschen Zivilrecht geltende Abstraktionsprinzip findet auf das Verhältnis des schuldrechtlichen Vertrages zur Einwilligung hingegen keine Anwendung[1019]. Nach dem Abstraktionsprinzip berührt die Unwirksamkeit des Kausalgeschäfts nicht die Wirksamkeit des Verfügungsgeschäfts[1020]. Das Abstraktionsprinzip bezweckt in erster Linie den Schutz des Rechtsverkehrs. Der Dritterwerber eines Rechts soll sich auch bei Unwirksamkeit des Erstgeschäfts auf den Rechtserwerb verlassen können[1021]. Eine Übertragung des Abstraktionsprinzips auf den Einwilligungsvertrag wird den Besonderheiten des Verhältnis-

---

1015 Götting, Persönlichkeitsrechte als Vermögensrechte, S. 158.

1016 Castendyk, Handbuch des Persönlichkeitsrechts, S. 649 f.; Dasch, Einwilligung, S. 61; Götting, Persönlichkeitsrechte als Vermögensrechte, S. 158 f., Ohly, Volenti, S. 169.

1017 Helle, AfP 1985, 93 (99).

1018 Dasch, Einwilligung, S. 61; Dietz, Anspruchskonkurrenz, S. 222 f.; Fischer, Rechtswidrigkeit, S. 278 f.; Götting, Persönlichkeitsrechte als Vermögensrechte, S. 159; Zitelmann, AcP 99 (1906), 1 (48 ff. u. 61).

1019 Dasch, Einwilligung, S. 62 f.; Götting, Persönlichkeitsrechte als Vermögensrechte, S. 159 f.; a.A. Fischer, Rechtswidrigkeit, S. 279; Schenke, Einwilligung, S. 111 Fn. 9; Specker, Persönlichkeitsrechte, S. 199; Zitelmann, AcP 99 (1906), 1 (61).

1020 Dem Abstraktionsprinzip steht das sogenannte Kausalitätsprinzip gegenüber. Bei Letzterem führt das Fehlen oder die Unwirksamkeit des Rechtsgrundes zum Scheitern des Rechtserwerbs (Oechsler, in: MüKo, § 929 Rn. 10).

1021 Dasch, Einwilligung, S. 62; Gaier, in: MüKo, Einl. Bd. 6 Rn. 16.

ses zwischen vertraglicher Vereinbarung und Einwilligung hingegen nicht gerecht[1022]. Der Gedanke des Verkehrsschutzes greift bei der Einwilligung nicht ein. Zum einen kommt ein Gutglaubensschutz mangels Rechtsscheinstatbestand bei der Einwilligung nicht in Betracht[1023]. Zum anderen lassen sich Inhalt und Umfang der Einwilligung nur unter Zuhilfenahme der vertraglichen Vereinbarung bestimmen. Zwischen der Einwilligung und dem zugrunde liegenden Vertrag besteht somit eine kausale Zweckbestimmung[1024].

bb) Weitere Gestaltungsmöglichkeiten des Gestattungsvertrages

Neben der vertraglich vereinbarten Einwilligung bestehen weitere Gestaltungsmöglichkeiten, um dem Verletzer einen Eingriff in die urheberpersönlichkeitsrechtlichen Befugnisse vertraglich zu gestatten.

(1) Pactum de non petendo

Der Urheber kann sich zunächst im Wege eines pactum de non petendo[1025] dazu verpflichten, auf die Geltendmachung von Ansprüchen aus einer Verletzung des Urheberpersönlichkeitsrechts zu verzichten[1026]. Obwohl das pactum de non petendo nicht explizit geregelt ist, ist seine Zulässigkeit unumstritten[1027]. Der Urheber verpflichtet sich im Wege des pactum de non petendo, einen möglicherweise entstehenden Anspruch nicht geltend zu machen[1028]. Wie bei der rechtfertigenden Einwilligung bleibt es somit dabei, dass ein rechtswidriger Eingriff in das Urheberpersönlichkeitsrecht besteht. Der Geltendmachung etwaiger Ansprüche durch den Urheber kann der Dritte dann aber seinen eigenen schuldrechtlichen Anspruch aus dem pactum de non petendo einredeweise entgegenhalten, sofern der Urheber entgegen der getroffenen Vereinbarung den aus der Verletzung des Urheberpersönlichkeitsrechts resultierenden Anspruch dennoch

---

1022 Götting, Persönlichkeitsrechte als Vermögensrechte, S. 159 f.

1023 Götting, Persönlichkeitsrechte als Vermögensrechte, S. 160.

1024 Götting, Persönlichkeitsrechte als Vermögensrechte, S. 159.

1025 Vgl. ausführlich zum pactum de non petendo Cremer, Das pactum de non petendo, 1959.

1026 Müsse, Urheberpersönlichkeitsrecht, S. 77; Osenberg, Unverzichtbarkeit, S. 44; Wallner, Schutz von Urheberwerken, S. 211 f.; Walsmann, Verzicht, S. 234; v. Welser, Wahrnehmung, S. 60.

1027 Blaurock, ZHR 146 (1982), 238 (242); Kümmel, Haftungsausschluss, S. 20; Larenz, SchR I, S. 270; Schreiber, in: Soergel, § 397 Rn. 10; Thyssen, Haftungsfreizeichnung, S. 13 f.; Walsmann, Verzicht, S. 234.

1028 Blaurock, ZHR 146 (1982), 238 (242); Larenz, SchR I, S. 270.

gerichtlich geltend macht[1029]. Das pactum de non petendo steht somit der Durchsetzbarkeit des Anspruchs entgegen[1030].

(2) Erlass gemäß § 397 Abs. 1 BGB

Ebenso kann der Urheber die aus der Verletzung des Urheberpersönlichkeitsrechts bereits entstandenen Ansprüche gemäß § 397 Abs. 1 BGB erlassen[1031]. Der Erlass ist eine Verfügung des Gläubigers, mit der er vertraglich auf seine Forderung verzichtet[1032]. Ob der Urheber auch zukünftig entstehende Ansprüche gemäß § 397 Abs. 1 BGB antizipiert erlassen kann, ist umstritten. Der Zulässigkeit eines antizipierten Erlasses wird entgegenhalten, dass ein Erlass künftiger Ansprüche begrifflich nicht denkbar sei, weil er voraussetze, dass die Forderung wenigstens für eine juristische Sekunde entstanden sei, um überhaupt erlassen werden zu können[1033]. Der BGH und die herrschende Lehre bejahen die Zulässigkeit des antizipierten Erlasses hingegen zutreffend unter Verweis auf die vergleichbare Situation bei der Abtretung, die auch künftige Forderungen erfasst[1034]. Unzutreffend dürfte hingegen die Annahme sein, der antizipierte Erlass lasse die aus der Verletzung des Urheberpersönlichkeitsrechts resultierenden Ansprüche gar nicht erst entstehen[1035]. Insoweit ist denjenigen Stimmen im Schrifttum, die einen antizipierten Erlass ablehnen, zuzugestehen, dass der Er-

---

1029 Blaurock, ZHR 146 (1982), 238 (242); Kamm, Freizeichnungsklauseln, S. 18; Kümmel, Haftungsausschluss, S. 20; Ohly, Volenti, S. 56; Schreiber, in: Soergel, § 397 Rn. 10; Thyssen, Haftungsfreizeichnung, S. 13.

1030 Blaurock, ZHR 146 (1982), 238 (242); Kümmel, Haftungsausschluss, S. 20; Larenz, SchR I, S. 270.

1031 Block, in: Wandtke/Bullinger, § 29 Rn. 19; Schilcher, Werkänderungen, S. 161; Schricker/Loewenheim, in: Schricker/Loewenheim, § 29 Rn. 24; Schricker, FS-Hubmann, 409 (413); Schulze, in: Dreier/Schulze, § 29 Rn. 11; Seetzen, Verzicht, S. 64.

1032 Kamm, Freizeichnungsklauseln, S. 16 f.; Larenz, SchR I, S. 269; Thyssen, Haftungsfreizeichnung, S. 15.

1033 RGZ 148, 257 (262); Dasch, Einwilligung, S. 29; Dieselhorst, Urheberpersönlichkeitsrecht, S. 140 f.; v. Gamm, Urheberrechtsgesetz, Einf. Rn. 109; v. Welser, Wahrnehmung, S. 59.

1034 BGH BB 1956, 1086 (1086); NJW 1964, 648 (649); Blaurock, ZHR 146 (1982), 238 (241 f.); Kümmel, Haftungsausschluss, S. 21 f.; Larenz, SchR I, S. 268; Meyer, Erfüllungsgehilfen, S. 7 f.; Ohly, Volenti, S. 56; Rehbinder, Urheberrecht, Rn. 594; Thyssen, Haftungsfreizeichnung, S. 17.

1035 So aber BGH BB 1956, 1086 (1086); NJW 1964, 648 (649); Ohly, Volenti, S. 56; E. Wagner, in: Erman, § 397 Rn. 3.

lass einer Forderung denklogisch zumindest das kurzzeitige Bestehen des Anspruchs voraussetzt.

c) (Einziehungs-) Ermächtigung

Zuletzt besteht für den Urheber auch die Möglichkeit, einen Dritten zur Vornahme verfügungsähnlicher Handlungen gemäß § 185 Abs. 1 BGB zu ermächtigen[1036]. Insbesondere kann er einem Dritten eine Einziehungsermächtigung erteilen und ihm auf diesem Wege die Einziehung einer Forderung aus einer Verletzung des Urheberpersönlichkeitsrechts ermöglichen. Die Einziehungsermächtigung bewirkt, dass der Dritte die weiterhin dem Urheber zustehende Forderung aus der Verletzung des Urheberpersönlichkeitsrechts im eigenen Namen geltend machen und Zahlung an sich selbst verlangen kann[1037]. Sofern die Voraussetzungen einer gewillkürten Prozessstandschaft vorliegen, kann der Berechtigte etwaige Ansprüche dann auch prozessual gegen den Verletzer geltend machen[1038]. Erforderlich ist hierzu, dass der Urheber den Berechtigten auch zur prozessualen Geltendmachung von Ansprüchen ermächtigt, der Ermächtigte ein eigenes Interesse an der prozessualen Geltendmachung aufweist, der Prozessgegner nicht unzumutbar benachteiligt wird und der einzuklagende Anspruch abtretbar ist[1039]. Die gewillkürte Prozessstandschaft hat aber nicht zur Folge, dass der Berechtigte nunmehr allein zur prozessualen Geltendmachung eines Anspruchs berechtigt ist. Vielmehr kann auch der Urheber selbst neben dem Dritten weiterhin seine Rechte geltend machen[1040]. Dieses Recht erlischt jedoch mit der prozessualen Geltendmachung durch den Prozessstandschafter. Während des Prozesses des Prozessstandschafters kann der Prozessgegner einem weiteren Prozess des Urhebers wegen desselben Streitgegenstandes die Einrede der Rechtshängigkeit gemäß § 261 Abs. 3 Nr. 1 ZPO entgegenhalten[1041]. Nach Abschluss des Rechtsstreits erstreckt sich die Rechtskraft des Urteils zwischen dem Prozessstandschafter und dem Prozessgegner auch auf das Prozessrechtsverhältnis zwischen dem Urheber und dem Prozessgegner[1042].

1036 Rehbinder, Urheberrecht, Rn. 593; Schack, Urheber- und Urhebervertragsrecht, Rn. 638.

1037 Volkommer, in: Zöller, Vor § 50 Rn. 51.

1038 Schack, Urheber- und Urhebervertragsrecht, Rn. 638.

1039 Volkommer, in: Zöller, Vor § 50 Rn. 44 ff.

1040 Schack, Urheber- und Urhebervertragsrecht, Rn. 639.

1041 BGH NJW 1993, 3072 (3073).

1042 BGH NJW 1957, 1635 (1636); NJW 1993, 3072 (3073); Busche, in: Staudinger, Einl zu §§ 398 ff. Rn. 132.

IV. Stellungnahme

1. Unzulässigkeit einer translativen Teilübertragung

Von den aufgezeigten Dispositionsmöglichkeiten kommt die translative Teilübertragung urheberpersönlichkeitsrechtlicher Befugnisse nicht in Betracht. Sie steht in klarem Widerspruch zu der vom Gesetzgeber angeordneten Unübertragbarkeit des Urheberrechts, deren Aufgabe es ist, das ideelle Band des Urhebers zu seinem Werk jederzeit zu schützen[1043]. Da aber auch eine nur teilweise Übertragung urheberpersönlichkeitsrechtlicher Befugnisse im Rahmen der Werkverwertung das ideelle Band des Urhebers zu seinem Werk vollständig beseitigt, ist eine Teilübertragung nicht mit § 29 Abs. 1 UrhG in Einklang zu bringen[1044]. Das Urheberpersönlichkeitsrecht als Teil des monistischen Urheberrechts ist danach weder als Ganzes noch in Teilen translativ übertragbar[1045].

2. Grundsätzliche Zulässigkeit von Dispositionen über urheberpersönlichkeitsrechtliche Befugnisse

§ 29 Abs. 1 UrhG steht Rechtsgeschäften über urheberpersönlichkeitsrechtliche Befugnisse jedenfalls dann nicht entgegen, sofern sie nicht zu einem vollständigen Rechtsverlust des Urhebers führen. Einen Beleg hierfür bietet bereits der Wortlaut von § 29 Abs. 1 UrhG, der von „Übertragung" spricht. Der Terminus „Übertragung" ist verfügungstechnischer Art[1046], weshalb von einer Übertragung nur dann die Rede sein kann, wenn mit ihr ein Verbrauch von Verfügungsmacht verbunden ist[1047]. Dies ist jedenfalls bei schuldrechtlichen Vereinbarungen nicht der Fall, da der Urheber sich hier nur zur Duldung einer Beeinträchtigung seines Urheberpersönlichkeitsrechts verpflichtet.

Auch das Urheberrechtsgesetz selbst bietet Anhaltspunkte für die Zulässigkeit der Einräumung urheberpersönlichkeitsrechtlicher Befugnisse. Zum einen zeigt die Möglichkeit der Einräumung von Nutzungsrechten gemäß

1043 Dieselhorst, Urheberpersönlichkeitsrecht, S. 135; Müsse, Urheberpersönlichkeitsrecht, S. 69; Schacht, Urheberpersönlichkeitsrecht, S. 131.

1044 Müsse, Urheberpersönlichkeitsrecht, S. 69; Schacht, Urheberpersönlichkeitsrecht, S. 131.

1045 Dieselhorst, Urheberpersönlichkeitsrecht, S. 135; Hock, Namensnennungsrecht, S. 100; Matanovic, Dispositionen, S. 103; Müsse, Urheberpersönlichkeitsrecht, S. 69; Schacht, Urheberpersönlichkeitsrecht, S. 131.

1046 Matanovic, Dispositionen, S. 80.

1047 Götting, Persönlichkeitsrechte als Vermögensrechte, S. 144; Kraßer, GRUR Int. 1983, 537 (537 f.); Ohly, Volenti, S. 148.

§§ 31 ff. UrhG, dass Rechtsgeschäfte über das Urheberrecht grundsätzlich trotz der Unübertragbarkeitsregelung in § 29 Abs. 1 UrhG möglich sind. Zum anderen ist der Nutzungsberechtigte gemäß § 39 Abs. 1 UrhG dazu berechtigt, das Werk, den Titel oder die Urheberbezeichnung zu ändern, wenn dies mit dem Urheber vereinbart ist. Der Gesetzgeber selbst sieht darin ebenfalls einen Beleg für die Zulässigkeit weiterer, über die Regelung des § 39 UrhG hinausgehender Rechtsgeschäfte[1048]. Der Urheber kann einem Dritten seine urheberpersönlichkeitsrechtlichen Befugnisse danach jedenfalls mit schuldrechtlicher Wirkung zur Ausübung überlassen.

3. Zulässigkeit konstitutiver Rechtseinräumungen

Abschließend stellt sich die Frage, ob neben rein schuldrechtlichen Vereinbarungen auch im Sinne einer gebundenen Übertragung eine konstitutive Rechtseinräumung urheberpersönlichkeitsrechtlicher Befugnisse in Betracht kommt.

a) Vereinbarkeit konstitutiver Rechtseinräumungen mit § 29 Abs. 1 UrhG – Einräumung von Nutzungsrechten gemäß §§ 31 ff. UrhG

Das Urheberrechtsgesetz erlaubt dem Urheber grundsätzlich auch die Einräumung von Rechten mit konstitutiver Wirkung. Der in § 29 Abs. 1 UrhG verwendete Begriff „Übertragung" steht einer konstitutiven Einräumung urheberpersönlichkeitsrechtlicher Befugnisse nicht im Wege, denn im deutschen Recht wird dieser nicht einheitlich in einem umfassenden Sinne verwendet, sondern umfasst mal lediglich translative, mal auch konstitutive Übertragungen[1049]. Das Urheberrechtsgesetz verbietet nur translative Übertragungen[1050]. Dies folgt aus der Möglichkeit der Einräumung von Nutzungsrechten in den §§ 31 ff. UrhG[1051], die ge-

1048 Begründung zum Gesetzesentwurf, BT-Drucks. 14/6433, S. 18.

1049 Matanovic, Dispositionen, S. 81; Metzger, Rechtsgeschäfte, S. 30 f. § 873 Abs. 1 BGB differenziert explizit zwischen Übertragungen und Belastungen und erfasst als Übertragungen daher nur translative wirkende Verfügungen. § 1059 S. 1 BGB schließt demgegenüber sowohl translative als auch konstitutive Übertragungen aus.

1050 Forkel, Gebundene Rechtsübertragungen, S. 169 u. 196 f.

1051 Riedel, Urheber- und Verlagsrecht, § 11 Anm. B, S. 2 will die §§ 31 ff. UrhG analog auf das Urheberpersönlichkeitsrecht analog anwenden. Heeschen (Urheberpersönlichkeitsrecht, S. 69 f.), Kellerhals (UFITA 2000/III, 617 (666 f.)) und Schilcher (Schutz des Urhebers, S. 152 ff.) sind demgegenüber der Auffassung, dass eine analoge Anwendung der §§ 31 ff. UrhG auf das Urheberpersönlichkeitsrecht nicht in Betracht komme, da sich diese Vorschriften ausdrücklich nur auf die Einräumung von Nutzungsrechten bezögen. Schilcher (Urheberpersönlichkeitsrecht, S. 153) sieht ihre Aufmäß § 31 Abs. 1 S. 1 UrhG ebenfalls konstitutiv wirkt[1052]. Räumt der Urheber einem anderen das Recht ein, sein Werk auf einzelne oder alle Nutzungsarten zu nutzen, entsteht in der Hand des Nutzungsberechtigten ein aus den Verwertungsrechten abgeleitetes neues Nutzungsrecht, das zu einer Belastung des Urheberrechts führt[1053].

Die Einräumung von Nutzungsrechten hat keine translative Übertragung der Verwertungsbefugnis zur Folge. Die Nutzungsrechte stehen weiterhin im Bann des Urheberrechts als Mutterrecht. Mit dem Erlöschen der Nutzungsbefugnisse findet ein Heimfall der übertragenen Tochterrechte statt, so dass das beim Urheber befindliche Mutterrecht wieder zum Vollrecht erstarkt[1054]. Die Bindung des Urhebers zu seinem Werk wird bei der Einräumung von Nutzungsrechten durch verschiedene Vorschriften gewährleistet.

Zunächst bestimmt sich der Umfang der Einräumung gemäß § 31 Abs. 5 UrhG nach dem Vertragszweck (Zweckübertragungsgrundsatz)[1055]. Dieser Grundsatz bringt zum Ausdruck, dass die urheberrechtlichen Befugnisse die Tendenz haben, soweit wie möglich beim Urheber zu verbleiben, damit dieser in angemessener Weise an den Erträgnissen seines Werkes beteiligt wird[1056]. Sind die Nutzungsarten nicht ausdrücklich einzeln bezeichnet, entscheidet somit der von beiden Vertragspartnern zugrunde gelegte Vertragszweck darüber, auf welche Nutzungsarten sich die Einräumung eines Nutzungsrechts erstreckt (§ 31 Abs. 5 S. 1 UrhG). Entsprechendes gilt gemäß § 31 Abs. 5 S. 2 UrhG für die Frage, ob ein Nutzungsrecht eingeräumt wird, ob es sich um ein einfaches oder ausschließliches Nutzungsrecht handelt, wie weit Nutzungsrecht und Verbotsrecht reichen und welchen Einschränkungen das Nutzungsrecht unterliegt.

---

fassung dadurch bestätigt, dass das UrhG bei der Einräumung von Nutzungsrechten die Bindung der Nutzungsrechte an den Urheber durch verschiedene Vorschriften (§§ 31 Abs. 5, 34 Abs. 1, 40, 41, 42 UrhG) sicher stelle. Vergleichbare Vorschriften für das Urheberpersönlichkeitsrecht seien hingegen nicht vorhanden.

1052 Rehbinder, Urheberrecht, Rn. 554.

1053 Rehbinder, Urheberrecht, Rn. 554.

1054 Begründung zum Regierungsentwurf, BT-Drucks. IV/270, S. 30; Ulmer, Urheber- und Verlagsrecht, S. 359.

1055 Siehe zum Zweckübertragungsgrundsatz auch Forkel, Gebundene Rechtsübertragungen, S. 142 ff.

1056 BGH GRUR 1996, 121 (122) – Pauschale Rechtseinräumung; NJW 1998, 3716 (3717) – Comic-Übersetzungen; Ulmer, Urheber- und Verlagsrecht, S. 365.

Der Zweckübertragungsgrundsatz stellt somit sicher, dass der Erwerber nicht weitergehende Rechte erhält, als es der Vertragszweck erfordert[1057].

Über den Zweckübertragungsgrundsatz hinaus wird der Urheber auch durch die Vorschriften zur Weiterübertragung und Unterlizenzierung von Nutzungsrechten in den §§ 34 f. UrhG geschützt. Zwar kann der Nutzungsberechtigte grundsätzlich auch sein Nutzungsrecht an dem Werk übertragen, gemäß § 34 Abs. 1 UrhG setzt dies aber die Zustimmung des Urhebers voraus. Ebenso kann der Inhaber eines ausschließlichen Nutzungsrechts Dritten einfache Lizenzen an seinem Nutzungsrecht nur mit Zustimmung des Urhebers einräumen (§ 35 Abs. 1 UrhG).

Des Weiteren wird der Urheber durch die Rückrufsrechte in §§ 41 f. UrhG[1058] geschützt. § 41 Abs. 1 UrhG schützt den Urheber vor einer unzureichenden Ausübung des eingeräumten Rechts durch den Inhaber des ausschließlichen Nutzungsrechts. Damit findet insbesondere das Interesse des Urhebers an einer Veröffentlichung des Werkes Berücksichtigung, da der Urheber bei Erteilung einer ausschließlichen Lizenz selbst an der Veröffentlichung des Werkes gehindert ist[1059]. Daneben kann der Urheber gemäß § 42 UrhG ein Nutzungsrecht gegenüber dem Inhaber zurückrufen, wenn das Werk nicht mehr seiner Überzeugung entspricht.

Der Urheber kann folglich nach der Konzeption des Urheberrechtsgesetzes durch die Einräumung von Nutzungsrechten dem Verwerter eine dingliche Rechtsposition einräumen. Das Urheberrechtsgesetz sieht somit selbst die Möglichkeit von konstitutiven Rechtseinräumungen im Sinne einer gebundenen Übertragung vor[1060].

b) Historische Entwicklung als Anhaltspunkt für die Zulässigkeit konstitutiver Rechtseinräumungen

Die historische Entwicklung der Unübertragbarkeitsregelung spricht ebenfalls für die Zulässigkeit konstitutiver Rechtseinräumungen urheberpersönlichkeitsrechtlicher Befugnisse.

1057 Ulmer, Urheber- und Verlagsrecht, S. 364 f.

1058 Siehe zu den Rückrufsrechten Forkel, Gebundene Rechtsübertragungen, S. 151 ff.

1059 Hartl, Vermögensgüter, S. 148.

1060 Matanovic, Dispositionen, S. 81.

Vor Einführung des Urheberrechtsgesetzes von 1965 waren sowohl nach den Vorschriften des LUG (§ 8 Abs. 3) als auch des KUG (§ 10 Abs. 3)[1061] neben einer beschränkten Einräumung urheberrechtlicher Befugnisse auch unbeschränkte Übertragungen des Urheberrechts unter Lebenden möglich[1062]. Die zunehmende Bedeutung des zunächst nur ansatzweise geregelten Urheberpersönlichkeitsrechts ebenso wie die sich mehr und mehr durchsetzende monistische Deutung des Urheberrechts führten schließlich dazu, dass sowohl die Rechtsprechung[1063] als auch das Schrifttum[1064] die Übertragbarkeitsregelungen restriktiver auslegten[1065]. Entgegen dem Wortlaut der Regelungen, wurde die Zulässigkeit unbeschränkter Übertragungen nunmehr zwar verneint, beschränkte Übertragungen aber weiterhin zugelassen[1066]. Selbst bei einer unbeschränkten Überlassung sollte der Urheber in jedem Fall ein unveräußerliches Persönlichkeitsrecht behalten[1067]. Der BGH sah die äußerste Grenze einer Übertragung urheberpersönlichkeitsrechtlicher Befugnisse schließlich dort erreicht, wo der unverzichtbare Kernbestandteil des Urheberpersönlichkeitsrechts berührt werde[1068].

Den Erkenntnissen von Rechtsprechung und Literatur hat sich der Gesetzgeber im Urheberrechtsgesetz von 1965 durch Anerkennung der Unübertragbarkeit des Urheberrechts in § 29 S. 2 UrhG a. F. angeschlossen. Um eine vollständige Lösung der urheberrechtlichen Befugnisse von der Person des Urhebers zu verhindern, kann der Urheber nur durch Einräumung eines aus dem Urheberrecht abgeleiteten Nutzungsrechts einem anderen die Verwertung seines Werkes überlassen. Allein diese Konstruktion ist nach Ansicht des Gesetzgebers dazu geeignet, dem bereits für das geltende Recht entwickelten Gedanken, dass die vermögensrechtlichen Befugnisse auch nach ihrer Abtretung bis zu einem gewissen Grade im Banne des Urhebers verbleiben, zwanglos Rechnung zu tra-

---

1061 § 8 Abs. 3 LUG und § 10 Abs. 3 KUG lauteten: „Das Recht kann beschränkt oder unbeschränkt auf andere übertragen werden; die Übertragung kann auch mit der Begrenzung auf ein bestimmtes Gebiet geschehen."

1062 Forkel, Gebundene Rechtsübertragungen, S. 123; Schricker/Loewenheim, in: Schricker/Loewenheim, § 29 Rn. 1.

1063 RGZ 123, 312 (320) – Wilhelm Busch; BGH GRUR 1963, 40 (42) – Straßen – gestern und morgen.

1064 Runge, UFITA 23 (1957) 16 (18 f.).

1065 Siehe zur Übertragbarkeit des Urheberrechts nach § 8 Abs. 3 LUG auch Hilty, FS-Rehbinder, 259 (263 f.).

1066 Forkel, Gebundene Rechtsübertragungen, S. 123 f.

1067 RGZ 123, 312 (320) – Wilhelm Busch.

1068 BGH GRUR 1955, 201 (204) – Cosima Wagner.

gen[1069]. Das gesetzgeberische Ziel war es demnach, dem Urheberpersönlichkeitsrecht sowie der monistischen Theorie des Urheberrechts durch eine Unübertragbarkeit des Urheberrechts im Urheberrechtsgesetz Rechnung zu tragen. Da sich dies aber auch durch eine lediglich beschränkte Übertragung der urheberrechtlichen Befugnisse sicherstellen lässt, ist nicht davon auszugehen, dass die Gesetzesväter mit der Unübertragbarkeitsregelung in einem umfassenden Sinne auch die konstitutive Übertragung ausschließen wollten[1070].

Durch das „Gesetz zur Stärkung der vertraglichen Stellung von Urhebern und ausübenden Künstlern"[1071] vom 22.03.2002 hat der Gesetzgeber die Unübertragbarkeit des Urheberrechts neu geregelt. Der bis dahin geltende § 29 S. 2 UrhG a. F. wurde unverändert in § 29 Abs. 1 UrhG aufgenommen. Gemäß § 29 Abs. 2 UrhG sollen nur die in § 39 UrhG genannten Rechtsgeschäfte über Urheberpersönlichkeitsrechte zulässig sein. Danach könnte der Urheber einzig mit dem Nutzungsrechtsinhaber Vereinbarungen über eine Veränderung des Werkes treffen (§ 39 Abs. 1 UrhG). Diese im Vergleich zur bisherigen Rechtslage deutlich restriktivere Übertragbarkeitsregelung[1072] ist die Folge eines redaktionellen Versehens des Gesetzgebers[1073]. Dieser beabsichtigte ausweislich der Gesetzesmaterialien mit der Neuregelung der §§ 29 und 39 UrhG eigentlich keine Verschärfung des Unübertragbarkeitsgrundsatzes. Vielmehr ging es ihm darum, den Grundsatz der Unübertragbarkeit des Urheberpersönlichkeitsrechts

---

1069 Begründung zum Regierungsentwurf, BT-Drucks. IV/270, S. 55: „Wegen der engen Verbundenheit des Urheberpersönlichkeitsrechts mit den Verwertungsrechten haben sich bei der Abgrenzung der dem Urheber verbleibenden Befugnisse von den übertragbaren Bestandteilen des Urheberrechts Schwierigkeiten ergeben. Der Entwurf schlägt deshalb eine vom geltenden Recht abweichende Regelung vor: Das Urheberrecht soll grundsätzlich weder als Ganzes noch in seinen Teilen (z. B. Verwertungsrechte) übertragbar sein, der Urheber soll vielmehr einem anderen die Verwertung seines Werkes nur dadurch überlassen können, daß er ihm ein vom Urheberrecht abgeleitetes Nutzungsrecht einräumt, ähnlich wie die auf dem Gebiet des Patentrechts übliche Lizenz. Diese Konstruktion ermöglicht es, dem bereits für das geltende Recht entwickelten Gedanken, daß die vermögensrechtlichen Befugnisse auch nach ihrer Abtretung bis zu einem gewissen Grade im Banne des Urhebers verbleiben, zwanglos Rechnung zu tragen."

1070 A.A. Wille, Verfügung, S. 17. Wille vertritt den Standpunkt, dass Rechtsgeschäfte über das Urheberpersönlichkeitsrecht mit dinglicher Wirkung eine Änderung von § 29 S. 2 UrhG a.F. (§ 29 Abs. 1 UrhG n.F.) voraussetzen.

1071 BGBl. I, 2002, Nr. 21, Seite 1155-1158.

1072 Matanovic, Dispositionen, S. 78 ff.; Metzger, GRUR Int. 2003, 9 (10 f.).

1073 Erdmann, GRUR 2002, 923 (929); Haas, Urhebervertragsrecht, Rn. 75; Matanovic, Dispositionen, S. 79; Schricker, GRUR Int. 2002, 797 (799 f.).

„durch die ausdrückliche Zulassung gewisser, auf konkrete Einzelnutzungen bezogener Rechtsgeschäfte über Urheberpersönlichkeitsrechte" einem praktischen Bedürfnis entsprechend abzumildern[1074]. Die vorgesehene Neuerung der Regelung über Rechtsgeschäfte über das Urheberpersönlichkeitsrecht sollte der Klarstellung dienen, dass auch Rechtsgeschäfte über urheberpersönlichkeitsrechtliche Befugnisse zulässig seien. Über das in Praxis und Rechtsprechung „für zulässig erachtete Maß an Verfügungen über das Urheberpersönlichkeitsrecht" sollte die Neuregelung kaum hinausgehen[1075]. Dieses Ziel sollte durch eine umfassende Regelung der möglichen Rechtsgeschäfte erreicht werden. § 39 UrhG sollte daher unter der Überschrift „Rechtsgeschäfte über Urheberpersönlichkeitsrechte" folgenden Wortlaut erhalten:

> *„(1) Der Urheber kann das Veröffentlichungsrecht in der Weise ausüben, dass er den Inhaber eines Nutzungsrechts durch Vereinbarung dazu ermächtigt, den Zeitpunkt und die Umstände der Veröffentlichung seines Werkes zu bestimmen. Bis zum Eintritt der Veröffentlichung bleibt der Urheber zur Geltendmachung des Veröffentlichungsrechts gegenüber Dritten befugt.*
>
> *(2) Der Urheber kann durch Vereinbarung mit dem Inhaber eines Nutzungsrechts für eine genau bestimmte beschränkte Nutzung des Werkes auf die Anbringung der Urheberbezeichnung und die Nennung des Urhebernamens verzichten. Der Widerruf des Verzichts kann nur mit Wirkung für die Zukunft und nur für solche Nutzungen erfolgen, die noch nicht begonnen worden sind; er kann nicht ausgeschlossen werden.*
>
> *(3) Der Urheber kann durch Vereinbarung dem Inhaber eines Nutzungsrechts gestatten, im Zusammenhang mit der Werknutzung stehende Änderungen des Werkes, seines Titels oder der Urheberbezeichnung vorzunehmen. Die Vereinbarung ist nur wirksam, wenn die beabsichtigten Änderungen nach Art und Ausmaß genau bezeichnet sind und sich auf eine bestimmte beschränkte Nutzung des Werkes beziehen. Für den Widerruf der Gestattung gilt Absatz 2 Satz 2 entsprechend.*

1074 Begründung zum Gesetzesentwurf, BT-Drucks. 14/6433, S. 18.

1075 Begründung zum Gesetzesentwurf, BT-Drucks. 14/6433, S. 18.

(4) Änderungen des Werkes und seines Titels, zu denen der Urheber seine Einwilligung nach Treu und Glauben nicht versagen kann, sind stets zulässig.“[1076]

Die Änderung von § 39 UrhG trat jedoch letztlich nicht in Kraft. Stattdessen wurde § 39 UrhG in der geltenden Fassung beibehalten[1077]. Der Hinweis auf die zulässigen Rechtsgeschäfte über die Urheberpersönlichkeitsrechte nach § 39 UrhG in § 29 Abs. 2 des Regierungsentwurfes wurde versehentlich jedoch unverändert übernommen[1078].

Aus der Gesetzesbegründung wird insoweit zweierlei deutlich. Einerseits wurde mit der Änderung des § 29 UrhG keine Änderung der Gesetzeslage bezweckt. Es sollte vielmehr die ursprüngliche Unübertragbarkeitsregelung beibehalten werden[1079]. Zum anderen zeigt die in der Gesetzesbegründung verwendete Terminologie „Verfügungen über das Urheberpersönlichkeitsrecht“[1080], dass auch der Gesetzgeber bereits nach der alten Rechtslage von der Zulässigkeit verfügungstechnischer Rechtsgeschäfte ausging. Dies lässt somit ebenfalls auf die Zulässigkeit konstitutiver Rechtseinräumungen schließen[1081].[1082]

Es ist daher davon auszugehen, dass auch der Gesetzgeber konstitutive Einräumungen urheberpersönlichkeitsrechtlicher Befugnisse nicht durch § 29 UrhG

1076 Begründung zum Gesetzesentwurf, BT-Drucks. 14/6433, S. 4 f.

1077 Beschlussempfehlung und Bericht des Rechtsausschusses, BT-Drucks. 14/8058, S. 21; Haas, Urhebervertragsrecht, Rn. 52 u. 75; Matanovic, Dispositionen, S. 79; Metzger, GRUR Int. 2003, 9 (10).

1078 Haas, Urhebervertragsrecht, Rn. 75; Matanovic, Dispositionen, S. 79; Metzger, GRUR Int. 2003, 9 (10).

1079 Metzger, GRUR Int. 2003, 9 (10 f.).

1080 BR-Drucks. 404/01, S. 53.

1081 Siehe hierzu Matanovic, Dispositionen, S. 83.

1082 Darüber hinaus bietet auch die Beschlussempfehlung des Rechtsausschusses einen weiteren Anhaltspunkt für die Zulässigkeit konstitutiv wirkender Rechtsgeschäfte über das Urheberpersönlichkeitsrecht. Der Rechtsausschuss sprach sich für eine Änderung der im Gesetzesentwurf (Begründung zum Gesetzesentwurf, BT-Drucks. 14/6433, S. 3) gewählten Überschrift „Verfügungen über das Urheberrecht“ aus, da es sich bei den in § 29 Abs. 2 UrhG genannten schuldrechtlichen Einwilligungen nicht um Verfügungen handele (Beschlussempfehlung des Rechtsausschusses, BT-Drucks. 14/8058, S. 18). Wäre der Rechtsausschuss dagegen von der Unzulässigkeit dinglicher Rechtsgeschäfte über das Urheberpersönlichkeitsrecht ausgegangen, so ist anzunehmen, dass er die Änderung der Überschrift nicht allein mit § 29 Abs. 2 UrhG begründet hätte. Vielmehr hätte er dann wohl auch explizit auf die Unzulässigkeit dinglicher Rechtsgeschäfte hingewiesen (Matanovic, Dispositionen, S. 83).

ausschließen wollte. Lediglich translative Übertragungen, mit denen ein vollständiger Rechtsverlust auf Seiten des Urhebers verbunden ist, sollten zum Schutz des Urhebers unzulässig sein.

c) *Bedürfnis nach einer konstitutiven Rechtseinräumung urheberpersönlichkeitsrechtlicher Befugnisse*

Im Gegensatz zu den umfassenden Vorschriften zur Einräumung von Nutzungsrechten hat der Gesetzgeber für das Urheberpersönlichkeitsrecht keine entsprechende Regelung getroffen. Dennoch besteht neben dem grundsätzlichen Erfordernis nach Dispositionen über urheberpersönlichkeitsrechtliche Befugnisse ein Bedürfnis für konstitutive Rechtseinräumungen[1083]. Die vom Urheberrecht bezweckte umfassende Verwertung des Werkes ebenso wie die Abwehr von Eingriffen in urheberpersönlichkeitsrechtliche Befugnisse werden nur dann effektiv gewährleistet, wenn der Urheber einem Dritten seine urheberpersönlichkeitsrechtlichen Befugnisse derart einräumen kann, dass dieser selbständig aus eigener Rechtsstellung heraus sowohl die Verwertung vornehmen als auch bei Eingriffen in die entsprechenden Befugnisse gegen den Verletzer vorgehen kann[1084]. Eine derartige verlässliche und sichere Position erhält der Berechtigte nur durch eine Rechtseinräumung, die dinglich wirkt[1085]. Die lediglich schuldrechtliche Überlassung zur Ausübung kann den Dritten unabhängig von ihrer konkreten Ausgestaltung nicht wirksam schützen. Weder der Verzicht auf die Geltendmachung von Ansprüchen aus einer Verletzung des Urheberpersönlichkeitsrechts – sei es als pactum de non petendo oder als Erlassvertrag – noch die Einwilligung in eine Verletzung des Urheberpersönlichkeitsrechts vermitteln dem Berechtigten eine effektive Rechtsposition gegenüber Dritten, sondern gewähren ihm lediglich Schutz vor Beeinträchtigungen ihrer rechtlichen Stellung durch den Urheber selbst[1086]. Ebenso wenig gewährleistet die Einziehungsermächtigung im Sinne von § 185 Abs. 1 BGB einen effektiven Schutz des Berechtigten. Die im Schrifttum[1087] für möglich gehaltene gewillkürte Prozessstandschaft als prozessuales Gegenstück zur materiellen Einziehungsermächtigung wird von der

---

1083 Siehe zu den Interessen für und gegen eine gebundene Übertragung Leßmann, Übertragbarkeit, S. 72 ff.

1084 Forkel, Gebundene Rechtsübertragungen, S. 187; ders., GRUR 1988, 491 (492 f.); ders., AcP 185 (1985), 94 (101); Grohmann, Entstellungen, S. 146; Haberstumpf/Hintermeier, Verlagsrecht, S. 43; Hilty, FS-Rehbinder, 259 (280).

1085 Forkel, GRUR 1988, 491 (493).

1086 Dreyer, in: Dreyer/Kotthoff/Meckel, Vor §§ 12 ff. Rn. 22.

1087 Prantl, AfP 1984, 17 (21); Schricker, EWiR § 22 KUG, 1/87, 79 (80).

Rechtsprechung[1088] und einem Teil der Literatur[1089] nur bei Übertragbarkeit der entsprechenden Rechte zugelassen und bei einer Verletzung höchstpersönlicher Rechte daher verneint. Lediglich wenn es um die Verwertung von Persönlichkeitsrechten geht, kommt nach der Rechtsprechung auch bei höchstpersönlichen Rechten eine gewillkürte Prozessstandschaft in Betracht. Auch dann ist eine gewillkürte Prozessstandschaft aber nur bei der Geltendmachung von Schadensersatzansprüchen möglich, nicht hingegen bei Unterlassungs- oder Beseitigungsansprüchen[1090]. Daneben besteht die Möglichkeit einer gewillkürten Prozessstandschaft nur noch, wenn es um Ansprüche aus der Beeinträchtigung der Persönlichkeit nach dem Tod des Rechtsträgers geht[1091]. Für den Ermächtigten hat dies zur Folge, dass eine obligatorische Vereinbarung in den meisten Fällen nicht dazu in der Lage ist, Drittwirkung zu entfalten[1092]. Bei einer schuldrechtlich wirkenden Überlassung kann der Wahrnehmungsberechtigte in den meisten Fällen daher nicht aus eigenem Recht gegen den Verletzer vorgehen. Da hierdurch neben dem Interesse des Berechtigten an einer dinglich wirkenden Rechtsstellung auch das schützenswerte Interesse des Urhebers an einer effektiven Absicherung seiner Befugnisse betroffen wird, hätte eine restriktive, auf die Zulässigkeit schuldrechtlicher Abreden beschränkte, Auslegung des § 29 Abs. 1 UrhG auch für den Urheber erhebliche nachteilige Auswirkungen. Zugleich wären die wirtschaftlichen Chancen des Urhebers beeinträchtigt, da der Urheber in der Regel im Gegenzug für die Einräumung einer ausschließlichen Befugnis ein höheres Entgelt verlangen kann[1093]. Um sowohl die Interessen des Nutzungsberechtigten als auch diejenigen des Urhebers an einer umfassenden Verwertung seines Werkes sowie einer effektiven Abwehr von Beeinträchtigungen zu schützen, muss der Urheber dem Berechtigten auch seine urheberpersönlichkeitsrechtlichen Befugnisse mit dinglicher Wirkung einräumen können.

1088 BGH GRUR 1978, 583 (585) – Motorkettensäge; GRUR 1983, 379 (381) – Geldmafiosi; NJW 1990, 1986 (1987) – Emil Nolde.

1089 Bork, in: Stein/Jonas/Leipold, ZPO, Vor § 50 Rn. 61; Dreyer, in: Dreyer/Kotthoff/Meckel, Vor §§ 12 ff. Rn. 22; Helle, Besondere Persönlichkeitsrechte, S. 116; Lochmann, Fernsehübertragungsrechte, S. 97.

1090 Lütje, in: Möhring/Nicolini, § 97 Rn. 104.

1091 BGH NJW 1990, 1986 (1987) – Emil Nolde; Volkommer, in: Zöller, Vor § 50 Rn. 46.

1092 Bungart, Dingliche Lizenzen, S. 127 f.

1093 Magold, Personenmerchandising, S. 503; Schertz, Merchandising, Rn. 376.

V. Umfang rechtsgeschäftlicher Dispositionen über urheberpersönlichkeitsrechtliche Befugnisse

Nach dem oben Gesagten gilt, dass nur translative Übertragungen, welche den Verlust der urheberpersönlichkeitsrechtlichen Befugnisse auf Seiten des Urhebers zur Folge haben, nach § 29 Abs. 1 UrhG nicht in Betracht kommen. Konstitutive Rechtseinräumungen an urheberpersönlichkeitsrechtlichen Befugnissen sind dagegen grundsätzlich möglich. Da das Urheberrecht, wie erwähnt, selbst jedoch nur die Einräumung von Nutzungsrechten regelt, kann die konstitutive Einräumung urheberpersönlichkeitsrechtlicher Befugnisse jedenfalls nicht weiter gehen als für die Nutzung des Werkes unbedingt erforderlich. Konstitutive Rechtseinräumungen über urheberpersönlichkeitsrechtliche Befugnisse kommen daher nur dann in Betracht, wenn diese im Zusammenhang mit der Einräumung von Nutzungsrechten erfolgen und dem Nutzungsberechtigten die Verwertung des Werkes ermöglichen sollen[1094].

Im Falle der konstitutiven Einräumung urheberpersönlichkeitsrechtlicher Befugnisse ist der Nutzungsberechtigte sowohl zur Ausübung des jeweiligen Rechts, beispielsweise der Veröffentlichung des Werkes, als auch zur Abwehr von Beeinträchtigung des Urheberpersönlichkeitsrechts berechtigt, sofern diese die Verwertung des Werkes berühren.

1. Unverzichtbarkeit des Kernbereichs

Die absolute Grenze für die Zulässigkeit rechtsgeschäftlicher Dispositionen bildet nach der sogenannten Kernbereichslehre der unverzichtbare Kernbereich des Urheberpersönlichkeitsrechts. Greift die Rechtseinräumung in den Kernbereich des Urheberpersönlichkeitsrechts ein, hat dies ihre Unwirksamkeit zur Folge[1095].

1094 Dietz/Peukert, in: Schricker/Loewenheim, Vor §§ 12 ff. Rn 26; Wandtke/Grunert, in: Wandtke/Bullinger, Vor §§ 31 ff. Rn. 36 ff.

1095 RGZ 123, 312 (320) – Wilhelm Busch; BGH GRUR 1955, 201 (204) – Cosima Wagner; GRUR 1963, 40 (42) – Straßen – gestern und morgen; GRUR 1971, 269 (271) – Das zweite Mal; GRUR 1986, 458 (459) – Oberammergauer Passionsspiele; GRUR 1999, 230 (232) – Treppenhausgestaltung; Bullinger, Kunstwerkfälschung, S. 82; Bullinger, in: Wandtke/Bullinger, Vor §§ 12 ff. Rn. 5 u. 7; Dieselhorst, Urheberpersönlichkeitsrecht, S. 142 ff.; Dietz/Peukert, in: Schricker/Loewenheim, Vor §§ 12 ff. Rn. 27; Federle, Werkintegrität, S. 69 ff.; Forkel, Gebundene Rechtsübertragungen, S. 192 f.; v. Gamm, Urheberrechtsgesetz, § 11 Rn. 7; Götting, FS-Schricker, 53 (66); Grohmann, Entstellungen, S. 159 f.; Hertin, in: Fromm/Nordemann, 9. Aufl., Vor § 12 Rn. 3; Kellerhals, Urheberpersönlichkeitsrechte, S. 120; Osenberg, Unverzichtbarkeit,

Nach der Rechtsprechung des BGH ist der unverzichtbare Kernbereich immer dann betroffen „wenn durch die Art der Ausübung der übertragenen Befugnisse die geistigen und persönlichen Beziehungen des Urhebers zu seinem Werk schwerwiegend gefährdet oder verletzt werden“[1096]. Ob eine den urheberpersönlichkeitsrechtlichen Kernbereich tangierende schwerwiegende Beeinträchtigung vorliegt, lässt sich dabei nicht für alle denkbaren Fälle pauschal bestimmen, sondern bedarf einer Abwägung der Interessen der Vertragsparteien unter Berücksichtigung der Besonderheiten des Einzelfalles[1097]. Im Rahmen der Abwägung kommt dem Urheberpersönlichkeitsrecht aufgrund seiner verfassungsrechtlichen Verankerung in Art. 1 Abs. 1 GG ein besonderes Gewicht zu. Die entgegenstehenden Interessen des Lizenznehmers können daher keine gravierenden Beeinträchtigungen rechtfertigen[1098].

Grundsätzlich gilt, dass der unverzichtbare Kernbereich umso enger ist, je genauer die zwischen dem Urheber und dem Nutzungsberechtigten getroffene Vereinbarung die Nutzung der urheberpersönlichkeitsrechtlichen Befugnisse regelt[1099]. Die Grenze zulässiger Dispositionen ist jedenfalls dann erreicht, wenn der Urheber pauschal über seine urheberpersönlichkeitsrechtlichen Befugnisse

---

S. 41; Rehbinder, Urheberrecht, Rn. 595; Schilcher, Werkänderungen, S. 165; Schulze, in: Dreier/Schulze, Vor § 12 Rn. 12 u. § 14 Rn. 41; Seetzen, Verzicht, S. 50; Ulmer, Urheber- und Verlagsrecht, S. 379; Wallner, Schutz von Urheberwerken, S. 201. Einen anderen Ansatz vertritt die von Schricker begründete Vorhersehbarkeitslehre. Sie will dem Urheber ausgehend vom Grundsatz der Vertragsfreiheit auch Rechtsgeschäfte erlauben, die in den Kernbereich der urheberpersönlichkeitsrechtlichen Befugnisse eingreifen. Der Urheber soll in diesen Fällen durch die Zweckübertragungslehre vor zu weitgehenden Dispositionen geschützt werden. Zulässig sind danach nur konkret umschriebene Rechtseinräumungen, unzulässig dagegen pauschale Rechtsgeschäfte (Schricker, Informationsgesellschaft, S. 93 f.). Den Ansatz Schrickers hat Metzger aufgegriffen und zur sogenannten erweiterten Vorhersehbarkeitslehre ausgebaut. Danach sind die zwischen dem Urheber und dem Berechtigten getroffenen Vereinbarungen auch an den §§ 138, 307 ff. BGB zu messen. Zudem erhält der Urheber die Möglichkeit eines Rückrufs analog § 42 UrhG (Metzger, Rechtsgeschäfte, S. 199 ff.). Siehe zur (erweiterten) Vorhersehbarkeitslehre auch Dietz, Werkintegritätsschutz, S. 103 ff.

1096 BGH GRUR 1955, 201 (204) – Cosima Wagner. So auch Dieselhorst, Urheberpersönlichkeitsrecht, S. 146; Forkel, Gebundene Rechtsübertragungen, S. 193; Leßmann, Übertragbarkeit, S. 79; Osenberg, Unverzichtbarkeit, S. 41.

1097 Dieselhorst, Urheberpersönlichkeitsrecht, S. 145 f.; Federle, Werkintegrität, S. 70; Forkel, Gebundene Rechtsübertragungen, S. 193.

1098 Forkel, Gebundene Rechtsübertragungen, S. 193.

1099 Schulze, in: Dreier/Schulze, Vor § 12 Rn. 12.

disponiert[1100]. In diesen Fällen ist es dem Urheber bei Vertragsschluss nicht möglich, die Tragweite seiner Entscheidung vollständig zu überblicken. Zulässig sind dagegen Rechtsgeschäfte, die einen konkret überschaubaren Sachverhalt zum Gegenstand haben, so dass der Urheber sich die Folgen der Rechtseinräumung von Anfang an bewusst machen kann[1101].

2. Weitergehender Schutz des geistigen Bandes

Ein weitergehender Schutz des Urhebers im Falle der konstitutiven Einräumung urheberpersönlichkeitsrechtlicher Befugnisse wird darüber hinaus durch eine analoge Anwendung derjenigen Vorschriften, welche den Urheber auch bei Einräumung eines Nutzungsrechts vor einem vollständigen Verlust seiner Befugnisse bewahren sollen, erreicht. Der Urheber kann die einem Dritten im Zusammenhang mit der Werkverwertung eingeräumten urheberpersönlichkeitsrechtlichen Befugnisse folglich unter den Voraussetzungen der analog anwendbaren §§ 41 f. UrhG zurückrufen[1102]. Im Übrigen gilt für Rechtsgeschäfte über das Urheberpersönlichkeitsrecht die in § 31 Abs. 5 UrhG für die Einräumung von Nutzungsrechten geregelte Zweckübertragungslehre entsprechend[1103]. Sofern die Nutzungsarten nicht ausdrücklich bezeichnet sind, bestimmt sich der Umfang der Rechtseinräumung somit nach dem Zweck des zugrunde liegenden Vertrages.

1100 Dietz/Peukert, in: Schricker/Loewenheim, Vor §§ 12 ff. Rn. 28; Jänecke, Zerstörungsverbot, S. 194 f.; Schricker, Informationsgesellschaft, S. 94 zur Vorhersehbarkeitslehre; Schulze, in: Dreier/Schulze, Vor § 12 Rn. 12; Wandtke/Grunert, in: Wandtke/Bullinger, § 39 Rn. 9. Zum gleichen Ergebnis gelangt auch Metzger (Rechtsgeschäfte, S. 200 ff. und 228 ff.) durch Anwendung des Zweckübertragungsgrundsatzes im Rahmen seiner erweiterten Vorhersehbarkeitslehre.

1101 Schulze, in: Dreier/Schulze, Vor § 12 Rn. 12; Jänecke, Zerstörungsverbot, S. 194 f.; Schricker, Informationsgesellschaft, S. 94 zur Vorhersehbarkeitslehre.

1102 Forkel, Gebundene Rechtsübertragungen, S. 193.

1103 Forkel, Gebundene Rechtsübertragungen, S. 195 Fn. 365; Genthe, Zweckübertragungstheorie, S. 95; Jänecke, Zerstörungsverbot, S. 196; J. B. Nordemann, in: Fromm/Nordemann, § 31 Rn. 121; Metzger, Rechtsgeschäfte, S. 200; Schilcher, Werkänderungen, S. 174 f.; Schricker/Loewenheim, in: Schricker/Loewenheim, § 31 Rn. 74 u. 83; v. Welser, Wahrnehmung, S. 74.

VI. Rechtsgeschäfte über einzelne urheberpersönlichkeitsrechtliche Befugnisse

Abschließend bleibt noch zu beantworten, welche urheberpersönlichkeitsrechtlichen Befugnisse dem Nutzungsberechtigten überhaupt im Zusammenhang mit der Werkverwertung mit konstitutiver Wirkung eingeräumt werden können. Erforderlich ist stets, dass der Nutzungsberechtigte die entsprechenden urheberpersönlichkeitsrechtlichen Befugnisse überhaupt ausüben kann[1104].

1. Veröffentlichungsrecht

Keine Bedenken bestehen insoweit hinsichtlich des Veröffentlichungsrechts in § 12 Abs. 1 UrhG. Die Veröffentlichung des Werkes kann außer dem Urheber grundsätzlich auch ein Dritter vornehmen. Neben Rechtsgeschäften mit schuldrechtlicher Wirkung ist auch eine konstitutive Einräumung des Veröffentlichungsrechts zulässig[1105].[1106] Wird einem Dritten das Veröffentlichungsrecht mit konstitutiver Wirkung eingeräumt, hat dies zur Folge, dass der Erwerber allein zur Ausübung des Rechts berechtigt ist und der Urheber weder selbst das Werk veröffentlichen darf noch dem Berechtigten die Veröffentlichung untersagen kann[1107]. Das geistige Band zwischen dem Urheber und seinem Werk wird in diesen Fällen durch die Möglichkeit des Rückrufs analog §§ 41 f. UrhG geschützt[1108].

1104 Forkel, Gebundene Rechtsübertragungen, S. 205 f.

1105 Dietz/Peukert, in: Schricker/Loewenheim, Vor §§ 12 ff. Rn. 26a; Forkel, Gebundene Rechtsübertragungen, S. 194 f. u. 206 f.; Genthe, Zweckübertragungstheorie, S. 94; Haberstumpf, Urheberrecht, Rn. 387; Schmidt, Rechtsverhältnisse, S. 109; Seetzen, Verzicht, S. 51; Wallner, Schutz von Urheberwerken, S. 56.

1106 Der BGH hat sich zur Zulässigkeit gebundener Übertragungen im Bereich des Veröffentlichungsrechts bisher nicht geäußert. In der sogenannten Textdichteranmeldung-Entscheidung hat er zwar ausgeführt, „daß das Bestimmungsrecht des Komponisten aus § 12 Abs. 1 UrhG dem Verleger in dem Umfang eingeräumt worden ist, in welchem dieser es zur vertragsgemäßen Werkverwertung benötigt“ (BGH GRUR 1977, 551 (554) – Textdichteranmeldung). Auf die Frage, welche Wirkung die Rechtseinräumung entfaltet, geht der BGH jedoch nicht ein (siehe Metzger, Rechtsgeschäfte, S. 41).

1107 Forkel, Gebundene Rechtsübertragungen, S. 194 f.; Metzger, Rechtsgeschäfte, S. 41 u. 226.

1108 Forkel, Gebundene Rechtsübertragungen, S. 193 u. 207.

Auch das Recht zur öffentlichen Mitteilung des Werkinhalts gemäß § 12 Abs. 2 UrhG kann gebunden übertragen werden[1109]. Insoweit gelten die Ausführungen zum Veröffentlichungsrecht entsprechend.

2. Recht auf Anerkennung der Urheberschaft und Namensnennungsrecht

Anders als beim Veröffentlichungsrecht kommen beim Recht auf Anerkennung der Urheberschaft gemäß § 13 S. 1 UrhG nur schuldrechtliche Vereinbarungen in Betracht. Eine konstitutiv wirkende Rechtseinräumung ist mit der tatsächlichen Beschaffenheit des Anerkennungsrechts nicht vereinbar[1110]. Bei der Urheberschaft handelt es sich um eine unabänderliche Tatsache, die zu keiner Zeit ungeschehen gemacht werden kann[1111]. Eine Änderung der Urheberschaft kann daher auch nicht durch Rechtsgeschäfte mit dinglicher Wirkung erfolgen[1112]. Dies gilt insbesondere auch für den Ghostwriter[1113], der zwar in die Veröffentlichung eines Werkes unter dem Namen eines Dritten einwilligen, nicht jedoch wirksam auf die Anerkennung seiner Urheberschaft verzichten kann. Bei einer konkreten Nachfrage kann dem Ghostwriter daher auch nicht abverlangt werden, seine Urheberschaft zu bestreiten[1114]. Dem Urheber verbleibt allerdings die Möglichkeit, sich im Rahmen schuldrechtlicher Vereinbarungen dazu zu ver-

1109 Forkel, Gebundene Rechtsübertragungen, S. 207 f.

1110 Forkel, Gebundene Rechtsübertragungen, S. 210; Metzger, Rechtsgeschäfte, S. 186, 227 u. 230; Müller, Urheberpersönlichkeitsrecht, S. 146.

1111 Seetzen, Verzicht, S. 54. Seetzen vergleicht das Recht auf Anerkennung der Urheberschaft daher mit der Vaterschaft, die ihrerseits ebenfalls nicht ungeschehen gemacht werden könne.

1112 Metzger, Rechtsgeschäfte, S. 186; Osenberg, Unverzichtbarkeit, S. 89; Seetzen, Verzicht, S. 54.

1113 Stolz (Ghostwriter, S. 60) weist zutreffend darauf hin, dass die Übertragbarkeit des Rechts auf Anerkennung der Urheberschaft die irrsinnige Folge hätte, dass der Erwerber des Rechts auch gegen denjenigen vorgehen könnte, der seine Urheberschaft leugne. Die Rechtsordnung würde folglich die Verbreitung einer unzutreffenden Bekanntmachung erzwingen.

1114 Dietz/Peukert, in: Schricker/Loewenheim, § 13 Rn. 9; Dreyer, in: Dreyer/Kotthoff/Meckel, § 13 Rn. 11; Haberstumpf, Urheberrecht, Rn. 212; Heeschen, Urheberpersönlichkeitsrecht, S. 87; Schacht, Urheberpersönlichkeitsrecht, S. 172 f.; Stolz, Ghostwriter, S. 85.

pflichten, sich nicht zur Urheberschaft zu bekennen und auch nicht gegen die Anmaßung der Urheberschaft durch den Vertragspartner vorzugehen[1115].

Rechtsgeschäfte mit dinglicher Wirkung über das in § 13 S. 2 UrhG geregelte Namensnennungsrecht sind ebenso möglich wie obligatorische Vereinbarungen[1116]. Der Urheber kann einem Dritten beispielweise die Befugnis, über die Urheberbezeichnung zu entscheiden, mit dinglicher Wirkung einräumen[1117]. Voraussetzung ist auch hier stets, dass die konstitutiv wirkende Einräumung des Namensnennungsrechts einen konkret umschriebenen Nutzungssachverhalt zum Gegenstand hat[1118]. Wird das Namensnennungsrecht durch ein umfassendes Vertragswerk ausgeschlossen, besteht zwar die Gefahr einer Beeinträchtigung des geistigen Bandes zwischen dem Urheber und seinem Werk. In diesen Fällen wird die Rechtseinräumung aber oftmals gemäß §§ 307 ff., 138 BGB unwirksam sein, wenn der Vertragspartner dem Urheber die Vertragsbedingungen aufgrund einer übermächtigen Verhandlungsposition „diktiert" hat[1119].

Im Übrigen verbleibt dem Urheber stets die Möglichkeit eines Rückrufs der eingeräumten Befugnis. Ein Rückruf kommt sowohl in Betracht, wenn der Nutzungsberechtigte seiner vertraglich festgelegten Nutzungsbefugnis zuwider handelt, als auch dann, wenn die Einräumung des Namensnennungsrechts nicht mehr der Überzeugung des Urhebers entspricht[1120].

3. Schutz vor Werkentstellungen und Veränderungen des Werkes

Dispositionen über das Recht, Werkveränderungen zu untersagen, sind bereits aufgrund der Regelungen in § 39 UrhG grundsätzlich zulässig. Danach kann der Urheber einem Dritten im Wege schuldrechtlicher Vereinbarungen das Recht

---

1115 Bullinger, in: Wandtke/Bullinger, § 13 Rn. 22; Dietz/Peukert, in: Schricker/Loewenheim, § 13 Rn. 9; Dreyer, in: Dreyer/Kotthoff/Meckel, § 13 Rn. 11; Metzger, Rechtsgeschäfte, S. 186; Seetzen, Verzicht, S. 54.

1116 BGH GRUR 1995, 671 (673) – Namensnennungsrecht des Architekten; Blatz, Recht des Arbeitgebers, S. 77; Forkel, Gebundene Rechtsübertragungen, S. 212; v. Gamm, Urheberrechtsgesetz, § 13 Rn. 8; Schmidt, Rechtsverhältnisse, S. 111 f.; Schricker, Informationsgesellschaft, S. 97; Seetzen, Verzicht, S. 54 ff.; a.A. Dieselhorst, Urheberpersönlichkeitsrecht, S. 135 f. u. 139; Leßmann, Übertragbarkeit, S. 78 f.; Schack, Urheber- und Urhebervertragsrecht, Rn. 377 f.

1117 Dreyer, in: Dreyer/Kotthoff/Meckel, § 13 Rn. 26; Haberstumpf, Urheberrecht, Rn. 214; Metzger, Rechtsgeschäfte, S. 230 f.

1118 Schricker, Informationsgesellschaft, S. 97.

1119 Metzger, Rechtsgeschäfte, S. 208 u. 231.

1120 Forkel, Gebundene Rechtsübertragungen, S. 212.

zur Vornahme von Bearbeitungen seines Werkes einräumen. Relevant wird dies beispielsweise dann, wenn der Hauseigentümer Änderungen am Bauwerk vornehmen möchte. Der Hauseigentümer wird dann im Wege einer vertraglichen Vereinbarung mit dem Architekten sicherstellen wollen, dass dieser nicht gegen die Änderungen aus § 14 UrhG vorgeht[1121]. Auch in diesem Fall kann der Urheber unter den gleichen Voraussetzungen wie beim Namensnennungsrecht über sein Recht aus § 14 UrhG verfügen[1122].

Sofern der Urheber bei Abschluss des Vertrages die drohenden Folgen aufgrund einer lediglich pauschalen Vereinbarung über Änderungen seines Werkes nicht überblicken kann, folgt daraus nach dem oben Gesagten die Unzulässigkeit der Rechtseinräumung[1123]. Werden einzelne Werkänderungen im Vertrag genau bezeichnet, verbleibt dem Urheber in der Regel stets ein Restbestandteil seines Rechts zum Verbot von Werkentstellungen und -änderungen aus § 14 UrhG[1124]. Werden sämtliche möglichen Werkänderungen detailliert geregelt, kann sich die Unwirksamkeit der Rechtseinräumung ebenfalls aufgrund einer überlegenen Stellung des Vertragspartners aus den §§ 307 ff., 138 BGB ergeben[1125].

Grundsätzlich möglich sind auch konstitutiv wirkende Rechtsgeschäfte, mit denen der Urheber einem Dritten die Befugnis zu entstellenden Änderungen seines Werkes einräumt. Da das Recht, gegen Entstellungen seines Werkes vorgehen zu können, zum unverzichtbaren Kernbereich der urheberpersönlichkeitsrechtlichen Befugnisse gehört, sind Dispositionen aber wiederum nur möglich, sofern die entstellenden Änderungen konkret umschrieben sind[1126].

1121 BGH GRUR 1999, 230 (232) – Treppenhausgestaltung; Heath, FS-Schricker, 459 (466 ff.); Metzger, Rechtsgeschäfte, S. 24; Schricker, FS-Hubmann, 409 (410).

1122 Genthe, Zweckübertragungstheorie, S. 95; Metzger, Rechtsgeschäfte, S. 226; Schricker, Informationsgesellschaft, S. 93 f.; Seetzen, Verzicht, S. 60 ff.

1123 Siehe oben Teil 4.A.V.1.

1124 Metzger, Rechtsgeschäfte, S. 226 u. 230 f.; Schricker, Informationsgesellschaft, S. 94.

1125 Metzger, Rechtsgeschäfte, S. 226 f. u. 231 f.

1126 OLG München GRUR 1986, 460 (463) – Unendliche Geschichte; Erdmann, FS-Nirk, 209 (221 f.); Jänecke, Zerstörungsverbot, S. 194; Müller, Urheberpersönlichkeitsrecht, S. 182; Schricker, FS-Hubmann, 409 (417); Wedemeyer, FS-Piper, 787 (791 f.); v. Welser, Wahrnehmung, S. 71; a.A. BGH GRUR 1986, 458 (459) – Oberammergauer Passionsspiele; GRUR 1999, 230 (232) – Treppenhausgestaltung; Forkel, Gebundene Übertragungen, S. 210.

Auch bei konstitutiv wirkenden Rechtsgeschäften über das Werkänderungsrecht kann der Urheber im Falle eines Überzeugungswandels durch einen Rückruf den Rückfall der eingeräumten Befugnisse bewirken[1127].

VII. Fazit

Rechtsgeschäfte über das Urheberpersönlichkeitsrecht sind mit der Unübertragbarkeitsregelung in § 29 Abs. 1 UrhG vereinbar. Der Übertragbarkeitsausschluss gilt nur für translative Übertragungen, durch die sich der Urheber seiner urheberpersönlichkeitsrechtlichen Befugnis vollständig entäußert. Konstitutiv wirkende „gebundene Übertragungen" sind dagegen ebenso möglich, wie schuldrechtliche Vereinbarungen oder einseitige Einwilligungen des Urhebers in eine Beeinträchtigung seines Rechts. Einschränkend gilt allerdings, dass konstitutive Einräumungen des Urheberpersönlichkeitsrechts nur im Zusammenhang mit der Einräumung von Nutzungsrechten möglich sind.

Bei einer konstitutiven Rechtseinräumung erhält der Berechtigte eine dingliche Rechtsstellung, die ihm bei einer Verletzung der eingeräumten urheberpersönlichkeitsrechtlichen Befugnisse durch einen Dritten zu einem eigenen Klagerecht verhilft. Durch die Verfügung über die urheberpersönlichkeitsrechtlichen Befugnisse im Wege der konstitutiven Rechtseinräumung verliert der Urheber seine Verfügungsbefugnis. Er wird somit daran gehindert, die entsprechende Befugnis erneut einem Dritten einzuräumen.

Auch bei konstitutiven Rechtseinräumungen wird durch die sogenannte Kernbereichstheorie sichergestellt, dass dem Urheber stets ein unverzichtbarer Kernbereich seines Urheberpersönlichkeitsrechts verbleibt. Unzulässig sind grundsätzlich pauschale Vereinbarungen über die Einräumung urheberpersönlichkeitsrechtlicher Befugnisse. Eine konkret geregelte Nutzung ist dagegen zulässig, da der Urheber die Folgen der Rechtseinräumung einerseits vorhersehen kann, ihm andererseits aber in der Regel auch ein Restbestand der urheberpersönlichkeitsrechtlichen Befugnis verbleibt. Werden ausnahmsweise in einer vertraglichen Vereinbarung sämtliche denkbaren Nutzungen aufgeführt, wird der Urheber durch die unverzichtbaren Rückrufsrechte vor einem vollständigen Rechtsverlust geschützt.

1127 Forkel, Gebundene Rechtsübertragungen, S. 193 u. 210; Metzger, Rechtsgeschäfte, S. 213 f.

B. Die Übertragbarkeit des allgemeinen Persönlichkeitsrechts

I. Ausgangslage

Persönlichkeitsrechte werden seit langer Zeit kommerzialisiert und können insoweit jedenfalls Gegenstand schuldrechtlicher Vereinbarungen zwischen dem Rechtsträger und den Verwertern sein[1128]. Die dogmatische Umsetzung folgt dabei den gleichen Maßstäben wie im Urheberrecht. Der Rechtsträger kann durch eine einseitige Einwilligung die Tatbestandsmäßigkeit eines Eingriffs in seinen persönlichkeitsrechtlich geschützten Bereich entfallen lassen. Er kann darüber hinaus eine Nutzung seines allgemeinen Persönlichkeitsrechts im Wege einer vertraglichen Vereinbarung einem Dritten gestatten. Wird der Gestattungsvertrag als pactum de non petendo ausgestaltet, verzichtet der Rechtsträger auf die Geltendmachung seiner Ansprüche aus einer Beeinträchtigung seines Persönlichkeitsrechts. Ebenso kann er einen Anspruch aus einem Eingriff in sein allgemeines Persönlichkeitsrecht gemäß § 397 Abs. 1 BGB erlassen oder einen Dritten zur Einziehung einer Forderung aus einer Verletzung des allgemeinen Persönlichkeitsrechts ermächtigen. Darüber hinaus stellt sich auch beim allgemeinen Persönlichkeitsrecht die Frage, ob der Rechtsträger einem Dritten eine dingliche Rechtsstellung einräumen kann.

II. Unzulässigkeit translativer Übertragungen

Die herrschende Meinung ging lange Zeit davon aus, dass sowohl das allgemeine Persönlichkeitsrecht als auch die besonderen Persönlichkeitsrechte als höchstpersönliche Rechte derart eng mit der Person ihres Trägers verbunden seien, dass eine Übertragung zu Lebzeiten des Rechtsträgers mit dinglicher Wirkung nicht in Betracht komme[1129]. Dieses Dogma von der Unübertragbarkeit von Persönlichkeitsrechten verdient insoweit Zustimmung, als über Persönlichkeitsrechte nicht mit translativer Wirkung verfügt werden kann. Anders als beim Urheberpersönlichkeitsrecht, bei dem sich diese Rechtsfolge aus der gesetzlichen Regelung in § 29 Abs. 1 UrhG ergibt, steht einer vollständigen Übertragung des allgemeinen Persönlichkeitsrechts seine verfassungsrechtliche Veran-

---

1128 Bezzenberger, Handbuch des Persönlichkeitsrechts, S. 717; Jung, AfP 2005, 317 (317).

1129 Dasch, Einwilligung, S. 35; Helle, Besondere Persönlichkeitsrechte, S. 51 f.; ders., AfP 1985, 93 (99); v. Gamm, Urheberrechtsgesetz, Einf. Rn. 96; Gitter, in: MüKo, 3. Aufl., § 1 Rn. 57; Krüger-Nieland, FS-Hauß, 215 (220).

kerung in Art. 1 Abs. 1, 2 Abs. 1 GG entgegen[1130]. Bei einer translativen Übertragung von Persönlichkeitsmerkmalen wäre anstelle des ursprünglichen Trägers nunmehr ein Dritter dazu berechtigt, über fremde Persönlichkeitsbestandteile zu verfügen. Die Persönlichkeitsinteressen des Rechtsinhabers würden somit zum Objekt der Willensbildung eines Dritten. Eine derartige Verobjektivierung des Menschen und einzelner Persönlichkeitsmerkmale verstößt jedoch gegen Art. 1 GG[1131]. Daneben sind die Persönlichkeitsrechte zumindest zu Lebzeiten ihres Trägers höchstpersönliche Rechte und müssen als solche ständige Quelle neuer Abwehrrechte sein können, weshalb eine Trennung von der Person ihres Trägers nicht in Betracht kommt[1132].

Translative Übertragungen sind nicht nur nach dem hier vertretenen Verständnis eines lebzeitigen Monismus zwischen den ideellen und den materiellen Persönlichkeitsbestandteilen unzulässig. Auch bei einer dualistischen Aufspaltung des allgemeinen Persönlichkeitsrechts in ein ideelles und ein materielles Teilrecht scheidet eine translative Übertragung aus. Eine translative Übertragung der ideellen Persönlichkeitsbestandteile hätte wiederum zur Folge, dass der Persönlichkeitsrechtsinhaber seinen verfassungsrechtlich gewährleisteten Schutz verlieren würde. Denkbar wäre allenfalls eine isolierte translative Teilübertragung der materiellen Persönlichkeitsbefugnisse. Einer vollständigen Übertragung der vermögenswerten Persönlichkeitsbestandteile steht jedoch die enge Verbundenheit der materiellen mit den ideellen Persönlichkeitsinteressen entgegen[1133]. Eine Übertragung der materiellen Interessen würde oftmals auch die ideellen Persönlichkeitsbestandteile berühren und der Übertragende auch in dieser Konstellation sein Selbstbestimmungsrecht verlieren[1134]. Eine translative Übertragung des allgemeinen Persönlichkeitsrechts scheidet damit ebenso aus wie eine translative Übertragung urheberpersönlichkeitsrechtlicher Befugnisse.

1130 BGH NJW 2000, 2195 (2197) – Marlene Dietrich; Bungart, Dingliche Lizenzen, S. 119; Ellger, Bereicherung, S. 755; Forkel, GRUR 1988, 491 (493); Götting, Persönlichkeitsrechte als Vermögensrechte, S. 278; ders., GRUR 2004, 801 (805); Lausen, ZUM 1997, 86 (92); Magold, Personenmerchandising, S. 501 f. u. 542; Peukert, ZUM 2000, 710 (715);

1131 Lichtenstein, Idealwert und Geldwert, S. 230; Peukert, ZUM 2000, 710 (715).

1132 Helle, Besondere Persönlichkeitsrechte, S. 52.

1133 Claus, Postmortaler Persönlichkeitsschutz, S. 162 f.; Götting, Persönlichkeitsrechte als Vermögensrechte, S. 65 u. 278; ders., GRUR 2004, 801 (805); Lichtenstein, Idealwert und Geldwert, S. 230; Peukert, ZUM 2000, 710 (715 f.).

1134 Claus, Postmortaler Persönlichkeitsschutz, S. 162 f.; Lichtenstein, Idealwert und Geldwert, S. 230; Peukert, ZUM 2000, 710 (715).

III. Einräumung dinglicher Lizenzen

1. Interessenlage

Inwieweit der Persönlichkeitsrechtsinhaber neben schuldrechtlichen Vereinbarungen auch Dispositionen mit dinglicher Wirkung vornehmen kann, ist fraglich. Die Interessenlage ist dabei mit derjenigen beim Urheberpersönlichkeitsrecht vergleichbar. Die relativ wirkenden schuldrechtlichen Vereinbarungen vermitteln dem Lizenznehmer lediglich eine eingeschränkte Rechtsstellung, da sie allein den Rechtsträger und den Lizenznehmer berechtigen und verpflichten[1135]. Bei einer Beeinträchtigung der ihm eingeräumten Rechtsstellung kann der Berechtigte mangels absolut wirkender Rechtsstellung nicht selbständig gegen den Verletzer des Persönlichkeitsrechts vorgehen. Der Lizenznehmer hat daher ein gesteigertes Interesse an einer dinglichen Rechtsstellung, um sich auch gegen Dritte, die in seine Rechtsposition eingreifen, aus eigenem Recht zur Wehr setzen zu können. Gleichzeitig wird er durch eine dingliche Wirkung vor „Willkür und Belieben" des Rechtsträgers geschützt, da er bei einer obligatorischen Vereinbarung stets befürchten muss, dass der Rechtsträger die exklusiv eingeräumte Befugnis auch einem Dritten zur Verfügung stellt[1136]. Auf der anderen Seite wird der Lizenznehmer im Gegenzug für die Einräumung einer dinglichen Lizenz zumeist ein deutlich höheres Entgelt bezahlen oder sich überhaupt erst zum Abschluss eines Lizenzvertrages bereit erklären[1137]. Neben diesem finanziellen Anreiz kann dem Rechtsträger auch daran gelegen sein, seine Persönlichkeitsrechte durch andere Personen wahrnehmen zu lassen, ohne deren Hilfe er zur Entfaltung seiner Persönlichkeitswerte nicht in der Lage wäre[1138]. Auch im Bereich des allgemeinen Persönlichkeitsschutzes geht es somit nicht nur um die Einräumung einer dinglichen Rechtstellung zwecks Verwertung der materiellen Persönlichkeitsbestandteile, sondern gleichfalls auch darum, einem Dritten eine dingliche Rechtsstellung zur Verteidigung der ideellen Persönlichkeitsbestandteile zu überlassen.

1135 Forkel, GRUR 1988, 491 (492).

1136 Forkel, GRUR 1988, 491 (493); Helle, Besondere Persönlichkeitsrechte, S. 110; Magold, Personenmerchandising, S. 503; Schertz, Merchandising, Rn. 376.

1137 Magold, Personenmerchandising, S. 503; Schertz, Merchandising, Rn. 376.

1138 Forkel, GRUR 1988, 491 (492 f.).

2. Meinungsstand in Rechtsprechung und Literatur

a) *Rechtsprechung des BGH*

Der BGH hat sich bis heute nicht eindeutig zur Frage der Einräumung dinglicher Lizenzen an Persönlichkeitsrechten geäußert.

aa) *Ablehnung einer dinglichen Wirkung in der Universitätsemblem-Entscheidung*

In der Universitätsemblem-Entscheidung[1139] hat der BGH eine dingliche Wirkung des Nutzungsrechts am Namen verneint. Dem Urteil lag die Klage eines Merchandising-Unternehmens zugrunde. Die Beklagten hatten Artikel, die mit dem Namen, dem Siegel und dem Wappen einer Universität versehen waren, ohne die entsprechende Erlaubnis vertrieben. Hiergegen wendete sich die Klägerin, welcher von der Universität die Verwertung und Nutzung dieser Details gestattet worden war, mit einem Unterlassungsbegehren. Der BGH sah zwar die Voraussetzungen einer gewillkürten Prozessstandschaft als gegeben an und bejahte daher auch eine Klageberechtigung der Klägerin[1140], es wurde jedoch sowohl eine Übertragung der Namensrechte auf die Klägerin als auch ein Übergang von Abwehransprüchen auf die Klägerin verneint[1141]. Zur Begründung führte der BGH aus, dass die Namensrechte nicht mit dinglicher Wirkung übertragbar seien und eine obligatorische Gestattung der Gestattungsempfängerin kein vom Rechtsinhaber abgeleitetes Kennzeichenrecht gewähre. Die Abtretung der aus der Verletzung der Namensrechte resultierenden Abwehransprüche komme wegen der damit verbundenen inhaltlichen Veränderung des Leistungsinhalts gemäß § 399 BGB ebenfalls nicht in Betracht[1142]. Auch originäre eigene Unterlassungsansprüche der Klägerin verneinte der BGH. Eigene Kennzeichenrechte eines lediglich schuldrechtlich zur Kennzeichennutzung Berechtigten könnten zwar entstehen, wenn dieser seinerseits die hierfür erforderliche Benutzung der Kennzeichen im geschäftlichen Verkehr aufnehme, dies sei im zu entscheidenden Fall jedoch nicht gegeben[1143].

1139 BGH GRUR 1993, 151 (151 ff.) – Universitätsemblem.
1140 BGH GRUR 1993, 151 (152) – Universitätsemblem.
1141 BGH GRUR 1993, 151 (152) – Universitätsemblem.
1142 BGH GRUR 1993, 151 (152) – Universitätsemblem.
1143 BGH GRUR 1993, 151 (152) – Universitätsemblem.

bb) *Anhaltspunkte für eine dingliche Wirkung in der Nena-Entscheidung*

Demgegenüber finden sich in der Nena-Entscheidung[1144] des BGH Anzeichen für die Annahme einer dinglichen Wirkung einer Gestattung. Im Nena-Urteil ging es um die Klage einer Verwertungsgesellschaft, der im Rahmen eines Merchandising-Sponsor-Promotion-Vertrages mit der Sängerin Nena sämtliche kommerziell verwertbaren Rechte an deren Person, insbesondere das Recht am eigenen Bild, das Recht am Namen „Nena“ und das Recht am Logo übertragen worden war. Die Beklagte hatte diese Rechtsstellung beeinträchtigt, indem sie ohne entsprechende Einwilligung Nenas oder der Verwertungsgesellschaft Starfotos, T-Shirts, Buttons, Schlüsselanhänger, usw. mit Bildnissen von Nena verwertete. Die Verwertungsgesellschaft machte daraufhin ihre ausschließliche Verwertungsbefugnis geltend und verlangte von der Beklagten die Zahlung einer angemessenen Lizenzgebühr. Der BGH ließ mangels Entscheidungserheblichkeit die Frage der Übertragbarkeit von Persönlichkeitsrechten zwar ausdrücklich offen, sprach der Klägerin jedoch den geltend gemachten Bereicherungsanspruch zu[1145]. Auch auf die dingliche Wirkung der Rechtseinräumung ist der BGH nicht ausdrücklich eingegangen. Es liegt jedoch die Vermutung nahe, dass der BGH von einer dinglichen Berechtigung ausgegangen ist. Anderenfalls hätte die Klägerin den Bereicherungsanspruch jedenfalls nicht im eigenen Namen geltend machen können, da obligatorische Berechtigungen, wie beispielsweise diejenigen der Klägerin im Verhältnis zu Nena, nach herrschender Meinung keine Ausschließlichkeitswirkung und damit auch keinen bereicherungsrechtlich relevanten Zuweisungsgehalt haben[1146].

cc) *Anhaltspunkte für eine dingliche Wirkung in der Marlene Dietrich-Entscheidung*

Auch das Marlene Dietrich-Urteil deutet darauf hin, dass der BGH in Abkehr von der Universitätsemblem-Entscheidung von der Möglichkeit der Übertragung von Persönlichkeitsrechten ausgeht. Zwar betonte der BGH, dass eine Übertragbarkeit der ideellen Persönlichkeitsbestandteile jedenfalls in Anbetracht der grundgesetzlichen Verankerung in Art. 1 und 2 GG nicht in Betracht komme[1147]. Die umstrittene Frage, ob dies gleichermaßen auch für die vermögenswerten Persönlichkeitsbestandteile gilt, oder ob eine Übertragung dieser Befugnisse un-

1144 BGH GRUR 1987, 128 (128 f.) – Nena.

1145 BGH GRUR 1987, 128 (128) – Nena.

1146 Ellger, Bereicherung, S. 752; Klüber, Persönlichkeitsschutz, S. 89.

1147 BGH NJW 2000, 2195 (2197) – Marlene Dietrich.

ter Lebenden bzw. die Einräumung von Nutzungsrechten an diesen Befugnissen möglich ist, hat der BGH mangels Entscheidungserheblichkeit jedoch nicht abschließend entschieden[1148]. Die Entscheidungsgründe lassen jedoch erkennen, dass der BGH von einer gewissen Verkehrsfähigkeit der vermögenswerten Persönlichkeitsbestandteile ausgeht[1149]. Nach Ansicht des BGH sprechen nämlich eine Reihe von Gesichtspunkten dafür, dass die vermögenswerten Bestandteile des allgemeinen Persönlichkeitsrechts nicht in gleicher Weise an ihren Träger gebunden seien wie die ideellen Bestandteile[1150]. Der BGH verweist insoweit auf das Recht an der Firma, welches das Reichsgericht noch als Namensrecht und damit ebenso als Persönlichkeitsrecht angesehen habe wie das Warenzeichenrecht. Der Charakter beider Rechte habe sich im Laufe der Zeit aber geändert[1151]. Im Firmenrecht habe sich der Name weitestgehend von einer bestimmten Person gelöst. Hierdurch seien beachtliche vermögensrechtliche Interessen ins Spiel gekommen, wodurch sich die Firma, die einen Personennamen enthält, zu einem Vermögensrecht gewandelt habe, das nunmehr gemäß §§ 22, 23 HGB zusammen mit dem Handelsgeschäft übertragen und vererbt werden könne[1152]. Ebenso habe sich die Marke von ihrer Bindung an den Geschäftsbetrieb und die Unternehmenspersönlichkeit gelöst, so dass sie heutzutage gemäß § 7 MarkenG auch ohne Geschäftsbetrieb erworben und gemäß § 27 Abs. 1 MarkenG übertragen und vererbt werden könne[1153]. Daneben seien mittlerweile auch Persönlichkeitsmerkmale wie z.B. das Bild und der Name aufgrund der fortschreitenden Entwicklung der Massenmedien verstärkt auch wirtschaftlich nutzbar[1154]. Auch wenn der BGH keine endgültige Stellungnahme zur Übertragbarkeit des allgemeinen Persönlichkeitsrechts im Marlene Dietrich-Urteil abgegeben hat, so spricht die Annahme der Vererblichkeit der vermögenswerten Persönlichkeitsbestandteile dafür, dass nach der Rechtsprechung eine Übertragung von vermögenswerten Persönlichkeitsbestandteilen in gewissem Maße auch unter Lebenden zulässig sein soll[1155].

1148 BGH NJW 2000, 2195 (2198) – Marlene Dietrich.

1149 Gauß, Mensch als Marke, S. 91.

1150 BGH NJW 2000, 2195 (2198) – Marlene Dietrich.

1151 BGH NJW 2000, 2195 (2198) – Marlene Dietrich.

1152 BGH NJW 2000, 2195 (2198) – Marlene Dietrich.

1153 BGH NJW 2000, 2195 (2198) – Marlene Dietrich.

1154 BGH NJW 2000, 2195 (2198) – Marlene Dietrich.

1155 OLG Hamburg, MMR 2004, 413 (414) – Oliver Kahn. So auch Ullmann, WRP 2000, 1049 (1052); Rixecker, in: MüKo, Anh. § 12 Rn. 28; Wagner, GRUR 2000, 717 (718).

b) Meinungsstand in der Literatur

In der Literatur mehren sich die Stimmen, die sich für eine Einschränkung des Dogmas von der Unübertragbarkeit der Persönlichkeitsrechte aussprechen und die Einräumung dinglich wirkender Rechte befürworten. So wird verstärkt die Auffassung vertreten, dass die Frage der Übertragbarkeit von Persönlichkeitsmerkmalen einer differenzierten Betrachtung bedürfe und nicht pauschal für sämtliche Persönlichkeitsmerkmale im Sinne einer vollständigen Unübertragbarkeit beantwortet werden könne[1156]. Mit den Worten *Hubmanns* gesprochen verbietet sich auch im Bereich der Persönlichkeitsrechte eine schematische Einordnung als unübertragbar. „Das Leben besteht nicht aus scharfen Grenzen, sondern aus Übergängen“. Während der Person manche Interessen dicht auf dem Leib sitzen, verlaufen andere „langsam in unendliche Fernen“[1157].

Anders als beim Urheberpersönlichkeitsrecht werden im Schrifttum zwei unterschiedliche Ansätze zur Einräumung einer dinglichen Rechtsposition bei Rechtsgeschäften über persönlichkeitsrechtliche Bestandteile verfolgt. Neben der aus der urheberpersönlichkeitsrechtlichen Diskussion bekannten konstitutiv wirkenden Einräumung persönlichkeitsrechtlicher Bestandteile ist dies beim allgemeinen Persönlichkeitsrecht die Konstruktion einer dinglich wirkenden Gestattung.

aa) Konstitutive Einräumung von Persönlichkeitsrechten

Durch eine konstitutiv wirkende Einräumung persönlichkeitsrechtlicher Befugnisse erhält der Berechtigte ohne weiteres eine Rechtsposition mit dinglicher Wirkung[1158]. *Forkel* als Begründer der Theorie von der gebundenen Übertragung urheberpersönlichkeitsrechtlicher Befugnisse spricht sich für eine Übertragung dieser Rechtsfigur auf das allgemeine Persönlichkeitsrecht aus[1159]. Sein Ansatz hat mittlerweile auch in diesem Bereich zahlreiche Anhänger gefunden[1160]. Konstruktiv erfolgt die Einräumung persönlichkeitsrechtlicher Bestandteile wie beim Urheberpersönlichkeitsrecht. In beiden Fällen bedarf der Betroffene zur effektiven Wahrung seiner (Urheber-) Persönlichkeitsinteressen regelmäßig der Betei-

---

1156 Hubmann, Persönlichkeitsrecht, S. 132 f.

1157 Hubmann, Persönlichkeitsrecht, S. 133.

1158 Siehe oben Teil 4.A.III.2.

1159 Forkel, GRUR 1988, 491 (491 ff.); ders., NJW 1993, 3181 (3182 f.).

1160 Brandl, AfP 1981, 349 (351); Ellger, Bereicherung, S. 754 f.; Freitag, Kommerzialisierung, S. 165 ff.; Klüber, Persönlichkeitsschutz, S. 89; Magold, Personenmerchandising, S. 515 ff.; Schertz, Merchandising, Rn. 380 ff.

ligung dritter Personen oder Gesellschaften. Sowohl im Hinblick auf die zu wahrenden Interessen des Betroffenen als auch der Interessen des Dritten kann es erforderlich sein, Letzterem eine gesicherte Rechtsposition einzuräumen[1161].

Teilweise wird unter den Befürwortern einer konstitutiven Rechtseinräumung die Auffassung vertreten, dass diese auf die Persönlichkeitsrechte insgesamt Anwendung finden soll[1162]. Für eine konstitutive Rechtseinräumung komme es daher nicht auf die Objektivierung einer Rechtsposition, sondern allein auf die Frage an, inwieweit über eine Rechtsposition verfügt werden könne und dürfe[1163]. Die Diskussion über die Kommerzialisierbarkeit von Persönlichkeitsrechten, deren Mittel zum Zweck die konstitutive Rechtseinräumung ist, hat jedoch bereits gezeigt, dass eine Kommerzialisierung von Persönlichkeitsmerkmalen die Objektivierbarkeit des jeweiligen Bestandteils erfordert[1164]. Nichts anderes kann dann aber auch für die Frage der konstitutiven Rechtseinräumung gelten. Die konstitutive Rechtseinräumung eines ganzen Persönlichkeitsrechts kommt nicht in Betracht, da seine vollständige Separierung von der Person des Trägers zur Folge hätte, dass das Persönlichkeitsrecht die Grenze zu einem Immaterialgüterrecht überschreiten würde[1165]. Zu einer zu weitgehenden Beschränkung der konstitutiven Rechtseinräumung führte es jedoch, wenn man mit *Forkel* eine tatsächliche Objektivierung eines Persönlichkeitsbestandteils forderte[1166]. Danach könnte nämlich immer nur der konkretisierte Bereich eines Persönlichkeitsrechts ein tauglicher Gegenstand einer konstitutiven Rechtseinräumung sein, also beispielsweise ein bestimmtes Bild oder eine Bildserie, nicht aber das ganze Persönlichkeitsrecht[1167]. Dies hätte wiederum zur Folge, dass der Vertragspartner des Persönlichkeitsrechtsinhabers gegen eine Beeinträchtigung der ihm eingeräumten Befugnisse nur dann im eigenen Namen vorgehen könnte, wenn diese die konkrete Fixierung des Persönlichkeitsbestandteils, also das bestimmte Foto, zum Gegenstand hätte. Dagegen könnte er nicht gegen andere Fotos desselben Persönlichkeitsrechtsinhabers vorgehen[1168]. Da der Gegenstand des Persönlichkeitsrechts aber nicht die konkrete stoffliche Fixierung, sondern

1161 Siehe zu den Interessen an einer Rechtseinräumung bereits die Ausführungen zum Urheberpersönlichkeitsrecht, oben Teil 4.A.II.

1162 Magold, Personenmerchandising, S. 515 f.

1163 Magold, Personenmerchandising, S. 516.

1164 Siehe oben Teil 2.B.V.5.

1165 Forkel, GRUR 1988, 491 (498).

1166 Forkel, GRUR 1988, 491 (498 f.).

1167 Forkel, GRUR 1988, 491 (499).

1168 Helle, Besondere Persönlichkeitsrechte, S. 114 f.; Magold, Personenmerchandising, S. 513.

das dahinterstehende immaterielle Gut ist, kann es für die Frage der Zulässigkeit konstitutiver Rechtseinräumungen auch nicht auf die konkrete Fixierung ankommen[1169]. Vielmehr geht es lediglich darum, ob die persönlichkeitsrechtliche Position einer gegenständlichen Fixierung überhaupt zugänglich ist[1170].

bb) Dinglich wirkende Einwilligung

Ein anderer Ansatz hält an der grundsätzlichen Unübertragbarkeit des allgemeinen Persönlichkeitsrechts fest, will dem Bedürfnis des Einwilligungsempfängers an einer gesicherten Rechtsposition aber dadurch Rechnung tragen, dass die Einwilligung auch mit dinglicher Wirkung erfolgen kann.

Für den Einwilligungsempfänger hätte eine dingliche Wirkung der Gestattung den Vorteil, dass er, ebenso wie der Lizenznehmer, in den Genuss von Sukzessionsschutz käme. Der Persönlichkeitsrechtsinhaber könnte dann, anders als bei einer bloß obligatorischen Vereinbarung, nicht mehr zugunsten eines Dritten über die exklusiv eingeräumte Befugnis verfügen[1171]. Gleichzeitig wäre der Einwilligungsempfänger dazu berechtigt, im eigenen Namen gegen Beeinträchtigungen seiner Befugnis vorzugehen[1172].

Dieser Ansatz mutet auf den ersten Blick problematisch an, weil er die Unterschiede zwischen obligatorischen und dinglichen Rechten zu verwischen scheint. Versieht man die Einwilligung mit dinglicher Wirkung, hat dies im Endeffekt zur Folge, dass eine eigentlich obligatorisch wirkende Berechtigung mit Eigenschaften versehen wird, die üblicherweise nur dingliche Rechtspositionen aufweisen. Die Klageberechtigung gegenüber jedem Dritten und der Sukzessionsschutz sind neben der Insolvenzfestigkeit gerade die typischen Merkmale eines dinglichen Rechts[1173].

Allerdings weisen auch obligatorische Rechte gelegentlich einzelne dingliche Eigenschaften auf. In diesem Fall spricht man von der „Verdinglichung ob-

---

1169 Helle, Besondere Persönlichkeitsrechte, S. 114 f.

1170 Ahrens, Verwertung, S. 405 f.; Gauß, Mensch als Marke, S. 98; Lichtenstein, Idealwert und Geldwert, S. 240.

1171 Helle, Besondere Persönlichkeitsrechte, S. 110; Magold, Personenmerchandising, S. 503.

1172 Helle, Besondere Persönlichkeitsrechte, S. 110; Magold, Personenmerchandising, S. 503.

1173 Canaris, FS-Flume, 371 (373). Siehe hierzu auch Ohly, Volenti, S. 166.

ligatorischer Rechte"[1174]. Viel zitiertes Beispiel für eine Verdinglichung ist der in § 566 Abs. 1 BGB verankerte Grundsatz „Kauf bricht Miete nicht". Danach genießt der Mieter von Wohnraum Sukzessionsschutz, obwohl es sich beim Mietvertrag um ein obligatorisches Recht handelt[1175]. Die Veräußerung des Wohnraums durch den Vermieter an einen Dritten hat danach zur Folge, dass der Erwerber anstelle des Vermieters in die sich aus dem Mietverhältnis ergebenden Rechte und Pflichten eintritt. Sie wirkt sich aber nicht auf die rechtliche Stellung des Mieters aus.

Verneint man eine dingliche Wirkung der Einwilligung, so ließe sich der Einwilligungsempfänger allein durch die Annahme der Unwiderruflichkeit der Einwilligung vor der Willkür des Einwilligenden schützen. Diese Möglichkeit wird teilweise jedenfalls dann bejaht, wenn die Einwilligung Gegenstand einer vertraglichen Vereinbarung ist. In diesem Fall bestehe entsprechend dem Grundsatz „pacta sunt servanda" ein schützenswertes Vertrauen des Einwilligungsempfängers in den Bestand der Einwilligung. Durch Anwendung von § 130 Abs. 1 S. 1 BGB werde der Einwilligende daher mit Zugang beim Einwilligungsempfänger an seine Erklärung gebunden. Lediglich bei Vorliegen eines wichtigen Grundes im Sinne der §§ 627, 723 BGB oder einem Überzeugungswandel des Einwilligenden entsprechend § 42 UrhG, soll sich der Einwilligende noch von der erteilten Einwilligung lösen können[1176]. Teilweise wird auch die Unwiderruflichkeit einer einseitigen Einwilligung angenommen[1177].

Um den Einwilligungsempfänger darüber hinaus auch gegen Beeinträchtigungen seiner rechtlichen Stellung aus der lediglich obligatorisch wirkenden Einwilligung durch Dritte hinreichend abzusichern, bliebe nur der Weg über eine gewillkürte Prozessstandschaft des Einwilligungsempfängers. Prozessual könnte der Einwilligungsempfänger dann trotz seiner lediglich obligatorischen

---

1174 Siehe zur Verdinglichung obligatorischer Rechte Canaris, FS-Flume, 371 (371 ff.) und Dulckeit, Die Verdinglichung obligatorischer Rechte, Tübingen 1951.

1175 Ohly, Volenti, S. 166.

1176 Dasch, Einwilligung, S. 85 ff.; Götting, Persönlichkeitsrechte als Vermögensrechte, S. 149 ff.; Helle, Besondere Persönlichkeitsrechte, S. 117; ders., AfP 1985, 93 (100).

1177 Helle, Besondere Persönlichkeitsrechte, S. 117; a.A. Dasch (Einwilligung, S. 88) und Götting (Persönlichkeitsrechte als Vermögensrechte, S. 152), die im Falle einer einseitigen Einwilligung keine schützenswerte Vertrauensposition auf Seiten des Einwilligungsempfängers sehen, welche eine Bindung des Einwilligenden an seine Erklärung rechtfertigen könne. Das Selbstbestimmungsrecht des Einwilligenden soll nach ihrer Auffassung in diesen Fällen Vorrang genießen, weshalb die Einwilligung stets frei widerruflich sei.

Berechtigung, wie der Lizenznehmer, auch gegen Beeinträchtigungen seiner Rechtsstellung aus der Einwilligung durch Dritte gerichtlich vorgehen[1178].

3. Stellungnahme

a) Vorzugswürdigkeit dinglich wirkender Lizenzen an Persönlichkeitsrechten

Hinsichtlich der Frage, ob über Persönlichkeitsrechte mit dinglicher Wirkung verfügt werden darf, kann im Wesentlichen auf die Ausführungen zur Übertragbarkeit des Urheberpersönlichkeitsrechts verwiesen werden[1179]. Die Parallelen liegen auf der Hand. In Zeiten fortschreitender Kommerzialisierung können beide Seiten, der Rechtsträger ebenso wie der Nutzungsberechtigte, ein Interesse daran haben, dem Begünstigten über eine einfache schuldrechtliche Gestattung hinaus auch eine dingliche Rechtsstellung einzuräumen. Die dingliche Rechtseinräumung stärkt einerseits die Rechtsposition des Begünstigten, da dieser auch gerichtlich gegen Dritte vorgehen kann. Auf der anderen Seite wird die Position des Rechtsinhabers gestärkt. Denn die Chancen auf eine umfangreiche Realisierung des seinen Persönlichkeitsmerkmalen anhaftenden Vermögenswertes werden durch die Einräumung einer dinglich wirkenden Rechtsposition zugunsten des Nutzungsberechtigten erheblich verbessert. Die Vertragspartner des Rechtsträgers werden deutlich eher zum Vertragsabschluss gewillt und zur Zahlung einer erheblich höheren Lizenzgebühr bereit sein, wenn ihre Nutzungsberechtigung sowohl gegenüber dem Rechtsträger als auch gegenüber Dritten durch eine dingliche Wirkung abgesichert ist[1180].

Aber nicht nur, wenn es um die Verwertung der materiellen Persönlichkeitsbestandteile geht, erweist sich die dingliche Rechtseinräumung für beide Seiten als vorteilhaft. Auch der Schutz der ideellen Persönlichkeitsinteressen wird verbessert, wenn der Persönlichkeitsinhaber Dritte mit einer dinglichen Berechtigung ausstatten kann, damit diese selbständig gegen Beeinträchtigungen der Persönlichkeit vorgehen können. Insoweit gelten die gleichen Überlegungen wie beim Urheberpersönlichkeitsrecht[1181]. Der Nutzungsberechtigte kann nur im Falle einer dinglich wirkenden Berechtigung selbständig gegen die Beeinträchti-

---

1178 Prantl, AfP 1984, 17 (21); Schricker, EWiR § 22 KUG 1/87, 79 (80). Siehe hierzu bereits oben Teil 4.A.III.3.c).

1179 Siehe oben Teil 4.A.IV.3.c).

1180 Magold, Personenmerchandising, S. 503; Schertz, Merchandising, Rn. 376.

1181 Siehe oben Teil 4.A.IV.3.c).

gung der eingeräumten Befugnisse durch einen Dritten vorgehen[1182]. Obligatorisch wirkende Vereinbarungen können den Lizenznehmer dagegen, unabhängig von ihrer konkreten Ausgestaltung, nicht effektiv schützen. Weder eine Einwilligung noch ein Verzicht auf die Geltendmachung von Ansprüchen in Form eines pactum de non petendo oder eines Erlassvertrages verschaffen dem Nutzungsberechtigten eine Rechtsposition, aus der er selbständig gegen Beeinträchtigungen Dritter vorgehen kann. Er ist in diesen Fällen nur vor Beeinträchtigungen seiner Nutzungsberechtigung durch den Persönlichkeitsrechtsinhaber geschützt[1183]. Auch mit einer Einziehungsermächtigung im Sinne von § 185 Abs. 1 BGB ist dem Nutzungsberechtigten nicht geholfen. Denn auch hier müsste dem lediglich obligatorisch Nutzungsberechtigten wiederum im Wege der gewillkürten Prozessstandschaft Drittschutz verschafft werden. Da eine gewillkürte Prozessstandschaft aber stets die Abtretbarkeit des betroffenen Rechts voraussetzt, erweist sie sich bei höchstpersönlichen und daher nicht abtretbaren Persönlichkeitsrechten als untaugliches Instrument[1184].

Letztlich kann auch im Bereich des allgemeinen Persönlichkeitsrechts somit allein eine dingliche Berechtigung den Interessen beider Parteien hinreichend Rechnung tragen.

b) Vorzugswürdigkeit einer konstitutiven Rechtseinräumung persönlichkeitsrechtlicher Befugnisse gegenüber der dinglich wirkenden Gestattung

Sowohl die konstitutive Einräumung von Persönlichkeitsrechten als auch die dinglich wirkende Gestattung gewähren dem Berechtigten Sukzessionsschutz und ermöglichen ihm, gegen Verletzungen seiner Rechtsposition durch Dritte selbständig gerichtlich vorzugehen. Er erhält somit in beiden Fällen die gewünschte verlässliche Rechtsstellung.

1182 Forkel, GRUR 1988, 491 (493).

1183 Dreyer, in: Dreyer/Kotthoff/Meckel, Vor §§ 12 ff. Rn. 22. Siehe hierzu oben Teil 4.A.IV.3.c).

1184 BGH GRUR 1969, 426 (428) – Detektei; GRUR 1978, 583 (585) – Motorkettensäge; NJW 1981, 1089 (1094) – Der Aufmacher I; GRUR 1983, 379 (381) – Geldmafiosi; Buchner, Selbstbestimmung, S. 284; Helle, Besondere Persönlichkeitsrechte, S. 116; ders., RabelsZ 60 (1996), 448 (470); Metzger, Rechtsgeschäfte, S. 50; Ohly, Volenti, S. 161; Rixecker, in: MüKo, Anh. § 12 Rn. 29; Schack, Urheber- und Urhebervertragsrecht, Rn. 638. Siehe hierzu oben Teil 4.A.IV.3.c).

Der Persönlichkeitsrechtsinhaber wird dagegen in die Lage versetzt, sich im Rahmen der Persönlichkeitsvermarktung von anderen Personen unterstützen zu lassen oder seine Persönlichkeitsrechte durch den Berechtigten wahrnehmen zu lassen. Sowohl der Schutz des Lizenznehmers als auch der des Persönlichkeitsrechtsinhabers wird in beiden Fällen erweitert.

aa) Untauglichkeit der Einwilligung zur Verwertung von vermögenswerten Persönlichkeitsbestandteilen

Dennoch vermag die dinglich wirkende Gestattung als Mittel zur Einräumung von persönlichkeitsrechtlichen Befugnissen nicht zu überzeugen. Entscheidend ist insoweit, dass es bei der Einräumung einer dinglich wirkenden Rechtsstellung in erster Linie darum geht, dem Berechtigten die Verwertung der vermögenswerten Persönlichkeitsbestandteile zu ermöglichen. Hierzu stellt die Einwilligung, unabhängig davon, ob sie einseitig oder im Rahmen einer vertraglichen Vereinbarung erklärt wird, kein geeignetes Instrument dar.

In ihrem eigentlichen Anwendungsbereich, dem Deliktsrecht, lässt die Einwilligung allein die Tatbestandsmäßigkeit (bzw. Rechtswidrigkeit) eines Eingriffs in das allgemeine Persönlichkeitsrecht entfallen und verhindert so die Entstehung deliktischer Ansprüche[1185]. Sie führt jedoch nicht zu einem Rechtserwerb auf Seiten des Einwilligungsempfängers[1186]. Folglich ist die Einwilligung nicht dazu in der Lage, dem Einwilligungsempfänger zum Zwecke der Verwertung persönlichkeitsrechtlicher Bestandteile eine (dinglich wirkende) Rechtsposition einzuräumen. Dies gilt nicht nur für die einseitig erklärte Einwilligung, sondern auch für die vertragliche Gestattung eines Eingriffs in einzelne Persönlichkeitsbestandteile. Auch wenn der Gestattungsvertrag als Erlassvertrag oder pactum de non petendo ausgestaltet ist, oder der Persönlichkeitsrechtsinhaber dem Berechtigten eine Einziehungsermächtigung erteilt, hat die Beeinträchtigung durch den Berechtigten lediglich zur Folge, dass die aus der Persönlichkeitsverletzung resultierenden Ansprüche entweder untergehen, nicht durchsetzbar sind oder aber nur im Wege der Einziehungsermächtigung gegenüber dem

---

1185 Ahrens, Verwertung, S. 343; Gauß, Mensch als Marke, S. 97 f.; Halàsz, Selbstbestimmung, S. 158; Hartl, Vermögensgüter, S. 129; Lichtenstein, Idealwert und Geldwert, S. 223; Peifer, Individualität, S. 317.

1186 BGH GRUR 2010, 628 (631) – Vorschaubilder; Ahrens, Verwertung, S. 366; Götting, Persönlichkeitsrechte als Vermögensrechte, S. 143; Halàsz, Selbstbestimmung, S. 158; Klüber, Persönlichkeitsschutz, S. 93; Lichtenstein, Idealwert und Geldwert, S. 223; Ohly, Volenti, S. 144 u. 161; Peifer, Individualität, S. 319.

Verletzer geltend gemacht werden können[1187]. Die Disposition erfolgt somit allein über die Rechtsfolgen, wohingegen der Gestattungsvertrag dem Berechtigten keine Rechtsposition einräumt, die ihm die Verwertung von Persönlichkeitsmerkmalen ermöglicht[1188].

Im Urheberrecht hat die konstitutiv wirkende Einräumung von Nutzungsrechten dagegen gerade die Aufgabe, dem Berechtigten ein vom Mutterrecht abgeleitetes eigenes Nutzungsrecht zum Zwecke der Verwertung des urheberrechtlich geschützten Werkes einzuräumen. Im Gegensatz zur Einwilligung bewirkt die konstitutive Rechtseinräumung auf Seiten des Nutzungsberechtigten einen Rechtserwerb. Bei einer Übertragung dieser Rechtsfigur in den persönlichkeitsrechtlichen Bereich erhielte der Nutzungsberechtigte daher gleichfalls eine dingliche Verwertungsposition.

bb) Defizite der Einwilligung gegenüber einer konstitutiven Rechtseinräumung

Deutlich werden die Schwächen der Einwilligung gegenüber einer konstitutiven Rechtseinräumung auch bei Betrachtung der Verkehrsfähigkeit der erlangten Rechtsstellung. Insoweit geht es um die Frage, ob die durch die Einwilligung erlangte Rechtsposition des Einwilligungsempfängers weiter übertragen werden kann oder ob Unterlizenzen an Dritte erteilt werden können. Die Frage der Weiterübertragung und Unterlizenzierung ist für die Verwertung der vermögenswerten Persönlichkeitsmerkmale von besonderer Bedeutung. Der Nutzungsberechtigte hat häufig nicht nur ein Interesse daran, die ihm zur Nutzung eingeräumten vermögenswerten Persönlichkeitsbestandteile selbst zu verwerten. Oftmals wird er aus wirtschaftlichen Gründen, beispielsweise, weil er nicht über die für die Verwertung erforderlichen finanziellen Mittel verfügt, oder aber aus praktischen Gründen, weil er selbst zur Verwertung nicht oder nicht allein in der Lage ist, Dritten die ihm eingeräumte Befugnis weiter übertragen wollen[1189]. Eine optimale Verwertung der einzelnen Persönlichkeitsbestandteile wird in diesen Fällen nur durch die Einräumung einer verkehrsfähigen Rechtsposition gewährleistet[1190].

1187 Siehe oben Teil 4.A.III.3.

1188 Lichtenstein, Idealwert und Geldwert, S. 226 f.

1189 Freitag, Kommerzialisierung, S. 169; Halàsz, Selbstbestimmung, S. 149; Peifer, Individualität, S. 318.

1190 Götting, Persönlichkeitsrechte als Vermögensrechte, S. 163.

Für die aus dem Urheberrecht entlehnte Möglichkeit konstitutiver Rechtseinräumungen vermögenswerter Persönlichkeitsbestandteile bietet sich auch hinsichtlich der Weiterübertragung ein Rückgriff auf die urheberrechtlichen Vorschriften zur Weiterübertragung und Unterlizenzierung von Nutzungsrechten in den §§ 34, 35 UrhG an. Eine Weiterübertragung der persönlichkeitsrechtlichen Nutzungsbefugnis kommt danach in entsprechender Anwendung von § 34 Abs. 1 UrhG nur mit Zustimmung des Rechtsinhabers in Betracht, es sei denn, die Übertragung der eingeräumten Nutzungsrechte an vermögenswerten Persönlichkeitsbestanteilen erfolgt im Rahmen der Gesamtveräußerung eines Unternehmens oder der Veräußerung von Teilen eines Unternehmens. Analog § 34 Abs. 3 UrhG bedarf es dann keiner Zustimmung des Rechtsinhabers. Darüber hinaus entfällt das Zustimmungserfordernis bei einer entsprechenden Vereinbarung der Parteien analog § 34 Abs. 5 S. 2 UrhG. Der Berechtigte einer ausschließlichen Nutzungsbefugnis kann zudem mit Zustimmung des Rechtsinhabers in entsprechender Anwendung des § 35 Abs. 1 UrhG einem Dritten eine Unterlizenz einräumen. Die konstitutive Rechtseinräumung persönlichkeitsrechtlicher Befugnisse hat somit den Vorteil, dass für die Einräumung von Lizenzen durch das Urheberrecht eine gesetzliche Regelung gegeben ist, die gleichermaßen auch auf das allgemeine Persönlichkeitsrecht Anwendung finden kann[1191].

Demgegenüber erweist sich die Übertragung der Einwilligung als problematisch. Dies gilt in besonderem Maße für die einseitige Einwilligung, die lediglich die Tatbestandsmäßigkeit oder die Rechtswidrigkeit eines Eingriffs entfallen lässt. Im Unterschied zur vertraglichen Gestattung, bei welcher der Berechtigte einen Duldungsanspruch gegen den Persönlichkeitsrechtsinhaber erwirbt, vermittelt die einseitige Einwilligung dem Einwilligungsempfänger kein subjektives Recht, welches er gemäß §§ 398, 413 BGB auf einen Dritten übertragen kann[1192]. Eine Übertragung der Eingriffsbefugnis käme daher allenfalls in analoger Anwendung der §§ 398, 413 BGB in Betracht[1193].

Sowohl die Weiterübertragung der einseitigen als auch der vertraglich erklärten Einwilligung scheitert letztlich aber daran, dass die Einwilligung – un-

---

1191 Rixecker, in: MüKo, Anh. § 12 Rn. 29.

1192 Dasch, Einwilligung, S. 95; Götting, Persönlichkeitsrechte als Vermögensrechte, S. 162 Fn. 104; Helle, Besondere Persönlichkeitsrechte, S. 109; ders., AfP 1985, 93 (99).

1193 Für eine Übertragung der Einwilligung analog §§ 398, 413 BGB Dasch, Einwilligung, S. 95; Götting, Persönlichkeitsrechte als Vermögensrechte, S. 162 f.; Helle, Besondere Persönlichkeitsrechte, S. 109; ders., AfP 1985, 93 (99).

abhängig davon, ob sie lediglich obligatorisch wirkt, oder mit dinglicher Wirkung ausgestattet ist – stets nur eine bestimmte Person zu einem Eingriff in ein Recht berechtigt[1194]. Die Übertragung der Einwilligung hätte somit allein zur Folge, dass der „Zessionar“ die Berechtigung dieser bestimmten Person erhielte. Er selbst wäre weiterhin jedoch nicht zum Eingriff in das konkrete Recht befugt[1195]. Eine eigene Berechtigung würde der Zessionar nur durch eine Vereinbarung mit dem Rechtsträger erlangen, so dass im Ergebnis keine Rechtsposition übertragen, sondern ein neues Rechtsverhältnis zwischen dem Rechtsträger und dem Zessionar entstehen würde[1196]. Gleiches gilt im Übrigen auch für die aus einer Ermächtigung des Rechtsinhabers resultierende Stellung des Berechtigten. Diese ist genauso wenig übertragbar wie die Einwilligung[1197]. Auch eine Übertragung der Befugnisse aus einem Erlassvertrag gemäß § 397 Abs. 1 BGB kommt nicht in Betracht. Denn, ebenso wie die Einwilligung, wird der Verzicht gegenüber einer bestimmten Person, dem Nutzungsberechtigten, erteilt. Eine Übertragung kann daher nicht die gewünschte Rechtsfolge herbeiführen, dass der Rechtsträger auch auf Ansprüche gegen einen Dritten verzichtet[1198]. Nur die Einrede aus dem pactum de non petendo kann danach überhaupt weiter übertragen werden[1199].

Auch eine Unterlizenzierung kommt sowohl bei der Einwilligung als auch bei der vertraglichen Gestattung nicht in Betracht. Selbst bei einer teilweisen Verdinglichung bleibt es dabei, dass die Einwilligung ein obligatorisches Recht ist. Sämtliche Gestattungsarten sind dann aber eher mit der einfachen urheberrechtlichen Lizenz vergleichbar, die im Unterschied zum ausschließlichen Nutzungsrecht (vgl. § 35 Abs. 1 UrhG) den Lizenznehmer nicht zur Erteilung einer Unterlizenz berechtigt[1200]. Aufgrund der Vorbildwirkung des Urheberrechts für die Verwertung persönlichkeitsrechtlicher Bestandteile kann für die Einwilli-

---

1194 Ahrens, Verwertung, S. 324 f.; Hartl, Vermögensgüter, S. 129; Lichtenstein, Idealwert und Geldwert, S. 223.

1195 Veranschaulichen lässt sich dies an dem von Peifer (Individualität, S. 317) genannten Beispiel der Operationseinwilligung, die der Patient dem Chefarzt erteilt. Diese Einwilligung gilt dann selbstverständlich nicht auch für den Medizinstudenten und kann auch nicht im Wege der Abtretung auf diesen übertragen werden.

1196 Ahrens, Verwertung, S. 325.

1197 Forkel, Gebundene Rechtsübertragungen, S. 181; Haberstumpf/Hintermeier, Verlagsrecht, S. 44.

1198 Ahrens, Verwertung, S. 332.

1199 Ahrens, Verwertung, S. 338; v. Welser, Wahrnehmung, S. 86.

1200 Halàsz, Selbstbestimmung, S. 153.

gung nichts anderes gelten, so dass eine Unterlizenzierung bei der Einwilligung grundsätzlich ausscheidet.

Zusammenfassend ist festzuhalten, dass die dinglich wirkende Gestattung als Verwertungsinstrument insgesamt nicht zu überzeugen vermag. Dies folgt neben den Problemen bei der Übertragung und Unterlizenzierung auch daraus, dass die als pactum de non petendo ausgestaltete Gestattung in der Regel nicht dem Willen der Beteiligten entspricht. In den meisten Fällen werden die Parteien nämlich nicht beabsichtigen, dem Verletzer des allgemeinen Persönlichkeitsrechts nur eine Einrede gegen den Urheber zu verschaffen. Der Parteiwille ist regelmäßig darauf gerichtet, dass tatbestandlich bereits kein rechtswidriger Eingriff vorliegt und daher auch die Ansprüche aus einer Verletzung des allgemeinen Persönlichkeitsrechts gar nicht erst entstehen[1201]. Dies gilt umso mehr, als das pactum de non petendo auch tatsächlich die Erhebung der Einrede voraussetzt. Daher wird der säumige Verletzer im Prozess auch trotz des vereinbarten pactum de non petendo verurteilt[1202]. Ein pactum de non petendo wird daher nur ausnahmsweise anzunehmen sein[1203]. Gleiches gilt für den Erlass gemäß § 397 Abs. 1 BGB. Sowohl der antizipierte als auch der nachträgliche Erlass lassen die Rechtswidrigkeit der Beeinträchtigung nicht entfallen, so dass eine entsprechende Vereinbarung zumeist nicht dem Willen der Parteien, eine Haftung von vornherein auszuschließen, entsprechen wird[1204].

1201 Blaurock, ZHR 146 (1982), 238 (242); Dasch, Einwilligung, S. 30 f.; Esser/Schmidt, SchR I/1, S. 122; Forkel, Gebundene Rechtsübertragungen, S. 80 f.; Götting, Persönlichkeitsrechte als Vermögensrechte, S. 146; Haas, Haftungsfreizeichnungsklauseln, S. 209; Kamm, Freizeichnungsklauseln, S. 18; Kümmel, Haftungsausschluss, S. 20; Meyer, Erfüllungsgehilfen, S. 7; Roussos, Freizeichnung, S. 144; Thyssen, Haftungsfreizeichnung, S. 14; v. Welser, Wahrnehmung, S. 60; Zitelmann, AcP 99 (1906), 1 (53 f.).

1202 Blaurock, ZHR 146 (1982), 238 (242); Kümmel, Haftungsausschluss, S. 20; Meyer, Erfüllungsgehilfen, S. 7; Thyssen, Haftungsfreizeichnung, S. 14.

1203 Kümmel (Haftungsausschluss, S. 20) und Roussos (Freizeichnung, S. 144) bezeichnen das pactum de non petendo gegenüber dem eigentlichen Parteiwillen, der auf eine Beseitigung der Haftungsverpflichtung gerichtet ist, daher als bloßen „Umweg“.

1204 Blaurock, ZHR 146 (1982), 238 (242); Esser/Schmidt, SchR I/1, S. 122; Kamm, Freizeichnungsklauseln, S. 17 f.; Kümmel, Haftungsausschluss, S. 22; Roussos, Freizeichnung, S. 145; Thyssen, Haftungsfreizeichnung, S. 17; v. Welser, Wahrnehmung, S. 60; a.A. Meyer, Erfüllungsgehilfen, S. 8.

IV. Umfang rechtsgeschäftlicher Dispositionen über das allgemeine Persönlichkeitsrecht

Persönlichkeitsrechtliche Interessen können somit ebenfalls Gegenstand konstitutiver Rechtseinräumungen sein. Auch hier gilt es abschließend noch den zulässigen Umfang dinglicher Rechtsgeschäfte zu bestimmen.

Vergleichbar der Situation im Urheberrecht, muss der Persönlichkeitsrechtsinhaber stets vor einem vollständigen Verlust und einer missbräuchlichen Verwendung seiner Befugnisse durch den Lizenznehmer effektiv geschützt werden. Wie bei der urheberrechtlichen Einräumung von Nutzungsrechten, führt die konstitutive Einräumung persönlichkeitsrechtlicher Befugnisse lediglich zu einer Belastung des allgemeinen Persönlichkeitsrechts. Die eingeräumten Befugnisse bleiben somit stets an das Mutterrecht gebunden[1205]. Diese Bindung hat zur Folge, dass die mit konstitutiver Wirkung eingeräumten Persönlichkeitsbefugnisse mit Erlöschen der Nutzungsberechtigung automatisch wieder an den Persönlichkeitsrechtsinhaber zurückfallen[1206].

1. Unverzichtbarer Kernbereich

In entsprechender Anwendung der urheberrechtlichen Kernbereichslehre muss dem Persönlichkeitsrechtsinhaber bei Dispositionen über seine Befugnisse darüber hinaus stets ein unverzichtbarer Kernbereich seiner Persönlichkeitsbestandteile verbleiben, um einem vollständigen Verlust vorzubeugen[1207]. Hinsichtlich der Bestimmung des Kernbereichs gilt nichts anderes als beim Urheberpersönlichkeitsrecht. Der unverzichtbare Kern der Persönlichkeitsbestandteile lässt sich nicht in feste Grenzen fassen sondern ist im Einzelfall im Rahmen einer Abwägung unter Berücksichtigung der jeweiligen Besonderheiten herauszuarbeiten[1208]. Im Rahmen der Abwägung ist zugunsten des Rechtsinhabers in besonderem Maße die verfassungsrechtliche Verankerung des allgemeinen Persönlichkeitsrechts in Art. 1 Abs. 1 GG zu berücksichtigen. Rechtseinräumungen, welche die Menschenwürde beeinträchtigen, sind daher unwirksam. Im Übrigen sind auch beim allgemeinen Persönlichkeitsrecht mangels Überschaubarkeit der Konsequenzen sämtliche Vereinbarungen, mit denen der Rechtsinhaber pauschal

---

1205 Forkel, GRUR 1988, 491 (501).

1206 Forkel, GRUR 1988, 491 (497), ders., Gebundene Rechtsübertragungen, S. 240. Siehe zur Bindung des Tochterrechts an das Mutterrecht auch oben Teil 4.A.III.2.

1207 Siehe zur Kernbereichslehre im Urheberrecht oben Teil 4.A.V.1.

1208 Siehe oben Teil 4.A.V.1.

über seine persönlichkeitsrechtlichen Befugnisse disponiert, unzulässig. Vereinbarungen, welche einzelne Nutzungsarten genau regeln, sind dagegen grundsätzlich wirksam[1209].

2. Weitergehender Schutz des Persönlichkeitsrechtsinhabers

Parallel zur Situation beim Urheberpersönlichkeitsrecht wird der Persönlichkeitsrechtsinhaber weiterhin durch die Einräumung von Rückrufsrechten wegen Nichtausübung und gewandelter Überzeugung analog §§ 41, 42 UrhG geschützt[1210]. Insbesondere kann der Rechtsinhaber die mit konstitutiver Wirkung eingeräumten Persönlichkeitsbestandteile zurückrufen, wenn ihm die weitere Nutzung durch den Berechtigten in Folge eines Überzeugungswandels nicht mehr zugemutet werden kann oder seine Interessen schwerwiegend beeinträchtigt werden[1211].

Entsprechend der urheberrechtlichen Zweckübertragungslehre bestimmt sich die übertragene Befugnis darüber hinaus ebenfalls nach dem mit der Rechtseinräumung verfolgten Zweck[1212]. Im Zweifel überträgt der Träger des allgemeinen Persönlichkeitsrechts seine Rechte folglich nur in dem für die Erreichung des Vertragszwecks erforderlichen Umfang[1213].

3. Einräumung ideeller Persönlichkeitsbestandteile nur im Zusammenhang mit materieller Nutzung

In den meisten Fällen will der Persönlichkeitsrechtsinhaber einem Dritten in erster Linie die Verwertung bestimmter Persönlichkeitsmerkmale ermöglichen. Beispielsweise kann er dem Lizenznehmer die Nutzung seines Bildnisses zu Werbe- oder Merchandisingzwecken erlauben und im Gegenzug die Zahlung einer Lizenzgebühr verlangen[1214]. Sofern es in diesen Fällen allein um die Verwertung der materiellen Persönlichkeitsbestandteile geht, wird der Persönlichkeitsrechtsinhaber durch das oben genannte Instrumentarium, welches auch dem Urheber bei der Einräumung von Nutzungsrechten an seinem Werk zur Verfü-

---

1209 Siehe hierzu oben Teil 4.A.V.1.

1210 Forkel, GRUR 1988, 491 (500); Götting, Persönlichkeitsrechte als Vermögensrechte, S. 280; ders., GRUR 2004, 801 (805); Schertz, Merchandising, Rn. 382.

1211 Forkel, GRUR 1988, 491 (500).

1212 Castendyk, Handbuch des Persönlichkeitsrechts, S. 648; Götting, Persönlichkeitsrechte als Vermögensrechte, S. 280; Schertz, Merchandising, Rn. 382.

1213 Schertz, Merchandising, Rn. 382.

1214 Siehe oben Teil 2.B.V.

gung steht, vor einem zu weitgehenden oder gar vollständigen Verlust seiner Befugnisse geschützt. Es bestehen daher grundsätzlich keine Bedenken gegen konstitutive Rechtseinräumungen der materiellen Persönlichkeitsbestandteile.

Problematischer ist die Situation hinsichtlich der ideellen Persönlichkeitsbestandteile. Die ideellen Persönlichkeitsinteressen sollen dem Rechtsinhaber stets die Abwehr von Persönlichkeitsverletzungen durch Dritte ermöglichen und dienen damit in besonderem Maße dem Schutz der durch Art. 1 Abs. 1 GG garantierten Menschenwürde[1215]. Rechtsgeschäfte, welche die ideellen Persönlichkeitsbestandteile zum Gegenstand haben, müssen dieser besonderen Bedeutung Rechnung tragen und sind daher allenfalls in sehr engen Grenzen möglich.

Auch im Bereich des allgemeinen Persönlichkeitsrechts ist jedoch zu berücksichtigen, dass der Nutzungsberechtigte nur dann dazu in der Lage ist, das Verwertungspotential der materiellen Persönlichkeitsinteressen umfassend auszuschöpfen, wenn er Beeinträchtigungen der eingeräumten Persönlichkeitsinteressen selbständig entgegentreten kann[1216]. In Anbetracht dieses praktischen Bedürfnisses sollten dem Nutzungsberechtigten der materiellen Persönlichkeitsbestandteile dann aber auch die ideellen Persönlichkeitsinteressen mit dinglicher Wirkung eingeräumt werden können.

Sowohl aufgrund der Vorbildwirkung des Urheberpersönlichkeitsrechts als auch zum Schutz der aus Art. 1 Abs. 1 GG fließenden Rechte kann die dingliche Einräumung ideeller Persönlichkeitsinteressen aber auf keinen Fall weiter gehen als im Urheberrecht. Eine konstitutive Einräumung der ideellen Persönlichkeitsrechtsinteressen kommt daher ebenfalls nur im Zusammenhang mit der Einräumung von materiellen Persönlichkeitsinteressen in Betracht und dies auch nur insoweit, als es für die Nutzung der materiellen Persönlichkeitsbestandteile erforderlich ist. Der Nutzungsberechtigte ist im Falle einer dinglichen Verfügung über die ideellen Persönlichkeitsbestandteile danach grundsätzlich dazu berechtigt, aus eigenem Recht gegen Beeinträchtigungen vorzugehen, welche sich auf die Verwertung der materiellen Persönlichkeitsbestandteile auswirken. Eine darüber hinausgehende konstitutive Einräumung ideeller Persönlichkeitsbestandteile, welche einem Dritten ausschließlich die treuhänderische Abwehr von Verletzungen ermöglichen soll, ist nach der hier vertretenen Auffassung dagegen genauso unzulässig wie beim Urheberpersönlichkeitsrecht.

1215 Siehe hierzu auch die Ausführungen zum verfassungsrechtlichen Ausgangspunkt des allgemeinen Persönlichkeitsrechts in Teil 2.B.I.

1216 Forkel, GRUR 1988, 491 (493).

C. Zusammenfassung

Weder das Urheberpersönlichkeitsrecht noch das allgemeine Persönlichkeitsrecht sind translativ übertragbar. Für das Urheberpersönlichkeitsrecht folgt dies bereits aus der gesetzlichen Anordnung der Unübertragbarkeit in § 29 Abs. 1 UrhG. Die translative Übertragung von Persönlichkeitsmerkmalen scheitert hingegen an der verfassungsrechtlichen Verankerung des allgemeinen Persönlichkeitsrechts in den Art. 1 Abs. 1, 2 Abs. 1 GG, die eine mit einem vollständigen Verlust des Persönlichkeitsrechts verbundene Entäußerung nicht zulassen. Sowohl das Urheberpersönlichkeitsrecht als auch die ideellen und materiellen Bestandteile des allgemeinen Persönlichkeitsrechts können aber Gegenstand schuldrechtlicher Vereinbarungen sein. Insbesondere kann der Rechtsinhaber in Verletzungen seines Rechts einwilligen oder auf die Geltendmachung der aus einer Verletzung resultierenden Ansprüche verzichten bzw. diese antizipiert erlassen. Darüber hinaus besteht sowohl für das Urheberpersönlichkeitsrecht als auch für das allgemeine Persönlichkeitsrecht die Möglichkeit einer konstitutiven Rechtseinräumung. Durch die konstitutive Rechtseinräumung erhält der Berechtigte eine dinglich wirkende Rechtsposition, die ihn auch zur Geltendmachung von Ansprüchen gegenüber Dritten berechtigt. Allein eine konstitutive Rechtseinräumung vermag den Interessen des Rechtsträgers und des Berechtigten ausreichend Rechnung zu tragen, da eine gewillkürte Prozessstandschaft bei höchstpersönlichen Rechten nur ausnahmsweise in Betracht kommt. Die ebenfalls in Betracht kommende Verdinglichung der Einwilligung bzw. der vertraglichen Gestattung vermag dagegen nicht zu überzeugen, da sie sich nicht zur Einräumung einer Verwertungsposition eignen, sondern allein deliktische Ansprüche wegen einer Persönlichkeitsverletzung bereits auf Tatbestandsebene nicht entstehen lassen oder eine derartige Verletzung rechtfertigen.

Konstitutiv wirkende Rechtseinräumungen des Urheberpersönlichkeitsrechts sowie der ideellen Persönlichkeitsbestandteile sind allerdings nur im Zusammenhang mit der Verwertung des Werkes oder der materiellen Persönlichkeitsbestandteile zugunsten des Nutzungsberechtigten möglich. Darüber hinausgehende dinglich wirkende Rechtsgeschäfte kommen bei beiden Rechten nicht in Betracht.

Teil 5. Gesamtbetrachtung in Thesen

1. Das Urheberpersönlichkeitsrecht ist im Urheberrechtsgesetz von 1965 umfassend gesetzlich geregelt[1217]. Demgegenüber hat der BGH das allgemeine Persönlichkeitsrecht im Jahre 1954 als „sonstiges Recht" im Sinne von § 823 Abs. 1 BGB anerkannt[1218]. Es hat bis heute keine gesetzliche Grundlage[1219].

2. Das Urheberpersönlichkeitsrecht schützt das geistige Band zwischen dem Urheber und seinem Werk. Es ist zwischen dem Urheberpersönlichkeitsrecht im engeren Sinne und dem Urheberpersönlichkeitsrecht im weiteren Sinne zu unterscheiden[1220]. Das Urheberpersönlichkeitsrecht im engeren Sinne umfasst die unter der Überschrift „Urheberpersönlichkeitsrecht" in den §§ 12-14 UrhG geregelten Befugnisse. Hierzu gehören das Veröffentlichungsrecht, das Recht auf Anerkennung der Urheberschaft sowie das Recht, Änderungen und Entstellungen des Werkes zu verbieten[1221]. Dem Urheberpersönlichkeitsrecht im weiteren Sinne liegt der das gesamte Urheberrecht prägende Gedanke des Schutzes der geistigen und persönlichen Interessen des Urhebers zugrunde. Es greift immer dann ein, wenn es der Schutz der geistigen und persönlichen Interessen des Urhebers erfordert[1222].

3. Bei Verletzungen urheberpersönlichkeitsrechtlicher Befugnisse kommen in erster Linie die in § 97 UrhG geregelten Ansprüche auf Unterlassung, Beseitigung, materiellen und immateriellen Schadensersatz in Betracht[1223]. Gemäß § 102a UrhG kann der Urheber darüber hinaus auch Ansprüche aus anderen Vorschriften geltend machen. Hierzu gehören auch Ansprüche aus §§ 823 ff. BGB, §§ 812 ff. BGB sowie aus Geschäftsführung ohne Auftrag[1224]. Der materielle Schaden kann gemäß § 97 Abs. 2 UrhG auf dreifache Art berechnet werden. Neben der konkreten Schadensberechnung

1217 Siehe hierzu Teil 1.A.IV.4.d) und Teil 2.A.III.
1218 Siehe hierzu Teil 1.B.III.1.
1219 Siehe hierzu Teil 1.B.III.2.
1220 Siehe hierzu Teil 2.A.III.
1221 Siehe hierzu Teil 2.A.III.1.
1222 Siehe hierzu Teil 2.A.III.2.
1223 Siehe hierzu Teil 2.A.IV.
1224 Siehe hierzu Teil 2.A.IV.5.

kommt auch die Bemessung unter Anwendung der Lizenzanalogie sowie die Herausgabe des Verletzergewinns in Betracht[1225].

4. Das zivilrechtliche allgemeine Persönlichkeitsrecht ist nicht mit dem in Art. 1 Abs. 1, 2 Abs. 1 GG verankerten verfassungsrechtlichen allgemeinen Persönlichkeitsrecht identisch. Es schützt den Anspruch des Einzelnen auf Achtung seiner Menschenwürde und Entfaltung seiner individuellen Persönlichkeit innerhalb der privatrechtlichen Beziehungen[1226].

5. Die Persönlichkeit wird neben dem allgemeinen Persönlichkeitsrecht auch durch die gesetzlich geregelten besonderen Persönlichkeitsrechte geschützt. Hierzu zählen unter anderem das Namensrecht aus § 12 BGB, das Recht am eigenen Bild aus § 22 KUG sowie das Recht auf informationelle Selbstbestimmung aus § 4 BDSG[1227]. Das allgemeine Persönlichkeitsrecht fungiert gegenüber den besonderen Persönlichkeitsrechten als Mutterrecht. Aus ihm können neue besondere Persönlichkeitsrechte herausgebildet werden. Daneben übernimmt das allgemeine Persönlichkeitsrecht als eigenständiges Recht die Aufgabe, die im Persönlichkeitsschutz bestehenden Lücken zu schließen[1228]. Die besonderen Persönlichkeitsrechte gehen dem allgemeinen Persönlichkeitsrecht als Spezialregelungen vor. Ein Rückgriff auf das allgemeine Persönlichkeitsrecht ist im Anwendungsbereich der besonderen Persönlichkeitsrechte nur möglich, wenn die Auslegung der besonderen Persönlichkeitsrechte ergibt, dass diese keine abschließende Regelung darstellen oder ansonsten eine nicht hinnehmbare Lücke im Persönlichkeitsschutz besteht.

6. Das allgemeine Persönlichkeitsrecht ist ein Rahmenrecht, dessen rechtswidrige Verletzung erst im Rahmen einer einzelfallbezogenen Güter- und Interessenabwägung festgestellt werden kann[1229]. Eine gewisse Konkretisierung des allgemeinen Persönlichkeitsrechts kann durch die Bildung von Schutzbereichen erreicht werden[1230].

7. Das allgemeine Persönlichkeitsrecht ist kein reines Abwehrrecht, das nur dem Schutz der ideellen Persönlichkeitsinteressen dient. Es schützt neben

1225 Siehe hierzu Teil 2.A.IV.3.
1226 Siehe hierzu Teil 2.B.I.
1227 Siehe hierzu Teil 2.B.III.1.
1228 Siehe hierzu Teil 2.B.III.2.
1229 Siehe hierzu Teil 2.B.II.
1230 Siehe hierzu Teil 2.B.IV.

den ideellen auch die materiellen Persönlichkeitsbestandteile[1231]. Aufgrund der Untrennbarkeit der ideellen und der materiellen Persönlichkeitsinteressen erscheint es entgegen anderslautender Stimmen im Schrifttum[1232] vorzugswürdig, die ideellen und die materiellen Persönlichkeitsbestandteile durch ein einheitliches Recht zu schützen. Insoweit kommt dem monistisch ausgestalteten Urheberrecht eine Vorbildfunktion zu. Ein dualistischer Persönlichkeitsschutz durch ein die ideellen Persönlichkeitsinteressen schützendes allgemeines Persönlichkeitsrecht und ein die materiellen Persönlichkeitsinteressen schützendes wirtschaftliches Persönlichkeitsrecht ist abzulehnen[1233].

8. Bei Verletzungen des allgemeinen Persönlichkeitsrecht kann der Betroffene vom Verletzer analog §§ 12, 862, 1004 BGB Unterlassung und Beseitigung bzw. Widerruf verlangen. Daneben kommt bei Persönlichkeitsverletzungen durch Presseorgane auch ein Gegendarstellungsanspruch in Betracht. Des Weiteren werden materielle Schäden gemäß §§ 823 ff. BGB ersetzt. Für schwerwiegende immaterielle Beeinträchtigungen gewährt die Rechtsprechung einen Anspruch auf Geldentschädigung. Bei der Bemessung der Entschädigungshöhe sind auch präventive Gesichtspunkte zu berücksichtigen. Bereicherungsansprüche aus §§ 812 ff. BGB kommen bei einer unberechtigten Kommerzialisierung der Persönlichkeit ebenfalls in Betracht. Über die Vorschriften der Geschäftsführung ohne Auftrag kann der Berechtigte in diesen Fällen auch den Verletzergewinn ersetzt verlangen[1234].

9. Das Urheberpersönlichkeitsrecht ist im Unterschied zu den besonderen Persönlichkeitsrechten kein Persönlichkeitsrecht, weil es nicht bereits mit der Geburt entsteht sondern von der Herstellung eines Werkes abhängig ist[1235]. Es wird daher nicht jedem Menschen gleichermaßen zuteil wie die Persönlichkeitsrechte. Das Urheberpersönlichkeitsrecht ist ein selbständiges Recht, welches den Persönlichkeitsrechten wesensverwandt ist. Das allgemeine Persönlichkeitsrecht ist gegenüber dem Urheberpersönlichkeitsrecht subsidiär. Es kommt aber, wie bei den besonderen Persönlichkeitsrechten, ergänzend zur Anwendung, wenn der Schutz durch das Urheber-

1231 Siehe hierzu Teil 2.B.V.
1232 Siehe hierzu Teil 2.B.V.3.
1233 Siehe hierzu Teil 2.B.V.4.b).
1234 Siehe hierzu Teil 2.B.VI.
1235 Siehe hierzu Teil 2.C.

persönlichkeitsrecht nach den Wertvorstellungen der Art. 1 Abs. 1, 2 Abs. 1 GG nicht ausreichend ist[1236].

10. Das Urheberrecht geht gemäß § 28 Abs. 1 UrhG nach dem Tode des Urhebers einschließlich der urheberpersönlichkeitsrechtlichen Befugnisse auf die Erben über[1237]. Die Stellung des Rechtsnachfolgers wird zum einen durch gesetzliche Regelungen, wie beispielsweise § 64 UrhG, zum anderen durch lebzeitige Anordnungen des Urhebers beschränkt. Der Erbe ist entgegen anderer Auffassung postmortal aber nicht an die Interessen des Erblassers gebunden. Er kann die urheberpersönlichkeitsrechtlichen Befugnisse auch im Widerspruch zu den ideellen Interessen des Urhebers ausüben[1238]. Er kann überdies bei einer Beeinträchtigung des Urheberpersönlichkeitsrechts auch immateriellen Schadensersatz geltend machen[1239].

11. Im Bereich des allgemeinen Persönlichkeitsschutzes differenziert die herrschende Meinung postmortal zwischen den ideellen und den materiellen Persönlichkeitsbestandteilen. Während die ideellen Bestandteile von den Angehörigen oder dem vom Verstorbenen zu Lebzeiten Berufenen wahrgenommen werden sollen, sind die materiellen Persönlichkeitsinteressen nach der Rechtsprechung des BGH vererblich. Für beide Bestandteile besteht postmortal eine zeitliche Beschränkung. Während die materiellen Interessen in analoger Anwendung von § 22 S. 3 KUG zehn Jahre lang Schutz genießen, ist die Schutzdauer der ideellen Interessen nach der Rechtsprechung des BGH unter Abwägung der widerstreitenden Interessen für jeden Einzelfall gesondert zu bestimmen. Postmortal kann somit nicht nur die Berechtigung hinsichtlich der ideellen und der materiellen Interessen auseinanderfallen, auch die Schutzdauer beider Persönlichkeitskomponenten kann unterschiedlich ausfallen. Darüber hinaus sind die Erben nach Ansicht des BGH bei der Ausübung der materiellen Interessen an den mutmaßlichen Willen des Verstorbenen gebunden[1240].

    Angesichts ihrer untrennbaren Verbindung kann die postmortale Trennung der ideellen und der materiellen Persönlichkeitsbestandteile jedoch nicht überzeugen. Auch nach dem Tode können die Interessen nicht hinreichend voneinander getrennt werden. Es erscheint daher angebracht, sich von der

1236 Siehe hierzu Teil 2.C.II.
1237 Siehe hierzu Teil 3.A.I.
1238 Siehe hierzu Teil 3.A.IV.
1239 Siehe hierzu Teil 3.A.IV.5.
1240 Siehe hierzu Teil 3.B.

Wahrnehmung der ideellen Interessen durch die Angehörigen zu verabschieden und sämtliche Persönlichkeitsinteressen entsprechend der urheberrechtlichen Vererbungslösung (§ 28 Abs. 1 UrhG) auf die Erben übergehen zu lassen. Der Vererbung des allgemeinen Persönlichkeitsrechts stehen keine durchgreifenden rechtlichen oder tatsächlichen Gründe entgegen[1241].

Nach der hier vertretenen Auffassung einer Gesamtvererbung kommt für die postmortale Schutzdauer allein eine feste zeitliche Begrenzung in Betracht, da für alle Beteiligten – Erben und potentielle Verwerter – jederzeit Rechtssicherheit darüber bestehen muss, ob die materiellen Persönlichkeitsbestandteile gemeinfrei sind und daher von jedermann verwertet werden können. Da die Interessenlage mit derjenigen im Urheberrecht übereinstimmt, sollte in analoger Anwendung von § 64 UrhG auch im Bereich des postmortalen Persönlichkeitsschutzes sowohl den ideellen als auch den materiellen Persönlichkeitsbestandteilen für einen Zeitraum von 70 Jahren nach dem Tod Schutz gewährt werden[1242].

Auch eine Bindung an die mutmaßlichen Interessen des Verstorbenen kommt im Rahmen des postmortalen Persönlichkeitsschutzes nicht in Betracht. Es obliegt dem Erblasser, seinen Willen zu Lebzeiten im Wege einer letztwilligen Verfügung festzuhalten und gegebenenfalls einen Testamentsvollstrecker zur Durchsetzung seines Willens zu bestimmen. Darüber hinaus bedarf es keiner Absicherung des Verstorbenen durch die Berücksichtigung seines mutmaßlichen Willens, der sich in einer Vielzahl der Fälle auch nicht eindeutig feststellen lassen dürfte[1243].

Wie im Urheberrecht steht auch den Erben des Persönlichkeitsrechtsinhabers bei einer schwerwiegenden Beeinträchtigung der ideellen Persönlichkeitsbestandteile ein Geldentschädigungsanspruch zu. Bei Versagung eines derartigen Anspruchs entstehen erhebliche Lücken im postmortalen Persönlichkeitsschutz, die angesichts der überragenden Bedeutung der Menschenwürde gemäß Art. 1 Abs. 1 GG nicht hinnehmbar sind[1244].

1241 Siehe hierzu Teil 3.B.II.3.c).

1242 Siehe hierzu Teil 3.B.IV.

1243 Siehe hierzu Teil 3.B.III.2.

1244 Siehe hierzu Teil 3.B.V.

12. Rechtsgeschäfte sind zu Lebzeiten des Rechtsträgers sowohl über das Urheberpersönlichkeitsrecht[1245] als auch das allgemeine Persönlichkeitsrecht[1246] möglich. Ausgeschlossen sind translative Rechtsübertragungen, durch die der Inhaber sein Recht vollständig verlieren würde[1247]. Neben schuldrechtlichen Vereinbarungen können einzelne Befugnisse einem Dritten auch mit konstitutiver Wirkung eingeräumt werden, um dem Rechtsinhaber eine möglichst effektive Verwertung seiner Rechte zu ermöglichen und zugleich dem Verwerter eine dingliche Rechtsposition zu verschaffen[1248]. Nur durch eine dinglich wirkende Rechtseinräumung kann der Verwerter auch aus eigenem Recht gegen Dritte vorgehen, welche die ihm übertragenen Befugnisse verletzen. Eine konstitutive Rechtseinräumung zur Abwehr von Beeinträchtigungen ist bei beiden Rechten aber nur im Zusammenhang mit der Einräumung von Nutzungsrechten am Werk oder den materiellen Persönlichkeitsbestandteilen möglich[1249].

1245 Siehe hierzu Teil 4.A.

1246 Siehe hierzu Teil 4.B.

1247 Siehe hierzu Teil 4.A.I und Teil 4.A.IV.1 für das Urheberpersönlichkeitsrecht sowie Teil 4.B.II für das allgemeine Persönlichkeitsrecht.

1248 Siehe hierzu Teil 4.A.IV.3 für das Urheberpersönlichkeitsrecht und Teil 4.B.III für das allgemeine Persönlichkeitsrecht.

1249 Siehe hierzu Teil 4.A.V für das Urheberpersönlichkeitsrecht und Teil 4.B.IV.3 für das allgemeine Persönlichkeitsrecht.

Literaturverzeichnis

Adler, Emanuel: Die Persönlichkeitsrechte im allgemeinen bürgerlichen Gesetzbuch, in: Festschrift zur Jahrhundertfeier des Allgemeinen Bürgerlichen Gesetzbuches, 1. Juni 1911, Teil 2, S. 163-227, Wien 1911 (zit.: Adler, FS-ABGB).

Ahrens, Claus: Die Verwertung persönlichkeitsrechtlicher Positionen – Ansatz einer Systembildung, Würzburg 2002 (zit.: Ahrens, Verwertung).

Alemdjrodo, Richard: Das Urheberpersönlichkeitsrecht auf dem Prüfstand der Informationsgesellschaft: Vergleich des europäischen, deutschen, englischen und französischen Rechts, Dissertation, Münster 2005 (Alemdjrodo, Informationsgesellschaft).

Allfeld, Philipp: Das Urheberrecht an Werken der Literatur und Tonkunst, Kommentar zu dem Gesetze vom 19. Juni 1901 sowie zu den internationalen Verträgen zum Schutze des Urheberrechtes, 2., vielfach veränderte Auflage, München 1928 (zit.: Allfeld, Urheberrecht).

Altenburg, Dorothee: Die neuere Entwicklung des Urheberpersönlichkeitsrechts in Deutschland und Frankreich, Dissertation, München 1994 (zit.: Altenburg, Entwicklung).

Amelung, Knut: Die zweite Tagebuchentscheidung des BVerfG, NJW 1990, S. 1753-1760.

Amelung, Knut / Tyrell, Christoph: Zur Behandlung des Rechts am eigenen Bild in der neueren strafrechtlichen Rechtsprechung, NJW 1980, S. 1560-1561.

Bamberger, Heinz Georg / Roth, Herbert: Kommentar zum Bürgerlichen Gesetzbuch, Band 3: §§ 1297-2385, EGBGB, 2. Auflage, München 2008 (zit.: Bearbeiter, in: Bamberger/Roth).

Bappert, Walter: Vom Ertragsrecht zum Verlagsrecht, UFITA 63 (1972), S. 85-108.

Bappert, Walter: Wege zum Urheberrecht – Die geschichtliche Entwicklung des Urheberrechtsgedankens, Frankfurt am Main 1962 (zit.: Bappert, Wege).

Barton, Dirk Michael: Pressefreiheit und Persönlichkeitsschutz, AfP 1995, S. 452-458.

Baston-Vogt, Marion: Der sachliche Schutzbereich des zivilrechtlichen allgemeinen Persönlichkeitsrechts, Dissertation, Tübingen 1997 (zit.: Baston-Vogt, Schutzbereich).

Bender, Albrecht W.: Das postmortale allgemeine Persönlichkeitsrecht: Dogmatik und Schutzbereich, VersR 2001, S. 815-825.

Bentert, Holger: Das pönale Element – ein Fremdkörper im deutschen Zivilrecht? – Zugleich ein Diskussionsbeitrag zur Frage der Anerkennung US-amerikanischer "punitive-damages"-Urteile, Dissertation, Berlin 1996 (zit.: Bentert, Element).

Beuter, Claudia: Die Kommerzialisierung des Persönlichkeitsrechts, Dissertation, 2000 (zit.: Beuter, Kommerzialisierung).

Beuthien, Volker: Postmortaler Persönlichkeitsschutz auf dem Weg ins Vermögensrecht, ZUM 2003, S. 261-262.

Beuthien, Volker / Schmölz, Anton S.: Persönlichkeitsschutz durch Persönlichkeitsgüterrechte – Erlösherausgabe statt nur billige Entschädigung in Geld, München 1999 (zit.: Beuthien/Schmölz, Persönlichkeitsgüterrechte).

Beuthien, Volker / Hieke, Mario: Unerlaubte Werbung mit dem Abbild prominenter Personen, AfP 2001, S. 353-363.

Blatz, Rolf: Das Recht des Arbeitgebers an literarischen Arbeitsergebnissen, Dissertation, Köln 1967 (zit.: Blatz, Recht des Arbeitgebers).

Blaurock, Uwe: Haftungsfreizeichnung zugunsten Dritter – Die Ausdehnung vertraglicher Haftungsregelungen auf Dritte, ZHR 146 (1982), S. 238-258.

Bluntschli, Johann Caspar: Deutsches Privatrecht, 3. Auflage, besorgt von Felix Dahn, München 1864 (zit.: Bluntschli, Privatrecht).

Brändel, Oliver C.: Das postmortale Persönlichkeitsrecht als Nachlassgegenstand, in: Festschrift für Willi Erdmann zum 65. Geburtstag, S. 49-61, Köln 2002 (zit.: Brändel, FS-Erdmann).

Brandl, Norbert: Anmerkung zum Urteil des Oberlandesgerichts München vom 20.12.1979 – 6 U 3430/79, AfP 1981, S. 349-351.

Brandner, Hans Erich: Das allgemeine Persönlichkeitsrecht in der Entwicklung durch die Rechtsprechung, JZ 1983, S. 689-696.

Brandt, Rudolf: Das „droit moral" als Faktor im künftigen deutschen Urheberrecht, Dissertation, Jena 1934 (zit.: Brandt, droit moral).

Brehmer, Nikolaus / Voegeli, Wolfgang: Das allgemeine Persönlichkeitsrecht (APR), JA 1978, S. 374-384.

Brossette, Josef: Der Wert der Wahrheit im Schatten des Rechts auf informationelle Selbstbestimmung – Ein Beitrag zum zivilrechtlichen Ehren-, Persönlichkeits- und Datenschutz, Dissertation, Berlin 1991 (zit.: Brossette, Selbstbestimmung).

Brox, Hans / Walker, Wolf: Dietrich-Erbrecht, 24. Auflage, München 2010 (zit.: Brox/Walker, Erbrecht).

Bruns, Karl Georg: Das heutige römische Recht, in: Encyklopädie der Rechtswissenschaft in systematischer Bearbeitung, herausgegeben unter Mitwirkung vieler namhafter Rechtsgelehrter von Franz von Holtzendorff, erster, systematischer Theil, S. 309-449, 2. Auflage, Leipzig 1873 (zit.: Bruns, Römisches Recht).

Buchner, Benedikt: Informationelle Selbstbestimmung im Privatrecht, Tübingen 2006 (zit.: Buchner, Selbstbestimmung).

Bull, Rudolf: Der Gemeinnutz im Urheberrecht, UFITA 7 (1934), S. 378-382.

Bullinger, Winfried: Kunstwerkfälschung und Urheberpersönlichkeitsrecht – Der Schutz des bildenden Künstlers gegenüber der Fälschung seiner Werke, Dissertation, Berlin 1997 (zit.: Bullinger, Kunstwerkfälschung).

Bungart, Frederik: Dingliche Lizenzen an Persönlichkeitsrechten, Dissertation, Baden-Baden 2005 (zit.: Bungart, Dingliche Lizenzen).

Buschmann, Arno: Zur Fortwirkung des Persönlichkeitsrechts nach dem Tode, NJW 1970, S. 2081-2088.

Bußmann: Urheberrechtsgesetz, GRUR 1970, S. 379.

Caemmerer, Ernst von: Bereicherung und unerlaubte Handlung, in: Festschrift für Ernst Rabel, Band 1: Rechtsvergleichung und internationales Privatrecht, S. 333-401, Tübingen 1954 (zit.: v. Caemmerer, FS-Rabel).

Caemmerer, Ernst von: Der privatrechtliche Persönlichkeitsschutz nach deutschem Recht, in: Festschrift für Fritz von Hippel zum 70. Geburtstag, S. 27-40, Tübingen 1967 (zit.: v. Caemmerer, FS-Hippel).

Caemmerer, Ernst von: Wandlungen des Deliktsrechts, in: Hundert Jahre Deutsches Rechtsleben, Festschrift zum Hundertjährigen Bestehen des Deutschen Juristentages 1860-1960, Band 2, S. 49-136, Karlsruhe 1960 (zit.: v. Caemmerer, FS-Juristentag).

*Canaris, Claus: Wilhelm-*Die Verdinglichung obligatorischer Rechte, in: Festschrift für Werner Flume zum 70. Geburtstag, 12. September 1978, S. 371-427, Köln 1978 (zit.: Canaris, FS-Flume).

Canaris, Claus-Wilhelm: Gewinnabschöpfung bei Verletzung des allgemeinen Persönlichkeitsrechts, in: Festschrift für Erwin Deutsch zum 70. Geburtstag, S. 85-109, Köln, Berlin, Bonn, München 1999 (zit.: Canaris, FS-Deutsch).

Canaris, Claus-Wilhelm: Grundrechte und Privatrecht, AcP 184 (1984), S. 201-246.

Claus, Sabine: Postmortaler Persönlichkeitsschutz im Zeichen allgemeiner Kommerzialisierung, Dissertation, Baden-Baden 2004 (zit.: Claus, Postmortaler Persönlichkeitsschutz).

Clément, Christoph: Urheberrecht und Erbrecht, Dissertation, Baden-Baden 1993 (zit.: Clément, Urheberrecht und Erbrecht).

Coing, Helmut: Die Entwicklung der Persönlichkeitsrechte im 19. Jahrhundert, in: Rechtsstaat und Menschenwürde, Festschrift für Werner Maihofer zum

70. Geburtstag, S. 75-86, Frankfurt am Main 1988 (zit.: Coing, FS-Maihofer).

Cosack, Konrad: Lehrbuch des Bürgerlichen Rechts, Band 1: Die Allgemeinen Lehren und das Schuldrecht, 7. Auflage, Jena 1922 (zit.: Cosack, Bürgerliches Recht).

Cremer, Kurt: Das pactum de non petendo, Dissertation 1959 (zit.: Cremer, Das pactum de non petendo).

Damm, Klaus / Rehbock, Renate: Widerruf, Unterlassung und Schadensersatz in den Medien, 3. Auflage, München 2008 (zit.: Damm/Rehbock, Widerruf).

Dasch, Norbert: Die Einwilligung zum Eingriff in das Recht am eigenen Bild, München 1990 (zit.: Dasch, Einwilligung).

Däubler, Wolfgang: Anspruch auf Lizenzgebühr und Herausgabe des Verletzergewinns – atypische Formen des Schadensersatzes, JuS 1969, S. 49-54.

De Boor, Hans Otto: Die Grundprobleme der Urheberrechtsreform, UFITA 18 (1954), S. 260-276.

De Boor, Hans Otto: Die Übertragbarkeit des droit moral, in: Deutsche Landesreferate zum III. Internationalen Kongress für Rechtsvergleichung 1950 in London, S. 692-711; Sonderveröffentlichung der Zeitschrift für ausländisches und unternationales Privatrecht, Band 31, Berlin 1950 (zit.: de Boor, Übertragbarkeit).

De Boor, Hans Otto: Vom Wesen des Urheberrechts – kritische Bemerkungen zum Entwurf eines Gesetzes über das Urheberrecht an Werken der Literatur, der Kunst und der Photographie, Marburg 1933 (zit.: de Boor, Wesen des Urheberrechts).

Decken, Georg von der: Meinungsäußerungsfreiheit und Ehrenschutz in der politischen Auseinandersetzung, Dissertation, Göttingen 1980 (zit.: v. d. Decken, Ehrenschutz).

Degenhardt, Christoph: Das allgemeine Persönlichkeitsrecht, Art. 2 I i.V. mit Art. 1 I GG, JuS 1992, S. 361-368.

Dernburg, Heinrich: Das bürgerliche Recht des Deutschen Reichs und Preußens, Band 2: Die Schuldverhältnisse nach dem Rechte des Deutschen Reichs und Preußens, Zweite Abteilung: Einzelne Obligationen, 3. Auflage, Halle an der Saale 1906 (zit.: Dernburg, Bürgerliches Recht).

Deutsch, Erwin: Allgemeines Haftungsrecht, 2. Auflage, Köln, Berlin, Bonn, München 1996 (zit.: Deutsch, Haftungsrecht).

Deutsch, Erwin / Ahrens, Hans-Jürgen: Deliktsrecht – Unerlaubte Handlungen, Schadensersatz, Schmerzensgeld, 5. Auflage, Köln 2009 (zit.: Deutsch/Ahrens, Deliktsrecht).

Diederichsen, Angela: Der deliktsrechtliche Schutz des Persönlichkeitsrechts, Jura 2008, S. 1-8.

Diederichsen, Uwe: Zur gesetzlichen Neuordnung des Schuldrechts, AcP 182 (1982), S. 101-125.

Dieselhorst, Jochen: Was bringt das Urheberpersönlichkeitsrecht? – Urheberpersönlichkeitsschutz im Vergleich: Deutschland – USA, Frankfurt am Main 1995 (zit.: Dieselhorst, Urheberpersönlichkeitsrecht).

Dietz, Adolf: Das Droit Moral des Urhebers im neuen französischen und deutschen Urheberrecht – Eine rechtsvergleichende Untersuchung, Dissertation, München 1968 (zit.: Dietz, Droit Moral).

Dietz, Claire: Der Werkintegritätsschutz im deutschen und US-amerikanischen Recht, Dissertation, Berlin 2009 (zit.: Dietz, Werkintegritätsschutz).

Dietz, Rolf: Anspruchskonkurrenz bei Vertragsverletzung und Delikt, Bonn, Köln 1934 (zit.: Dietz, Anspruchskonkurrenz).

Dreier, Thomas / Schulze, Gernot: Urheberrechtsgesetz – Urheberrechtswahrnehmungsgesetz, Kunsturhebergesetz, Kommentar, 3. Auflage, München 2008 (zit.: Bearbeiter, in: Dreier/Schulze).

Dreyer, Gunda / Kotthoff, Jost / Meckel, Astrid: Urheberrecht – Urheberrechtsgesetz, Urheberrechtswahrnehmungsgesetz, Kunsturhebergesetz, 2. Auflage, Heidelberg 2009 (zit.: Bearbeiter, in: Dreyer/Kotthoff/Meckel).

Dünnwald, Dirk M.: Der Geldentschädigungsanspruch: Ein wirksames Mittel gegen Persönlichkeitsverletzungen durch die Medien? – Anmerkung zum Beschluss des Bundesverfassungsgerichts vom 8. März 2000 – 1 BvR 1127/96, ZUM 2000, S. 949-951.

Dünnwald, Rolf: Namensrecht und Massenmedien, UFITA 49 (1967), S. 129-146.

Dulckeit, Gerhard: Die Verdinglichung obligatorischer Rechte, Tübingen 1951 (zit.: Dulckeit, Verdinglichung).

Eggersberger, Michael: Die Übertragbarkeit des Urheberrechts in historischer und rechtsvergleichender Sicht, Dissertation, München 1992 (zit.: Eggersberger, Übertragbarkeit).

Ehlers, Wolfram: Der Geldersatz für immaterielle Schäden bei deliktischer Verletzung des allgemeinen Persönlichkeitsrechts, Dissertation, Berlin 1977 (zit.: Ehlers, Geldersatz).

Ehmann, Horst: Das allgemeine Persönlichkeitsrecht – Zur Transformation unmoralischer in unerlaubte Handlungen, in: 50 Jahre Bundesgerichtshof – Festausgabe der Wissenschaft, Band 1: Bürgerliches Recht, S. 613-674, München 2000 (zit.: Ehmann, FS-BGH).

Ehmann, Horst: Die Nutzung des kommerziellen Wertes von Politikern zu Werbezwecken – Eine Besprechung der Lafontaine-Entscheidung des OLG Hamburg, AfP 2005, S. 237-246.

Ehmann, Horst: Informationsschutz und Informationsverkehr im Zivilrecht, AcP 188 (1988), S. 230-380.

Ehmann, Horst: Zur Struktur des allgemeinen Persönlichkeitsrechts, JuS 1997, S. 193-202.

Ellger, Reinhard: Bereicherung durch Eingriff – Das Konzept des Zuweisungsgehalts im Spannungsfeld von Ausschließlichkeitsrecht und Wettbewerbsfreiheit, Tübingen 2002 (zit.: Ellger, Bereicherung).

Elster, Alexander: Das Urheberpersönlichkeitsrecht in der Rechtsprechung des Reichsgerichts, in: Die Reichsgerichtspraxis im deutschen Rechtsleben, Festgabe der juristischen Fakultäten zum 50jährigen Bestehen des Reichsgerichts (1. Oktober 1929) in 6 Bänden, Band 4: Handels- und Wirtschaftsrecht, S. 252-286, Berlin, Leipzig 1929 (zit.: Elster, FS-Reichsgericht).

Elster, Alexander: Die Rechtspersönlichkeit des Urhebers und ihr Recht in der Volksgemeinschaft, Betrachtungen anläßlich einer neuen Schrift „Das Urheberpersönlichkeitsrecht im musikalischen Urheberrecht" von Dr. Walter Becker-Bender, GRUR 1940, S. 404-411.

Elster, Alexander: Urheberschutzgesetz, UFITA 2 (1929), S. 652-658.

Enders, C. Albrecht: Persönlichkeitsschutz und Persönlichkeitsrecht in heutiger Lebens- und Rechtsauffassung, Dissertation, Würzburg 1936 (zit.: Enders, Persönlichkeitsschutz).

Enneccerus, Ludwig / Lehmann, Heinrich Otto: Das Bürgerliche Recht, Eine Einführung in das Recht des Bürgerlichen Gesetzbuches, Band 1: Einleitung, Allgemeiner Theil, Schuldverhältnisse, Marburg 1900 (zit.: Enneccerus/Lehmann, Bürgerliches Recht).

Erdmann, Willi: Urhebervertragsrecht im Meinungsstreit, GRUR 2002, S. 923-931.

Erdmann, Willi: Werktreue des Bühnenregisseurs aus urheberrechtlicher Sicht, in: Festschrift für Rudolf Nirk zum 70. Geburtstag am 11. Oktober 1992, S. 209-231, München 1992 (zit.: Erdmann, FS-Nirk).

Erdsiek, Gerhard: Der Regierungsentwurf zum Persönlichkeits- und Ehrenschutzgesetz, UFITA 29 (1959), S. 1-15.

Erdsiek, Gerhard: Zur Entwicklung im allgemeinen Persönlichkeitsrecht, NJW 1962, S. 622-625.

Erman, Walter / Westermann, Harm Peter (Hrsg.): Bürgerliches Gesetzbuch, Handkommentar mit AGG, EGBGB (Auszug), ErbbauRG, HausratsVO, LPartG, ProdHaftG, UKlaG, VAHRG und WEG, Band 1: §§ 1-758, 12. Auflage, Köln 2008 (zit.: Bearbeiter, in: Erman).

Ernst-Moll, Jürgen: Das Recht am eigenen Bildnis – vor und vor allem nach dem Tode, GRUR 1996, S. 558-566.

Esser, Josef / Schmidt, Eike: Schuldrecht, Band I: Allgemeiner Teil, Teilband 1: Entstehung, Inhalt und Beendigung von Schuldverhältnissen, Ein Lehrbuch, 8. Auflage, Heidelberg 1995 (zit.: Esser/Schmidt, SchR I/1).

Esser, Josef / Schmidt, Eike: Schuldrecht, Band I: Allgemeiner Teil, Teilband 2: Durchführungshindernisse und Vertragshaftung, Schadensausgleich und Mehrseitigkeit beim Schuldverhältnis, Ein Lehrbuch, 8. Auflage, Heidelberg 2000 (zit.: Esser/Schmidt, SchR I/2).

Fabiani, Mario: Der Schutz der Persönlichkeit im Urheberrecht, in: Beiträge zum Schutz der Persönlichkeit und ihrer schöpferischen Leistungen, Festschrift für Heinrich Hubmann zum 70. Geburtstag, S. 87-92, Frankfurt am Main 1985 (zit.: Fabiani, FS-Hubmann).

Fechner, Frank: Medienrecht, Lehrbuch des gesamten Medienrechts unter besonderer Berücksichtigung von Presse, Rundfunk und Multimedia, 12. Auflage, Tübingen 2011 (zit.: Fechner, Medienrecht).

Federle, Markus Alexander: Der Schutz der Werkintegrität gegenüber dem vertraglich Nutzungsberechtigten im deutschen und US-amerikanischen Recht, Dissertation, Baden-Baden 1998 (zit.: Federle, Werkintegrität).

Fikentscher, Wolfgang: Wirtschaftsrecht, Band 2: Deutsches Wirtschaftsrecht, München 1983 (zit.: Fikentscher, Wirtschaftsrecht).

Fikentscher, Wolfgang / Heinemann, Andreas: Schuldrecht, 10. Auflage, Berlin 2006 (zit.: Fikentscher/Heinemann, SchR).

Fischer, Annette: Die Entwicklung des postmortalen Persönlichkeitsschutzes – Von Bismarck bis Marlene Dietrich, Dissertation, Frankfurt am Main 2004 (zit.: Fischer, Postmortaler Persönlichkeitsschutz).

Fischer, Hans Albrecht: Die Rechtswidrigkeit – mit besonderer Berücksichtigung des Privatrechts, München 1911 (zit.: Fischer, Rechtswidrigkeit).

Fischötter, Werner: Anmerkung zum Urteil des BGH vom 05.03.1974 – VI ZR 89/73 „Todesgift", GRUR 1974, S. 796-797.

Forkel, Hans: Allgemeines Persönlichkeitsrecht und „wirtschaftliches Persönlichkeitsrecht", in: Festschrift für Karl H. Neumayer zum 65. Geburtstag, S. 229-247, Baden-Baden 1985 (zit.: Forkel, FS-Neumayer).

Forkel, Hans: Buchbesprechung zu „Eugen Ulmer: Urheber- und Verlagsrecht, 3. Auflage", AcP 185 (1985), S. 94-101.

Forkel, Hans: Gebundene Rechtsübertragungen – Ein Beitrag zu den Verfügungsgeschäften über Patent-, Muster-, Urheber- und Persönlichkeitsrechte, Band 1: Patent, Musterrechte, Urheberrecht, Köln, Berlin, Bonn, München 1977 (zit.: Forkel, Gebundene Rechtsübertragungen).

Forkel, Hans: Lizenzen an Persönlichkeitsrechten durch gebundene Rechtsübertragung, GRUR 1988, S. 491-501.

Forkel, Hans: Zur Zulässigkeit beschränkter Übertragungen des Namensrechtes, NJW 1993, S. 3181-3183.

Fraenkel, Alfred: Der Schutz der Ehre nach bürgerlichem Recht, Breslau 1908 (zit.: Fraenkel, Schutz der Ehre).

Freitag, Andreas: Die Kommerzialisierung von Darbietung und Persönlichkeit des ausübenden Künstlers, Dissertation, Baden-Baden 1993 (zit.: Freitag, Kommerzialisierung).

Freitag, Andreas: Die Nachahmung bekannter Persönlichkeiten in der Werbung, GRUR 1994, S. 345-349.

Freudenberg, Nils: BGH EWiR § 22 KUG 1/08, S. 29-30.

Friedrich, Katrin: Internationaler Persönlichkeitsrechtsschutz bei unerlaubter Vermarktung, Dissertation, München 2003 (zit.: Friedrich, Internationaler Persönlichkeitsrechtsschutz).

Fromm, Friedrich Karl / Nordemann, Wilhelm: Urheberrecht – Kommentar zum Urheberrechtsgesetz, und zum Urheberrechtswahrnehmungsgesetz, mit den Texten der Urheberrechtsgesetze Österreichs und der Schweiz, 9. Auflage, Stuttgart, Berlin, Köln 1998 (zit.: Bearbeiter, in: Fromm/Nordemann, 9. Aufl.).

Fromm, Friedrich Karl / Nordemann, Wilhelm / Jan Bernd Nordemann: Urheberrecht – Kommentar zum Urheberrechtsgesetz, Verlagsgesetz, Urheberrechtswahrnehmungsgesetz, 10. Auflage, Stuttgart 2008 (zit.: Bearbeiter, in: Fromm/Nordemann).

Frommeyer, Ingo: Persönlichkeitsschutz nach dem Tode und Schadensersatz – BGHZ 143, 214 ff. („Marlene Dietrich") und BGH, NJW 2000, 2201 f. („Der blaue Engel"), JuS 2002, S. 13-18.

Frömming, Jens / Peters, Butz: Die Einwilligung im Medienrecht, NJW 1996, S. 958-962.

Funkel, Thorsten: Schutz der Persönlichkeit durch Ersatz immaterieller Schäden in Geld – Eine rechtsvergleichende Untersuchung des zivilrechtlichen Persönlichkeitsschutzes unter besonderer Berücksichtigung des Geldersatzes für Nichtvermögensschäden in Deutschland und England, Dissertation, München 2001 (zit.: Funkel, Schutz der Persönlichkeit).

Gallwas, Hans-Ullrich: Der allgemeine Konflikt zwischen dem Recht auf informationelle Selbstbestimmung und der Informationsfreiheit, NJW 1992, S. 2785-2790.

Gamm, Otto-Friedrich Freiherr von: Urheberrechtsgesetz, Kommentar, München 1968 (zit.: v. Gamm, Urheberrechtsgesetz).

Gamm, Otto-Friedrich Freiherr von / Gamm, Eva Freifrau von: Persönlichkeits- und Ehrverletzungen durch Massenmedien, München 1969 (zit. v. Gamm, Persönlichkeits- und Ehrverletzungen).

Gareis, Karl: Das juristische Wesen der Autorrechte sowie des Firmen- und Markenschutzes, Buschs Archiv für Theorie und Praxis des allgemeinen deutschen Handels- und Wechselrechts, Band 35 (1877), S. 185-368.

Gast, Peter: Grundsätzliches zur Stellung der Reichskulturkammer im Urheberrecht, UFITA 8 (1935), S. 333-343.

Gauß, Holger: Der Mensch als Marke – Lizenzierung von Name, Bild, Stimme und Image im deutschen und US-amerikanischen Recht, Dissertation, Baden-Baden 2005 (zit.: Gauß, Mensch als Marke).

Geerds, Friedrich: Einwilligung und Einverständnis des Verletzten, Dissertation, Kiel 1953 (zit.: Geerds, Einwilligung).

Genthe, Barbara: Der Umfang der Zweckübertragungstheorie im Urheberrecht, Dissertation, Frankfurt am Main, Bern 1981 (zit.: Genthe, Zweckübertragungstheorie).

Gierke, Otto von: Deutsches Privatrecht, Band 1: Allgemeiner Teil und Personenrecht, Leipzig 1895 (zit.: v. Gierke, Privatrecht I).

Gieseke, Ludwig: Die geschichtliche Entwicklung des deutschen Urheberrechts, Göttingen 1957 (zit.: Gieseke, Entwicklung).

Gieseke, Ludwig: Vom Privileg zum Urheberrecht – Die Entwicklung des Urheberrechts in Deutschland bis 1845, Göttingen 1995 (zit.: Gieseke, Privileg).

Goldbaum, Wenzel / Wolff, Hans-Erich: Entwurf eines Urheberschutzgesetzes, UFITA 2 (1929), S. 185-191.

Goldmann, Bettina C.: Das Urheberrecht an Bauwerken – Urheberpersönlichkeitsrechte des Architekten im Konflikt mit Umbauvorhaben, GRUR 2005, S. 639-646.

Götting, Horst Peter (Hrsg.) / Schertz, Christian (Hrsg.) / Seitz Walter (Hrsg.): Handbuch des Persönlichkeitsrechts, München 2008 (zit.: Bearbeiter, Handbuch des Persönlichkeitsrechts).

Götting, Horst-Peter: Die Vererblichkeit der vermögenswerten Bestandteile des Persönlichkeitsrechts – ein Meilenstein in der Rechtsprechung des BGH, NJW 2001, S. 585-587.

Götting, Horst-Peter: Persönlichkeitsrechte als Vermögensrechte, Tübingen 1995 (zit.: Götting, Persönlichkeitsrechte als Vermögensrechte).

Götting, Horst-Peter: Sanktionen bei Verletzung des postmortalen Persönlichkeitsrechts, GRUR 2004, S. 801-808.

Götting, Horst-Peter: Urheberrechtliche und vertragsrechtliche Grundlagen, in: Urhebervertragsrecht, Festgabe für Gerhard Schricker zum 60. Geburtstag, S. 53-75, München 1995 (zit.: Götting, FS-Schricker).

Götting, Horst-Peter: Vom Right of Privacy zum Right of Publicity, GRUR Int. 1995, S. 656-669.

Gottwald, Peter: Recht auf Kenntnis der eigenen Abstammung?, in: Beiträge zum Schutz der Persönlichkeit und ihrer schöpferischen Leistungen, Festschrift für Heinrich Hubmann zum 70. Geburtstag, S. 111-125, Frankfurt am Main 1985 (zit.: Gottwald, FS-Hubmann).

Gottwald, Stefan: Das allgemeine Persönlichkeitsrecht – Ein zeitgeschichtliches Erklärungsmodell, Dissertation, Berlin 1996 (zit.: Gottwald, Persönlichkeitsrecht).

Gounalakis, Georgios: Persönlichkeitsschutz und Geldersatz, AfP 1998, S. 10-25.

Gounalakis, Georgios / Rhode, Lars: Persönlichkeitsschutz im Internet – Grundlagen und Online-Spezifika, München 2002 (zit.: Gounalakis/Rhode, Internet).

Gregoritza, Anna: Die Kommerzialisierung von Persönlichkeitsrechten Verstorbener – Eine Untersuchung der Rechtsfortbildung durch den Bundesgerichtshof in den Marlene-Dietrich-Urteilen vom 1. Dezember 1999, Dissertation, Berlin 2003 (zit.: Gregoritza, Kommerzialisierung).

Grimm, Dieter: Die Meinungsfreiheit in der Rechtsprechung des Bundesverfassungsgerichts, NJW 1995, S. 1697-1705.

Grohmann, Hans: Das Recht des Urhebers, Entstellungen und Änderungen seines Werkes zu verhindern, Dissertation, 1971 (zit.: Grohmann, Entstellungen).

Groppler, Burkart: Einheit des Ursprungs und Vielzahl der Rechte des Urhebers – Versuch einer Neuordnung urheberrechtlicher Grundbegriffe, Dissertation, Berlin 1957 (zit.: Groppler, Einheit).

Groß, Rolf: Die Gegendarstellung im Spiegel von Literatur und Rechtsprechung, AfP 2003, S. 497-509.

Groß, Rolf: Zum Gegendarstellungsanspruch, DVBl. 1981, S. 247-253.

Haas, Lothar: Das neue Urhebervertragsrecht, Systematische Darstellung des Gesetzes zur Stärkung der vertraglichen Stellung von Urhebern und ausübenden Künstlern – mit einer Synopse zum neuen und alten Recht sowie den Gesetzesmaterialien, München 2002 (zit.: Haas, Urhebervertragsrecht).

Haas, Matthias: Haftungsfreizeichnungsklauseln in Allgemeinen Geschäftsbedingungen – Eine rechtsdogmatische und ökonomische Analyse, Dissertation, Frankfurt am Main, Bern, New York, Paris, 1991 (zit.: Haas, Haftungsfreizeichnungsklauseln).

Haberstumpf, Helmut: Handbuch des Urheberrechts, 2. Auflage, Neuwied 2000 (zit.: Haberstumpf, Urheberrecht).

Haberstumpf, Helmut / Hintermeier, Jürgen: Einführung in das Verlagsrecht, Darmstadt 1985 (zit.: Haberstumpf/Hintermeier, Verlagsrecht).

Hager, Johannes: Der Schutz der Ehre im Zivilrecht, AcP 196 (1996), S. 168-218.

Haines, Hartmut: Bereicherungsansprüche bei Warenzeichenverletzungen und unlauterem Wettbewerb – Zugleich ein Beitrag zur Dogmatik der Eingriffskondiktion, Köln, Berlin, Bonn, München 1970 (zit.: Haines, Bereicherungsansprüche).

Halàsz, Christian: Das Recht auf bio-materielle Selbstbestimmung – Grenzen und Möglichkeiten der Weiterverwendung von Körpersubstanzen, Dissertation, Berlin, Heidelberg, New York, Hongkong, London, Mailand, Paris, Tokio 2004 (zit.: Halàsz, Selbstbestimmung).

Hartl, Michael: Persönlichkeitsrechte als verkehrsfähige Vermögensgüter, Dissertation 2004 (zit.: Hartl, Vermögensgüter).

Heath, Christopher: Verwertungsverträge im Bereich der Baukunst, in: Urhebervertragsrecht, Festgabe für Gerhard Schricker zum 60. Geburtstag, S. 459-475, München 1995 (zit.: Heath, FS-Schricker).

Heeschen, Verena B.: Urheberpersönlichkeitsrecht und Multimedia, Dissertation, Berlin 2003 (zit.: Heeschen, Urheberpersönlichkeitsrecht).

Heidmeier, Sandra: Das Urheberpersönlichkeitsrecht und der Film, Dissertation, Frankfurt am Main, Berlin, Bern, New York 1996 (zit.: Heidmeier, Urheberpersönlichkeitsrecht).

Heitmann, Lutz: Der Schutz der materiellen Interessen an der eigenen Persönlichkeitssphäre durch subjektiv-private Rechte: zugleich ein Beitrag zur Abgrenzung des allgemeinen Persönlichkeitsrechts, Dissertation, Hamburg, 1963 (zit.: Heitmann, Schutz der materiellen Interessen).

Heldrich, Andreas: Der Persönlichkeitsschutz Verstorbener, in: Rechtsbewahrung und Rechtsentwicklung, Festschrift für Heinrich Lange zum 70. Geburtstag – 25. März 1970, München 1970 (zit.: Heldrich, FS-Lange).

Helle, Ernst: Der Schutz der Persönlichkeit, der Ehre und des wirtschaftlichen Rufes im Privatrecht – vornehmlich auf Grund der Rechtsprechung, 2. Auflage, Tübingen 1969 (zit.: Helle, Schutz der Persönlichkeit).

Helle, Jürgen: Besondere Persönlichkeitsrechte im Privatrecht – Das Recht am eigenen Bild, das Recht am gesprochenen Wort und der Schutz des geschriebenen Wortes, Tübingen 1991 (zit.: Helle, Besondere Persönlichkeitsrechte).

Helle, Jürgen: Die Einwilligung beim Recht am eigenen Bild, AfP 1985, S. 93-101.

Helle, Jürgen: Wirtschaftliche Aspekte zivilrechtlichen Persönlichkeitsschutzes, RabelsZ 60 (1996), S. 448-474.

Hilty, Reto M.: Unübertragbarkeit urheberrechtlicher Befugnisse: Schutz des Urhebers oder dogmatisches Ammenmärchen?, in: Recht im Wandel seines sozialen und technologischen Umfeldes, Festschrift für Manfred Rehbinder, S. 259-284, München, Bern 2002 (zit.: Hilty, FS-Rehbinder).

Hirsch, Ernst E.: Kulturgutschutz, in: Festschrift für Georg Roeber zum 10. Dezember 1981, S. 175-179, Freiburg 1982 (zit.: Hirsch, FS-Roeber).

Hirsch, Hans Joachim: Ehre und Beleidigung – Grundfragen des strafrechtlichen Ehrenschutzes, Karlsruhe 1967 (zit.: Hirsch, Ehre und Beleidigung).

Hoch, Hannsgeorg: Fortwirken zivilrechtlichen Persönlichkeitsschutzes nach dem Tode, Dissertation, Köln 1975 (zit.: Hoch, Persönlichkeitsschutz).

Hock, Martin: Das Namensnennungsrecht des Urhebers – Insbesondere im Arbeitsverhältnis, Dissertation, Baden-Baden 1993 (zit.: Hock, Namensnennungsrecht).

Hoffmann, Willy: Der Stand der deutschen Urheberrechtsreform, DJZ 1935, Spalte 285-287.

Hoffmann, Willy: Entwurf eines Gesetzes über das Urheberrecht an Werken der Literatur und Kunst, UFITA 2 (1929), S. 659-668.

Hohner, Georg: Subjektlose Rechte – Unter besonderer Berücksichtigung der Blankozession, Dissertation, Bielefeld 1969 (zit.: Hohner, Subjektlose Rechte).

Holleben, Kevin von: Geldersatz bei Persönlichkeitsverletzungen durch die Medien, Dissertation, Baden-Baden 1999 (zit.: v. Holleben, Geldersatz).

Honscheck, Sebastian: Der Schutz des Urhebers vor Änderungen und Entstellungen durch den Eigentümer, GRUR 2007, S. 944-950.

Hoppe, Tilman: Persönlichkeitsschutz durch Haftungsrecht, Dissertation, Berlin 2001 (zit.: Hoppe, Persönlichkeitsschutz).

Hort, Andreas: Der finanzielle Ausgleich bei Verletzungen des Persönlichkeitsrechts in Deutschland und in der Schweiz, Dissertation, Frankfurt am Main 2003 (zit.: Hort, Ausgleich).

Hubmann, Heinrich: Das Persönlichkeitsrecht, 2. Auflage, Köln, Graz 1967 (zit.: Hubmann, Persönlichkeitsrecht).

Hubmann, Heinrich: Der Bereicherungsanspruch im Persönlichkeitsrecht, UFITA 39 (1963), S. 223-236.

Hubmann, Heinrich: Der zivilrechtliche Schutz der Persönlichkeit gegen Indiskretion, JZ 1957, S. 521-528.

Hubmann, Heinrich: Immanuel Kants Urheberrechtstheorie, UFITA 106 (1987), S. 145-154.

Hubmann, Heinrich: Urheber- und Verlagsrecht – Ein Studienbuch, 6. Auflage, München 1987 (zit.: Hubmann, Urheber- und Verlagsrecht).

Hückel, Jan: Persönlichkeitsschutz und Geldersatz im deutschen und spanischen Zivilrecht, Dissertation, Frankfurt am Main 2006 (zit.: Hückel, Persönlichkeitsschutz).

Hunziker, Manfred: Immaterialgüterrechte nach dem Tode des Schöpfers, Dissertation, Bern 1983 (zit.: Hunziker, Immaterialgüterrechte).

Jahn, Beatrix: Das Urheberpersönlichkeitsrecht im deutschen und britischen Recht, Dissertation, Münster 1994 (zit.: Jahn, Urheberpersönlichkeitsrecht).

Jänecke, Alexander: Das urheberrechtliche Zerstörungsverbot gegenüber dem Sacheigentümer, Dissertation, Frankfurt am Main 2003 (zit.: Jänecke, Zerstörungsverbot).

Jarass, Hans D.: Das allgemeine Persönlichkeitsrecht im Grundgesetz, NJW 1989, S. 857-862.

Jung, Alexander: Die Vererblichkeit des allgemeinen Persönlichkeitsrechts, Dissertation, Remscheid 2005 (zit.: Jung, Vererblichkeit).

Jung, Alexander: Persönlichkeitsrechtliche Befugnisse nach dem Tode des Rechtsträgers, AfP 2005, S. 317-323.

Kamm, Michael: Freizeichnungsklauseln im deutschen und im schweizerischen Recht – ein Vergleich, Bergisch Gladbach, Köln 1985 (zit. Kamm, Freizeichnungsklauseln).

Kant, Immanuel: Von der Unrechtmäßigkeit des Büchernachdrucks, erstmals erschienen in: Berlinische Monatsschrift 5 (1785), S. 403-417, Nachdruck in: UFITA 106 (1987), S. 137-144.

Kastl, Katrin: Das allgemeine Persönlichkeitsrecht – Der Prozess seiner Anerkennung als „sonstiges Recht“ im Sinne von § 823 Abs. 1 BGB, Dissertation, Ebelsbach 2004 (zit.: Kastl, Persönlichkeitsrecht).

Katzenmeier, Christian: Die Neuregelung des Anspruchs auf Schmerzensgeld, JZ 2002, S. 1029-1036.

Kau, Wolfgang: Vom Persönlichkeitsschutz zum Funktionsschutz – Persönlichkeitsschutz juristischer Personen des Privatrechts in verfassungsrechtlicher Sicht, Dissertation, Heidelberg 1989 (zit.: Kau, Persönlichkeitsschutz).

Kellerhals, Miriam: Bemerkungen über das Urheberpersönlichkeitsrecht, UFITA 2000/III, S. 617-681.

Kellerhals, Miriam: Urheberpersönlichkeitsrechte im Arbeitsverhältnis – Untersuchung unter rechtshistorischem und rechtsvergleichendem Blickwinkel, Dissertation, Konstanz 2000 (zit.: Kellerhals, Urheberpersönlichkeitsrechte).

Klass, Nadine: Rechtliche Grenzen des Realitätsfernsehens – Ein Beitrag zur Dogmatik des Menschenwürdeschutzes und des allgemeinen Persönlichkeitsschutzes, Dissertation, Tübingen 2004 (Klass, Realitätsfernsehen).

Kläver, Magdalene: Bereicherungsrechtliche Ansprüche bei einer Verletzung des allgemeinen Persönlichkeitsrechts, Dissertation, Hamburg 1999 (zit.: Kläver, Bereicherungsrechtliche Ansprüche).

Kläver, Magdalene: Vermögensrechtliche Aspekte des zivilrechtlichen allgemeinen Persönlichkeitsrechts, ZUM 2002, S. 205-210.

Klein, Stefanie: Der zivilrechtliche Schutz des einzelnen vor Persönlichkeitsrechtsverletzungen durch die Sensationspresse, Dissertation, Frankfurt am Main, Berlin, Bern, Bruxelles, New York, Oxford, Wien 2000 (zit.: Klein, Sensationspresse).

Kleinheyer, Gerd: Rechtsgutsverwendung und Bereicherungsausgleich, JZ 1970, S. 471-477.

Klippel, Diethelm: Der zivilrechtliche Schutz des Namens – Eine historische und dogmatische Untersuchung, Paderborn, München, Wien, Zürich 1985 (zit.: Klippel, Schutz des Namens).

Klippel, Diethelm: Die Theorie der Persönlichkeitsrechte bei Karl Gareis (1844-1923), in: Festschrift für Fritz Traub zum 65. Geburtstag, S. 211-227, Frankfurt am Main 1994 (zit.: Klippel, FS-Traub).

Klippel, Diethelm / Lies-Benachib, Gudrun: Der Schutz von Persönlichkeitsrechten um 1900, Das Bürgerliche Gesetzbuch und seine Richter – Zur Reaktion der Rechtsprechung auf die Kodifikation des deutschen Privatrechts (1896-1914), Frankfurt am Main 2000 (zit.: Klippel/Lies-Benachib, Schutz von Persönlichkeitsrechten).

Klüber, Rüdiger: Persönlichkeitsschutz und Kommerzialisierung: die juristisch-ökonomischen Grundlagen des Schutzes der vermögenswerten Bestandteile des allgemeinen Persönlichkeitsrechts, Dissertation, Tübingen 2007 (zit.: Klüber, Persönlichkeitsschutz).

Knellwolf, Esther: Postmortaler Persönlichkeitsschutz – Andenkensschutz der Hinterbliebenen, Dissertation, Zürich 1991 (zit.: Knellwolf, Postmortaler Persönlichkeitsschutz).

Knudsen, Björn: Werbung mit Prominenten, Dissertation, 2003 (zit.: Knudsen, Werbung).

Köhler, Helmut: Die Begrenzung wettbewerbsrechtlicher Ansprüche durch den Grundsatz der Verhältnismäßigkeit, GRUR 1996, S. 82-92.

Kohler, Josef: Bürgerliches Recht, in: Enzyklopädie der Rechtswissenschaft in systematischer Bearbeitung, begründet von Franz von Holtzendorff, herausgegeben von Josef Kohler, Band 2, 7. Auflage, München, Leipzig, Berlin 1914 (zit.: Kohler, Bürgerliches Recht).

Kohler, Josef: Das Autorrecht, in: Jahrbücher für die Dogmatik des heutigen römischen und deutschen Privatrechts, Band 18, S. 129-478, Jena 1880 (zit.: Kohler, Autorrecht).

Kohler, Josef: Das Eigenbild im Recht, Berlin 1903 (zit.: Kohler, Eigenbild).
Kohler, Josef: Einführung in die Rechtswissenschaft, 5. Auflage, Leipzig 1919 (zit.: Kohler, Einführung in die Rechtswissenschaft).
Kohler, Josef: Urheberrecht an Schriftwerken und Verlagsrecht, Stuttgart 1907 (zit. Kohler, Urheberrecht).
Kohler-Gehrig, Eleonora: Schutz gegen Tatsachenbehauptungen und Meinungsäußerungen, JA 2000, S. 602-608.
Kohte, Wolfhard: Die rechtfertigende Einwilligung, AcP 185 (1985), S. 105-161.
Kraßer, Rudolf: Die Wirkung der einfachen Patentlizenz, GRUR Int. 1983, S. 537-547.
Kraßer, Rudolf: Schadensersatz für Verletzungen von gewerblichen Schutzrechten und Urheberrechten nach deutschem Recht, GRUR Int. 1980, S. 259-272.
Kraßer, Rudolf: Verpflichtung und Verfügung im Immaterialgüterrecht, GRUR Int. 1973, S. 230-238.
Krautwig, Wilhelm: Ansprüche aus Eingriffskondiktion und unerlaubter Geschäftsführung bei Verletzung des Persönlichkeitsrechts, Dissertation 1969 (zit.: Krautwig, Eingriffskondiktion).
Kreile, Johannes / Wallner, Christoph: Schutz der Urheberpersönlichkeitsrechte im Multimediazeitalter, ZUM 1997, S. 625-632.
Kriele, Martin: Ehrenschutz und Meinungsfreiheit, NJW 1994, S. 1897-1905.
Krneta, Slavica: Kommerzielle Aspekte des Rechts am eigenen Bild, GRUR Int. 1996, S. 298-306.
Krüger, Christof: Persönlichkeitsschutz und Werbung – Zugleich eine Besprechung der beiden BGH-Entscheidungen „White-Christmas“ und „Fußballtor“, GRUR 1980, S. 628-638.
Krüger-Nieland, Gerda: Das Urheberpersönlichkeitsrecht, eine besondere Erscheinungsform des allgemeinen Persönlichkeitsrechts?, in: Festschrift für Fritz Hauß zum 70. Geburtstag, Karlsruhe 1978 (zit.: Krüger-Nieland, FS-Hauß).
Kümmel, Dorothea: Haftungsausschluss zugunsten Dritter?, Dissertation, Marburg 1968 (zit.: Kümmel, Haftungsausschluss).
Kummer, Max: Das urheberrechtlich schützbare Werk – Mit 48 Abbildungen, Bern 1968 (zit.: Kummer, Werk).
Kutschera, Christoph: Zur Frage der Vererblichkeit des Anspruchs auf eine Geldentschädigung bei einer schweren Persönlichkeitsrechtsverletzung, AfP 2000, S. 147-149.
Lange, Heinrich / Kuchinke, Kurt: Erbrecht – Ein Lehrbuch, 5. Auflage, München 2001 (zit.: Lange/Kuchinke, Erbrecht).

Larenz, Karl: Das „allgemeine Persönlichkeitsrecht“ im Recht der unerlaubten Handlungen, NJW 1955, S. 521-525.

Larenz, Karl: Lehrbuch des Schuldrechts, Band 1: Allgemeiner Teil, 14. Auflage, München 1987 (zit.: Larenz, SchR I).

Larenz, Karl: Methodenlehre der Rechtswissenschaft, 6. Auflage, Berlin, Heidelberg, New York, London, Paris, Tokyo, Hong Kong, Barcelona, Budapest 1991 (Larenz, Methodenlehre).

Larenz, Karl / Wolf, Manfred: Allgemeiner Teil des Bürgerlichen Rechts, 9. Auflage, München 2004 (zit.: Larenz/Wolf, BGB AT).

Larenz, Karl / Canaris, Claus-Wilhelm: Lehrbuch des Schuldrechts, Band 2: Besonderer Teil, Halbband 2, 13. Auflage, München 1994 (zit.: Larenz/Canaris, SchR II/2).

Lausen, Matthias: Der Schauspieler und sein Replikant, ZUM 1997, S. 86-93.

Lehmann, Brita: Postmortaler Persönlichkeitsschutz – Zur Frage des Fortbestehens des allgemeinen Persönlichkeitsrechts über den Tod des Rechtsträgers hinaus, Dissertation, Bonn 1973 (zit.: Lehmann, Postmortaler Persönlichkeitsschutz).

Leinveber, Gerhard: Urheberrechtlicher Denkmalschutz – ja oder nein?, GRUR 1964, S. 364-369.

Leinveber, Gerhard: Urheberrechtlicher Denkmalschutz, GRUR 1962 S. 75-77.

Leipold, Dieter: Erbrecht – ein Lehrbuch mit Fällen und Kontrollfragen, 18. Auflage, Tübingen 2010 (zit.: Leipold, Erbrecht).

Leisner, Walter: Grundrechte und Privatrecht, München 1960 (zit.: Leisner, Grundrechte).

Leßmann, Herbert: Übertragbarkeit und Teilübertragung Urheberrechtlicher Befugnisse – Ein Beitrag zu den Rechten im Rechtsverkehr, Dissertation, Münster 1967 (Leßmann, Übertragbarkeit).

Leuze, Dieter: Die Entwicklung des Persönlichkeitsrechts im 19. Jahrhundert – zugleich ein Beitrag zum Verhältnis allgem. Persönlichkeitsrecht – Rechtsfähigkeit, Bielefeld 1962 (zit.: Leuze, Entwicklung).

Lichtenstein, Falk: Der Idealwert und der Geldwert des zivilrechtlichen Persönlichkeitsrechts vor und nach dem Tode – Grundlage für die Verwertung individueller Erkennbarkeit, Dissertation, Baden-Baden 2005 (zit.: Lichtenstein, Idealwert und Geldwert).

Linckelmann, Karl: Die Schadensersatzpflicht aus unerlaubten Handlungen nach dem Bürgerlichen Gesetzbuche für das Deutsche Reich, Berlin 1898 (zit.: Linckelmann, Schadensersatzpflicht).

Liszt, Franz von: Das Recht des Bürgerlichen Gesetzbuchs in Einzeldarstellungen, Band 8: Die Deliktsobligationen im System des Bürgerlichen Gesetzbuchs – Kritische und dogmatische Randbemerkungen, Berlin 1898 (zit.: v. Liszt, Deliktsobligationen).

Lober, Andreas / Weber, Olaf: Entgeltliche und freie Nutzung von Persönlichkeitsrechten zu kommerziellen Zwecken im deutschen und englischen Recht – Zugleich Anmerkung zu LG Hamburg vom 25.4.2003 – Oliver Kahn/Electronic Arts, ZUM 2003, S. 658-675.

Lochmann, René: Die Einräumung von Fernsehübertragungsrechten an Sportveranstaltungen – zugleich ein Beitrag zur Einräumung von Nutzungs- und Verwertungsrechten im System des Privatrechts, Dissertation, Tübingen 2005 (zit.: Lochmann, Fernsehübertragungsrechte).

Loewenheim, Ulrich: Anmerkung zum Urteil des BGH vom 13.10.1988 – I ZR 15/87 „Oberammergauer Passionsspiele II", GRUR 1989, S. 108-110.

Loewenheim, Ulrich: Bereicherungsrecht, 3. Auflage, München 2007 (zit.: Loewenheim, Bereicherungsrecht).

Loewenheim, Ulrich (Hrsg.): Handbuch des Urheberrechts, 2. Auflage, München 2010 (zit.: Bearbeiter, Handbuch des Urheberrechts).

Löffler, Martin: Presserecht – Kommentar zu den deutschen Landespressegesetzen mit systematischen Darstellungen zum pressebezogenen Standesrecht, Anzeigenrecht, Werbe- und Wettbewerbsrecht, Vertriebsrecht, Urheber- und Verlagsrecht, Arbeitsrecht, Titelschutz, Jugendmedienschutz und Steuerrecht, 5. Auflage, München 2006 (zit.: Bearbeiter, in: Löffler).

Lucas-Schloetter, Agnès: Die Rechtsnatur des Droit Moral, GRUR Int. 2002, S. 809-815.

Mackeprang, Rudolf: Ehrenschutz im Verfassungsstaat – Zugleich ein Beitrag zu den Grenzen der Freiheiten des Art. 5 Abs. 1 GG, Dissertation, Berlin 1990 (zit.: Mackeprang, Ehrenschutz).

Magold, Hanns Arno: Personenmerchandising – Der Schutz der Persona im Recht der USA und Deutschlands, Dissertation, Frankfurt am Main, Berlin, Bern, New York, Paris, Wien 1994 (zit.: Magold, Personenmerchandising).

Martin, Klaus: Das allgemeine Persönlichkeitsrecht in seiner historischen Entwicklung, Dissertation, Hamburg 2007 (zit.: Martin, Persönlichkeitsrecht).

Marwitz, Bruno: Entwurf eines Gesetzes über das Urheberrecht an Werken des Schrifttums, der Kunst und der Photographie, UFITA 2 (1929), S. 668-681.

Matanovic, Stefanie: Rechtsgeschäftliche Dispositionen über urheberpersönlichkeitsrechtliche Befugnisse unter Berücksichtigung des französischen und US-amerikanischen Rechts, Dissertation, Frankfurt am Main 2006 (zit.: Matanovic, Dispositionen).

May, Erich: Zum Schutz der Persönlichkeit nach dem Tode, NJW 1958, S. 2101-2104.

Medicus, Dieter / Lorenz, Stephan: Schuldrecht II – Besonderer Teil, Ein Studienbuch, 16. Auflage, München 2012 (zit.: Medicus/Lorenz, SchR II).

Mentha, Benigne: Einige Gedanken zum Urheberpersönlichkeitsrecht, GRUR Int. 1973, S. 295-298.

Mestmäcker, Ernst-Joachim: Eingriffserwerb und Rechtsverletzung in der ungerechtfertigten Bereicherung, JZ 1958, S. 521-526.

Mestmäcker, Ernst-Joachim / Schulze, Erich: Kommentar zum deutschen Urheberrecht, Band 1.2, Loseblattsammlung, 55. Aktualisierungslieferung, September 2011, Köln (zit.: Bearbeiter, in: Mestmäcker/Schulze).

Metzger, Axel: Rechtsgeschäfte über das Droit moral im deutschen und französischen Urheberrecht, Dissertation, München 2002 (zit.: Metzger, Rechtsgeschäfte).

Metzger, Axel: Rechtsgeschäfte über das Urheberpersönlichkeitsrecht nach dem neuen Urhebervertragsrecht – Unter besonderer Berücksichtigung der französischen Rechtslage, GRUR Int. 2003, S. 9-23.

Meyer, Caroline B.: Privatrechtliche Persönlichkeitsrechte im kommerziellen Rechtsverkehr – Eine rechtsvergleichende Untersuchung zur tatsächlichen und rechtlichen Kommerzialisierung von Persönlichkeitsrechten, Dissertation, Basel, 2007 (zit.: Meyer, Persönlichkeitsrechte).

Meyer, Horst: Der Schutz von Erfüllungsgehilfen vor deliktischer Haftung durch vertragliche Haftungsbeschränkungen – Eine vergleichende Untersuchung im englischen und deutschen Recht, Dissertation, Bielefeld 1994 (zit.: Meyer, Erfüllungsgehilfen).

Michaelis, Robert: Persönlichkeitsrechtliche Befugnisse im deutschen Urheberrecht und droit moral des französischen Rechts, Dissertation, Berlin 1926 (zit.: Michaelis, Persönlichkeitsrechtliche Befugnisse).

Mitteis, Heinrich: Grundriß des Österreichischen Urheberrechtes nach dem Bundesgesetz vom 9. April 1936, Wien 1936 (zit.: Mitteis, Urheberrecht).

Möhring, Philipp / Nicolini, Käte: Urheberrechtsgesetz, Kommentar, 2. Auflage, München 2000 (zit.: Bearbeiter, in: Möhring/Nicolini).

Motsch, Richard: Schadensersatz als Erziehungsmittel – Haftungsrechtliche Entwicklungen in den beiden deutschen Staaten, JZ 1984, S. 211-221.

Müller, Georg: Bemerkungen über das Urheberpersönlichkeitsrecht, UFITA 2 (1929), S. 367-402.

Müller, Knut: Postmortaler Rechtsschutz – Überlegungen zur Rechtssubjektivität Verstorbener, Dissertation, Frankfurt am Main, Berlin, Bern, New York, Paris, Wien 1996 (zit.: Müller, Rechtssubjektivität).

Müller, Lothar: Das Urheberpersönlichkeitsrecht des Architekten im deutschen und österreichischen Recht, Dissertation, München 2004 (zit.: Müller, Urheberpersönlichkeitsrecht).

Müller, Tobias: Vererblichkeit vermögenswerter Bestandteile des Persönlichkeitsrechts – Die neueste Rechtsprechung des BGH zum postmortalen Persönlichkeitsrecht, GRUR 2003, S. 31-34.

Münchener Kommentar zum Bürgerlichen Gesetzbuch: Band 1: Allgemeiner Teil (§§ 1-240), AGB-Gesetz, 3. Auflage, München 1993 (zit.: Bearbeiter, in: MüKo, 3. Aufl.).

Münchener Kommentar zum Bürgerlichen Gesetzbuch: Band 1: Allgemeiner Teil, 1. Halbband: §§ 1-240, ProstG, 5. Auflage, München 2006 (zit.: Bearbeiter, in: MüKo, 5. Aufl.).

Münchener Kommentar zum Bürgerlichen Gesetzbuch: Band 1: Allgemeiner Teil: §§ 1-240, ProstG, AGG, 6. Auflage, München 2012 (zit.: Bearbeiter, in: MüKo).

Münchener Kommentar zum Bürgerlichen Gesetzbuch: Band 6: Sachenecht, §§ 854-1296, Wohnungseigentumsgesetz, Erbbaurechtsgesetz, 5. Auflage, München 2009 (zit.: Bearbeiter, in: MüKo).

Münchener Kommentar zum Bürgerlichen Gesetzbuch: Band 9: Erbrecht, §§ 1922-2385, §§ 27-35 BeurkG, 5. Auflage, München 2010 (zit.: Bearbeiter, in: MüKo).

Müsse, Hans-Gabriel: Das Urheberpersönlichkeitsrecht unter besonderer Berücksichtigung der Veröffentlichung und der Inhaltsmitteilung, Dissertation, Freiburg 1999 (zit.: Müsse, Urheberpersönlichkeitsrecht).

Mugdan, Benno: Die gesammten Materialien zum Bürgerlichen Gesetzbuch für das Deutsche Reich, Band 2: Recht der Schuldverhältnisse, Berlin 1899 (zit.: Mugdan, Materialien II).

Mugdan, Benno: Die gesammten Materialien zum Bürgerlichen Gesetzbuch für das Deutsche Reich, Band 1: Einführungsgesetz und Allgemeiner Theil, Berlin 1899 (zit.: Mugdan, Materialien I).

Muscheler, Karlheinz: Universalsukzession und Vonselbsterwerb – Die rechtstechnischen Grundlagen des deutschen Erbrechts, Tübingen 2002 (zit.: Muscheler, Universalsukzession).

Neumann, Hans-Wolfgang: Inwieweit gilt die Rechtsprechung zum allgemeinen Persönlichkeitsrecht für die Auslegung § 97 Abs. 2 UrhG?, GRUR 1970, S. 544-546.

Neumann-Duesberg, Horst: Das besondere Persönlichkeitsrecht der Nichturheberschaft (droit de non-paternité) – Abgrenzung zwischen dem urheberpersönlichkeitsrechtlichen „droit de paternité“ und dem persönlichkeitsrechtlichen „droit de non-paternité“, UFITA 50 (1967), S. 464-467.

Neumann-Duesberg, Horst: Verwechslung des Urheberpersönlichkeitsrechts mit dem allgemeinen Persönlichkeitsrecht, NJW 1971, S. 1640-1642.

Nikoletopoulos, Panajiotis: Die zeitliche Begrenzung des Persönlichkeitsschutzes nach dem Tode, Dissertation, Frankfurt am Main, Bern, New York 1984 (zit.: Nikoletopoulos, Persönlichkeitsschutz).

Nipperdey, Hans-Carl: Das allgemeine Persönlichkeitsrecht, UFITA 30 (1969), S. 1-29.

Nipperdey, Hans-Carl: Tatbestandsaufbau und Systematik der deliktischen Grundtatbestände – Zum „Referentenentwurf eines Gesetzes zur Änderung und Ergänzung schadensersatzrechtlicher Vorschriften“, NJW 1967, S. 1985-1994.

Nordemann, Wilhelm: Das Recht der Bearbeitung gemeinfreier Werke, GRUR 1964, S. 117-121.

Oertmann, Paul: Kommentar zum Bürgerlichen Gesetzbuch und seinen Nebengesetzen, Bürgerliches Gesetzbuch, 2. Buch: Recht der Schuldverhältnisse, 2. Abteilung: §§ 433-853, 5. Auflage, Berlin 1929 (zit.: Oertmann, Bürgerliches Gesetzbuch).

Ohly, Ansgar: „Volenti non fit iniuria“ – Die Einwilligung im Privatrecht, Tübingen 2002 (zit.: Ohly, Volenti).

Osenberg, Ralph: Die Unverzichtbarkeit des Urheberpersönlichkeitsrechts, Dissertation, 1979 (zit.: Osenberg, Unverzichtbarkeit).

Osiander, Daniela: Das Recht am eigenen Bild im allgemeinen Persönlichkeitsrecht – Aspekte für Medienschaffende, Frankfurt am Main, Berlin, Bern, New York, Paris, Wien 1993 (zit.: Osiander, Recht am Bild).

Ossenbühl, Fritz: Medien zwischen Macht und Recht, JZ 1995, S. 633-643.

Ott, Claus / Schäfer, Hans-Bernd: Schmerzensgeld bei Körperverletzungen – Eine ökonomische Analyse, JZ 1990, S. 563-573.

Palandt, Otto: Bürgerliches Gesetzbuch, 71. Auflage, München 2012 (zit.: Bearbeiter, in: Palandt).

Papier, Hans-Jürgen: Medien und Persönlichkeitsrechte – wer schützt den Bürger vor Vermarktung, Bitburger Gespräche 1995, Band 2, S. 25-43, München 1995 (zit.: Papier, Bitburger Gespräche).

Paschke, Marian: Strukturprinzipien eines Urhebersachenrechts, GRUR 1984, S. 858-868.

Peifer, Karl-Nikolaus: Eigenheit oder Eigentum – Was schützt das Persönlichkeitsrecht?, GRUR 2002, S. 495-500.

Peifer, Karl-Nikolaus: Individualität im Zivilrecht – Der Schutz persönlicher, gegenständlicher und wettbewerblicher Individualität im Persönlichkeitsrecht, Immaterialgüterrecht und Recht der Unternehmen, Tübingen 2001 (zit.: Peifer, Individualität).

Peter, Wilhelm: Das allgemeine Persönlichkeitsrecht und das „droit moral“ des Urhebers und des Leistungsschutzberechtigten in den Beziehungen zum Film, UFITA 36 (1962), S. 257-356.

Peukert, Alexander: Güterzuordnung als Rechtsprinzip, Tübingen 2008 (zit.: Peukert, Güterzuordnung).

Peukert, Alexander: Persönlichkeitsbezogene Immaterialgüterrechte?, ZUM 2000, S. 710-721.

Pietzko, Joachim: Die Werbung mit dem Doppelgänger eines Prominenten, AfP 1988, S. 209-222.

Pietzner, Rainer: Auskunft, Rechnungslegung und Schadensersatz bei wettbewerbswidrigen Eingriffen in fremde Firmenrechte, GRUR 1972, S. 151-161.

Planck, Gottlieb: Bürgerliches Gesetzbuch nebst Einführungsgesetz, Band 2: Recht der Schuldverhältnisse, 3. Auflage, Berlin 1907 (zit.: Planck, Bürgerliches Gesetzbuch).

Prantl, Heribert: Der journalistische Exklusivvertrag über Informationen aus der personalen Sphäre, AfP 1984, S. 17-22.

Prinz, Matthias: Der Schutz der Persönlichkeitsrechte vor Verletzungen durch die Medien, NJW 1995, S. 817-821.

Prinz, Matthias: Geldentschädigung bei Persönlichkeitsrechtsverletzungen durch Medien, NJW 1996, S. 953-958.

Prinz, Matthias / Peters, Butz: Medienrecht – Die zivilrechtlichen Ansprüche, München 1999 (zit.: Prinz/Peters, Medienrecht).

Raiser, Ludwig: Der Stand der Lehre vom subjektiven Recht im Deutschen Zivilrecht, JZ 1961, S. 465-473.

Rebmann, Kurt / Ott, Martin / Storz, Werner: Das baden-württembergische Gesetz über die Presse (Landespressegesetz) vom 14. Januar 1964 nebst dem Modellentwurf eines Landespressegesetzes, Stuttgart 1964 (zit.: Rebmann/Ott/Storz).

Regelsberger, Ferdinand: Systematisches Handbuch der Deutschen Rechtswissenschaft, herausgegeben von Karl Binding, Erste Abteilung, siebenter Teil, erster Band, Pandekten, Band 1, Leipzig 1893 (zit.: Regelsberger, Pandekten).

Rehbinder, Manfred: Die Familie im Urheberrecht, ZUM 1986, S. 365-370.

Rehbinder, Manfred: Johann Caspar Bluntschlis Beitrag zur Theorie des Urheberrechts, UFITA 123 (1993), S. 29-51.

Rehbinder, Manfred: Urheberrecht – Ein Studienbuch, 16. Auflage, München 2010 (zit.: Rehbinder, Urheberrecht).

RGRK: Das Bürgerliche Gesetzbuch mit besonderer Berücksichtigung der Rechtsprechung des Reichsgerichts und des Bundesgerichtshofes, Kommentar, herausgegeben von Mitgliedern des Bundesgerichtshofes, Band 2, 5. Teil: §§ 812-831, 12. Auflage, Berlin, New York 1989 (zit.: Bearbeiter, in: RGRK).

Riedel, Hermann / Schuhmann, Helmut / Marburger, Horst / Störmer, Claudia: Urheber- und Verlagsrecht, Handkommentar des Urheberrechtsgesetzes und des Verlagsgesetzes mit Nebengesetzen, Ergänzungsband 1, Loseblattausgabe, Stand: 17. Ergänzungslieferung 1991, Wiesbaden (zit.: Riedel, Urheberund Verlagsrecht).

Riezler, Erwin: Deutsches Urheber- und Erfinderrecht – Eine systematische Darstellung, München, Berlin 1909 (zit.: Riezler, Urheber- und Erfinderrecht).

Riklin, Franz: Der Schutz der Persönlichkeit gegenüber Eingriffen durch Radio und Fernsehen nach schweizerischem Privatrecht, Dissertation, Freiburg (Schweiz) 1968 (zit.: Riklin, Schutz der Persönlichkeit).

Roeber, Georg: Abgrenzungsfragen des allgemeinen Persönlichkeitsrechts – Unter den Aspekten des neuen Urheberrechtsgesetzes, FuR 1965, S. 102-110.

Rosener, Wolfgang: Die Einwilligung in Heileingriffe – Ein Beitrag zur Rechtsgeschäftslehre, Dissertation, 1965 (zit.: Rosener, Einwilligung).

Rosengarten, Joachim: Der Präventionsgedanke im deutschen Zivilrecht – Höheres Schmerzensgeld, aber keine Anerkennung und Vollstreckung US-amerikanischer punitive damages?, NJW 1996, S. 1935-1938.

Roussos, Kleanthis: Freizeichnung von Schadensersatzansprüchen im Recht der Allgemeinen Geschäftsbedingungen – Ein Beitrag zur Bedeutung der Organisationspflichten im Zivilrecht, Dissertation, Berlin 1982 (zit.: Roussos, Freizeichnung).

Runge, Kurt: Das Urheber- und das allgemeine Persönlichkeitsrecht, UFITA 54 (1969), S. 1-35.

Runge, Kurt: Schranken des Urheberpersönlichkeitsrechts, UFITA 23 (1957), S. 16-23.

Ruzicka, Peter: Die Problematik eines „ewigen Urheberpersönlichkeitsrechts" unter besonderer Berücksichtigung des Schutzes musikalischer Werke, Dissertation, Berlin 1977 (zit.: Ruzicka, Urheberpersönlichkeitsrecht).

Sack, Rolf: Der Geldersatz für immaterielle Schäden bei deliktischer Verletzung des allgemeinen Persönlichkeitsrechts, GRUR 1981, S. 850-852.

Sack, Rolf: Die eigenmächtige Werbung mit fremden Namen als Delikt, WRP 1984, S. 521-535.

Samson, Benvenuto: Das neue Urheberrecht – Eine Einführung, UFITA 47 (1966), S. 1-133.

Savigny, Friedrich Carl von: System des heutigen römischen Rechts, Band 1, Berlin 1840 (zit.: Savigny, System I).

Schacht, Sascha T.: Die Einschränkungen des Urheberpersönlichkeitsrechts im Arbeitsverhältnis, Dissertation, Göttingen 2004 (zit.: Schacht, Urheberpersönlichkeitsrecht).

Schack, Haimo: Anmerkung zum Urteil des BGH vom 01.12.1999 – I ZR 49/97 „Marlene Dietrich", JZ 2000, S. 1060-1062.

Schack, Haimo: Anmerkung zum Urteil des BGH vom 05.10.2006 – I ZR 277/03 „kinski-klaus.de", JZ 2007, S. 366-267.

Schack, Haimo: Buchbesprechung zu „Horst-Peter Götting: Persönlichkeitsrechte als Vermögensrechte", AcP 195 (1995), S. 594-600.

Schack, Haimo: Das Persönlichkeitsrecht der Urheber und ausübender Künstler nach dem Tode, GRUR 1985, S. 352-361.

Schack, Haimo: Geistiges Eigentum contra Sacheigentum, GRUR 1983, S. 56-61.

Schack, Haimo: Kolorierung von Spielfilmen: Das Persönlichkeitsrecht des Filmregisseurs im IPR, IPRax 1993, S. 46-51.

Schack, Haimo: Urheber- und Urhebervertragsrecht, 5. Auflage, Tübingen 2010 (zit.: Schack, Urheber- und Urhebervertragsrecht).

Schenke, Wolf: Die Einwilligung des Verletzten im Zivilrecht – unter besonderer Berücksichtigung ihrer Bedeutung bei Persönlichkeitsrechtsverletzungen, Dissertation, 1966 (zit.: Schenke, Einwilligung).

Schertz, Christian: Der Merchandisingvertrag – Zum Gegenstand des Vertrages, den Lizenzbedingungen und Vertragsinhalten, ZUM 2003, S. 631-643.

Schertz, Christian: Die wirtschaftliche Nutzung von Bildnissen und Namen Prominenter – Eine Fallgruppenbildung zur Frage des Einwilligungserfordernisses bei den verschiedenen Erscheinungsformen der Nutzung von Abbildungen und Namen bekannter Persönlichkeiten, AfP 2000, S. 495-505.

Schertz, Christian: Merchandising – Rechtsgrundlagen und Rechtspraxis, Dissertation, München 1997 (zit.: Schertz, Merchandising).

Schiefler, Kurt: Verhältnis des Urheberrechts und des Leistungsschutzrechts des ausübenden Künstlers zum allgemeinen Persönlichkeitsrecht, GRUR 1960, S. 156-165.

Schierholz, Anke: Der Schutz der menschlichen Stimme gegen Übernahme und Nachahmung, Dissertation, Baden-Baden 1998 (zit.: Schierholz, Stimme).

Schilcher, Theresia: Der Schutz des Urhebers gegen Werkänderungen, Dissertation, München 1989 (zit.: Schilcher, Werkänderungen).

Schlechtriem, Peter: Bereicherung aus fremdem Persönlichkeitsrecht, in: Festschrift für Wolfgang Hefermehl zum 70. Geburtstag am 18. September 1976, S. 445-465, München 1976 (zit.: Schlechtriem, FS-Hefermehl).

Schlechtriem, Peter: Inhalt und systematischer Standort des allgemeinen Persönlichkeitsrechts, DRiZ 1975, S. 65-70.

Schmidt, Anette: Die Rechtsverhältnisse in einem Forscherteam – Rechtsprobleme des Werkschaffens in der Gruppe, Dissertation, Baden-Baden 1998 (zit.: Schmidt, Rechtsverhältnisse).

Schöfer, Nicola: Die Rechtsverhältnisse zwischen dem Urheber eines Werkes der bildenden Kunst und dem Eigentümer des Originalwerkes, Dissertation, München 1984 (zit.: Schöfer, Rechtsverhältnisse).

Schricker, Gerhard: BGH EWiR § 22 KUG, 1/87, S. 79-80.

Schricker, Gerhard: Die Einwilligung des Urhebers in entstellende Änderungen des Werks, in: Beiträge zum Schutz der Persönlichkeit und ihrer schöpferischen Leistungen, Festschrift für Heinrich Hubmann zum 70. Geburtstag, S. 409-419, Frankfurt am Main 1985 (zit.: Schricker, FS-Hubmann).

Schricker, Gerhard / Loewenheim, Ulrich: Urheberrecht, Kommentar, 4. Auflage, München 2010 (zit.: Bearbeiter, in: Schricker/Loewenheim).

Schricker, Gerhard: Zum neuen deutschen Urhebervertragsrecht, GRUR Int. 2002, S. 797-809.

Schricker, Gerhard (Hrsg.): Urheberrecht auf dem Weg in die Informationsgesellschaft, Baden-Baden 1997 (zit.: Schricker, Informationsgesellschaft).

Schünemann, Hermann: Die Rechte am menschlichen Körper, Dissertation, Frankfurt am Main, Bern, New York 1985 (zit.: Schünemann, Körper).

Schulze Wessel, Lambert: Die Vermarktung Verstorbener – persönlichkeitsrechtliche Abwehr- und Ersatzansprüche, Dissertation, Berlin 2001 (zit.: Schulze Wessel, Vermarktung).

Schwab, Dieter: Geschichtliches Recht und moderne Zeiten – Einige Gedanken zu Leben und Werk von Karl Gareis, in: Festschrift für Heinz Hübner zum 70. Geburtstag am 7. November 1984, S. 215-237, Berlin, New York 1984 (zit.: Schwab, FS-Hübner).

Schwerdtner, Peter: Das Persönlichkeitsrecht in der deutschen Zivilrechtsordnung – Offene Probleme einer juristischen Entdeckung, Berlin 1977 (zit.: Schwerdtner, Persönlichkeitsrecht).

Schwerdtner, Peter: Der zivilrechtliche Persönlichkeitsschutz, JuS 1978, S. 289-299.

Schwerdtner, Peter: Schlußworte, in: Karlsruher Forum 1996 – Schutz der Persönlichkeit, S. 105-107, Karlsruhe 1997 (zit.: Schwerdtner, Karlsruher Forum).

Seemann, Bruno: Prominenz als Eigentum – Parallele Rechtsentwicklungen einer Vermarktung der Persönlichkeit im amerikanischen, deutschen und schweizerischen Persönlichkeitsschutz, Dissertation, Baden-Baden 1996 (zit.: Seemann, Prominenz).

Seemann, Bruno: Prominenz als Rechtsgut, UFITA 131 (1996), S. 5-48.

Seetzen, Uwe: Der Verzicht im Immaterialgüterrecht – dargestellt an Hand des Urheber- und des Patentrechts unter Berücksichtigung des Bürgerlichen Rechts, Dissertation, Göttingen 1969 (zit.: Seetzen, Verzicht).

Seifert, Fedor: Postmortaler Schutz des Persönlichkeitsrechts und Schadensersatz – Zugleich ein Streifzug durch die Geschichte des allgemeinen Persönlichkeitsrechts, NJW 1999, S. 1889-1897.

Seitz, Walter: Einmal nackt – immer frei? – Vom Recht auf Bloßstellung „etwa nach Exklusivverträgen", NJW 2000, S. 2167-2168.

Seitz, Walter: Prinz und die Prinzessin – Wandlungen des Deliktsrechts durch Zwangskommerzialisierung der Persönlichkeit, NJW 1996, S. 2848-2850.

Seitz, Walter / Schmidt, German: Der Gegendarstellungsanspruch – Presse, Film, Funk, Fernsehen und Internet, 4. Auflage, München 2010 (zit.: Seitz/Schmidt, Gegendarstellungsanspruch).

Siebert, Wolfgang: Zur allgemeinen Problematik des Persönlichkeitsrechts, NJW 1958, S. 1369-1374.

Siebrecht, Ingrid: Der Schutz der Ehre im Zivilrecht, JuS 2001, S. 337-341.

Siemes, Christiane: Anmerkung zum Urteil des Oberlandesgericht Hamburg vom 25.07.1996 – 3 U 60/93, AfP 1997, S.542-543.

Siemes, Christiane: Gewinnabschöpfung bei Zwangskommerzialisierung der Persönlichkeit durch die Presse, AcP 201 (2001), S. 202-231.

Simon, Jürgen: Das allgemeine Persönlichkeitsrecht und seine gewerblichen Erscheinungsformen – ein Entwicklungsprozeß, Dissertation, Berlin 1981 (zit.: Simon, Persönlichkeitsrecht).

Soehring, Jörg: Die Entwicklung des Presse- und Äußerungsrechts 1994-1996, NJW 1997, S. 360-373.

Soehring, Jörg: Presserecht – Recherche, Darstellung und Haftung im Recht der Medien, 4. Auflage, Köln 2010 (zit.: Soehring, Presserecht).

Soehring, Jörg / Seelmann-Eggebert, Sebastian: Die Entwicklung des Presse- und Äußerungsrechts in den Jahren 2000 bis 2004, NJW 2005, S. 571-581.

Soergel, Hans Theodor: Bürgerliches Gesetzbuch mit Einführungsgesetz und Nebengesetzen, Band 12, Schuldrecht 10: §§ 823-853, ProdHG, UmweltHG, 13. Auflage, Stuttgart 2005 (zit.: Bearbeiter, in: Soergel).

Soergel, Hans Theodor: Bürgerliches Gesetzbuch mit Einführungsgesetz und Nebengesetzen, Band 5/3, Schuldrecht 3/3: §§ 328-432, 13. Auflage, Stuttgart 2010 (zit.: Bearbeiter, in: Soergel).

Specker, Karl: Die Persönlichkeitsrechte mit besonderer Berücksichtigung des Rechts auf die Ehre im schweizerischen Privatrecht, Dissertation, Aarau 1910 (zit.: Specker, Persönlichkeitsrechte).

Staudinger, Ansgar / Schmidt, Rüdiger: Marlene Dietrich und der (postmortale) Schutz vermögenswerter Persönlichkeitsrechte, Jura 2001, S. 241-249.

Staudinger, Julius von: Kommentar zum Bürgerlichen Gesetzbuch mit Einführungsgesetz und Nebengesetzen, Buch 2: Recht der Schuldverhältnisse, §§ 823-825, 13. Auflage, Berlin 1999 (zit.: Bearbeiter, in: Staudinger).

Staudinger, Julius von: Kommentar zum Bürgerlichen Gesetzbuch mit Einführungsgesetz und Nebengesetzen, Buch 2: Recht der Schuldverhältnisse, §§ 249-254 (Schadensersatzrecht), Neubearbeitung 2005, Berlin 2005 (zit.: Bearbeiter, in: Staudinger).

Staudinger, Julius von: Kommentar zum Bürgerlichen Gesetzbuch mit Einführungsgesetz und Nebengesetzen, Buch 2: Recht der Schuldverhältnisse, §§ 812-822 (Ungerechtfertigte Bereicherung), Neubearbeitung 2007, Berlin 2007 (zit.: Bearbeiter, in: Staudinger).

Staudinger, Julius von: Kommentar zum Bürgerlichen Gesetzbuch mit Einführungsgesetz und Nebengesetzen, Buch 5: Erbrecht, Einleitung zum Erbrecht, §§ 1922-1966 (Erbfolge), Neubearbeitung 2008, Berlin 2008 (zit.: Bearbeiter, in: Staudinger).

Staudinger, Julius von: Kommentar zum Bürgerlichen Gesetzbuch mit Einführungsgesetz und Nebengesetzen, Buch 1: Allgemeiner Teil, §§ 90-240, 12. Auflage, Berlin 1980 (zit.: Bearbeiter, in: Staudinger).

Staudinger, Julius von: Kommentar zum Bürgerlichen Gesetzbuch mit Einführungsgesetz und Nebengesetzen, Buch 2: Recht der Schuldverhältnisse, §§ 397-432 (Erlass, Abtretung, Schuldübernahme, Mehrheit von Schuldnern und Gläubigern), Neubearbeitung 2012, Berlin 2012 (zit.: Bearbeiter, in: Staudinger).

Steffen, Erich: Schmerzensgeld bei Persönlichkeitsverletzung durch Medien, NJW 1997, S. 10-14.

Steffen, Erich: Schranken des Persönlichkeitsschutzes für den „investigativen" Journalismus, AfP 1988, S. 117-120.

Stein, Friedrich / Jonas, Martin: Kommentar zur Zivilprozessordnung, Band 2: §§ 41-127a, 22. Auflage, Tübingen 2004 (zit.: Bearbeiter, in: Stein/Jonas).

Stoll, Hans: Freiheit der Meinungsäußerung und Schutz der Persönlichkeit in der neueren Rechtsprechung, Jura 1979, S. 576-590.

Stolz, Hansjörg: Der Ghostwriter im deutschen Recht, Dissertation, München 1971 (zit.: Stolz, Ghostwriter).

Storch: Anmerkung zum Urteil des BGH vom 04.06.1974 – VI ZR 68/73 „Fiete Schulze", GRUR 1974, S. 800-801.

Strömholm, Stig: Das Veröffentlichungsrecht im Regierungsentwurf zur Urheberrechtsreform, GRUR 1963, S. 350-365.

Strothmann, York: Werbung mit bekannten Persönlichkeiten – Zugleich Anmerkungen zur neueren Rechtsprechung des BGH, GRUR 1996, S. 693-696.

Stürner, Rolf: Empfiehlt es sich, die Rechte und Pflichten der Medien präziser zu regeln und dabei den Rechtsschutz des einzelnen zu verbessern? – Gutachten A für den 58. Deutschen Juristentag, in: Verhandlungen des Achtundfünfzigsten Deutschen Juristentages, Band 1, München 1990 (zit.: Stürner, Gutachten).

Stürner, Rolf: Persönlichkeitsschutz und Geldersatz, AfP 1998, S. 1-9.

Taupitz, Jochen: Diskussionsbeitrag, in: Karlsruher Forum 1996 – Schutz der Persönlichkeit, S. 75-78, Karlsruhe 1997 (zit.: Taupitz, Karlsruher Forum).

Taupitz, Jochen: Ökonomische Analyse und Haftungsrecht – Eine Zwischenbilanz, AcP 196 (1996), S. 114-167.

Taupitz, Jochen / Müller, Gerda: Rufausbeutung nach dem Tode: Wem gebührt der Profit?, Heidelberg 2002 (Bearbeiter, in: Taupitz/Müller).

Taupitz, Jochen: Wem gebührt der Schatz im menschlichen Körper?, – Zur Beteiligung des Patienten an der kommerziellen Nutzung seiner Körpersubstanzen, AcP 191 (1991), S. 201-246.

Thyssen, Bernd: Die Haftungsfreizeichnung im Deliktsrecht und in der Gefährdungshaftung, Dissertation, Regensburg 1997 (zit.: Thyssen, Haftungsfreizeichnung).

Trebes, Anja: Zivilrechtlicher Schutz der Persönlichkeit vor Presseveröffentlichungen in Deutschland, Frankreich und Spanien – eine rechtsvergleichende Untersuchung unter besonderer Berücksichtigung des einstweiligen Rechtsschutzes, Dissertation, Berlin 2002 (zit.: Trebes, Schutz der Persönlichkeit).

Troller, Alois: Bedenken zum Urheberpersönlichkeitsrecht, Baden-Baden 1959 (zit.: Troller, Urheberpersönlichkeitsrecht).

Troller, Alois: Das Urheberpersönlichkeitsrecht und der Film in rechtsvergleichender Übersicht, UFITA 29 (1959), S. 141-157.

Troller, Alois: Immaterialgüterrecht, Patent-, Marken-, Urheber-, Muster- und Modell-, Wettbewerbsrecht, Band 1, 2. Auflage, Basel, Stuttgart 1959 (zit.: Troller, Immaterialgüterrecht).

Tuhr, Andreas von: Systematisches Handbuch der deutschen Rechtswissenschaft, Zehnte Abteilung: Das Deutsche Bürgerliche Recht, Teil 1, Band 2: Der Allgemeine Teil des Deutschen Bürgerlichen Rechts, 1. Hälfte: Die rechtserheblichen Tatsachen, insbesondere das Rechtsgeschäft, Leipzig 1914 (zit.: Tuhr, BGB AT II/1).

Ullmann, Eike: Caroline v. Monaco., Eheleute M. – ein fast geschlossener Kreis, WRP 2000, S. 1049-1054.

Ullmann, Eike: Persönlichkeitsrechte in Lizenz?, AfP 1999, S. 209-214.

Ulmer, Eugen: Das Veröffentlichungsrecht des Urhebers, in: Beiträge zum Schutz der Persönlichkeit und ihrer schöpferischen Leistungen, Festschrift für Heinrich Hubmann zum 70. Geburtstag, S. 435-444, Frankfurt am Main 1985 (zit.: Ulmer, FS-Hubmann).

Ulmer, Eugen: Urheber- und Verlagsrecht, 3. Auflage, Berlin, Heidelberg, New York 1980 (zit.: Ulmer, Urheber- und Verlagsrecht)

Vogel, Martin: Urheberpersönlichkeitsrecht und Verlagsrecht im letzten Drittel des 19. Jahrhunderts, GRUR 1994, S. 587-593.

Vogel, Martin: Urheberpersönlichkeitsrecht und Verlagsrecht im letzten Drittel des 19. Jahrhunderts, in: Elmar Wadle (Hrsg.), Historische Studien zum Urheberrecht in Europa – Entwicklungslinien und Grundfragen, S. 191-206, Berlin 1993 (zit.: Vogel, in: Wadle).

Volkommer, Max: Zum Schutz der Persönlichkeit vor unbefugter Vermarktung durch die Medien, in: Freiheit und Eigentum, Festschrift für Walter Leisner zum 70. Geburtstag, S. 599-614, Berlin 1999 (zit.: Volkommer, FS-Leisner).

Wagner, Gerhard: Anmerkung zum Urteil des BGH vom 01.12.1999 – I ZR 226/97 „Der blaue Engel", GRUR 2000, S. 717-720.

Wagner, Gerhard: Das zweite Schadensersatzrechtsänderungsgesetz, NJW 2002, S. 2049-2064.

Wagner, Gerhard: Geldersatz für Persönlichkeitsverletzungen, ZEuP 2000, S. 200-228.

Wagner, Gerhard: Prominente und Normalbürger im Recht der Persönlichkeitsverletzungen, VersR 2000, S. 1305-1310.

Walchshöfer, Alfred: Der persönlichkeitsrechtliche Schutz der Architektenleistung, in: Beiträge zum Schutz der Persönlichkeit und ihrer schöpferischen Leistungen, Festschrift für Heinrich Hubmann zum 70. Geburtstag, S. 469-480, Frankfurt am Main 1985 (zit.: Walchshöfer, FS-Hubmann).

Wallner, Christoph: Der Schutz von Urheberwerken gegen Entstellungen unter besonderer Berücksichtigung der Verfilmung, Dissertation, Frankfurt am Main, Berlin, Bern, New York, Paris, Wien 1995 (zit.: Wallner, Schutz von Urheberwerken).

Walsmann, Hans: Der Verzicht – Allgemeine Grundlagen einer Verzichtslehre und Verzicht im Privatrecht, Leipzig 1912 (zit.: Walsmann, Verzicht).

Wanckel, Endress: Anmerkung zum Urteil des BGH vom 05.10.2006 – I ZR 277/03 „kinski-klaus.de“, NJW 2007, S. 686.

Wandtke, Artur-Axel: Doppelte Lizenzgebühr im Urheberrecht als Modell für den Vermögensschaden von Persönlichkeitsrechtsverletzungen im Internet?, GRUR 2000, S. 942-950.

Wandtke, Artur-Axel: Zur Kommerzialisierung des Persönlichkeitsrechts, KUR 2003, S. 144-150.

Wandtke, Artur-Axel / Bullinger, Winfried: Praxiskommentar zum Urheberrecht, 3. Auflage, München 2009, (zit.: Bearbeiter, in: Wandtke/Bullinger).

Wedemeyer, Ulrich: Änderung von Werken der Baukunst – zu Ansprüchen des Urhebers, in: Festschrift für Henning Piper, S. 787-807, München 1996 (zit.: Wedemeyer, FS-Piper).

Weichert, Thilo: Die Ökonomisierung des Rechts auf informationelle Selbstbestimmung, NJW 2001, S. 1463-1469.

Welser, Marcus von: Die Wahrnehmung urheberpersönlichkeitsrechtlicher Befugnisse durch Dritte, Dissertation, Berlin 2000 (zit.: v. Welser, Wahrnehmung).

Wenzel, Karl Egbert: Das Recht der Wort- und Bildberichterstattung – Handbuch des Äußerungsrechts, 5. Auflage, Köln 2003 (zit.: Bearbeiter, in: Wenzel).

Westermann, Harm Peter: Das allgemeine Persönlichkeitsrecht nach dem Tode seines Trägers, FamRZ 1969, S. 561-572.

Wille, Andreas: Die Verfügung im internationalen Urheberrecht – Zur kollisionsrechtlichen Beurteilung von Inhalt, Umfang und Form der Verfügung unter besonderer Berücksichtigung deutschen, spanischen sowie französischen Urheberrechts, Dissertation, Sinzheim 1997 (zit.: Wille, Verfügung).

Windscheid, Bernhard: Lehrbuch des Pandektenrechts, Band 1, 3. Auflage, Düsseldorf 1870 (zit.: Windscheid, Pandekten I).

Witzleb, Normann: Geldansprüche bei Persönlichkeitsverletzungen durch Medien, Dissertation, Tübingen 2002 (zit.: Witzleb, Geldansprüche).

Wortmann, Florian: Die Vererblichkeit vermögensrechtlicher Bestandteile des Persönlichkeitsrechts, Dissertation, Berlin 2005 (zit.: Wortmann, Vererblichkeit).

Zitelmann, Ernst: Ausschluß der Widerrechtlichkeit, AcP 99 (1906), S. 1-130.

Zöller, Richard: Zivilprozessordnung mit FamFG (§§ 1-185, 200-270, 433-484) und Gerichtsverfassungsgesetz, den Einführungsgesetzen, mit Internatio-

nalem Zivilprozessrecht, EG-Verordnungen, Kostenanmerkungen, Kommentar, 29. Auflage, Köln 2012 (zit.: Bearbeiter, in: Zöller).
Zöllner, Wolfgang: Das Bürgerliche Recht im Spiegel seiner großen Kommentare (3. Teil), JuS 1984, S. 985-990.

Schriften zum Handels- und Wirtschaftsrecht

Herausgegeben von Michael Kling, Herbert Leßmann und Ralph Backhaus

Band 1 Thomas Häuser: Die Eigenmittel der Kreditinstitute und mögliche Erweiterungen. 2000.

Band 2 Susanne Koch: Schutz vor kommerzieller Markenverunglimpfung durch das Markengesetz. 2001.

Band 3 Andreas Lachmann: Haftungs- und Vermögensfolgen bei Sitzverlegung ausländischer Kapitalgesellschaften ins Inland. 2000.

Band 4 Markus Fischer: Die freie Benutzung beim Schreiben künstlerischer Literatur. 2001.

Band 5 Frank Zingel: Ausbietungsgarantien. Rechtliche Probleme eines Kreditsicherungsmittels. 2001.

Band 6 Stephan Marienfeld: Konzernproblematiken bei der Publikumspersonengesellschaft. Dargestellt an den Beispielen der Mehrheitsentscheidungen, des Beirates und der Treuhandkonstruktion. 2001.

Band 7 Tobias Menzel: Werbebeschränkungen im Sport. Eine wettbewerbsrechtliche Untersuchung verbandsrechtlicher Werbebeschränkungen am Beispiel des DFB. 2002.

Band 8 Thomas Ullrich: Unternehmensmitbestimmung in der kapitalistischen Kommanditgesellschaft auf Aktien. 2002.

Band 9 Sebastian Jungermann: Der Beweiswert elektronischer Signaturen. Eine Studie zur Verläßlichkeit elektronischer Signaturen und zu den Voraussetzungen und Rechtsfolgen des § 292a ZPO. 2002.

Band 10 Axel Schilder: Schadensersatz bei Durchbrechung der Bindung an obligatorische Vertragsofferten. Eine vergleichende Untersuchung zum BGB und zum UN-Kaufrecht (CISG). 2003.

Band 11 Götz Wied: Gewinnversprechen von Versandfirmen. Rechtfertigung, Auslegung und Anwendungsprobleme des § 661a BGB. 2003.

Band 12 Timo Elsner: Die laufende Kontrolle der Tochtergesellschaften durch die Verwaltung der Muttergesellschaft. Eine Konkretisierung der aktiengesetzlichen Grundlagen. 2004.

Band 13 Elmar Mand: Das Recht der Kabelweitersendung. Kabelweiterleitung von Rundfunkprogrammen im Lichte des § 20 b UrhG. 2004.

Band 14 Thorsten Schaefer: Normenkonkurrenz beim Schutz von Marken und geschäftlichen Bezeichnungen. 2005.

Band 15 Frank Fricke: Zivilrechtliche Folgen von Verstößen gegen das SchwarzArbG. 2005.

Band 16 Christine Bunzel: Der Ersatz vergeblicher Aufwendungen im modernisierten Schuldrecht. 2007.

Band 17 Christian Severin: Auflassungsvormerkung und Eingriffsschutz. Zur Frage, ob dem Inhaber eines vormerkungsgesicherten Eigentumsverschaffungsanspruchs Sanktionsschutz gegen faktische Einwirkungen auf das vormerkungsbelastete Grundstück zukommt. 2008.

Band 18 Young-Jong Yi: Zur Strukturreform der koreanischen börsennotierten AG vor dem Hintergrund des deutschen und des US-amerikanischen Aktienrechts. 2008.

Band 19 Sandra Löwer: Inhaltskontrolle von Nutzungs- und Leistungsbeziehungen zwischen dem Idealverein und seinen Mitgliedern. 2008.

Band 20 Sandra Mießner: Providerhaftung, Störerhaftung und Internetauktion. 2008.

www.peterlang.com